图解 彩色版

汽车原理与构造

张金柱 主编

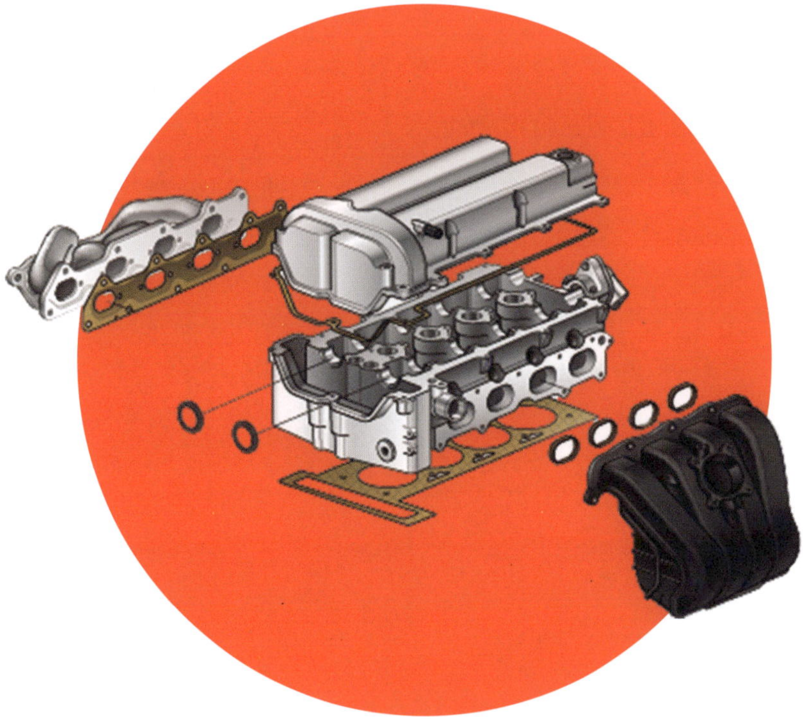

化学工业出版社
·北京·

本书采用图解的方式，系统地介绍汽车的结构与原理，并突出了新知识、新技术。全书主要内容由五部分组成，第一部分主要介绍汽车的总体结构；第二部分描述汽车发动机，包括曲柄连杆机构、配气机构、燃料供给系统、冷却系统、润滑系统和电动汽车等；第三部分详细介绍汽车的底盘，包括离合器、手动变速器、自动变速器、悬架、转向系统和制动系统等；第四部分介绍汽车车身；第五部分介绍汽车电器，包括启动系统、充电系统、点火系统、汽车空调和安全气囊等。除传统汽车结构外，本书还增加了许多汽车新结构和新技术等，如混合动力汽车、燃料电池汽车、CVT变速器、双离合器变速器等内容。

本书从入门讲起，可作为掌握汽车技术的自学读本，即使无任何基础也同样适用。书中所有专业术语采用英汉两种语言相互对照，并与插图相对应，方便学习与查阅。本书内容系统全面，插图直观精美，可作为学习汽车技术的参考书、工具书，适合汽车专业的师生、汽车技术人员、汽车维修人员以及汽车爱好者使用。

图书在版编目（CIP）数据

图解汽车原理与构造/张金柱主编. —北京：化学工业出版社，2016.4（2024.11重印）
ISBN 978-7-122-26371-1

Ⅰ.①图… Ⅱ.①张… Ⅲ.①汽车-理论-图解②汽车-构造-图解 Ⅳ.①U46-64

中国版本图书馆CIP数据核字（2016）第036881号

责任编辑：周　红
责任校对：战河红
装帧设计：尹琳琳

出版发行：化学工业出版社
（北京市东城区青年湖南街13号　邮政编码100011）
印　　装：北京宝隆世纪印刷有限公司
787mm×1092mm　1/16
印张 $15^1/_2$　字数342千字
2024年11月北京第1版第23次印刷

购书咨询：010-64518888
售后服务：010-64518899
网　　址：http://www.cip.com.cn
凡购买本书，如有缺损质量问题，本社销售中心负责调换。

定　　价：69.00元

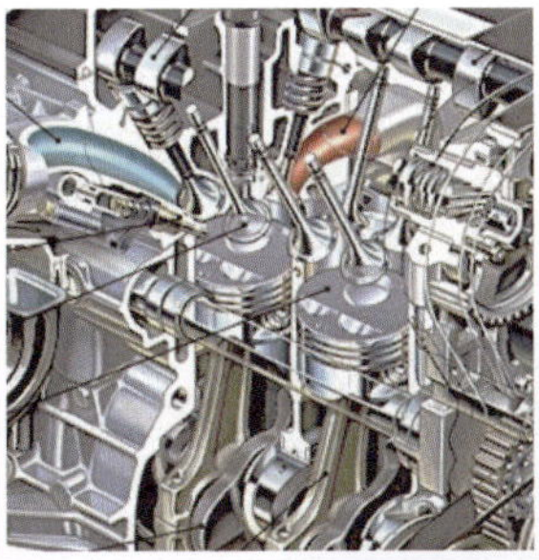

前言

FOREWORD

随着我国汽车工业的飞速发展，目前我国汽车的产销量已占世界第一位。汽车在人们工作和生活中的地位变得越来越重要。汽车结构与原理是学习汽车知识、掌握汽车技术的前提和基础，图解是一种快速、直观、简捷的学习汽车结构的形式。本书采用图解的方式描述汽车的结构和原理，使内容更加直观、具体、形象、生动。书中的汽车专业术语采用英汉两种语言表达，读者可在了解汽车专业知识的同时，学习汽车专业英语。

本书的特点如下：

1. 直观性。以彩色简图、原理图、解剖图、分解图等形式详细介绍汽车组成系统、总成和零部件，使复杂的汽车结构、原理一目了然。

2. 系统性。按照汽车结构特点编写，与目前典型的汽车构造教材内容顺序相对应，便于学习汽车结构与原理。

3. 对应性。英汉专业术语相对应，插图和专业术语相对应。以插图引导专业术语，以令人赏心悦目、色彩绚丽的图画配以简明、精准的专业术语解释。

4. 通俗性。本书以图解形式讲述汽车的结构与原理，零起点，即使无任何基础也同样适合，通俗直观、易于掌握。

全书主要内容由五部分组成，第一部分主要介绍汽车的总体结构。第二部分描述汽车发动机，包括曲柄连杆机构、配气机构、燃料供给系统、冷却系统、润滑系统和电动汽车等。第三部分详细介绍汽车的底盘，包括离合器、手动变速器、自动变速器、悬架、转向系统和制动系统等。第四部分介绍汽车车身。第五部分介绍汽车电器，包括启动系统、充电系统、点火系统、汽车空调和安全气囊等。除传统汽车结构外，本书还增加了许多汽车新结构和新技术等，如混合动力汽车、燃料电池汽车、CVT变速器、双离合器变速器等内容。

本书可作为学习汽车技术的参考书、工具书，适合广大汽车爱好者、汽车专业的师生、汽车从业人员以及汽车驾驶员阅读。

本书由黑龙江工程学院张金柱主编，黑龙江工程学院韩玉敏、王云龙，哈尔滨技师学院李鹏和龙岩学院王悦新参加部分章节的编写。全书第二部分第1章至第13章由韩玉敏编写，第二部分第14章至第18章由王云龙编写，第三部分第1章至第4章由李鹏编写，第三部分第5章至第9章由王悦新编写，其余部分由张金柱编写。

在编写过程中曾参考多种国内外出版的有关图书资料，在此谨向各书编者表示衷心的感谢。

由于本书所涉及的技术内容较新，范围较广，且笔者水平有限，因此书中难免有不妥之处，恳请读者不吝指正。

编　者

第1部分 汽车概述
PART1

第1章 汽车分类 /002
第2章 汽车组成 /003
2.1 发动机 /006
2.2 底盘 /007
2.3 车身 /008
2.4 汽车电器 /009
第3章 汽车参数 /010

第2部分 发动机
PART2

第1章 发动机概述 /012
第2章 发动机类型 /016
2.1 汽油发动机 /016
2.2 柴油发动机 /017
2.3 转子发动机 /018
第3章 发动机总体构造 /019
3.1 曲柄连杆机构 /019
3.2 配气机构 /020
3.3 冷却系统 /021
3.4 燃料供给系统 /022
3.5 润滑系统 /023
3.6 点火系统 /024
3.7 启动系统和充电系统 /025
第4章 发动机工作原理 /026
4.1 四冲程汽油发动机工作原理 /026
4.2 四冲程柴油发动机工作原理 /027
4.3 二冲程汽油发动机工作原理 /028
4.4 转子发动机工作原理 /029
第5章 发动机术语 /030
5.1 上止点与下止点 /030
5.2 燃烧室容积 /030
5.3 压缩比 /031
第6章 机体组 /032
6.1 概述 /032
6.2 气缸盖 /033
6.3 气缸体 /034
6.4 气缸垫 /035
第7章 活塞连杆组件 /036
7.1 概述 /036
7.2 活塞 /037
7.3 连杆 /037
第8章 曲轴飞轮组 /038
8.1 概述 /038

目录
CONTENTS

8.2 曲轴的功用 /039
8.3 曲轴的安装位置 /040
8.4 曲轴工作原理 /041

第9章 配气机构 /042

9.1 概述 /042
9.2 配气机构组成 /043
9.3 配气机构类型 /044
9.4 气门正时 /046
9.5 配气机构部件 /047

第10章 可变气门正时与可变气门升程 /053

10.1 概述 /053
10.2 丰田智能可变气门正时系统 /055
10.3 本田智能可变气门正时和升程电子控制 /056
10.4 奥迪气门升程系统 /057

第11章 燃料供给系统 /060

11.1 概述 /060
11.2 汽油机燃料供给系统 /061
11.3 化油器 /062
11.4 化油器原理 /063

第12章 汽油机电子控制燃油喷射系统 /064

12.1 概述 /064
12.2 电子燃油喷射系统组成 /065
12.3 电子燃油喷射系统结构 /066
12.4 EFI主要部件 /067
12.5 汽油缸内直喷系统 /069

第13章 柴油机燃料供给系统 /072

13.1 概述 /072
13.2 高压油泵 /073
13.3 柴油机电控高压共轨系统 /076
13.4 高压共轨系统原理 /077

第14章 排气系统 /078

14.1 概述 /078
14.2 排气歧管 /079
14.3 废气再循环 /080
14.4 汽油蒸发控制系统 /083
14.5 三元催化转换器 /085

第15章 增压器 /086

15.1 涡轮增压器 /086
15.2 机械增压器 /089

第16章 发动机润滑系统 /092

16.1 概述 /092

16.2 发动机润滑系统工作原理 /093
16.3 发动机润滑油路 /094
16.4 机油泵 /095
16.5 干式油底壳 /095
第17章 发动机冷却系统 /096
17.1 概述 /096
17.2 冷却系统工作原理 /097
17.3 节温器 /098
17.4 散热器 /098
17.5 散热器盖 /099
第18章 电动汽车 /100
18.1 纯电动汽车 /100
18.2 混合动力电动汽车 /102
18.3 燃料电池汽车 /106

第3部分 底盘
PART3

第1章 底盘概述 /109
1.1 传动系统 /111
1.2 行驶系统 /112
1.3 转向系统 /113
1.4 制动系统 /114
第2章 传动系统 /115
2.1 概述 /115
2.2 离合器 /116
2.3 变速器 /117
2.4 传动轴和万向节 /120
2.5 主减速器 /121
2.6 差速器 /122
第3章 传动系统的布置形式 /123
3.1 前置前驱 /123
3.2 前置后驱 /124
3.3 后置后驱 /125
3.4 中置后驱 /126
第4章 离合器 /127
4.1 概述 /127
4.2 离合器组成 /128
4.3 离合器原理 /130
4.4 离合器操纵机构 /132
第5章 手动变速器 /133
5.1 概述 /133
5.2 变速器原理 /134
5.3 手动变速器原理 /135
5.4 5挡手动变速器 /136
5.5 同步器 /139
第6章 自动变速器 /142
6.1 概述 /142
6.2 液力变矩器 /143
6.3 行星齿轮传动 /146

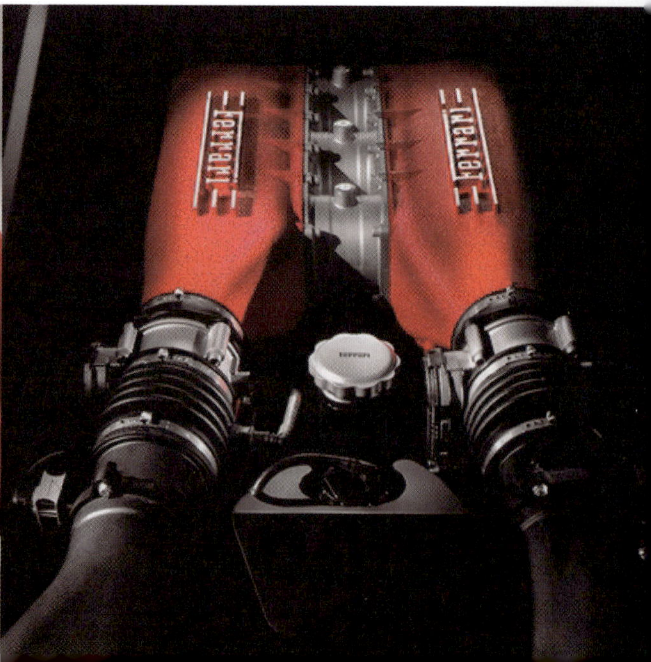

rpm×1000
km/h

第4部分 车身
PART4

第1章 概述 /214
第2章 车架 /215
2.1 概述 /215
2.2 车身分类 /215
第3章 汽车安全系统 /217

第5部分 汽车电器
PART5

第1章 汽车电器概述 /219
第2章 启动系统 /220
2.1 概述 /220
2.2 起动机部件与工作原理 /221
2.3 起动机结构 /222
第3章 充电系统 /225
3.1 概述 /225
3.2 发电机 /225
3.3 蓄电池 /228
第4章 点火系统 /230
4.1 概述 /230
4.2 传统机械触点式点火系统工作原理 /231
4.3 电子点火系统 /232
4.4 火花塞 /233
第5章 仪表 /234
第6章 空调系统 /235
6.1 概述 /235
6.2 空调系统组成 /236
6.3 空调系统原理 /237
6.4 压缩机 /238
第7章 安全气囊 /239

参考文献 /240

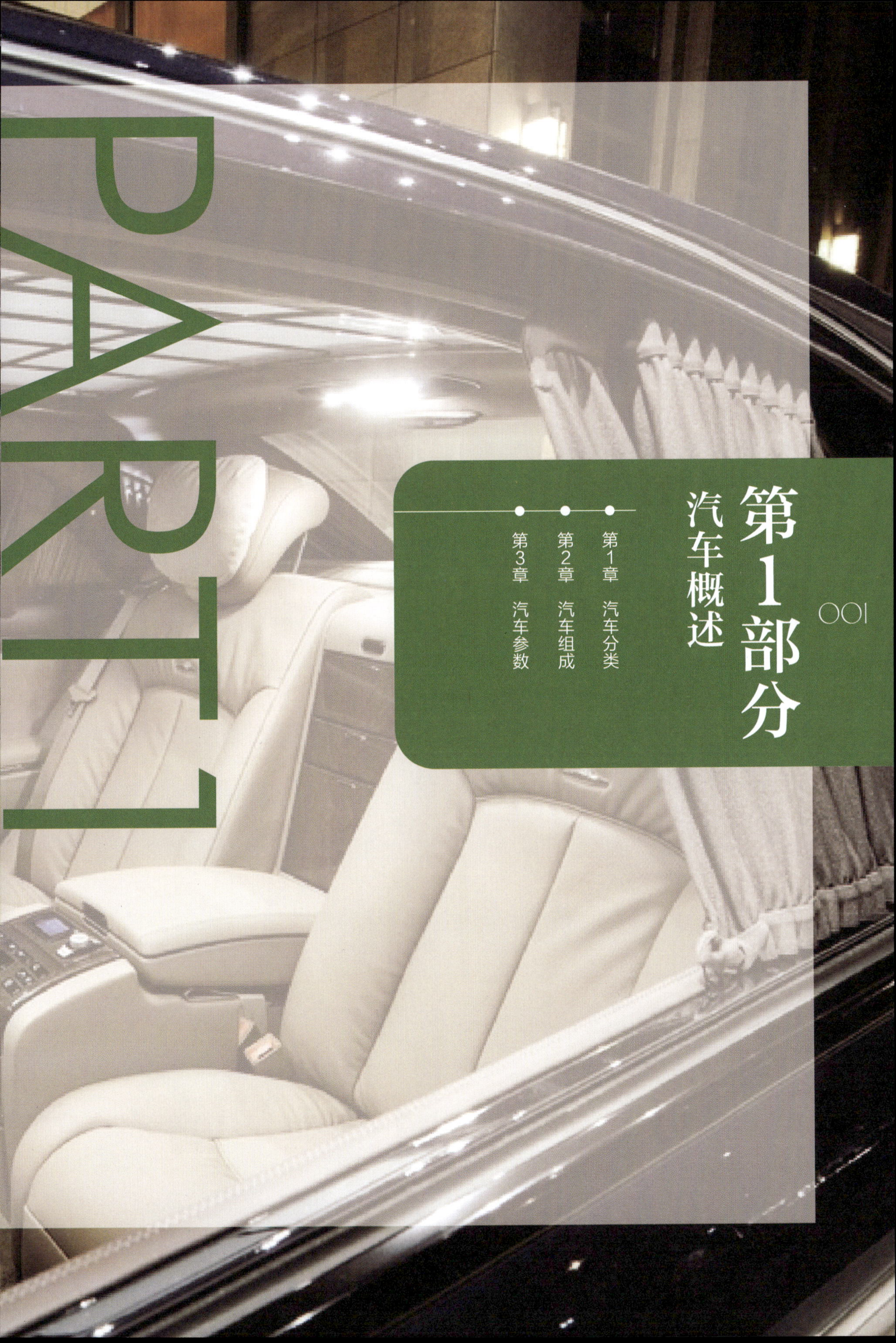

PART1

第1部分 汽车概述

第1章

汽车分类

汽车按照功能性可划分为房车、旅行轿车、轿跑车、跑车、敞篷车等车型（图1-1-1）。

图1-1-1 汽车类型

第2章 汽车组成

汽车的总体构造基本上由四部分组成：发动机、底盘、车身、电器（图1-2-1）。

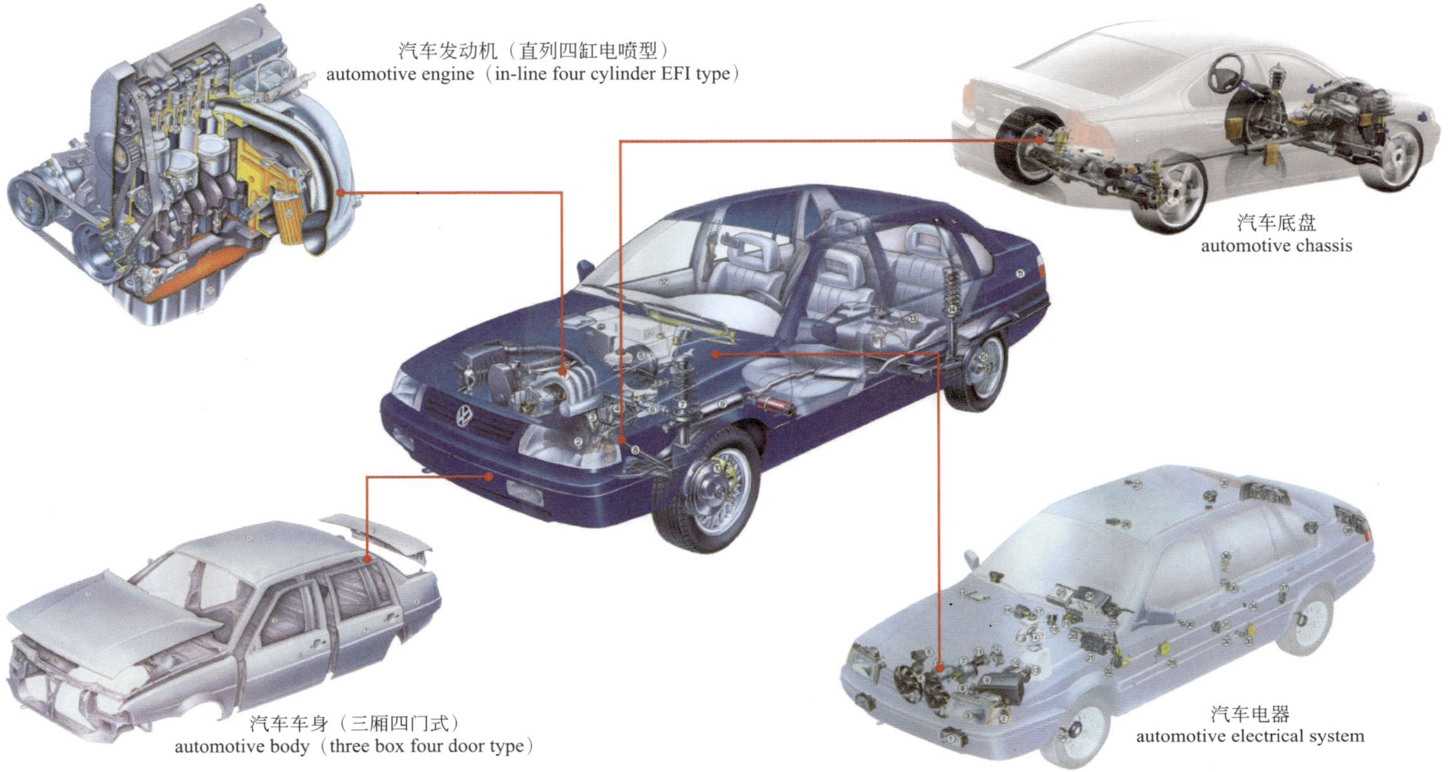

图1-2-1 汽车总体结构

汽车结构视图如图1-2-2所示。

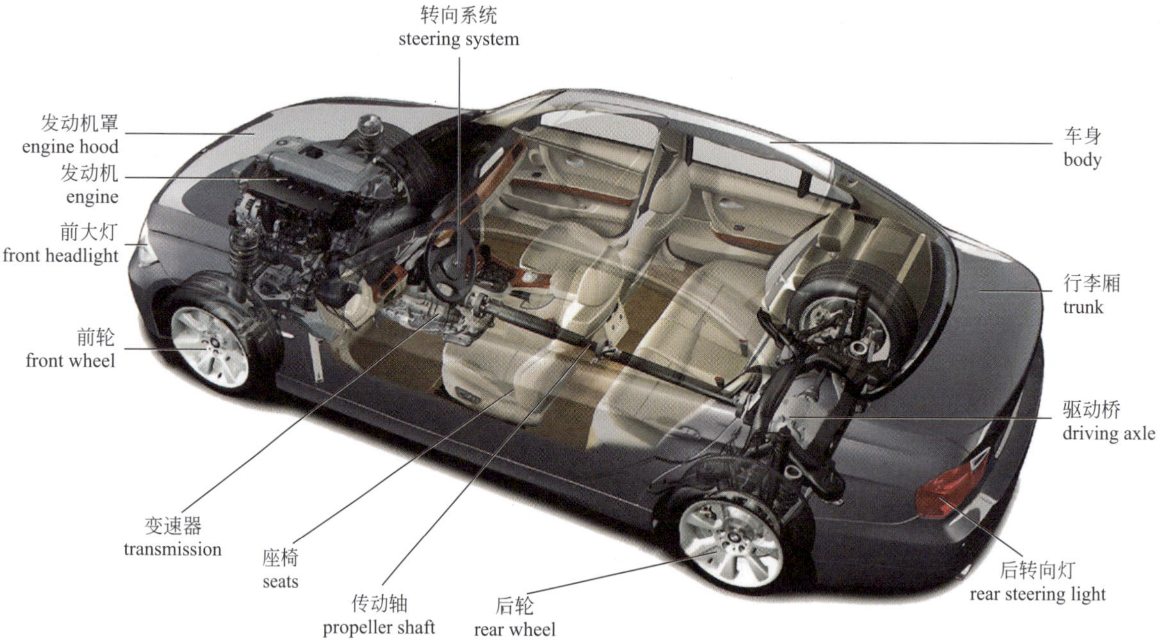

图1-2-2 汽车结构视图

汽车底视图如图1-2-3所示。

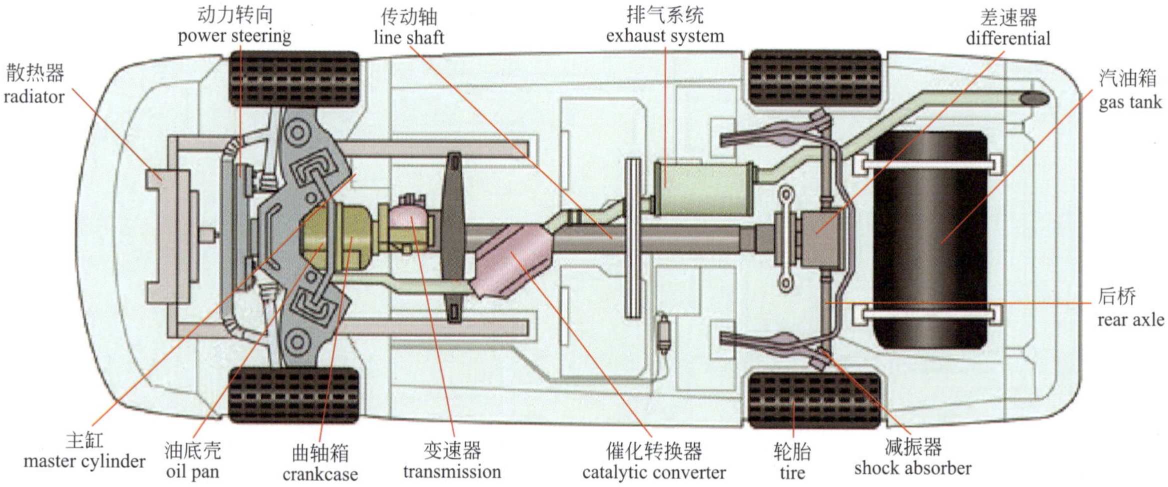

图1-2-3 汽车底视图

汽车总成拆分如图1-2-4所示。

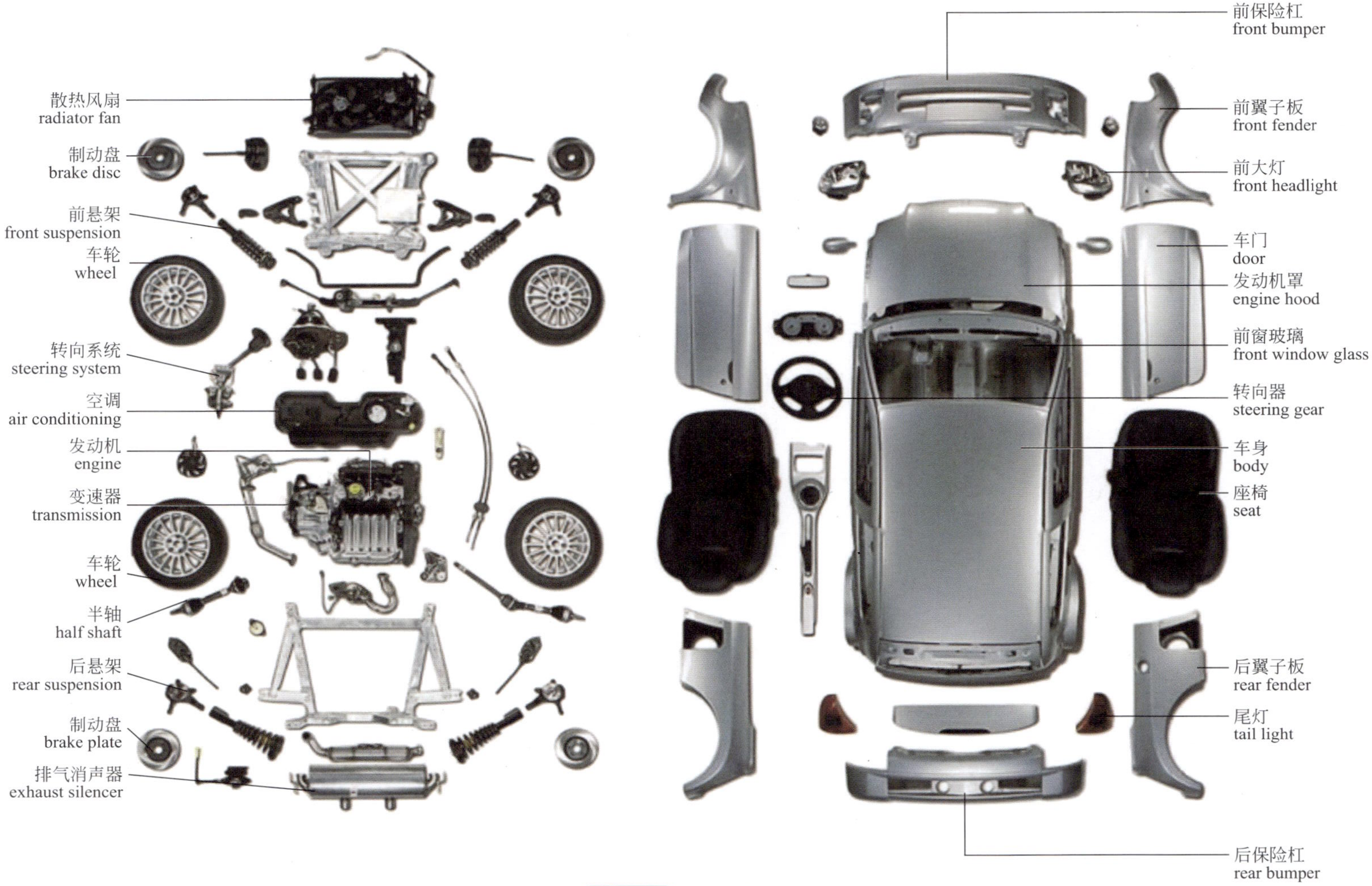

图1-2-4 拆分的汽车

2.1 发动机

发动机是汽车的动力装置，其作用是使进入其中的燃料经过燃烧而变成热能，并转化为动能，通过底盘的传动系统驱动汽车行驶（图1-2-5）。

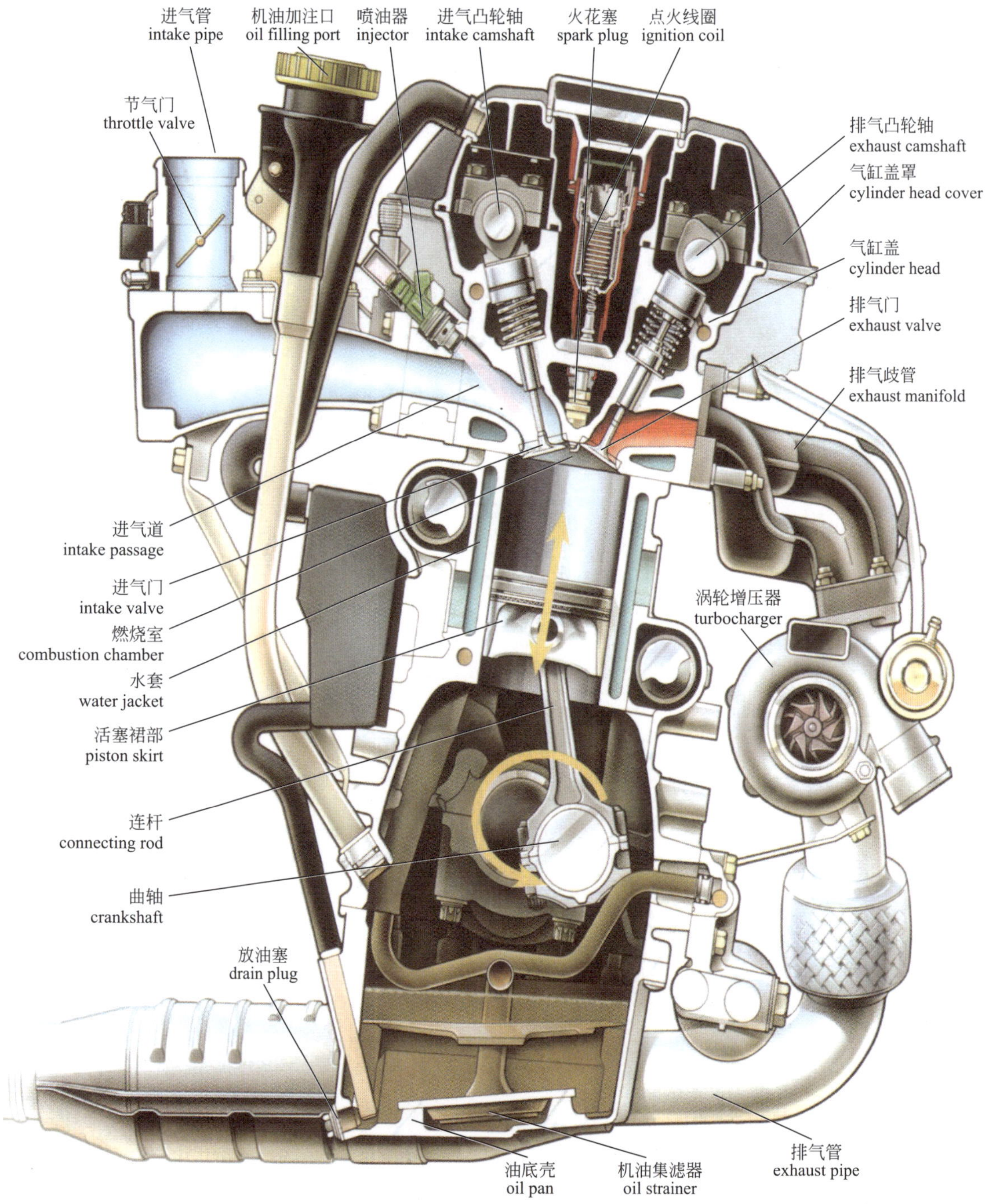

图1-2-5 发动机总体构造

2.2 底盘

底盘的作用是支撑车身，接受发动机产生的动力，并保证汽车能够正常行驶（图1-2-6）。底盘本身又可分为传动系统、行驶系统、转向系统和制动系统四部分。

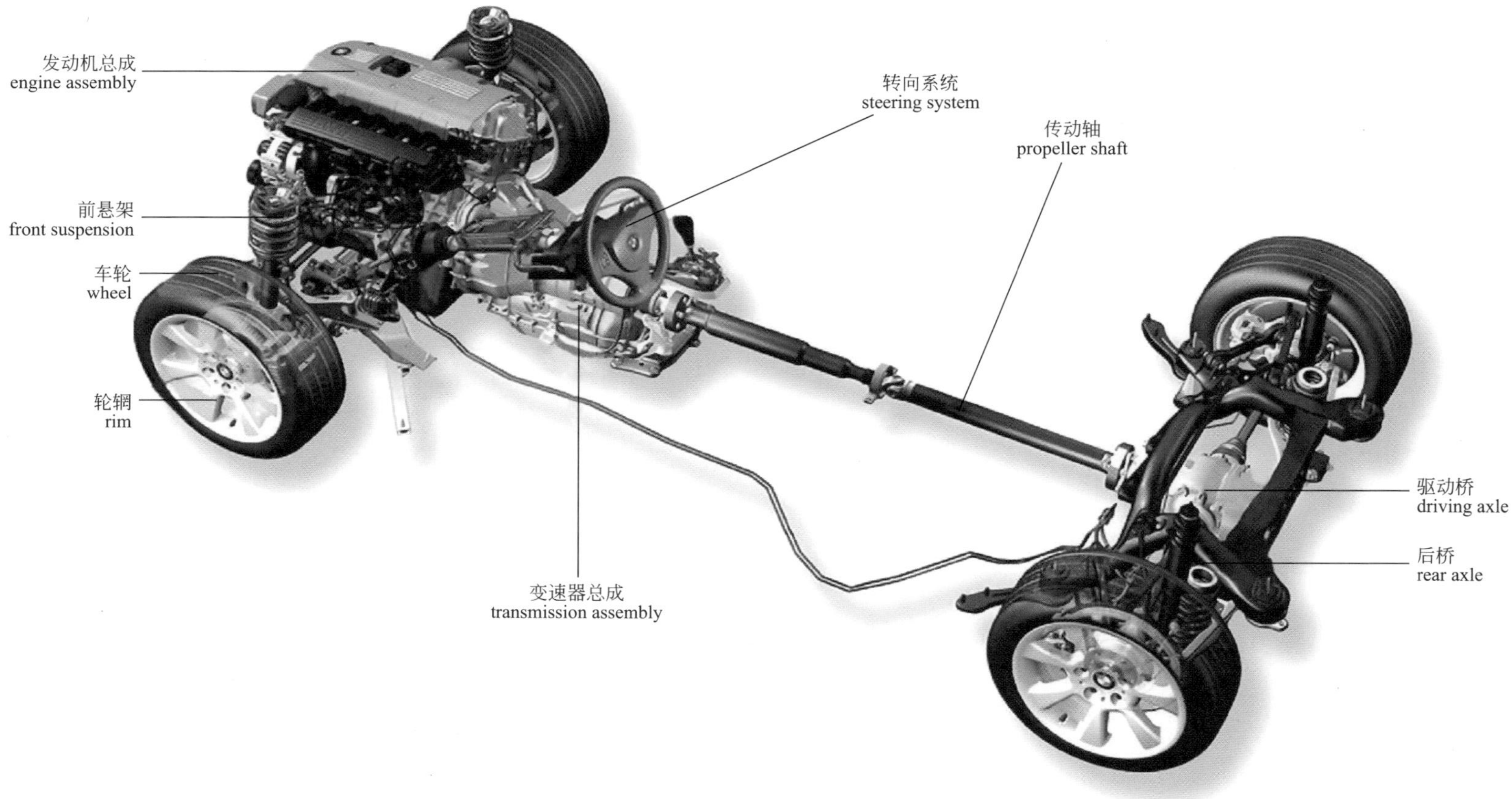

图1-2-6 底盘

2.3 车身

车身指的是车辆用来载人装货的部分，也指车辆整体。汽车车身结构主要包括车身壳体、车门、车窗、车前钣制件、车身内外装饰件和车身附件、座椅以及通风、暖气、冷气、空气调节装置等（图1-2-7）。在货车和专用汽车上还包括车厢和其他装备。

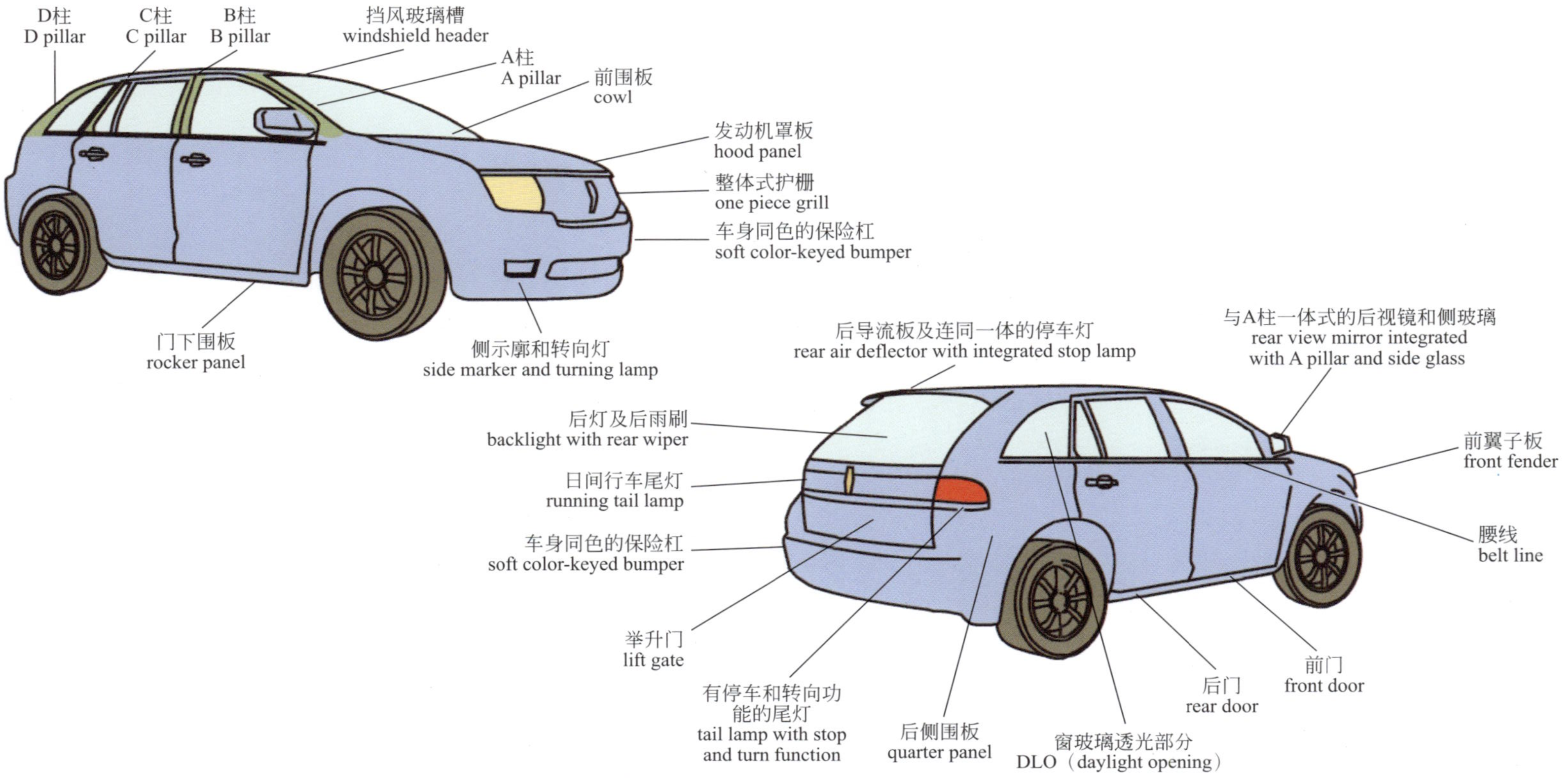

图1-2-7　汽车车身

2.4 汽车电器

电气设备包括电源、发动机启动系统以及汽车照明等用电设备，在强制点火的发动机中还包括发动机的点火系统（图1-2-8）。

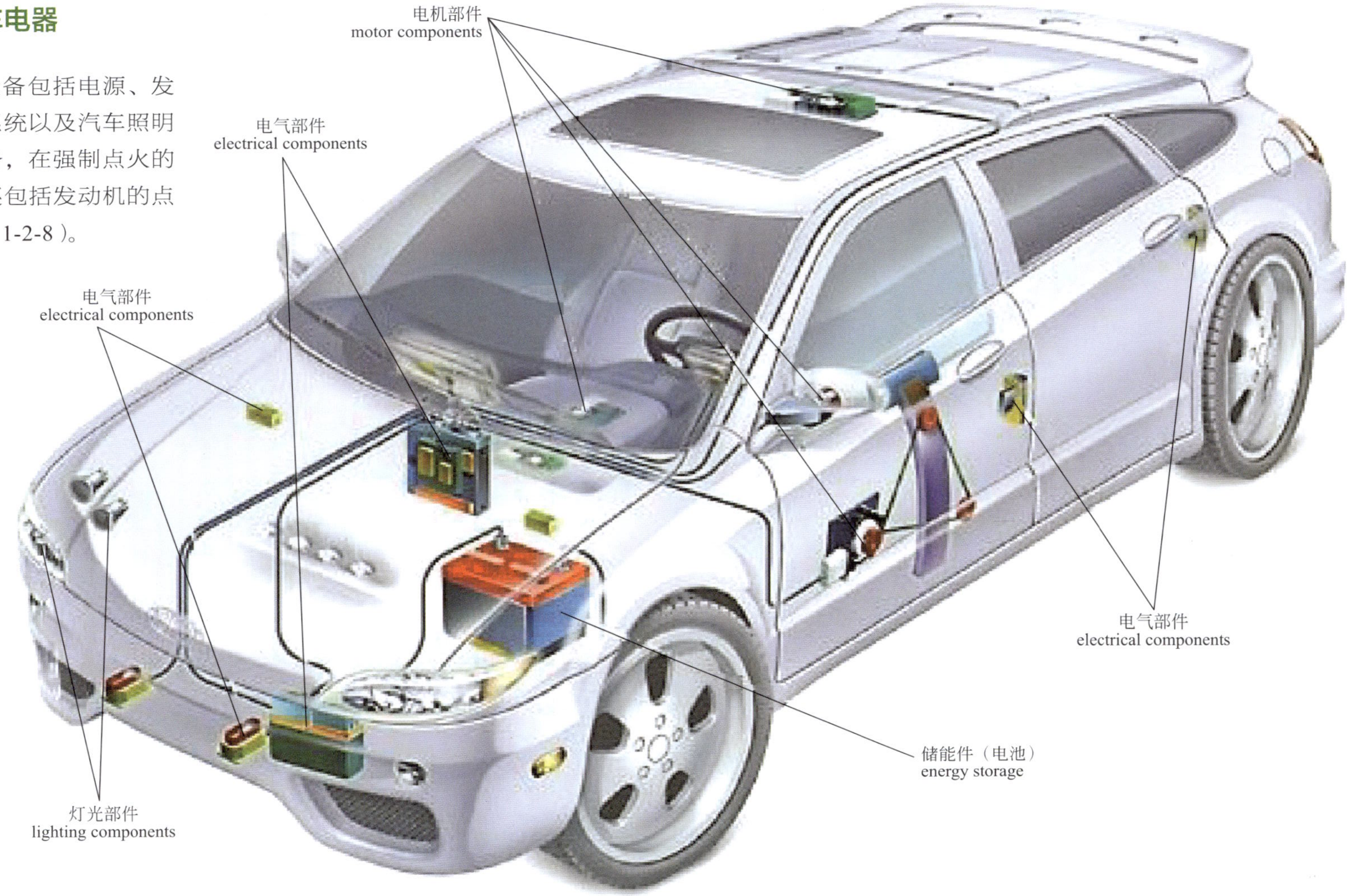

图1-2-8　汽车电器

第3章 汽车参数

在买车时要了解一款车的空间，当然要看车的总长、轴距等参数。现在各汽车厂商对于车身规格的标注，基本上都统一了，如车身总长、轴距、轮距、前悬、后悬等（图1-3-1、图1-3-2）。

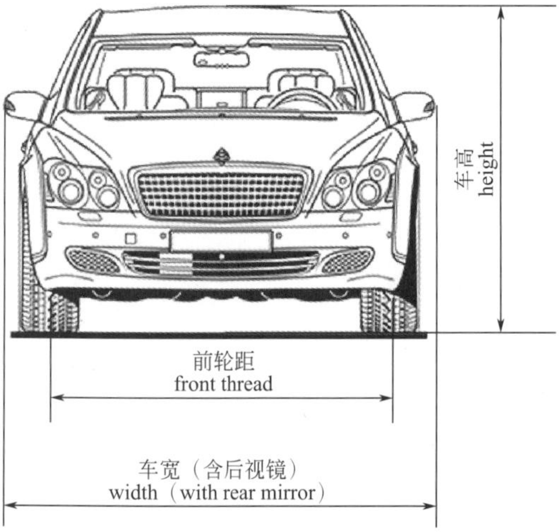

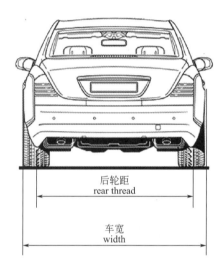

图1-3-1 汽车总体参数（1）

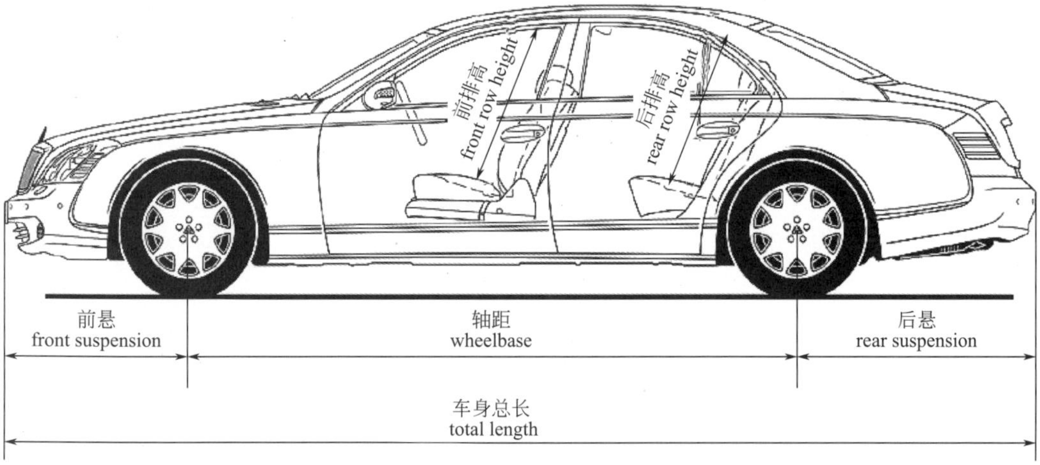

图1-3-2 汽车总体参数（2）

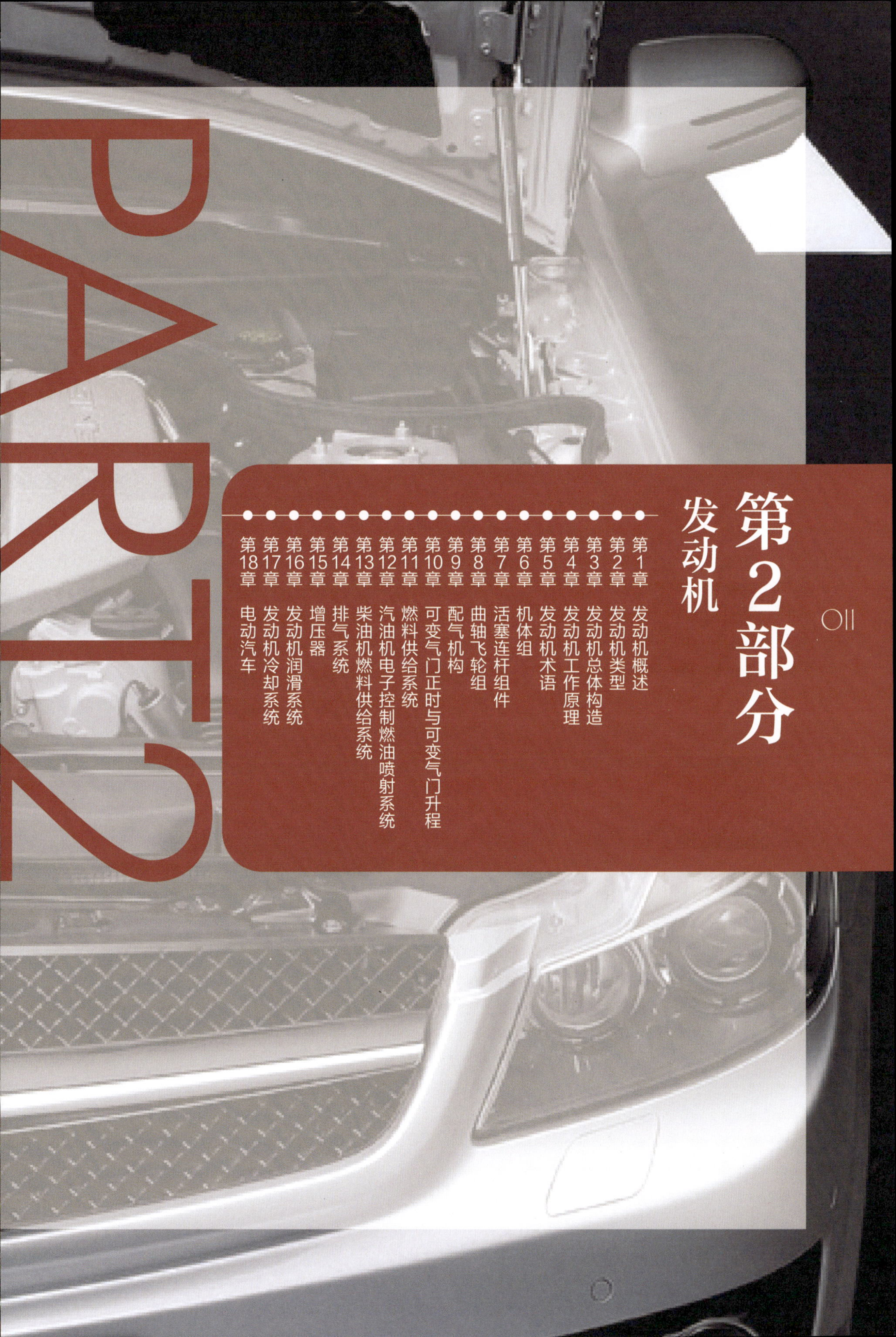

PART2

第2部分

发动机

第1章 发动机概述
第2章 发动机类型
第3章 发动机总体构造
第4章 发动机工作原理
第5章 发动机术语
第6章 机体组
第7章 活塞连杆组件
第8章 曲轴飞轮组
第9章 配气机构
第10章 可变气门正时与可变气门升程
第11章 燃料供给系统
第12章 汽油机电子控制燃油喷射系统
第13章 柴油机燃料供给系统
第14章 排气系统
第15章 增压器
第16章 发动机润滑系统
第17章 发动机冷却系统
第18章 电动汽车

第1章 发动机概述

汽车的动力源泉就是发动机，而发动机的动力则来源于气缸内部，发动机气缸就是一个把燃料的内能转化为动能的场所。可以简单理解为，燃料在气缸内燃烧，产生巨大压力推动活塞上下运动，通过连杆把力传给曲轴，最终转化为旋转运动，再通过变速器和传动轴，把动力传递到驱动车轮上，从而推动汽车前进。发动机结构见图2-1-1。

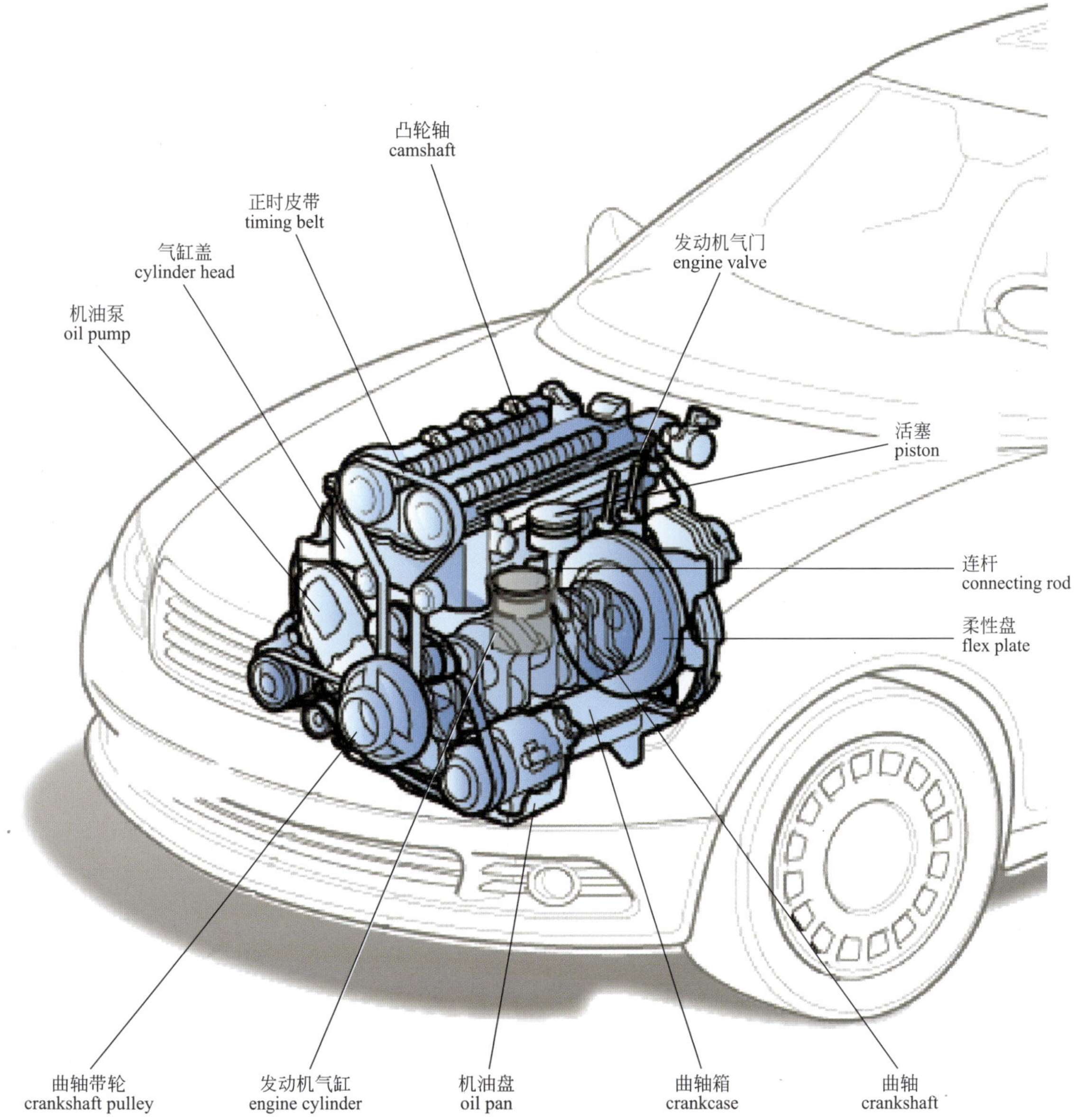

图2-1-1 发动机

单缸发动机结构见图2-1-2。

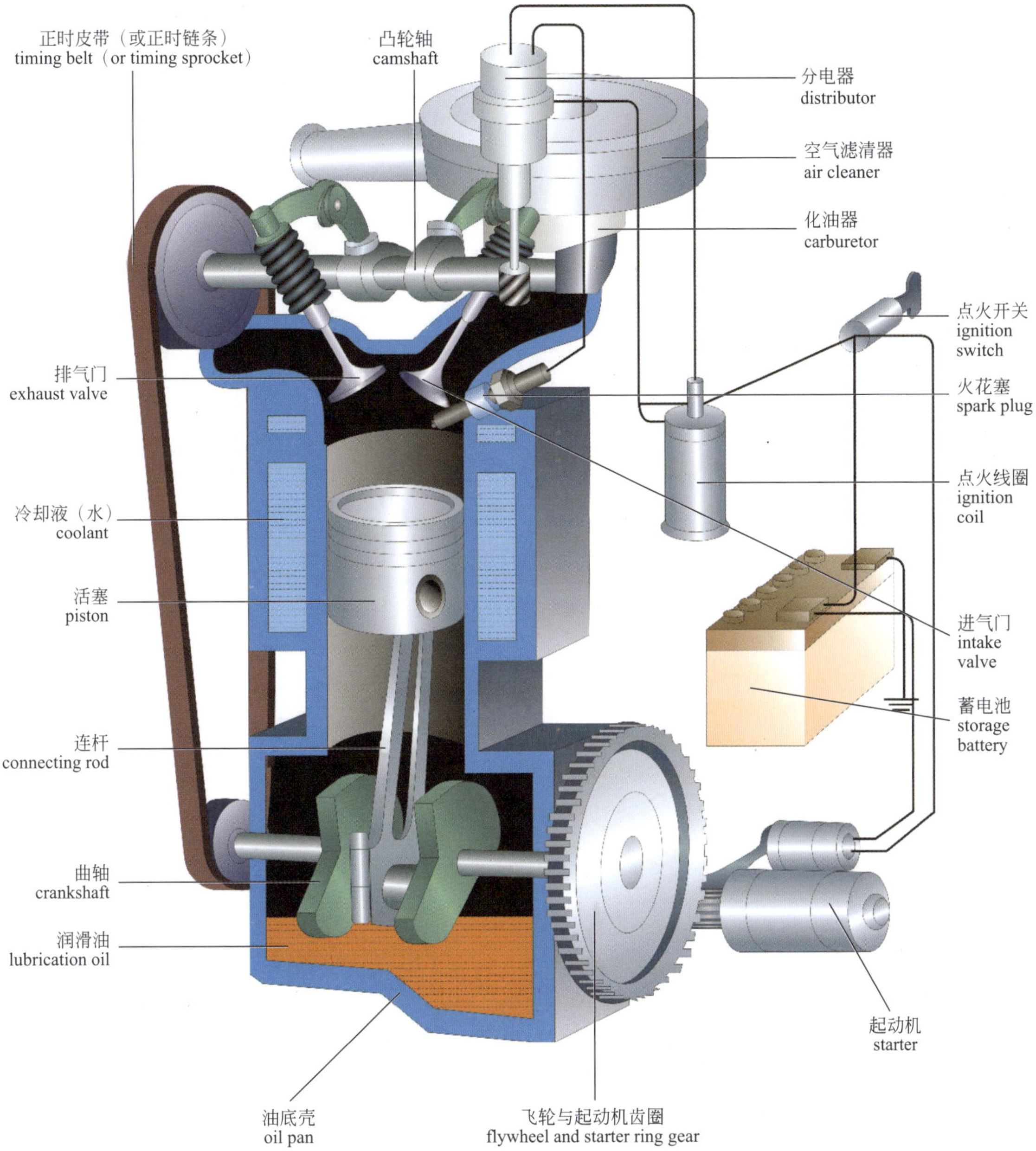

图2-1-2　单缸发动机

剖视的发动机见图2-1-3。

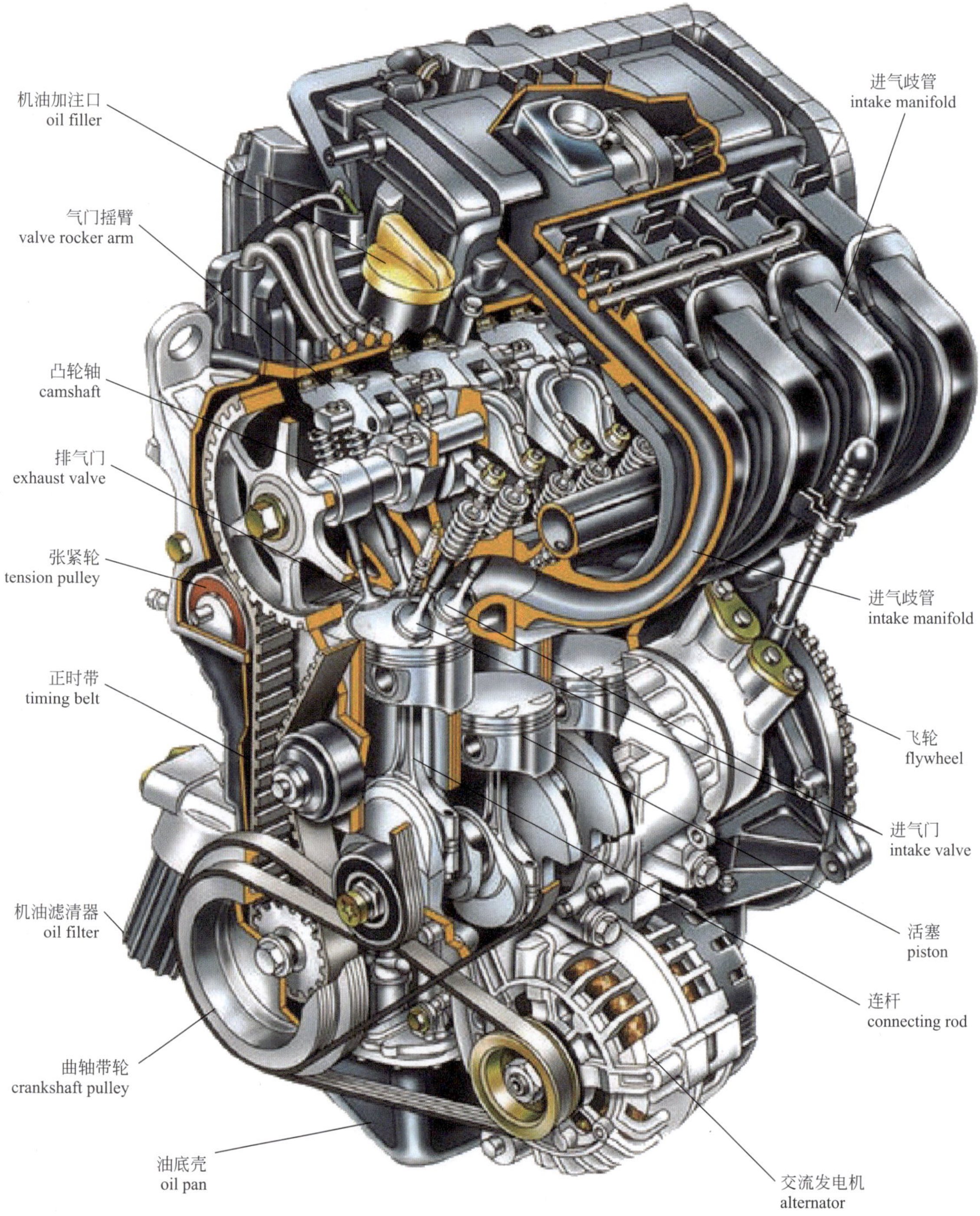

图2-1-3 发动机剖视图

分解的发动机见图2-1-4。

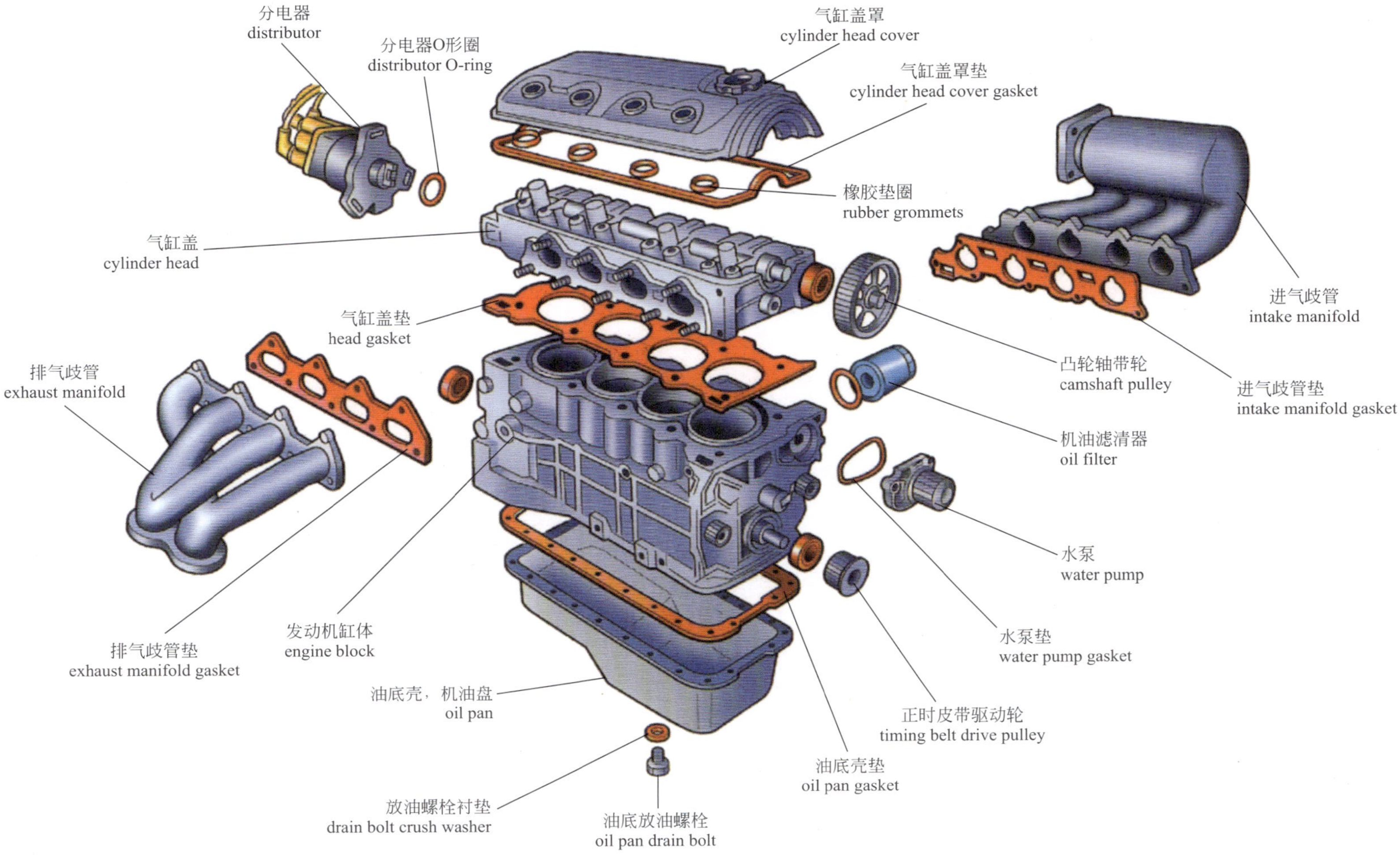

图2-1-4　发动机分解图

第2章 发动机类型

2.1 汽油发动机

汽油发动机是以汽油作为燃料的发动机（图2-2-1）。由于汽油黏性小，蒸发快，可以用汽油喷射系统将汽油喷入气缸，经过压缩达到一定的温度和压力后，用火花塞点燃，使气体膨胀做功。

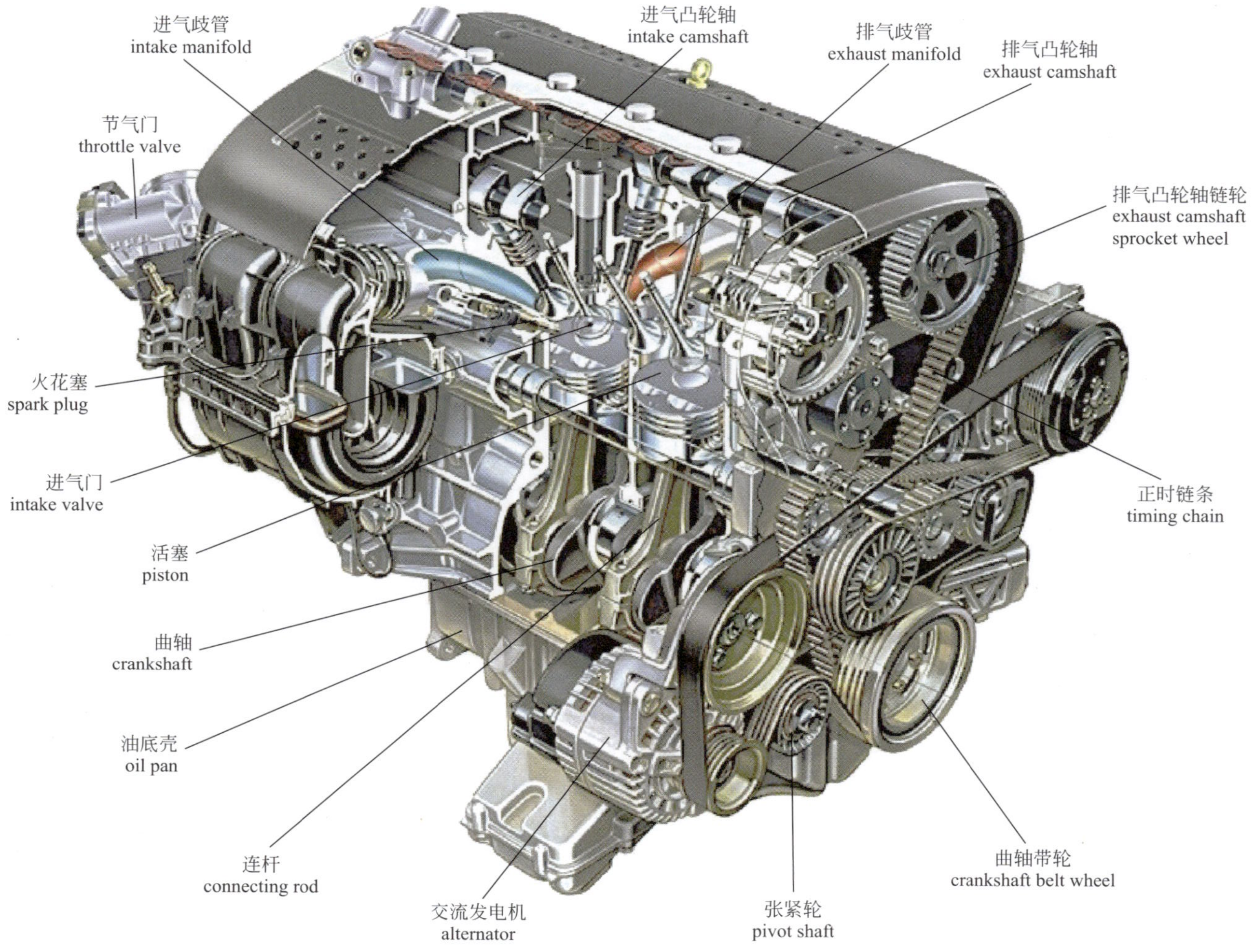

图2-2-1 汽油发动机剖视图

2.2 柴油发动机

柴油发动机是通过燃烧柴油来获取能量释放的发动机（图2-2-2），它是由德国发明家鲁道夫·狄塞尔（Rudolf Diesel）于1892年发明的，为了纪念这位发明家，柴油就是用他的姓Diesel来表示，而柴油发动机也称为狄塞尔发动机。柴油机是直接将柴油喷入已充满压缩空汽的气缸，压缩自燃点火。

图2-2-2 柴油发动机构造

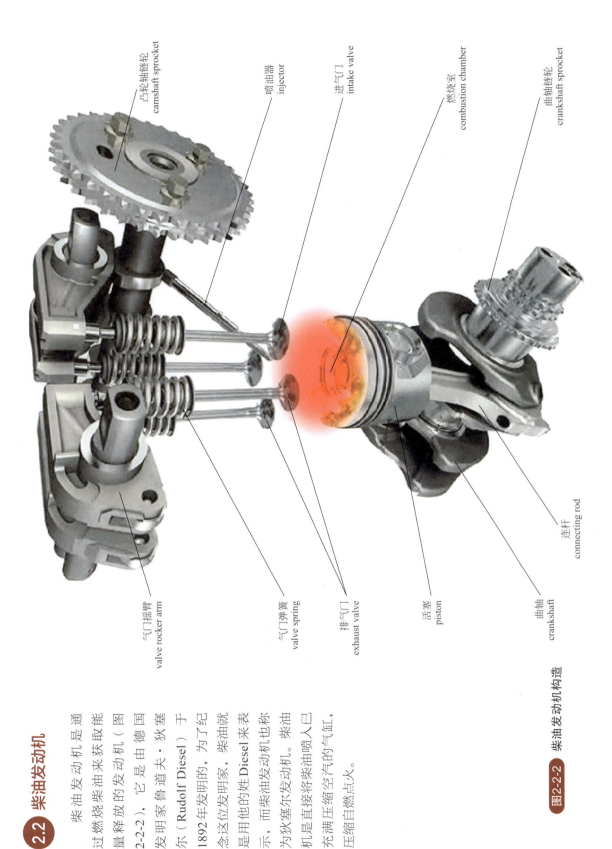

2.3 转子发动机

转子发动机又称为米勒循环发动机，由德国人菲加士·汪克尔（Felix Wankel）发明。转子发动机直接将可燃气的燃烧膨胀力转化为驱动扭矩。转子发动机的活塞是一个扁平三角形，气缸是一个扁盒子，活塞偏心地安装在空腔内。汽油燃烧产生的膨胀力作用在转子的侧面上，从而将三角形转子的三个面之一推向偏心轴的中心，在向心力和切向力的作用下，活塞在气缸内做行星旋转运动（图2-2-3）。

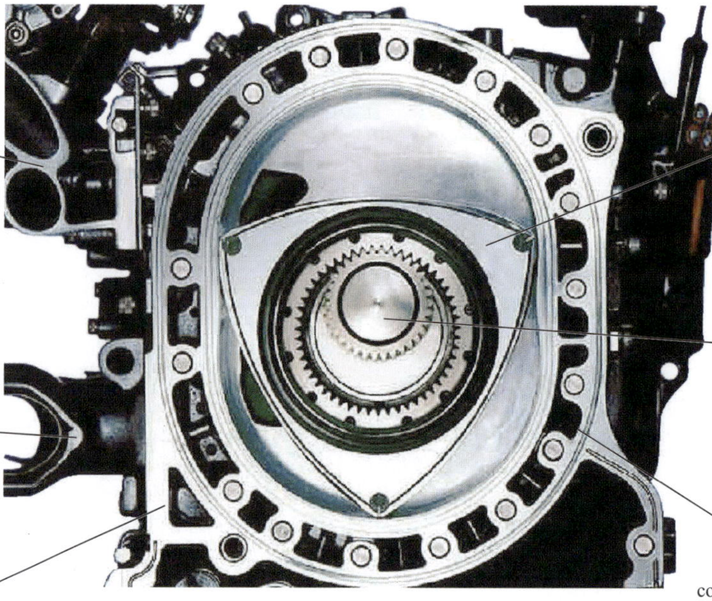

图2-2-3 转子发动机构造

第3章
发动机总体构造

汽油机由两大机构和五大系统组成，即由曲柄连杆机构、配气机构以及燃料供给系统、润滑系统、冷却系统、点火系统和启动系统组成；柴油机由两大机构和四大系统组成，即由曲柄连杆机构、配气机构以及燃料供给系统、润滑系统、冷却系统和启动系统组成，柴油机是压燃的，不需要点火系统。

3.1 曲柄连杆机构

曲柄连杆机构是发动机实现工作循环、完成能量转换的主要运动零件，它由机体组、活塞连杆组和曲轴飞轮组等组成（图2-3-1）。

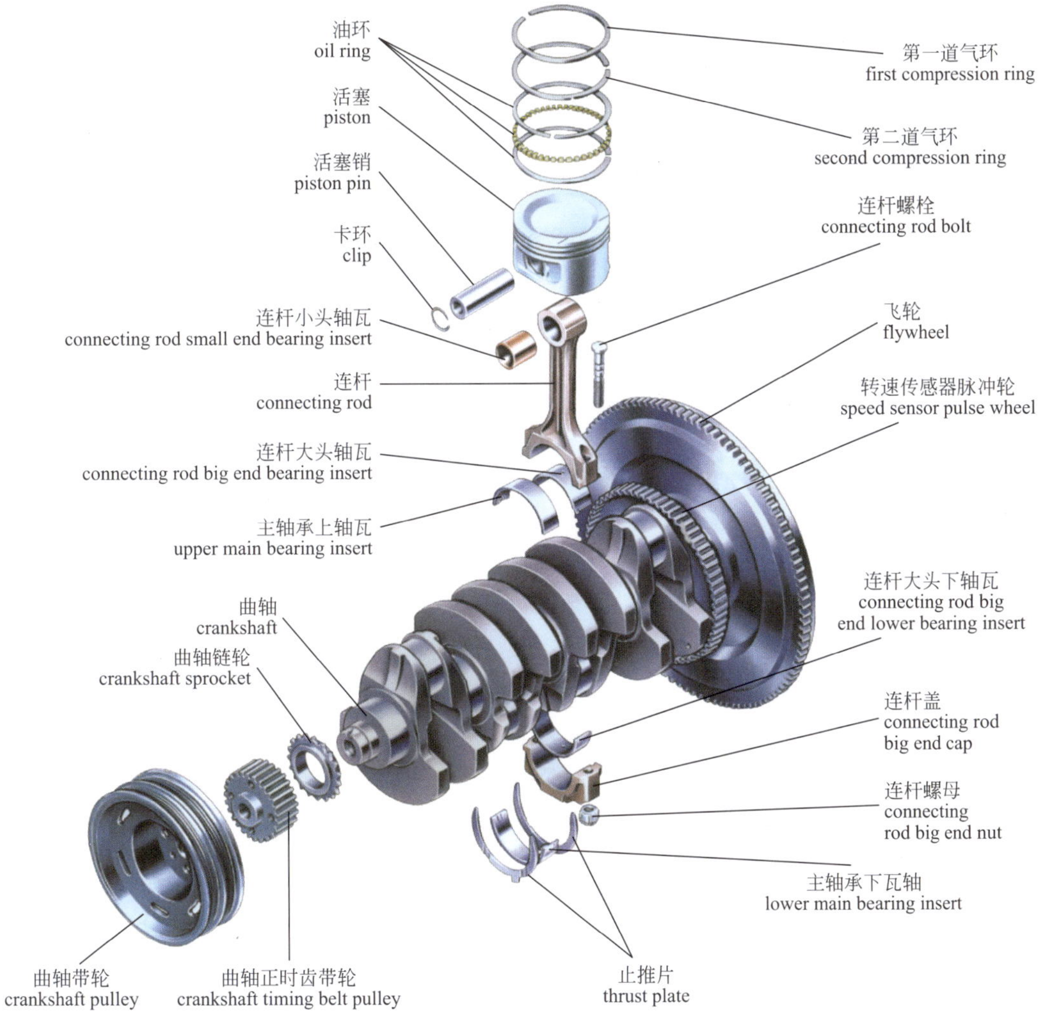

图2-3-1　曲柄连杆机构

3.2 配气机构

配气机构的功用是根据发动机的工作顺序和工作过程，定时开启和关闭进气门和排气门，使可燃混合气或空气进入气缸，并使废气从气缸内排出，实现换气过程（图2-3-2）。

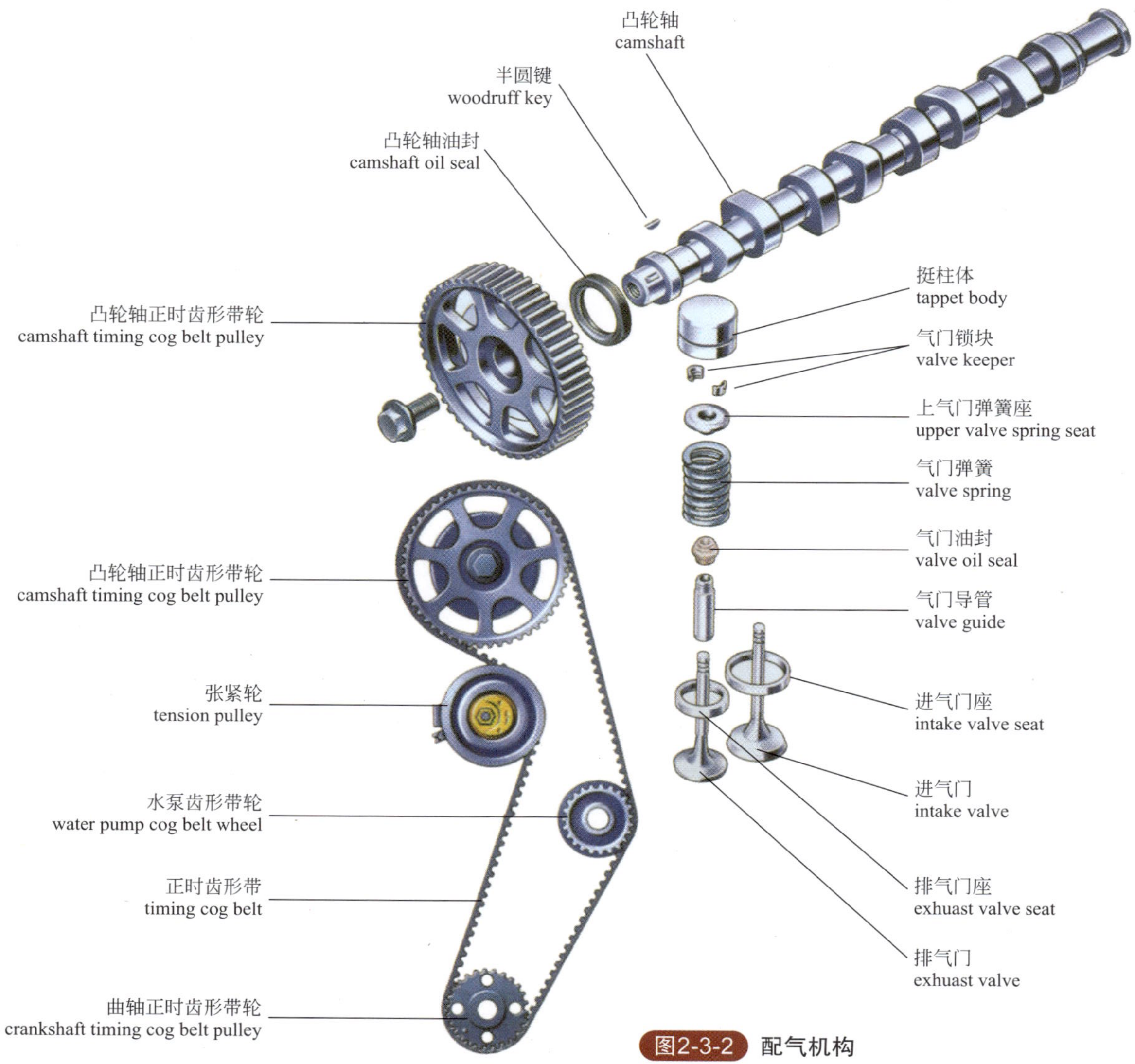

图2-3-2 配气机构

3.3 冷却系统

冷却系统的功用是将受热零件吸收的部分热量及时散发出去，保证发动机在最适宜的温度状态下工作（图2-3-3）。

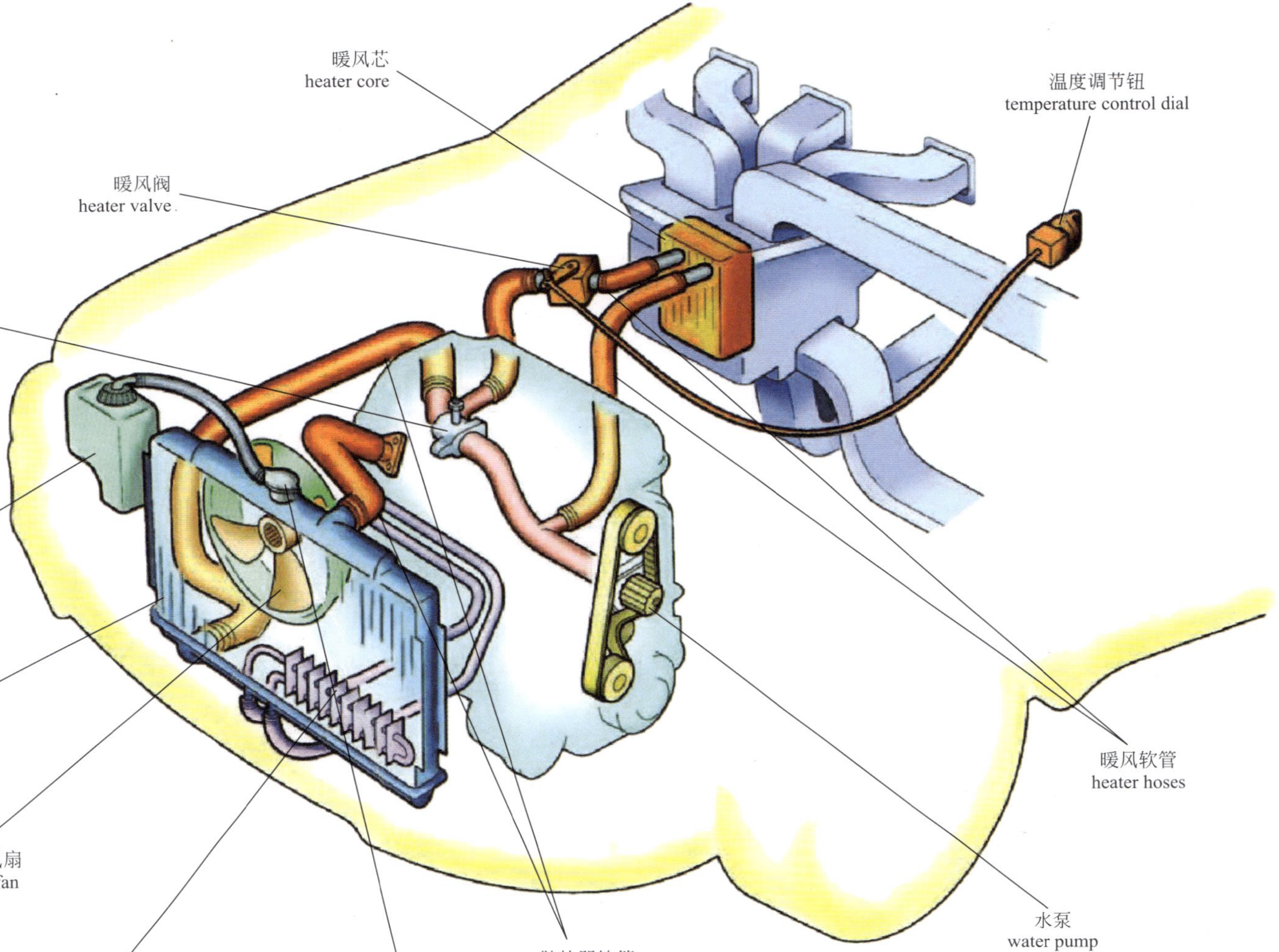
暖风芯
heater core
温度调节钮
temperature control dial
暖风阀
heater valve
节温器壳体
thermostat housing
冷却液储液罐
coolant reservoir
散热器
radiator
散热器风扇
radiator fan
变速器冷却器
transmission cooler
散热器盖
radiator cap
散热器软管
radiator hoses
水泵
water pump
暖风软管
heater hoses

图2-3-3 冷却系统

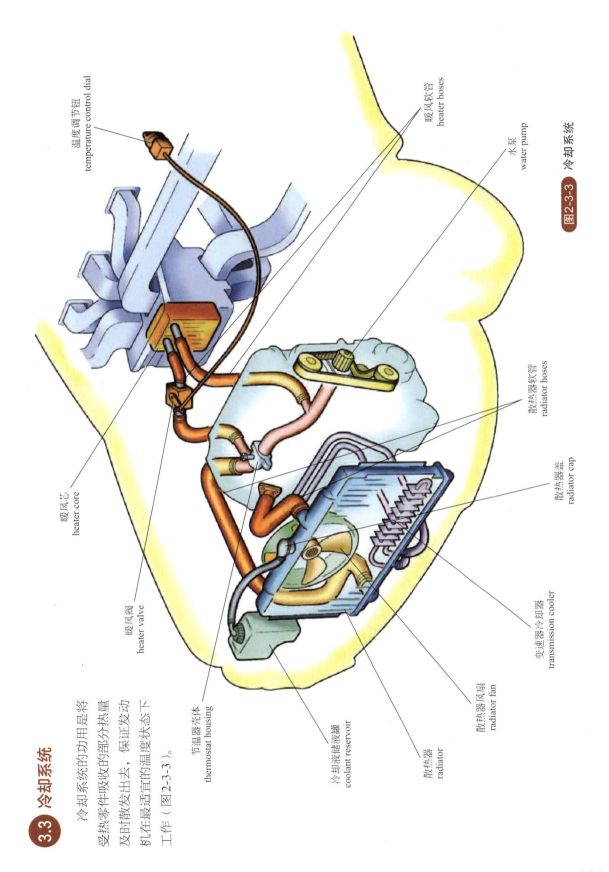

3.4 燃料供给系统

汽油机燃料供给系统的功用是根据发动机的要求，配制出一定数量和浓度的混合气，输入气缸，并将燃烧后的废气从气缸内排出到大气中去；柴油机燃料供给系统的功用是把柴油和空气分别输入气缸，在燃烧室内形成混合气并燃烧，最后将燃烧后的废气排出（图2-3-4）。

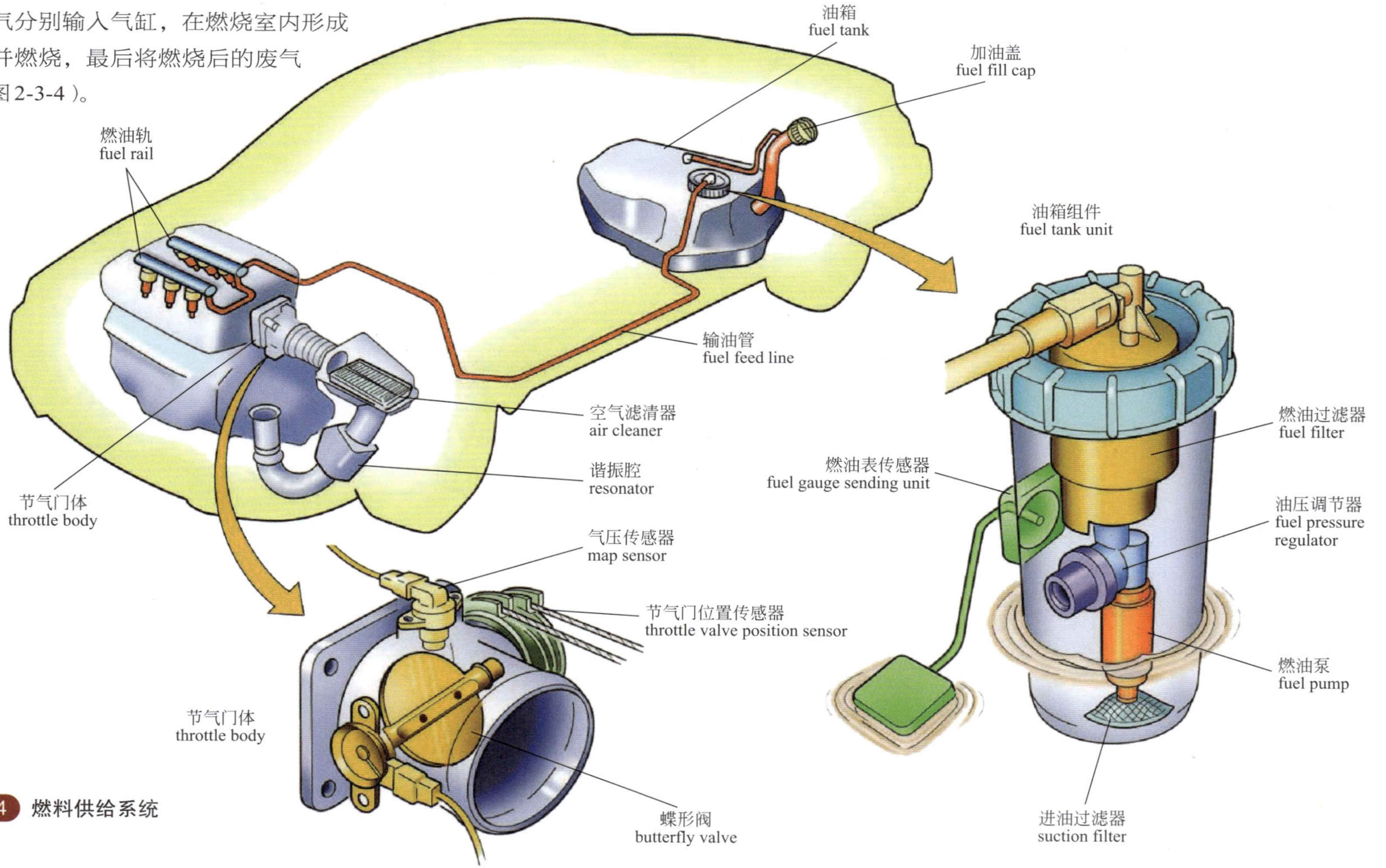

图2-3-4 燃料供给系统

3.5 润滑系统

润滑系统的功用是向做相对运动的零件表面输送定量的清洁润滑油，减小摩擦阻力，减轻机件的磨损，并对零件表面进行清洗和冷却（图2-3-5）。

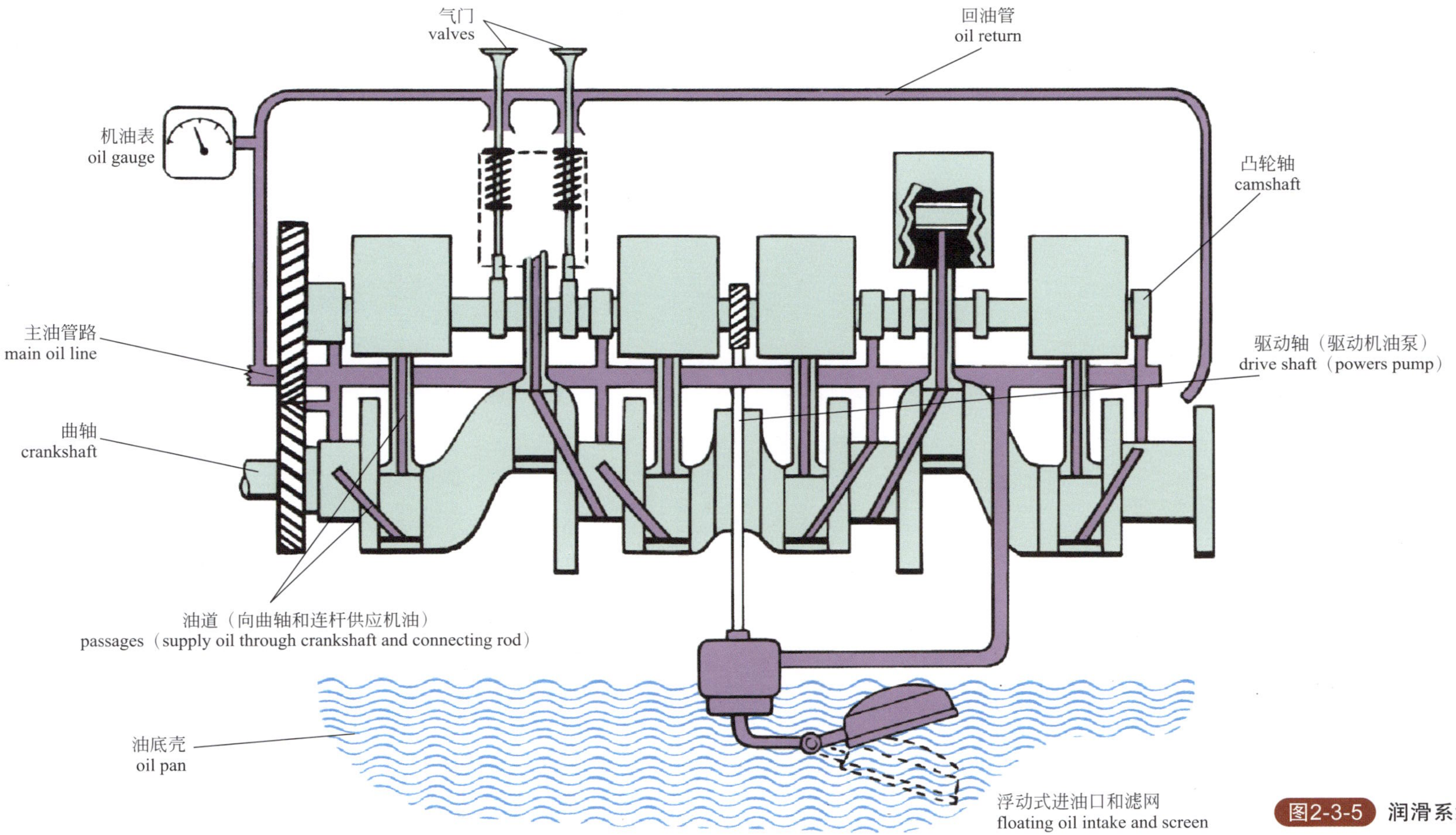

图2-3-5 润滑系统

3.6 点火系统

在汽油机中，气缸内的可燃混合气是靠电火花点燃的，为此在汽油机的气缸盖上装有火花塞，火花塞头部伸入燃烧室内。能够按时在火花塞电极间产生电火花的全部设备称为点火系统，点火系统通常由蓄电池、发电机、分电器、点火线圈和火花塞等组成（图2-3-6）。

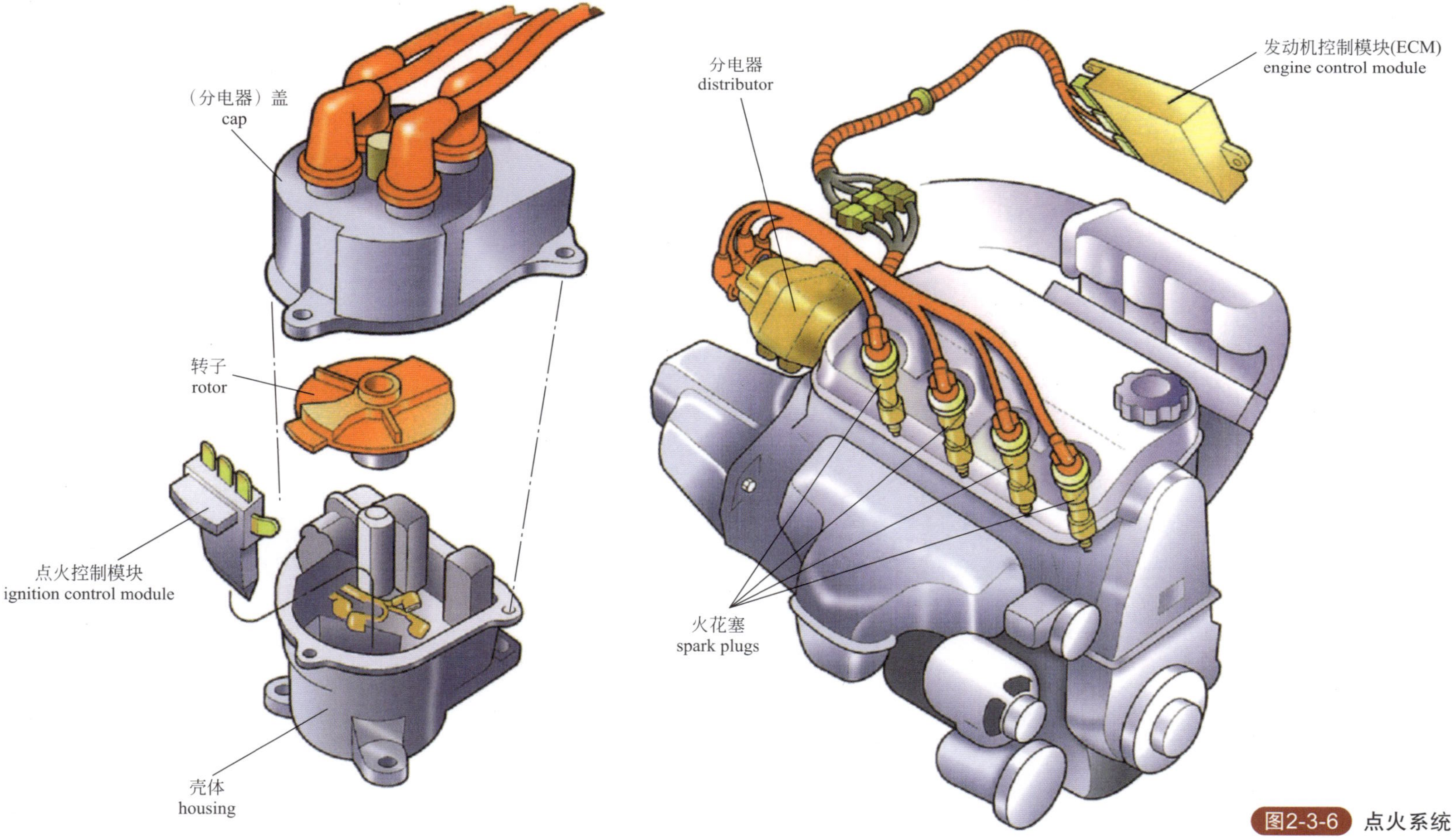

图2-3-6 点火系统

3.7 启动系统和充电系统

启动系统由蓄电池、点火开关、启动继电器、起动机等组成。启动系统的功用是通过起动机将蓄电池的电能转换成机械能，启动发动机运转（图2-3-7）。

充电系统由发电机、调节器、蓄电池以及充电指示灯等组成，是汽车用电设备的电源。

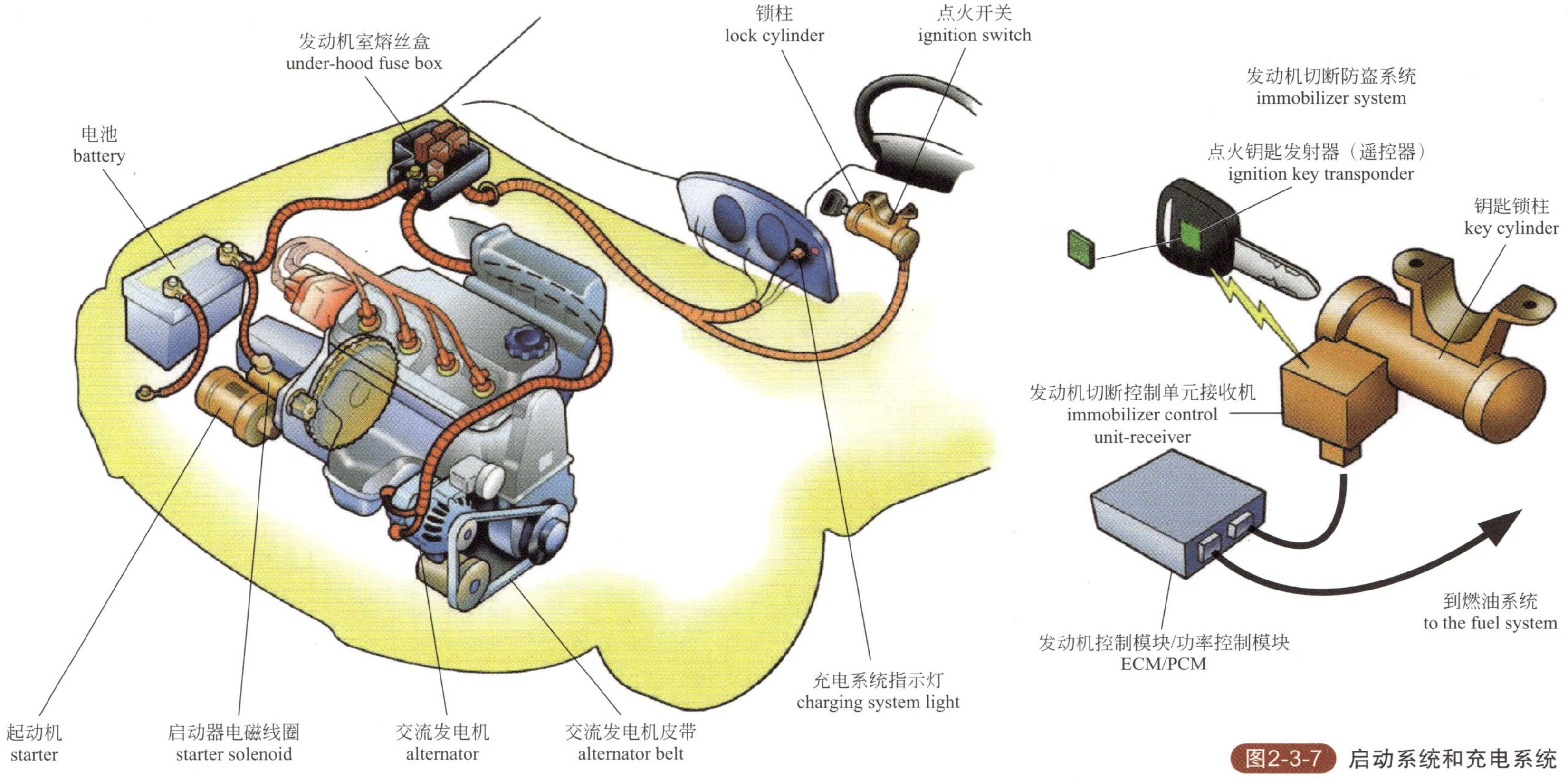

图2-3-7 启动系统和充电系统

第4章 发动机工作原理

4.1 四冲程汽油发动机工作原理

发动机之所以能源源不断地提供动力，得益于气缸内的进气、压缩、做功、排气这四个行程有条不紊地循环运作（图2-4-1）。

进气行程，活塞从气缸内上止点移动至下止点时，进气门打开，排气门关闭，新鲜的空气和汽油混合气被吸入气缸内。

压缩行程，进、排气门关闭，活塞从下止点移动至上止点，将混合气体压缩至气缸顶部，以提高混合气的温度，为做功行程做准备。

做功行程，火花塞将压缩的气体点燃，混合气体在气缸内发生“爆炸”产生巨大压力，将活塞从上止点推至下止点，通过连杆推动曲轴旋转。

排气行程，活塞从下止点移至上止点，此时进气门关闭，排气门打开，将燃烧后的废气通过排气歧管排出气缸外。

汽油在气缸内燃烧如图2-4-2所示。

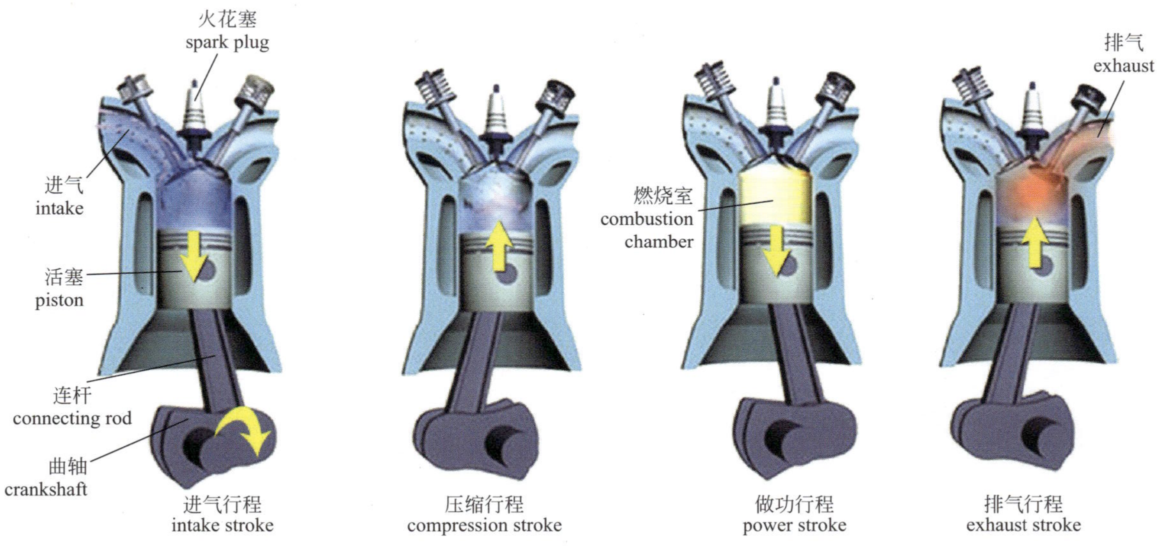

图2-4-1 四冲程汽油发动机工作原理

图2-4-2 汽油在气缸内燃烧

4.2 四冲程柴油发动机工作原理

四冲程柴油机和汽油机一样，每个工作循环也是由进气行程、压缩行程、做功行程和排气行程组成（图2-4-3）。由于柴油机以柴油作燃料，与汽油相比，柴油自燃温度低、黏度大、不易蒸发，因而柴油机采用压缩终点自燃着火。

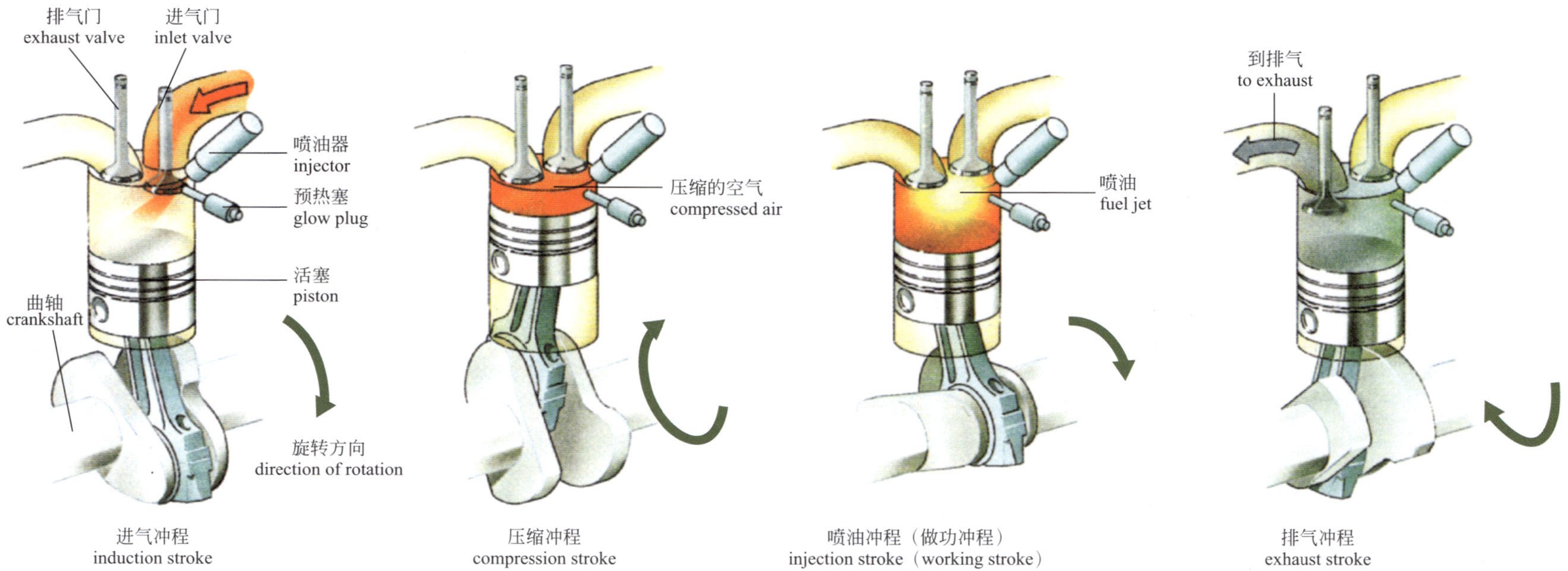

图2-4-3 四冲程柴油发动机工作原理

4.3 二冲程汽油发动机工作原理

发动机气缸体上有三个孔，即进气孔、排气孔和换气孔，这三个孔分别在一定时刻由活塞关闭（图2-4-4）。其工作循环包含的两个冲程如下。

第一冲程：活塞自下止点向上移动，三个气孔同时被关闭后，进入气缸的混合气被压缩；在进气孔露出时，可燃混合气流入曲轴箱。

第二冲程：活塞压缩到上止点附近时，火花塞点燃可燃混合气，燃气膨胀推动活塞下移做功。这时进气孔关闭，密闭在曲轴箱内的可燃混合气被压缩；当活塞接近下止点时排气孔开启，废气冲出；随后换气孔开启，受预压的可燃混合气冲入气缸，驱除废气，进行换气行程。

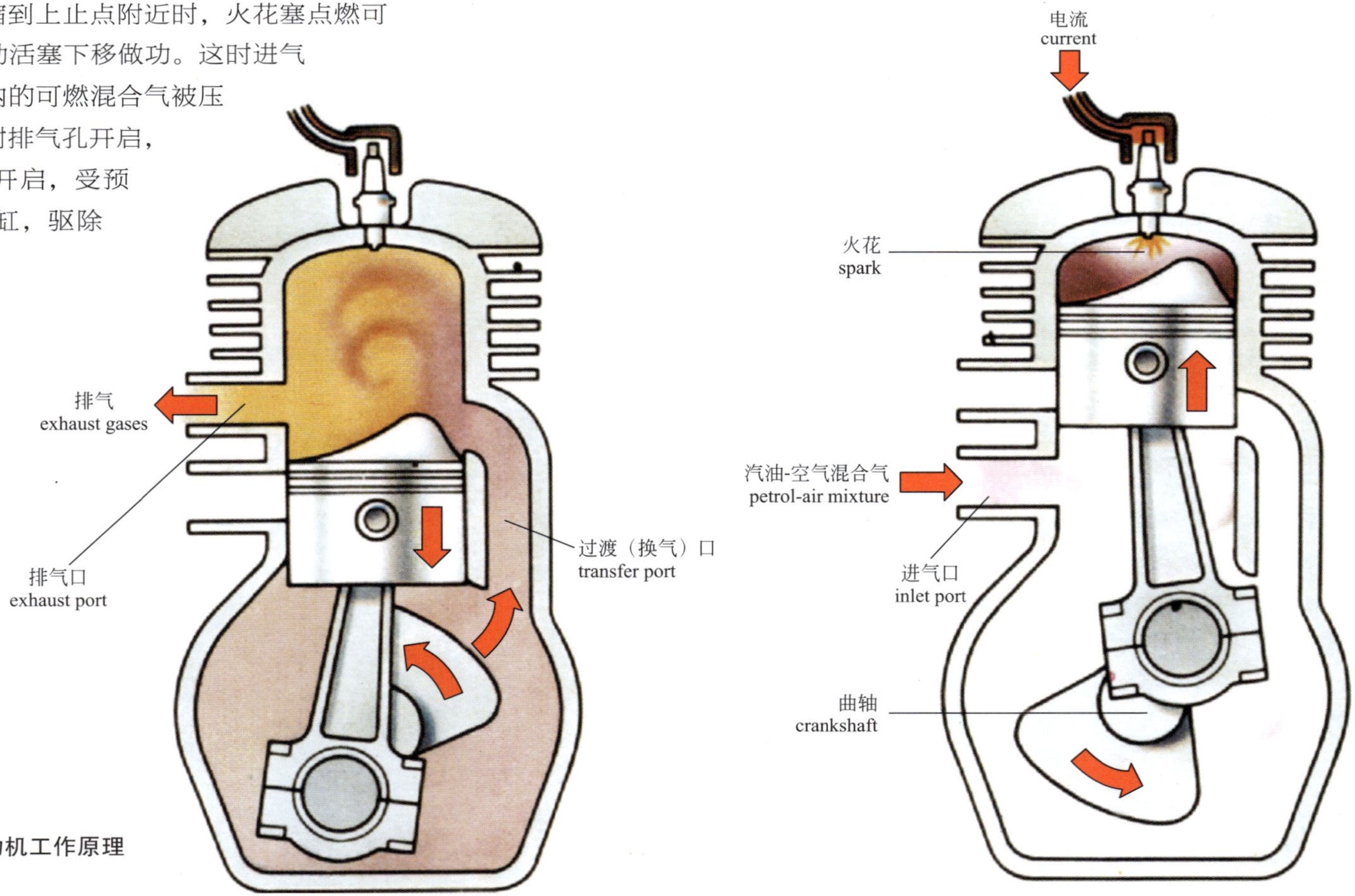

图2-4-4 二冲程汽油发动机工作原理

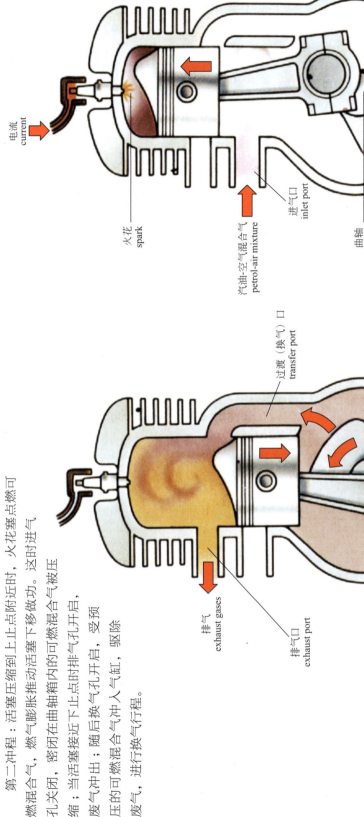

4.4 转子发动机工作原理

壳体的内部空间（或旋轮线室）总是被分成三个工作室（图2-4-5）。在转子的运动过程中，三个工作室的容积不停地变动，在摆线形缸体内相继完成进气、压缩、燃烧和排气四个行程。每个行程都是在摆线形缸体中的不同位置进行。

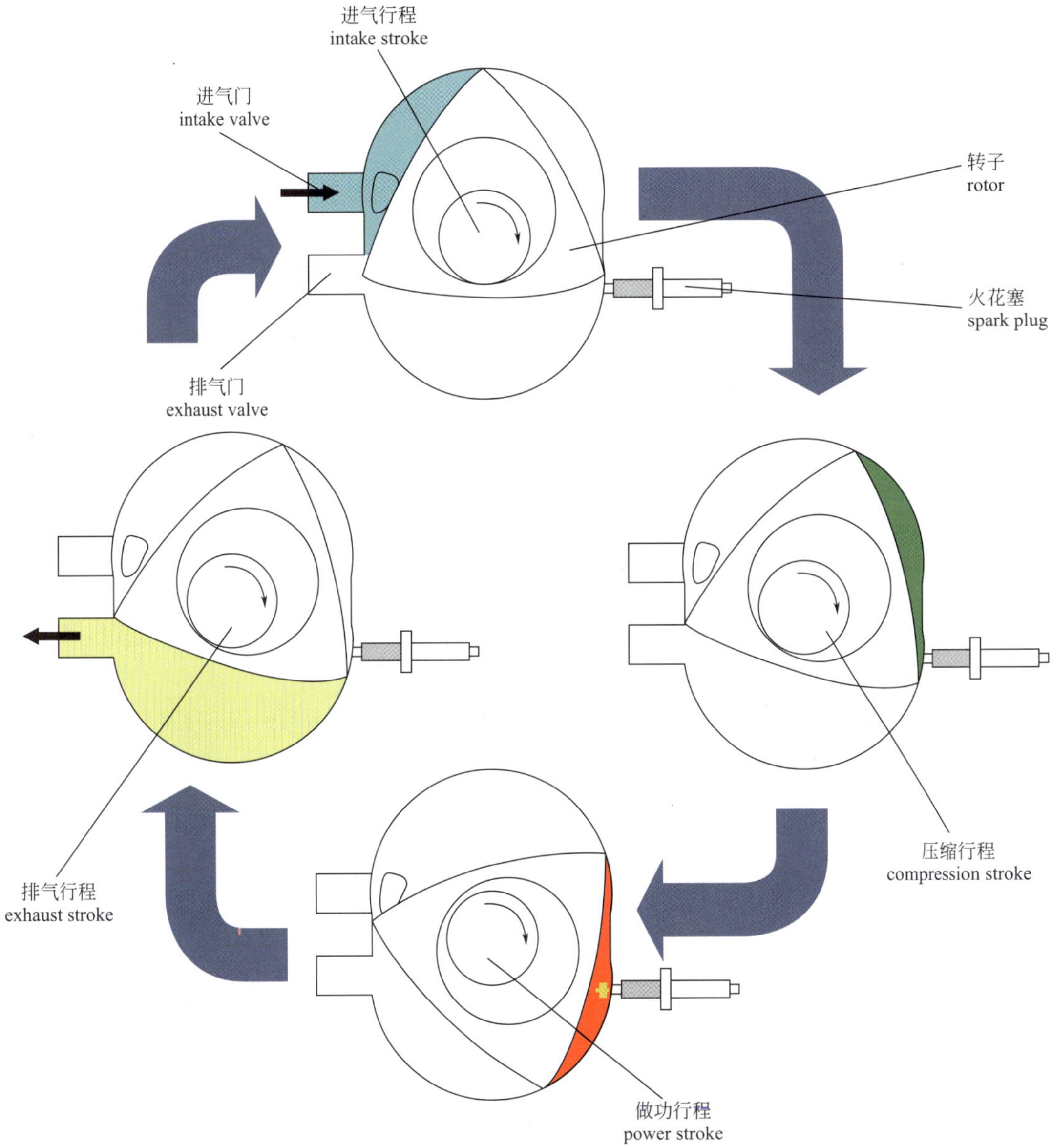

图2-4-5 转子发动机工作原理

第5章 发动机术语

5.1 上止点与下止点（图2-5-1）

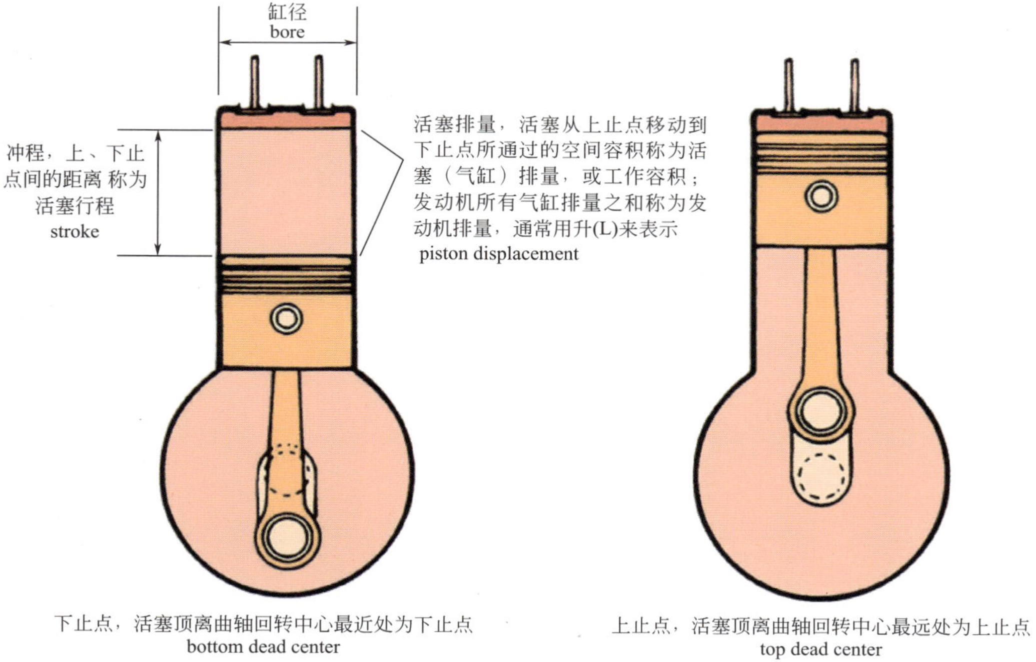
缸径
bore
冲程，上、下止点间的距离称为活塞行程
stroke
活塞排量，活塞从上止点移动到下止点所通过的空间容积称为活塞（气缸）排量，或工作容积；发动机所有气缸排量之和称为发动机排量，通常用升(L)来表示
piston displacement
下止点，活塞顶离曲轴回转中心最近处为下止点
bottom dead center
上止点，活塞顶离曲轴回转中心最远处为上止点
top dead center

图2-5-1 上止点与下止点

5.2 燃烧室容积（图2-5-2）

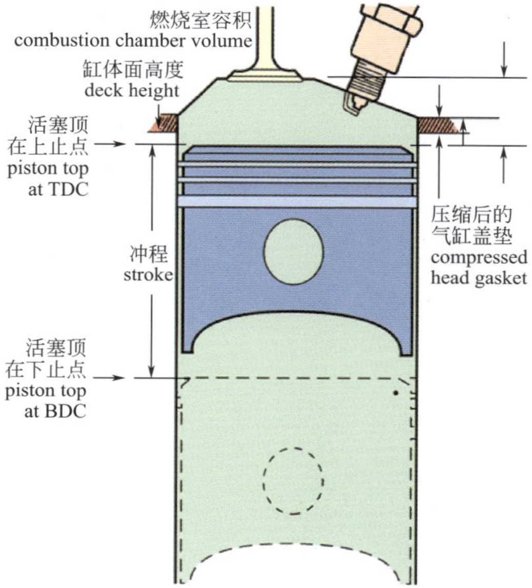
燃烧室容积
combustion chamber volume
缸体面高度
deck height
活塞顶在上止点
piston top at TDC
冲程
stroke
活塞顶在下止点
piston top at BDC
压缩后的气缸盖垫
compressed head gasket

图2-5-2 燃烧室容积

5.3 压缩比（图2-5-3）

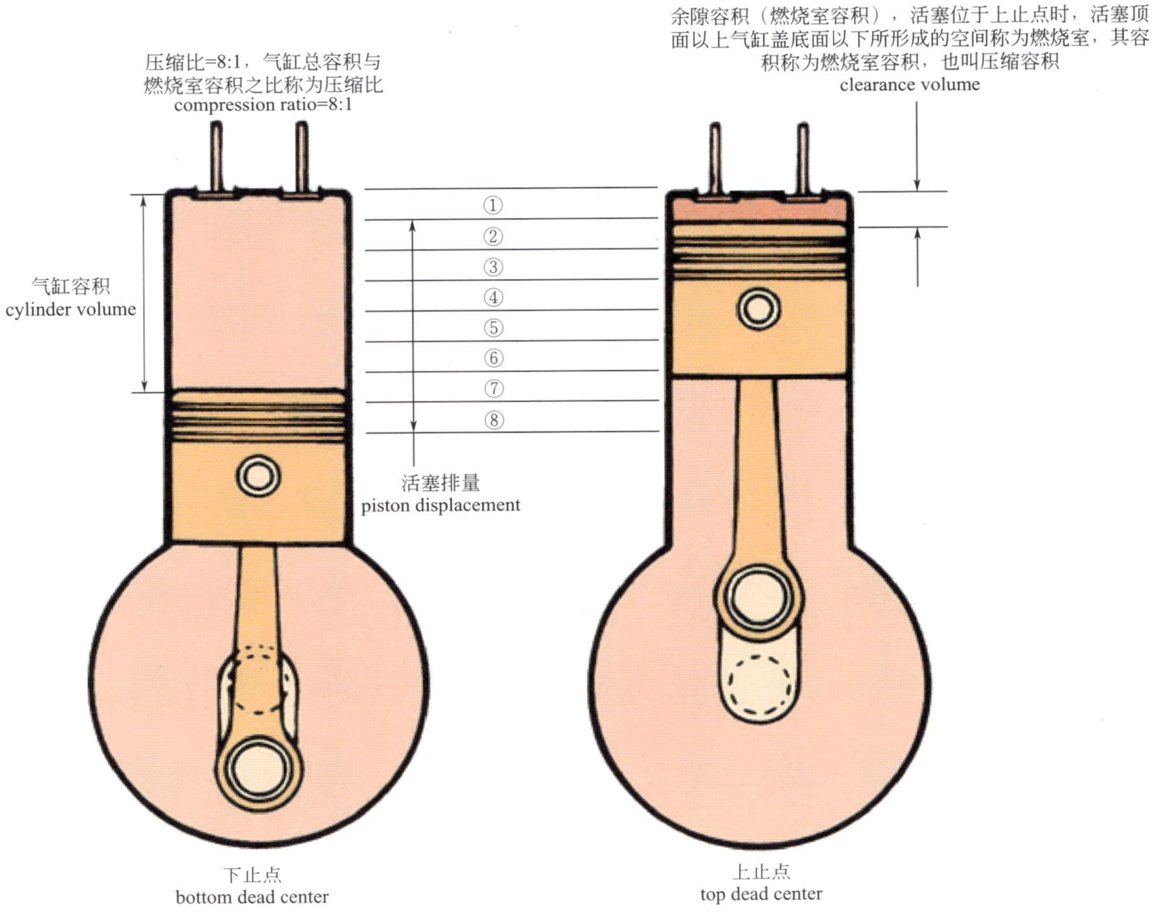

图2-5-3 压缩比

第6章 机体组

6.1 概述

现代汽车发动机机体组主要由机体、气缸盖、气缸盖罩、气缸衬垫、主轴承盖以及油底壳等组成（图2-6-1）。机体组是发动机的支架，是曲柄连杆机构、配气机构和发动机各系统主要零部件的装配基体。气缸盖用来封闭气缸顶部，并与活塞顶和气缸壁一起形成燃烧室。

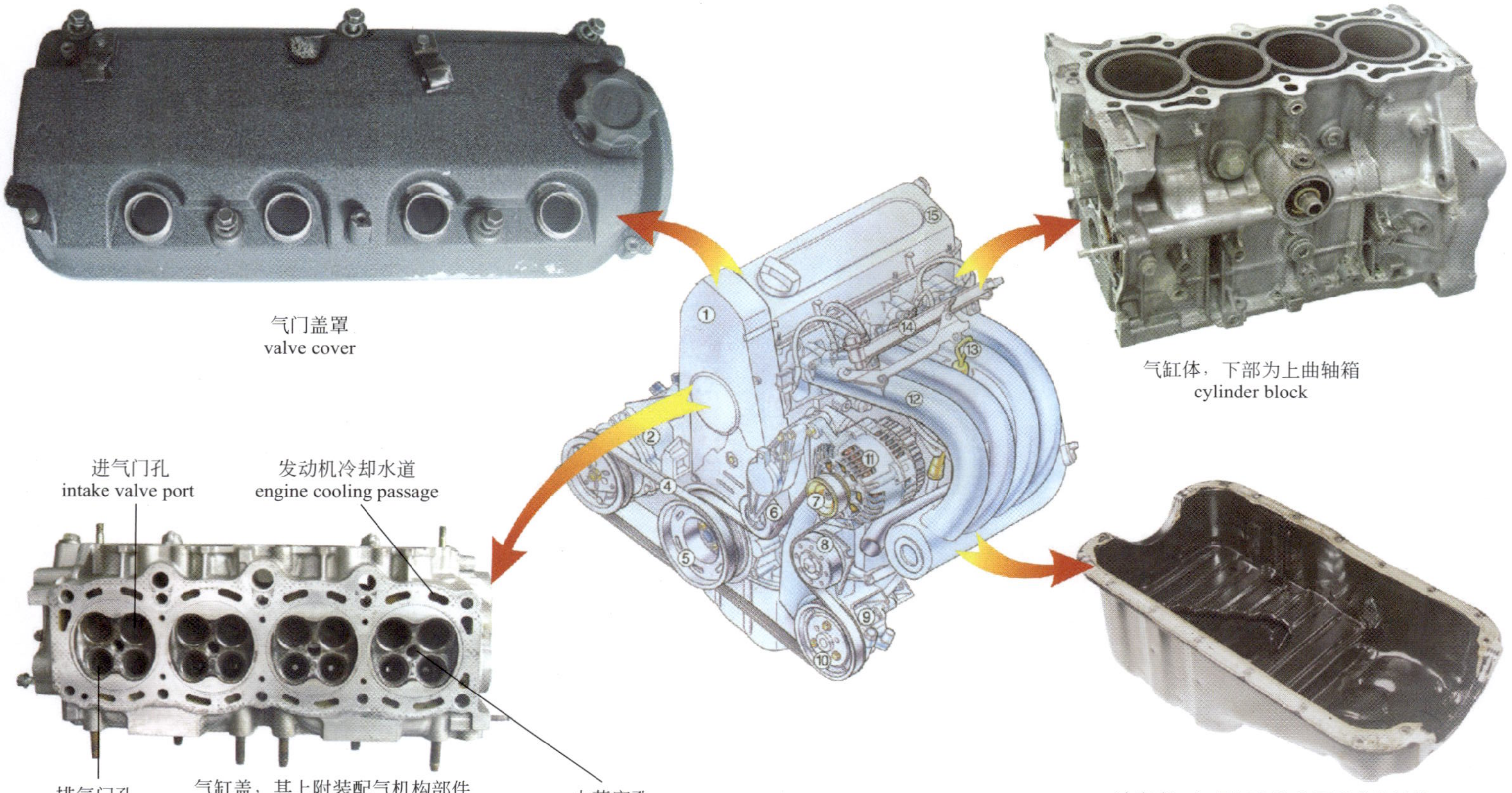

图2-6-1 机体组部件

6.2 气缸盖

气缸盖用来封闭气缸并构成燃烧室（图2-6-2）。气缸盖铸有水套、进水孔、出水孔、火花塞孔、螺栓孔、燃烧室等。

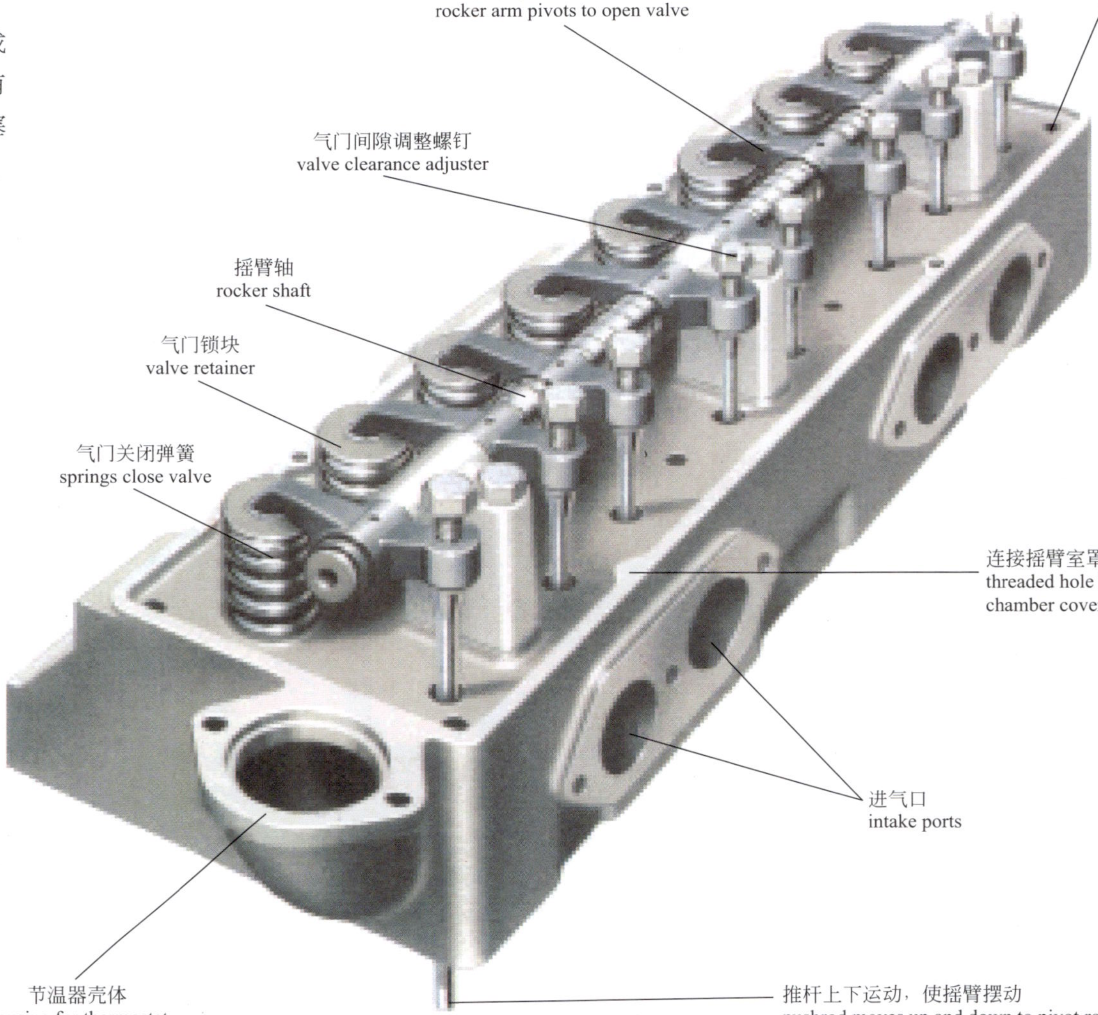

图2-6-2 气缸盖

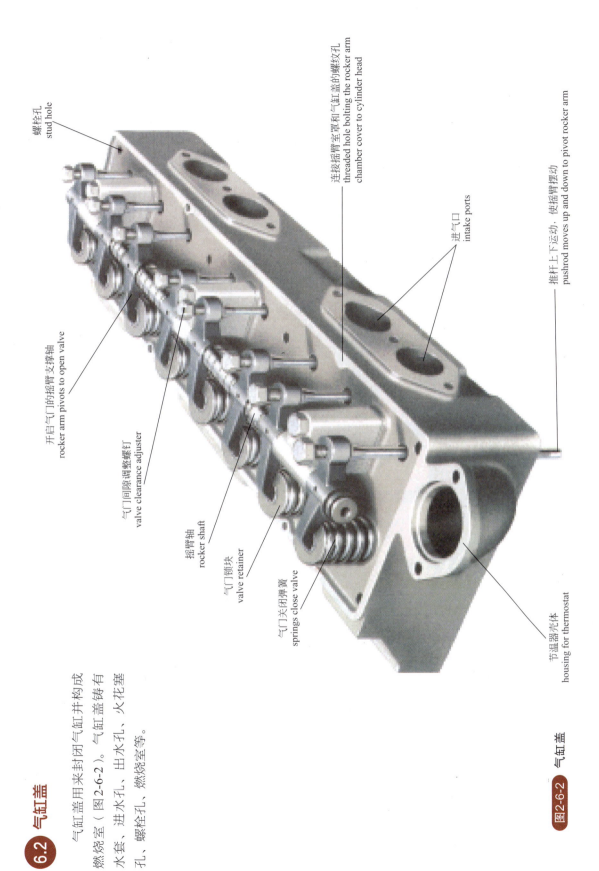

6.3 气缸体

气缸体是发动机的主体，它将各个气缸和曲轴箱连成一体，是安装活塞、曲轴以及其他零件和附件的支承骨架（图2-6-3）。

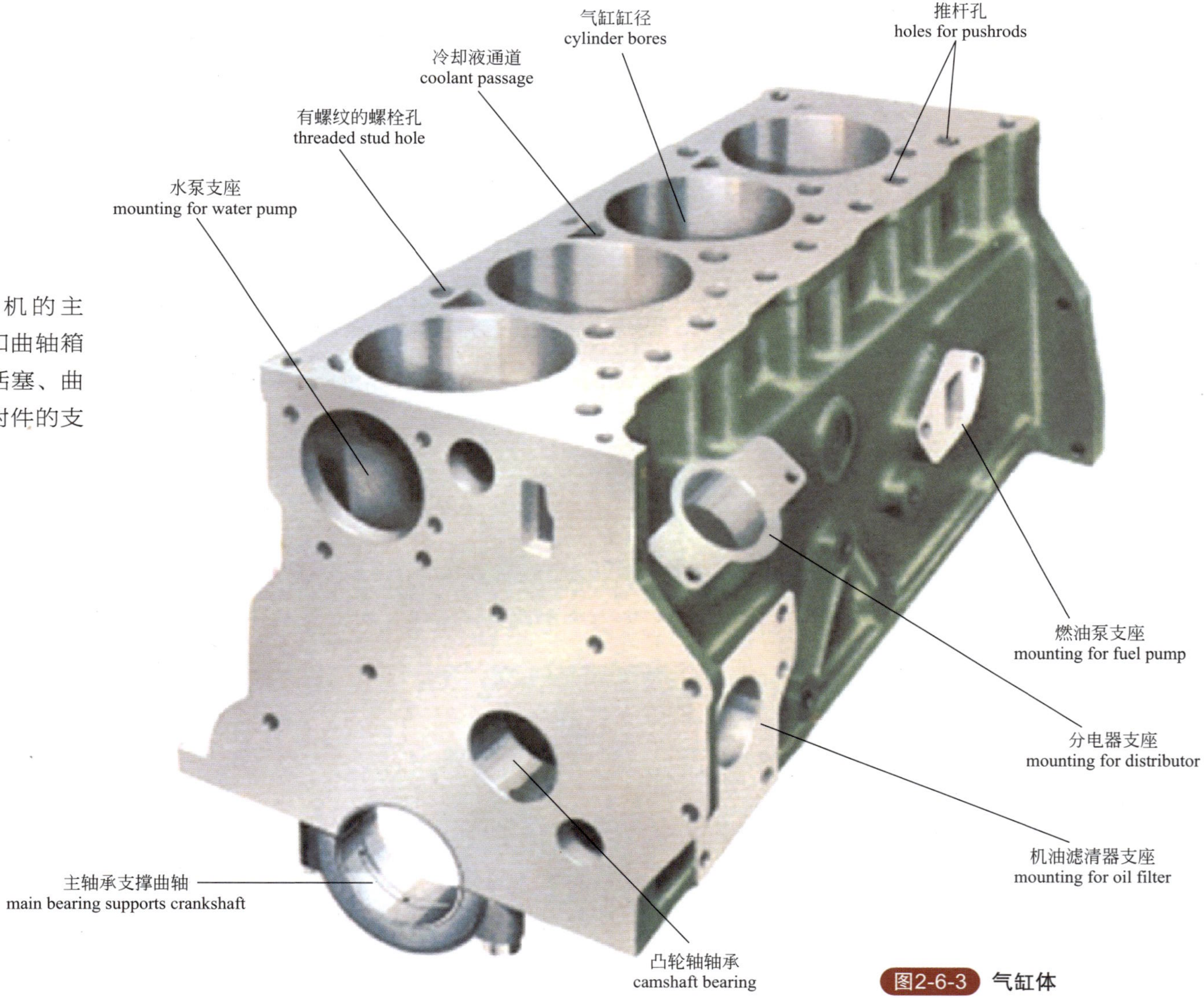

图2-6-3 气缸体

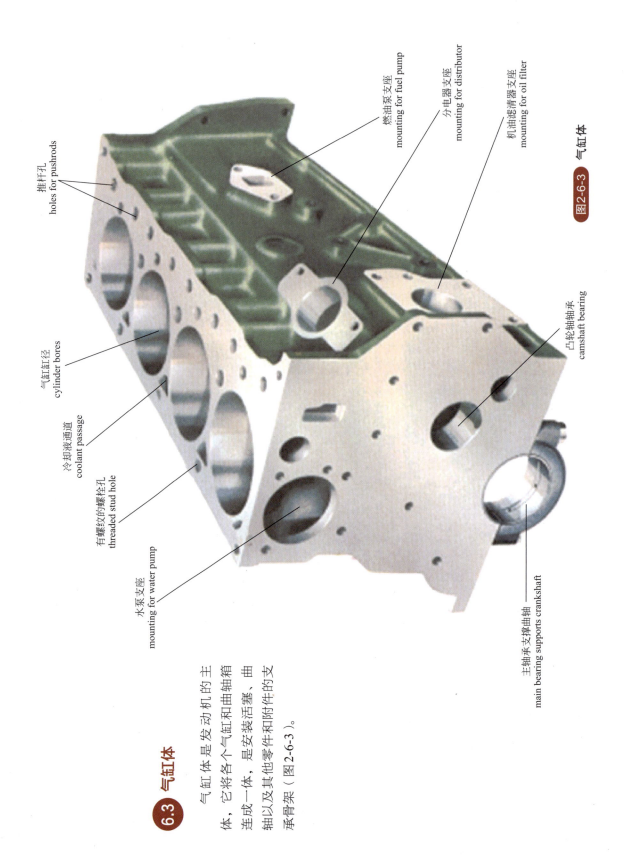

6.4 气缸垫

气缸垫位于气缸盖与气缸体之间，其功用是填补气缸体和气缸盖之间的微观孔隙，保证结合面处有良好的密封性，进而保证燃烧室的密封，防止气缸漏气和水套漏水（图2-6-4）。

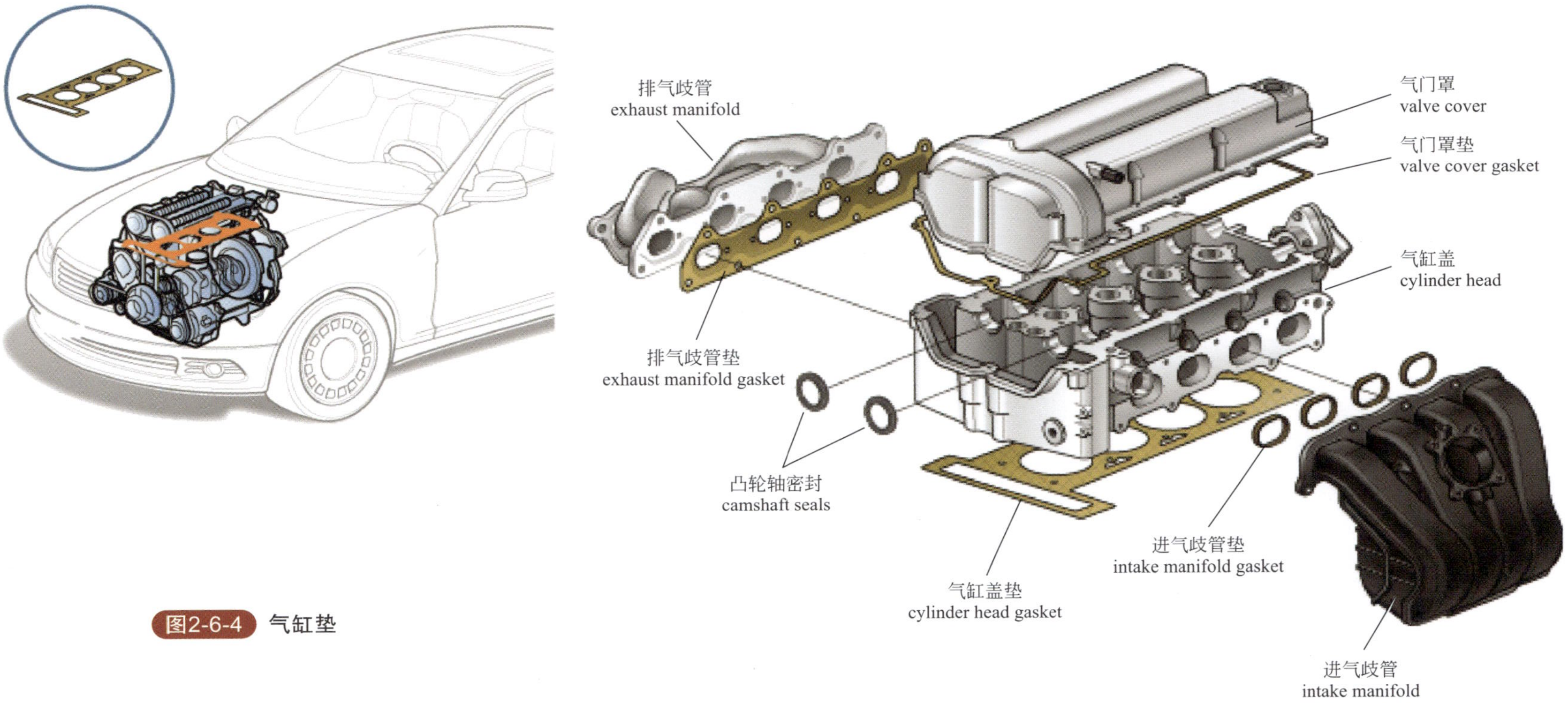

图2-6-4 气缸垫

第7章 活塞连杆组件

7.1 概述

活塞连杆组是发动机的传动件，它把燃烧气体的压力传给曲轴，使曲轴旋转并输出动力。活塞连杆组主要由活塞、活塞环、活塞销及连杆等组成（图2-7-1）。

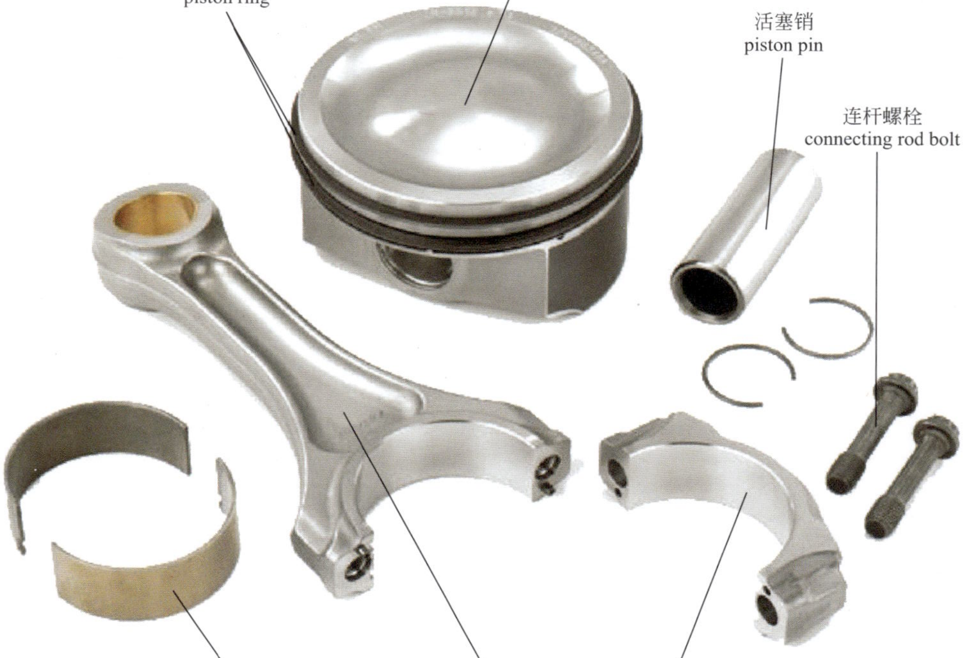

图2-7-1 活塞连杆组件

7.2 活塞

活塞的主要功用是承受燃烧气体压力，并将此力通过活塞销传给连杆以推动曲轴旋转，此外活塞顶部与气缸盖、气缸壁共同组成燃烧室（图2-7-2）。活塞是发动机中工作条件最严酷的零件，作用在活塞上的有气体力和往复惯性力。

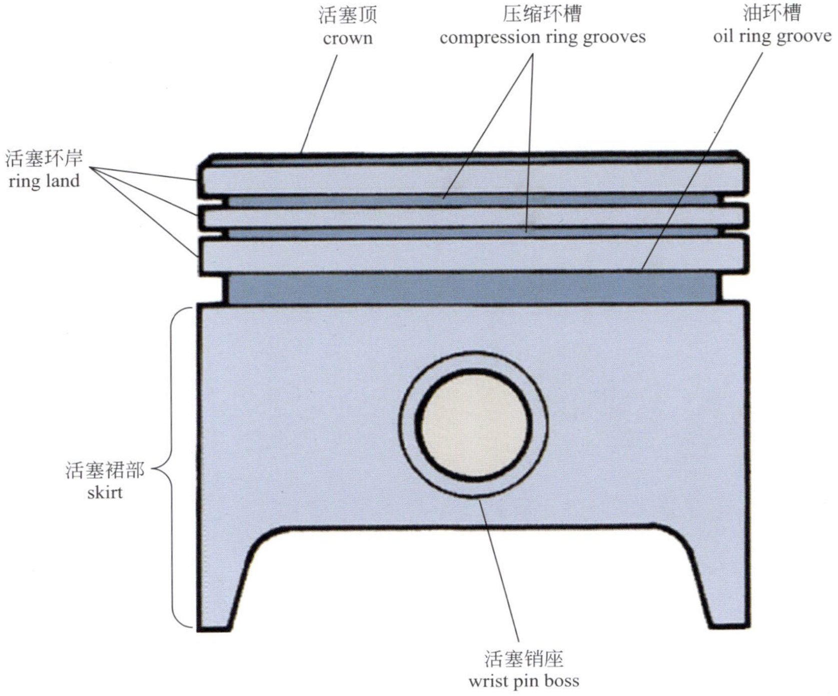

图2-7-2 活塞

7.3 连杆

连杆组包括连杆体、连杆盖、连杆螺栓和连杆轴承等零件。连杆组的功用是将活塞承受的力传给曲轴，并将活塞的往复运动转变为曲轴的旋转运动（图2-7-3）。连杆小头与活塞销连接，同活塞一起做往复运动；连杆大头与曲柄销连接，同曲轴一起做旋转运动，因此在发动机工作时连杆在做复杂的平面运动。

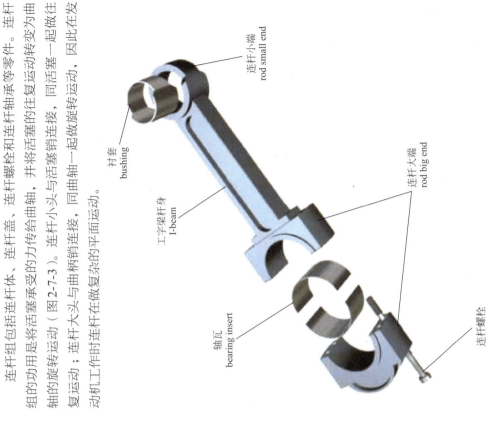

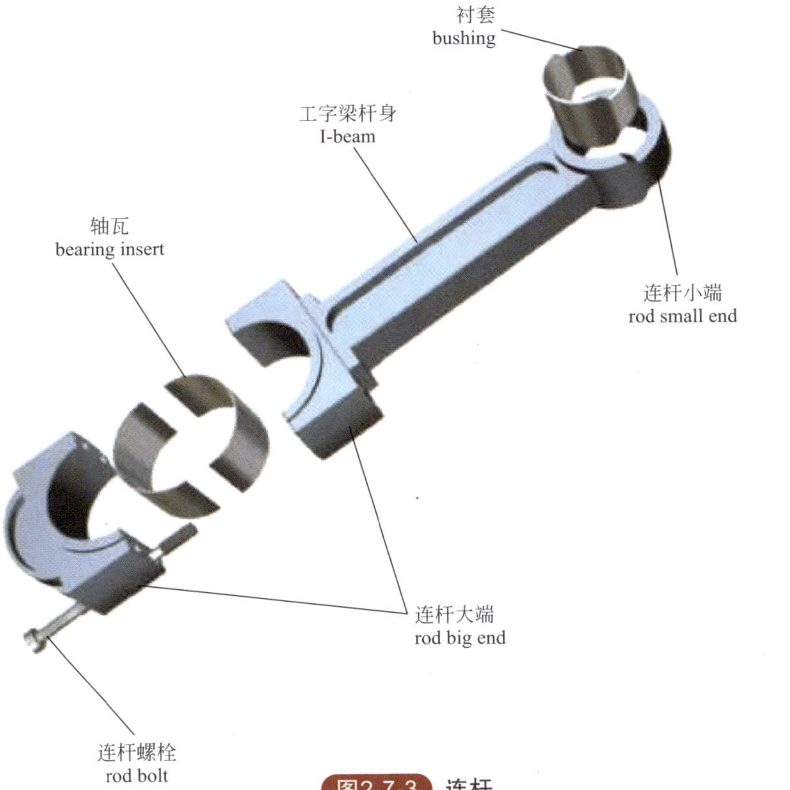

图2-7-3 连杆

第8章 曲轴飞轮组

8.1 概述

曲轴飞轮组包括曲轴、飞轮、扭转减振器、平衡轴。曲轴飞轮组的作用是把活塞的往复运动转变为曲轴的旋转运动，为汽车的行驶和其他需要动力的机构输出扭矩；同时还储存能量，用以克服非做功行程的阻力，使发动机运转平稳（图2-8-1）。

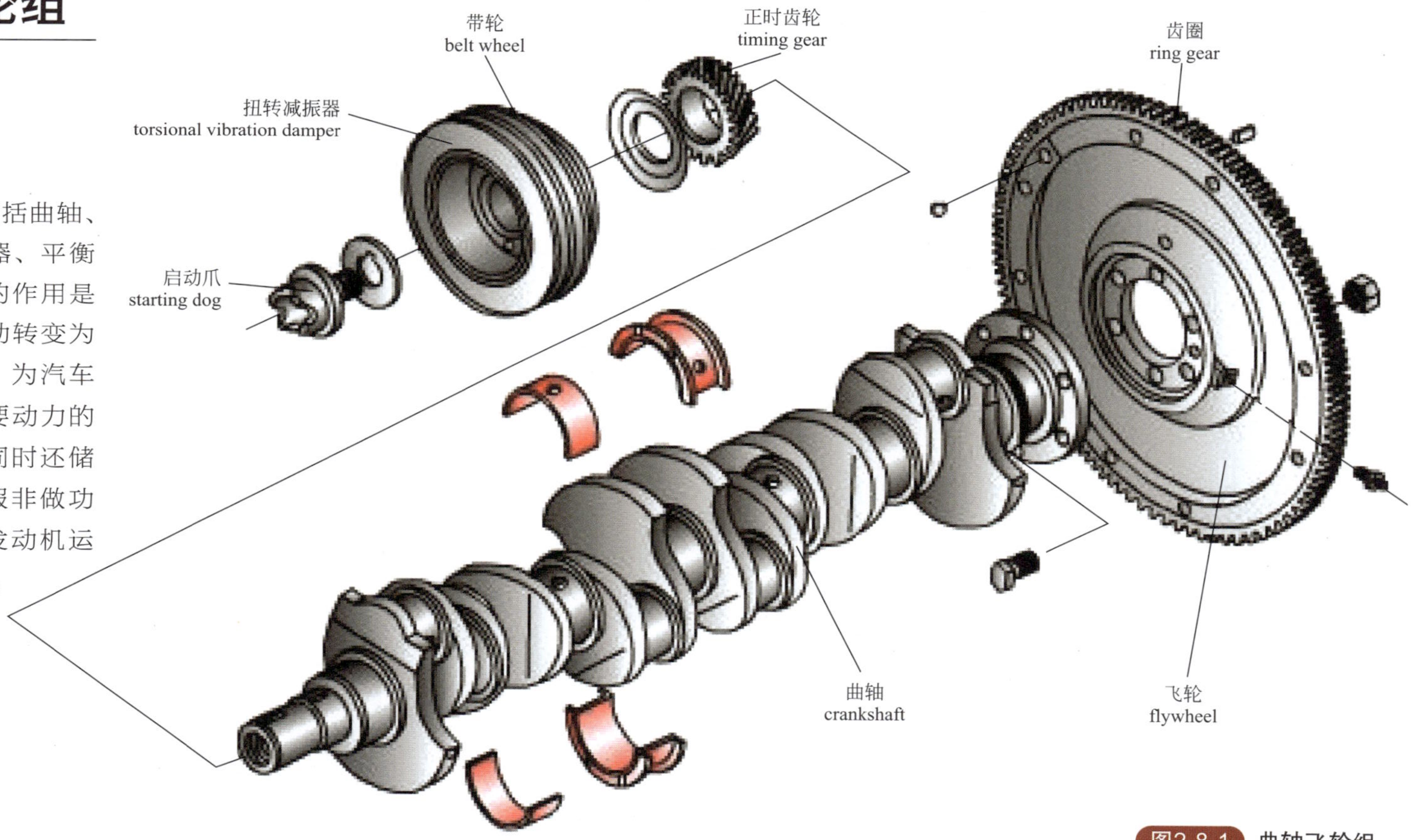

图2-8-1　曲轴飞轮组

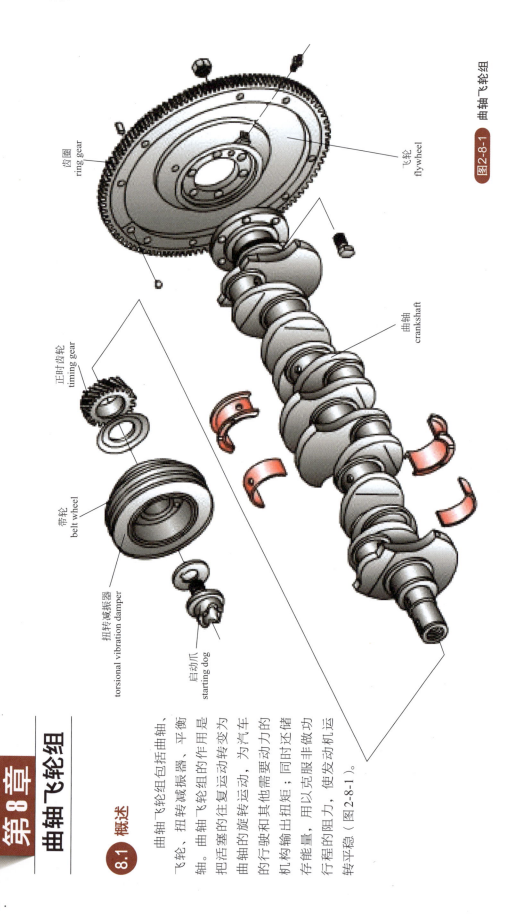

8.2 曲轴的功用

曲轴的功用是把活塞、连杆传来的气体力转变为转矩，用以驱动汽车的传动系统和发动机的配气机构以及其他辅助装置（图2-8-2）。曲轴在周期性变化的气体力、惯性力及其力矩的共同作用下工作，承受弯曲和扭转交变载荷。

曲轴术语如图2-8-3所示。

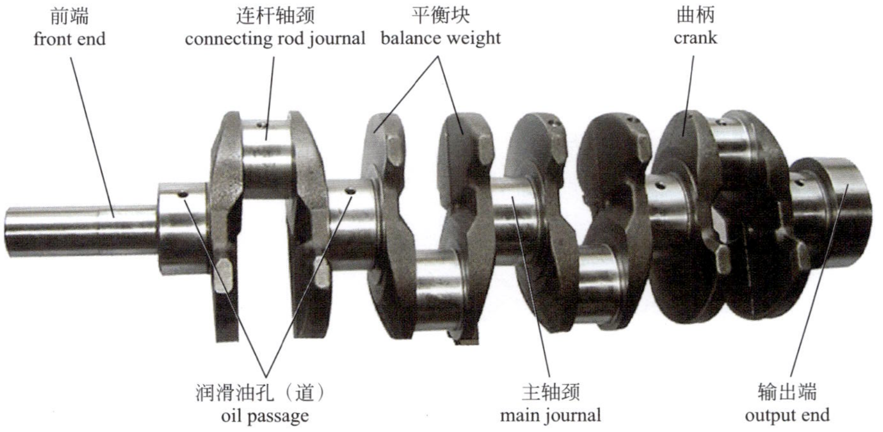
前端
front end
连杆轴颈
connecting rod journal
平衡块
balance weight
曲柄
crank
润滑油孔（道）
oil passage
主轴颈
main journal
输出端
output end

图2-8-2 曲轴

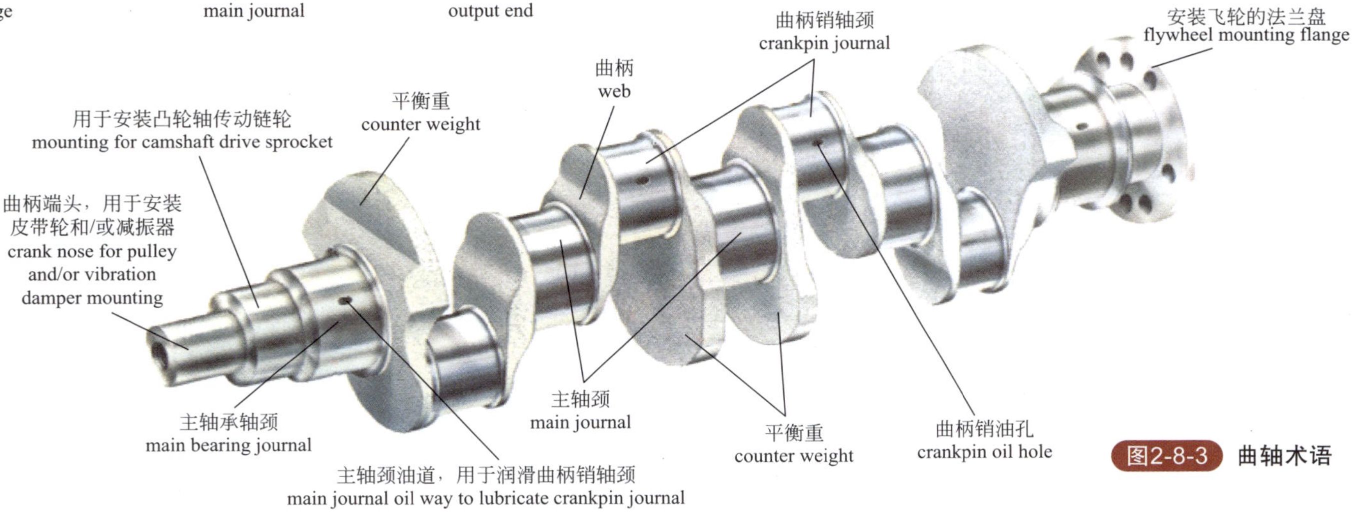
安装飞轮的法兰盘
flywheel mounting flange
曲柄销轴颈
crankpin journal
曲柄
web
平衡重
counter weight
用于安装凸轮轴传动链轮
mounting for camshaft drive sprocket
曲柄端头，用于安装
皮带轮和/或减振器
crank nose for pulley
and/or vibration
damper mounting
主轴承轴颈
main bearing journal
主轴颈油道，用于润滑曲柄销轴颈
main journal oil way to lubricate crankpin journal
主轴颈
main journal
平衡重
counter weight
曲柄销油孔
crankpin oil hole

图2-8-3 曲轴术语

8.3 曲轴的安装位置（图2-8-4）

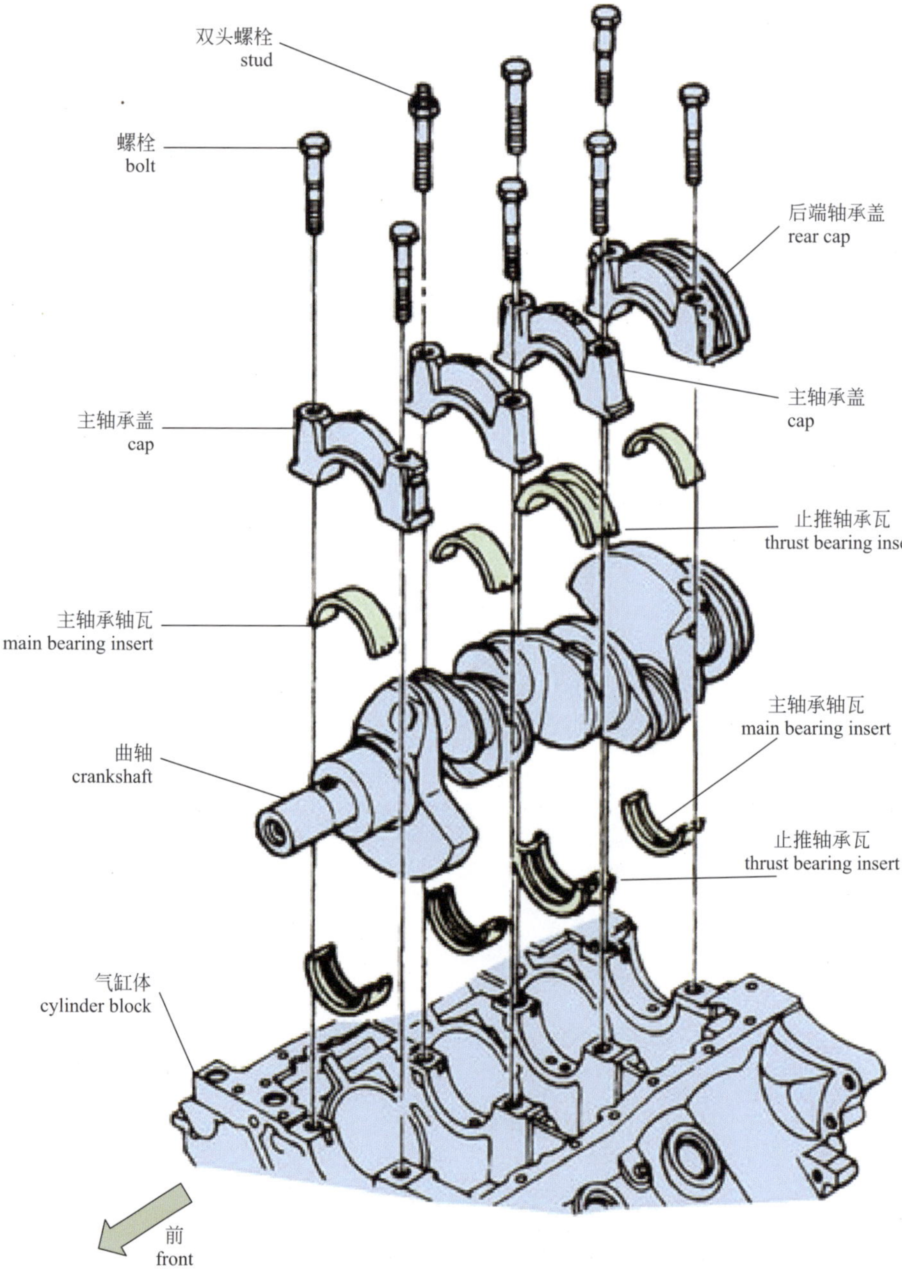

图2-8-4 曲轴的安装位置

8.4 曲轴工作原理

我们都知道，气缸内活塞做的是上下的直线运动，但要输出驱动车轮前进的旋转力，是怎样把直线运动转化为旋转运动的呢？其实这个与曲轴的结构有很大关系。曲轴的连杆轴与主轴是不在同一直线上的，而是对立布置的。

这个运动原理其实跟我们踩自行车非常相似，两个脚相当于相邻的两个活塞，脚踏板相当于连杆轴，而中间的大飞轮就是曲轴的主轴。左脚向下用力蹬时（活塞做功或吸气向下做运动），右脚会被提上来（另一活塞压缩或排气做向上运动）。这样周而复始，就由直线运动转化为旋转运动了（图2-8-5）。

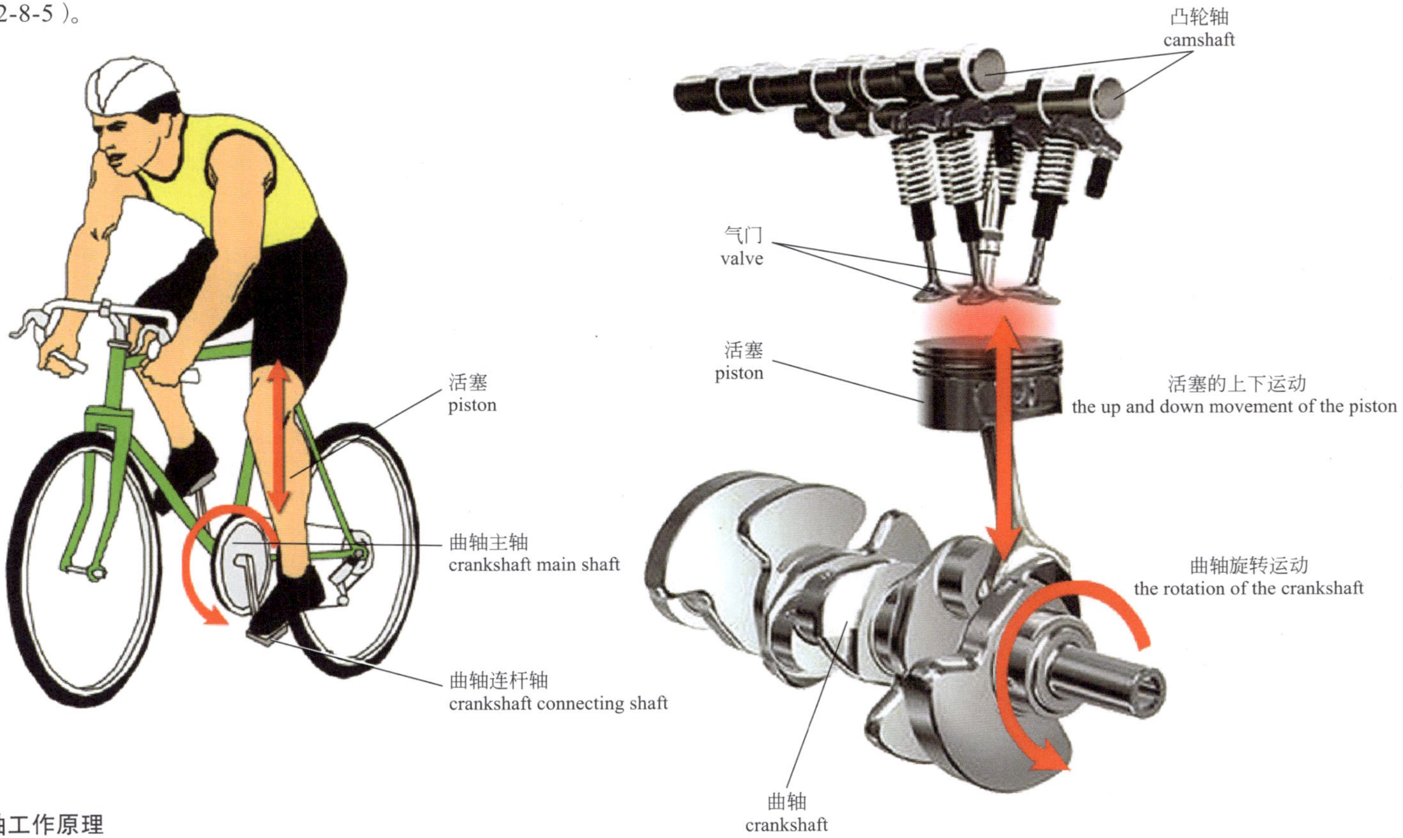

图2-8-5 曲轴工作原理

第9章 配气机构

9.1 概述

配气机构主要包括正时齿轮系、凸轮轴、气门传动组件（气门、推杆、摇臂等），主要作用是根据发动机的工作情况，适时的开启和关闭各气缸的进、排气门，以使得新鲜混合气体及时充满气缸，废气得以及时排出气缸外（图2-9-1）。

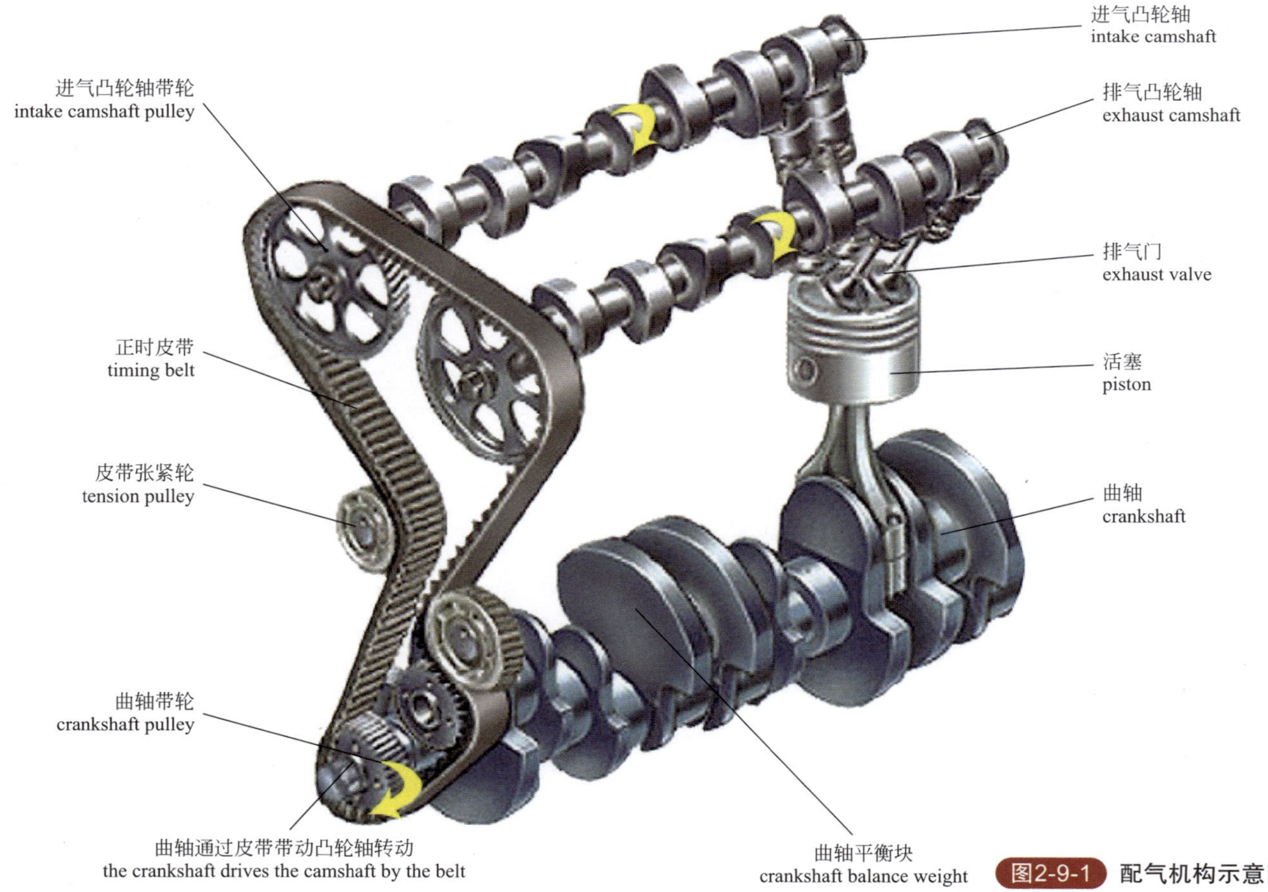

图2-9-1 配气机构示意图

9.2 配气机构组成（图2-9-2）

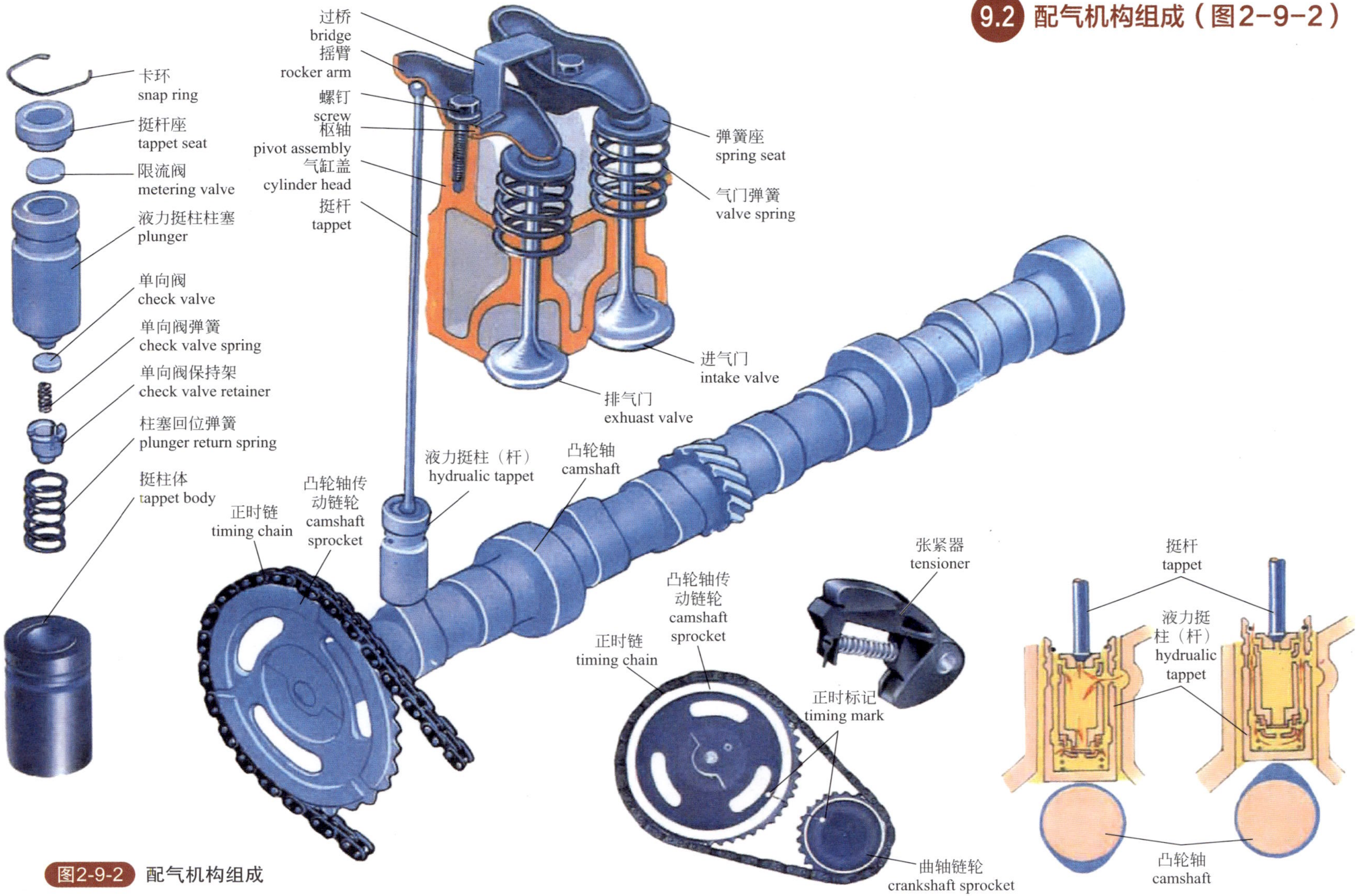

图2-9-2 配气机构组成

9.3 配气机构类型

按照凸轮轴的位置可分为底置凸轮轴式和顶置凸轮轴式。底置凸轮轴式就是凸轮轴布置在气缸底部；顶置凸轮轴式是指凸轮轴布置在气缸的顶部。OHV（Overhead valve）是指顶置气门底置凸轮轴（图2-9-3）。OHC（Overhead camshaft）是指顶置凸轮轴。如果气缸顶部只有一根凸轮轴同时负责进、排气门的开、关，称为单顶置凸轮轴（Single overhead camshaft，SOHC）。

如果在顶部有两根凸轮轴分别负责进气门和排气门的开、关，则称为双顶置凸轮轴（Double overhead camshaft，DOHC）。 在DOHC下，凸轮轴有两根，一根可以专门控制进气门，另一根则专门控制排气门，这样可以增大进气门面积，改善燃烧室形状，而且提高了气门运动速度，非常适合高速汽车使用（图2-9-4）。

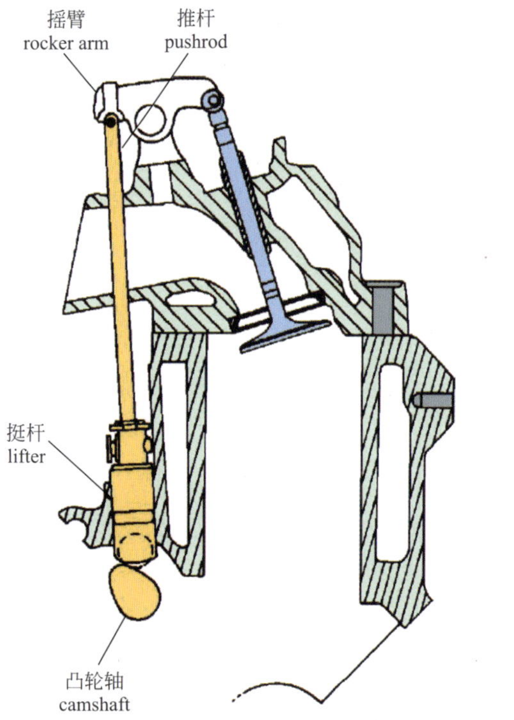

图2-9-3 顶置气门发动机

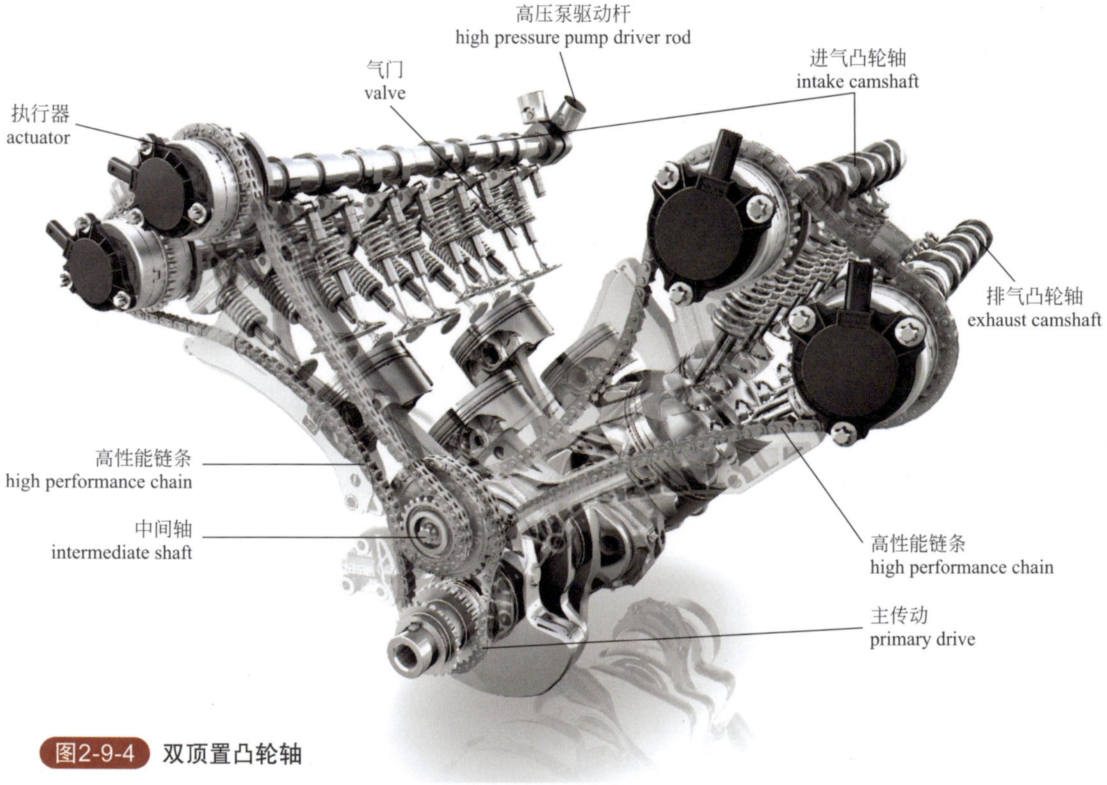

图2-9-4 双顶置凸轮轴

OHV与SOHC的结构比较如图2-9-5所示。

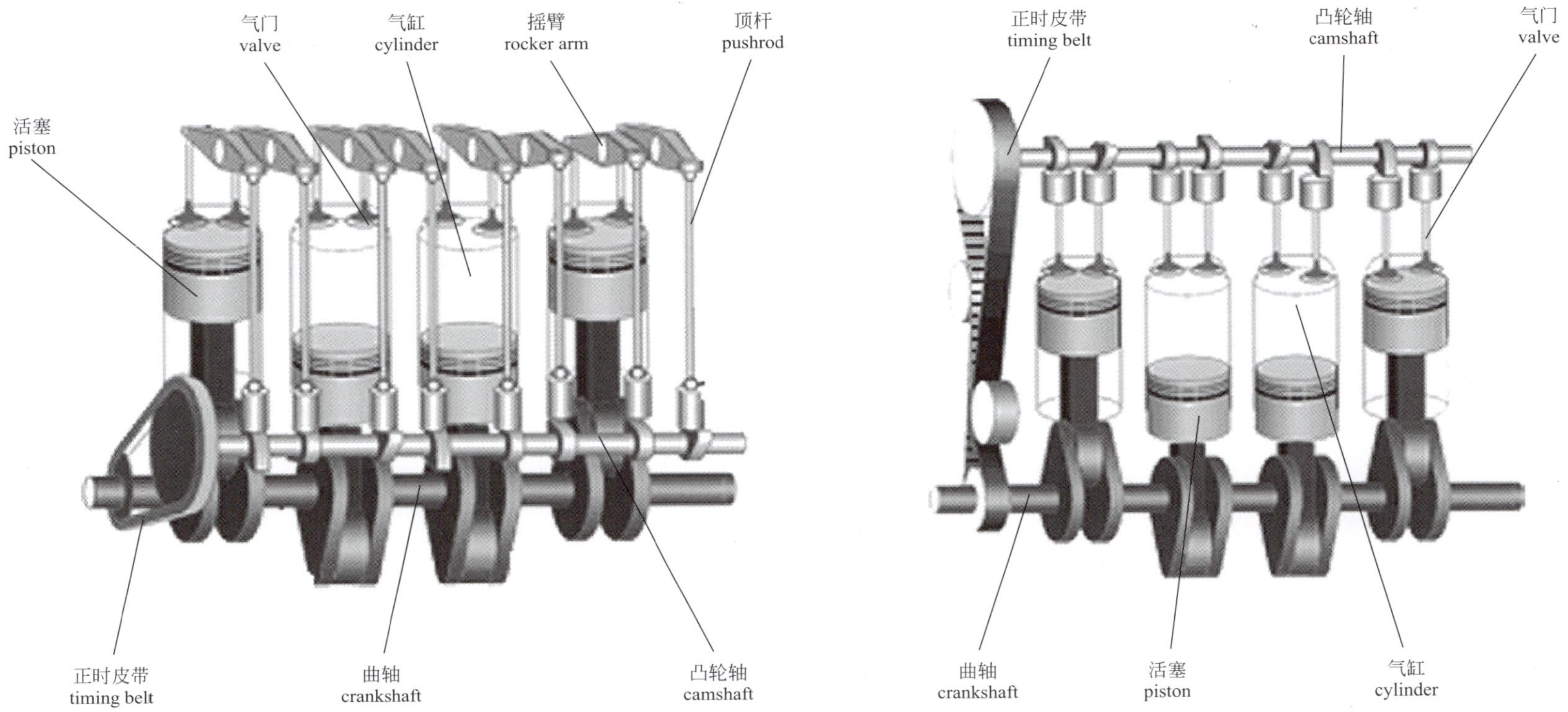

OHV（底置凸轮轴）　　SOHC（单顶置凸轮轴）

图2-9-5 OHV与SOHC

9.4 气门正时

所谓气门正时，可以简单理解为气门开启和关闭的时刻。理论上在进气行程中，活塞由上止点移至下止点时，进气门打开、排气门关闭；在排气行程中，活塞由下止点移至上止点时，进气门关闭、排气门打开（图2-9-6）。

正时的目的其实在实际的发动机工作中，是为了增大气缸内的进气量，进气门需要提前开启、延迟关闭；同样地，为了使气缸内的废气排得更干净，排气门也需要提前开启、延迟关闭，这样才能保证发动机有效的运作。

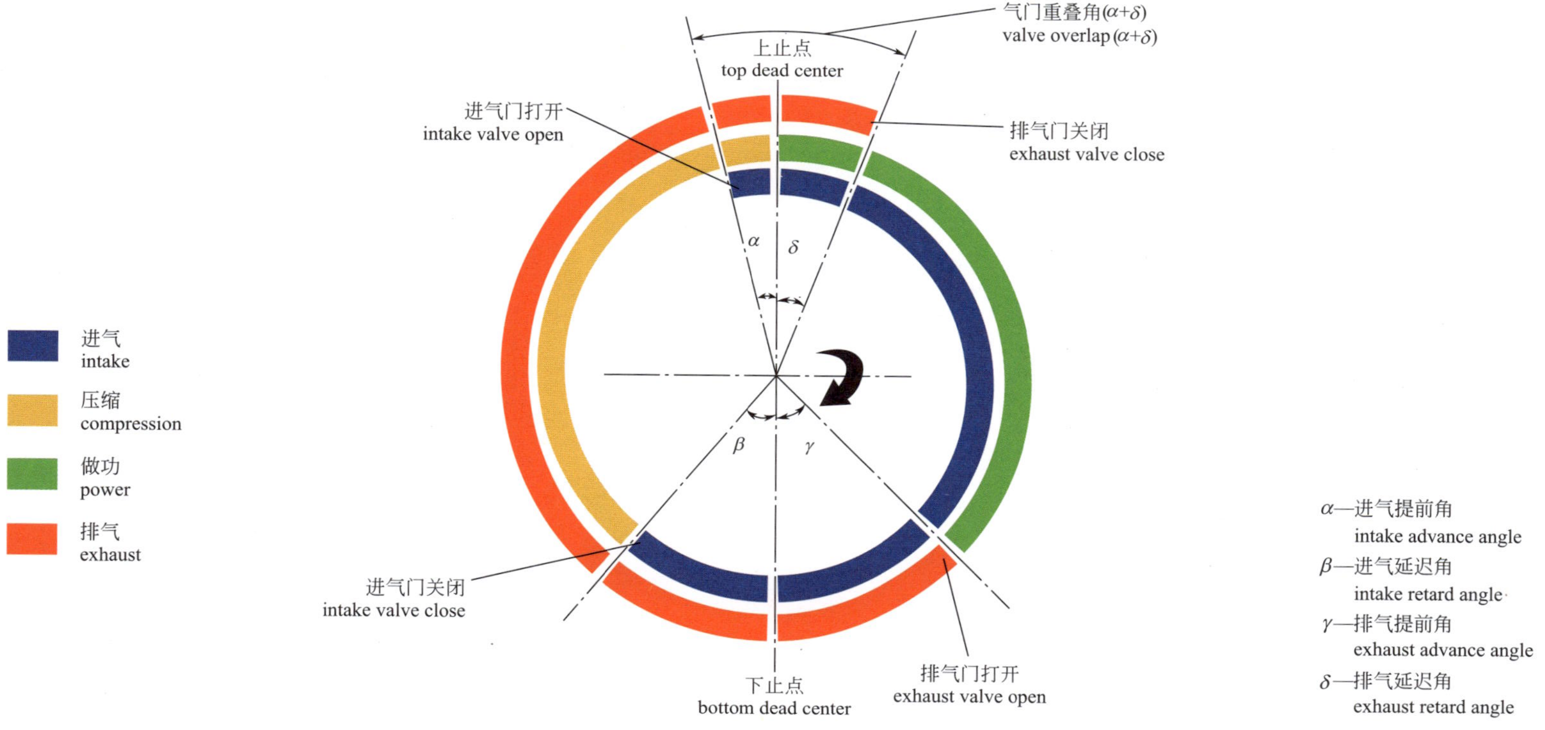

图2-9-6 配气相位示意图

9.5 配气机构部件

9.5.1 凸轮轴

凸轮轴主要负责进、排气门的开启和关闭。凸轮轴在曲轴的带动下不断旋转，凸轮便不断地下压气门，从而实现控制进气门和排气门开启和关闭的功能（图2-9-7）。

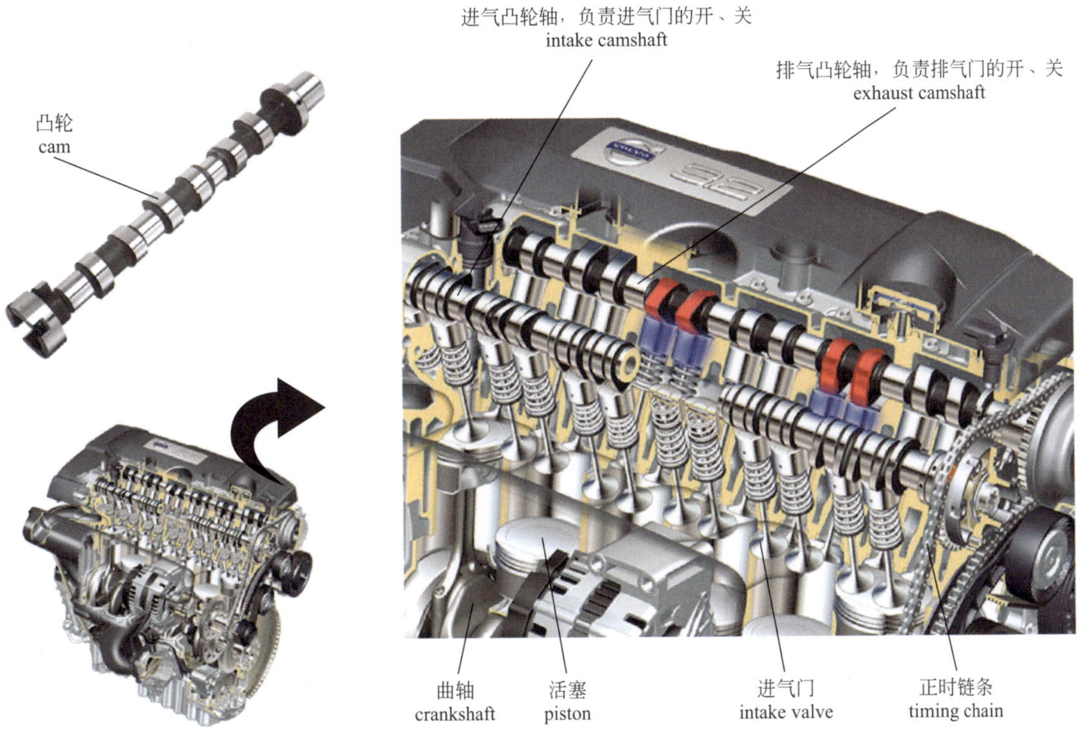

图2-9-7 凸轮轴构造

凸轮轴术语见图2-9-8。

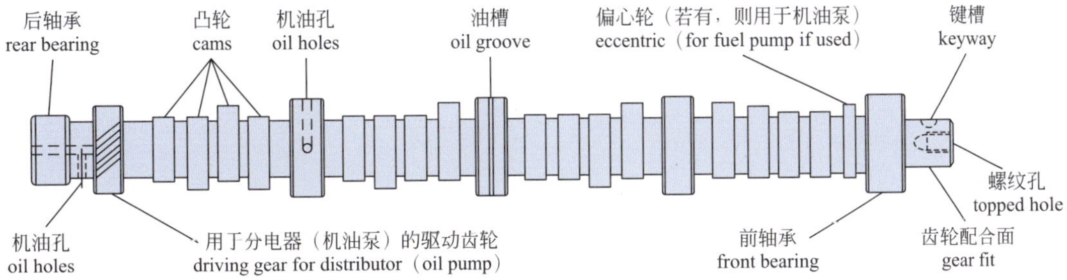

图2-9-8 凸轮轴术语

9.5.2　气门

气门的作用是专门负责向发动机内输入燃料并排出废气（图2-9-9）。

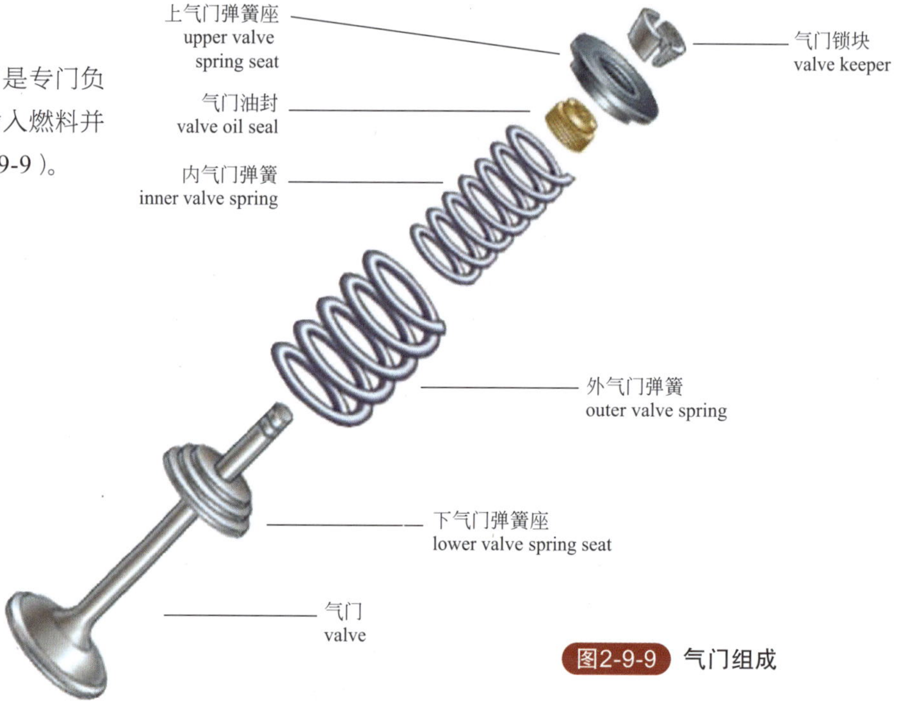

图2-9-9　气门组成

气门术语如图2-9-10所示。

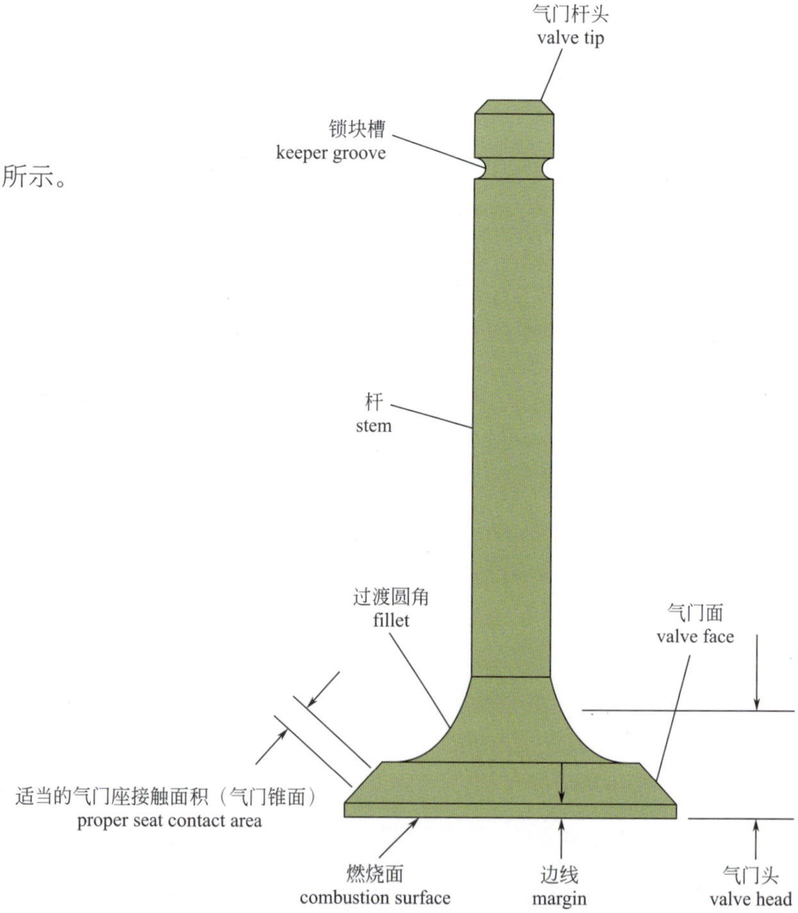

图2-9-10　气门术语

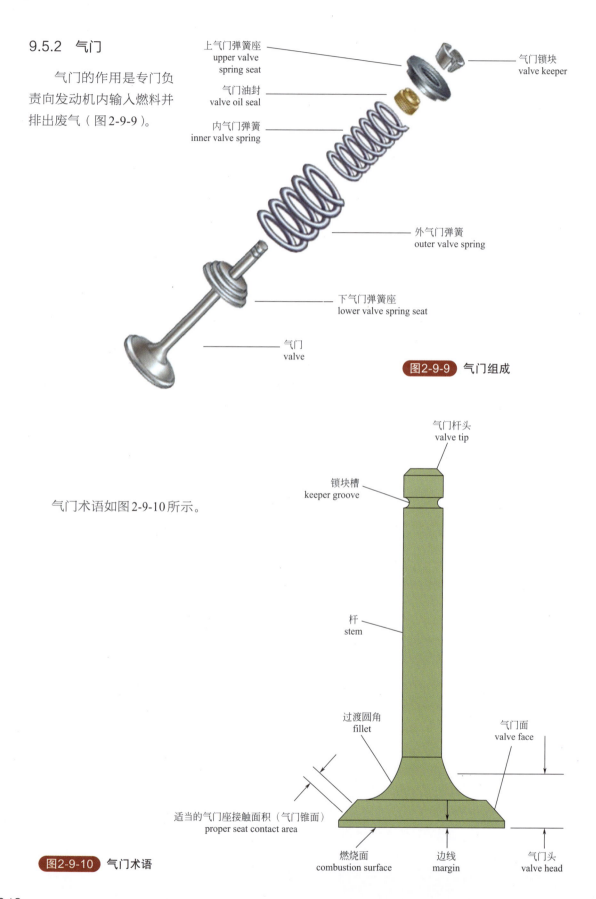

9.5.3 气门弹簧

气门弹簧的作用是依靠其弹簧的张力使开启的气门迅速回到关闭的位置，并防止气门在发动机的运动过程中因惯性力量而产生间隙，确保气门在关闭状态时能紧密贴合，同时也防止气门在振动时因跳动而破坏密封性（图2-9-11）。

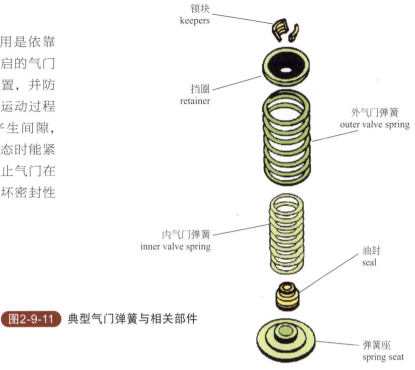

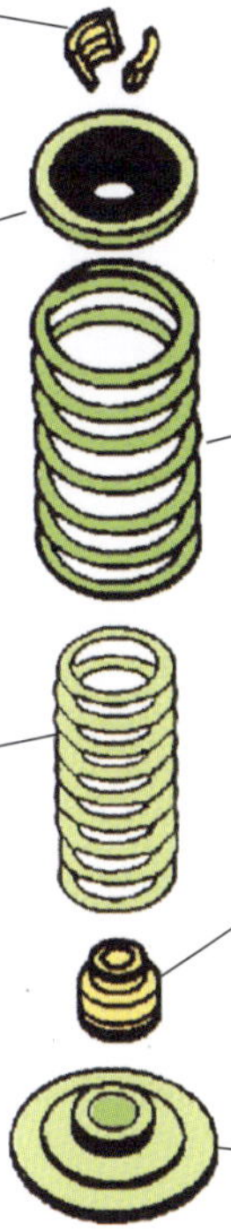

图2-9-11 典型气门弹簧与相关部件

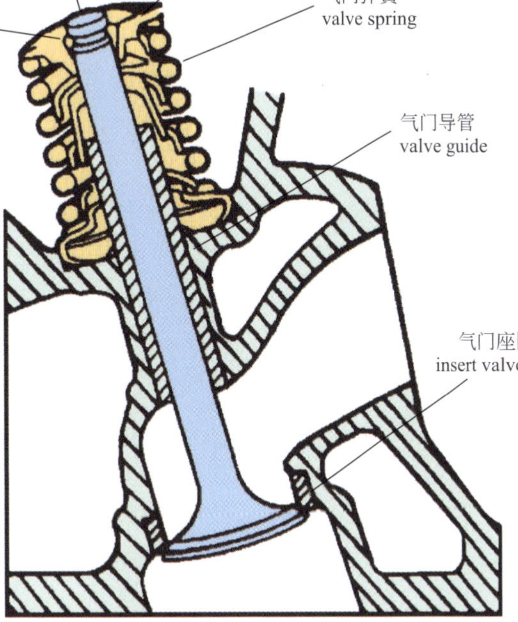

图2-9-12 气门座圈

9.5.4 气门座圈

气门座圈是气门和气缸盖之间的接触面。气门和气门座圈用于燃烧室的密封，以调节进、排气（图2-9-12）。

9.5.5　气门间隙

发动机在冷态下，当气门处于关闭状态时，气门与传动件之间的间隙称为气门间隙。图2-9-13（a）表示通过螺钉调整气门间隙，图2-9-13（b）表示通过垫片调整气门间隙。

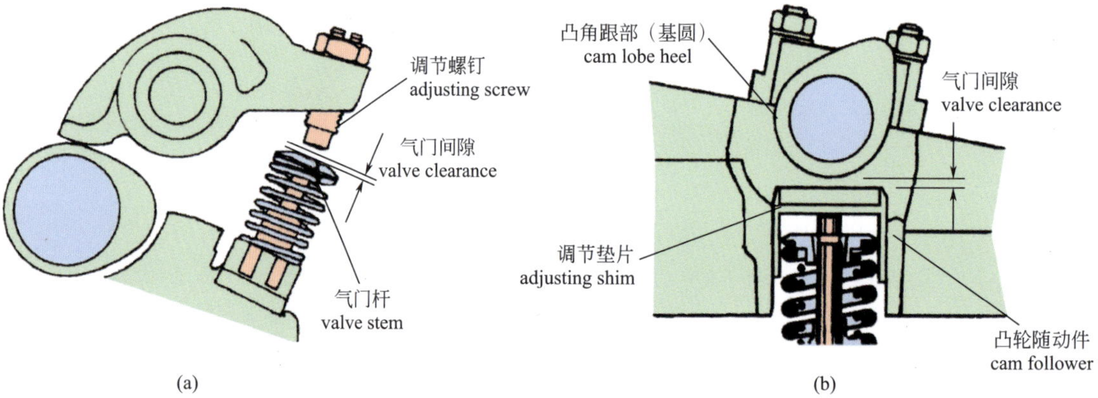

图2-9-13　气门间隙

9.5.6　液力挺杆

液压挺杆主要由挺杆体、柱塞、球头柱塞（推杆支座）、单向阀、单向阀弹簧及回位弹簧等零件组成（图2-9-14）。利用液压挺杆内部独特的结构设计，可自动调节配气机构传动间隙、传递凸轮升程变化、准时开闭气门。

其工作原理是，当凸轮在升程阶段，凸轮压缩柱塞，单向阀关闭，高压腔中的油液从挺杆体与柱塞按偶件配合的间隙中泄出少量，这时液压挺杆可近似被看作一个不被压缩的刚体，在“刚体”的支撑作用下，将进、排气门打开。在凸轮回程阶段，柱塞的受力被解除，在回位弹簧作用下柱塞恢复上升，气门在气门弹簧的作用下自动关闭，完成一个工作循环，达到自动调节气门间隙的目的。

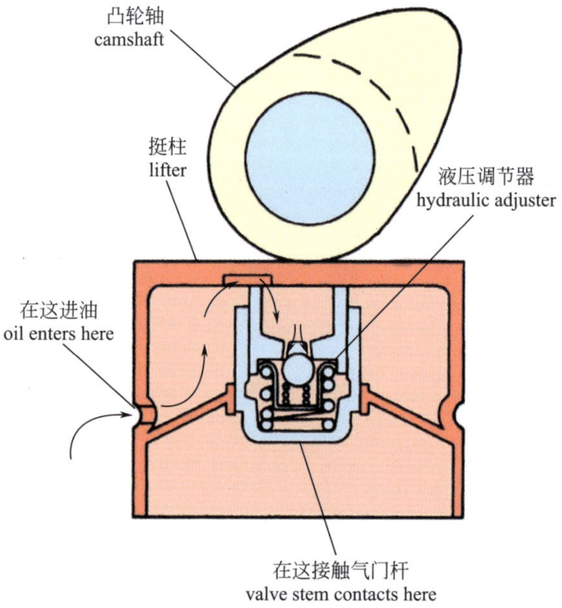

图2-9-14　液力挺杆

9.5.7 摇臂

摇臂是顶压气门的杠杆机构，用于驱动气门开启和关闭（图2-9-15）。

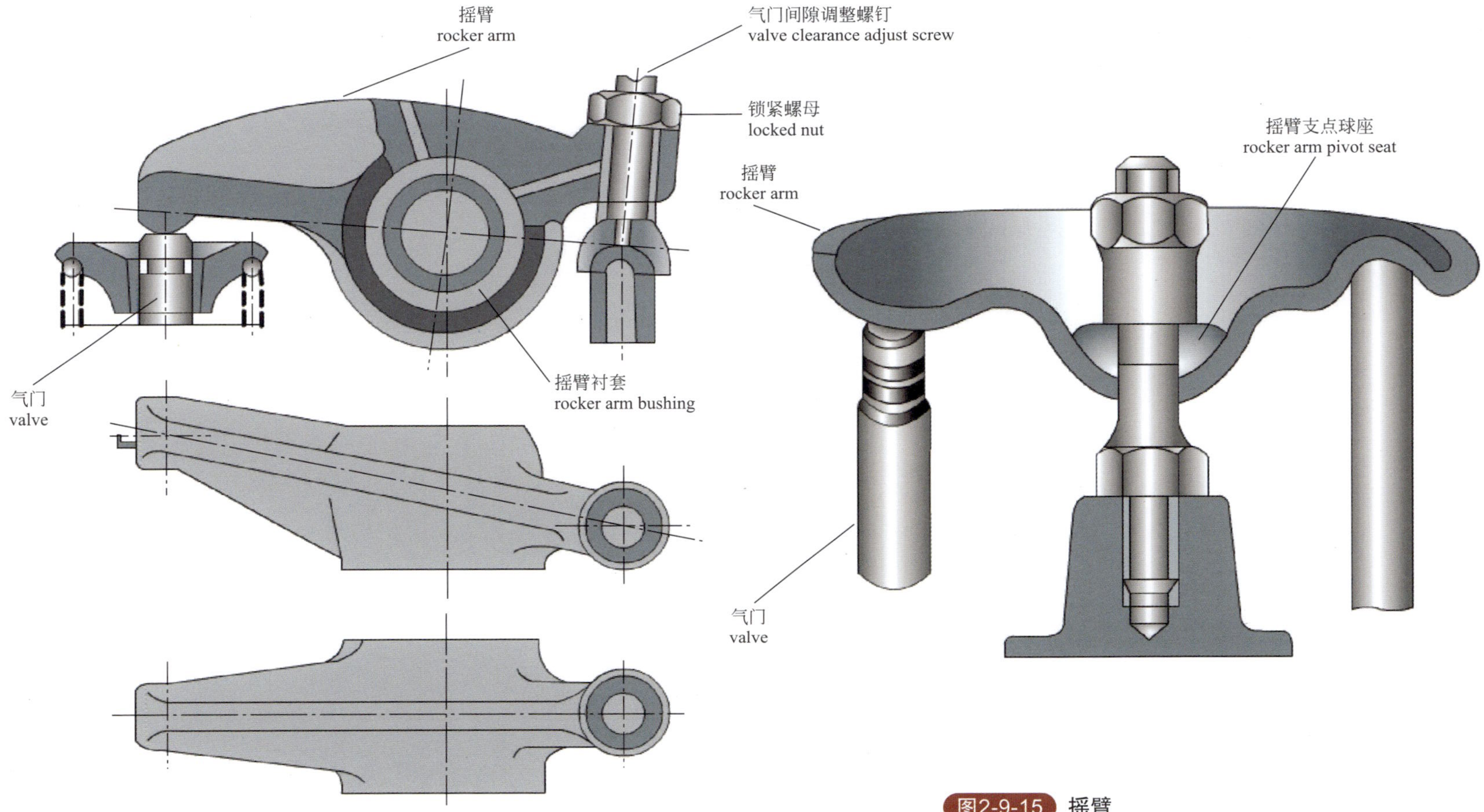
摇臂
rocker arm
气门间隙调整螺钉
valve clearance adjust screw
锁紧螺母
locked nut
摇臂
rocker arm
摇臂支点球座
rocker arm pivot seat
气门
valve
摇臂衬套
rocker arm bushing
气门
valve

图2-9-15 摇臂

9.5.8　摇臂轴

有些发动机利用摇臂轴支撑摇臂，如图2-9-16所示。

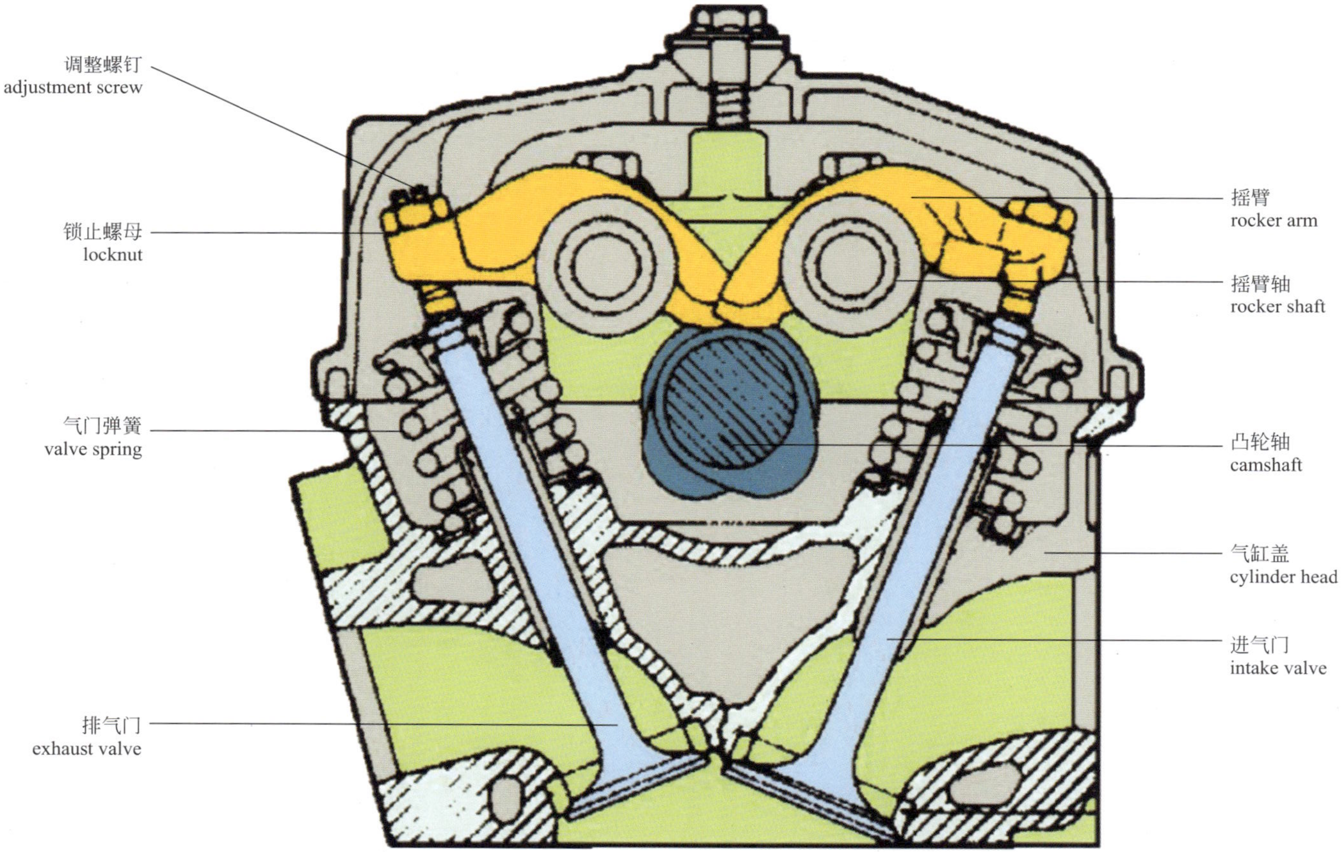

图2-9-16　摇臂轴

第10章 可变气门正时与可变气门升程

10.1 概述

可变气门正时和可变气门升程可以根据发动机转速和工况的不同而进行调节，使得发动机在高低速下都能获得理想的进、排气效率。

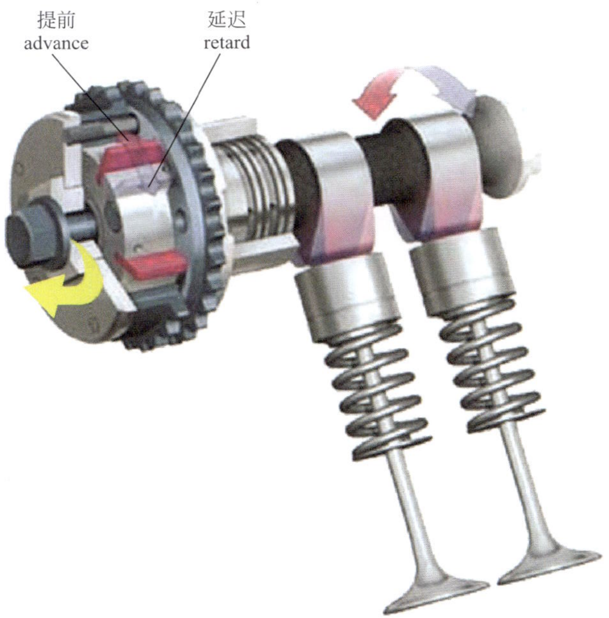

10.1.1 可变气门正时

如图2-10-1所示，利用液压控制凸轮轴正时齿轮内部内转子，可以实现一定范围内的角度提前或延迟。

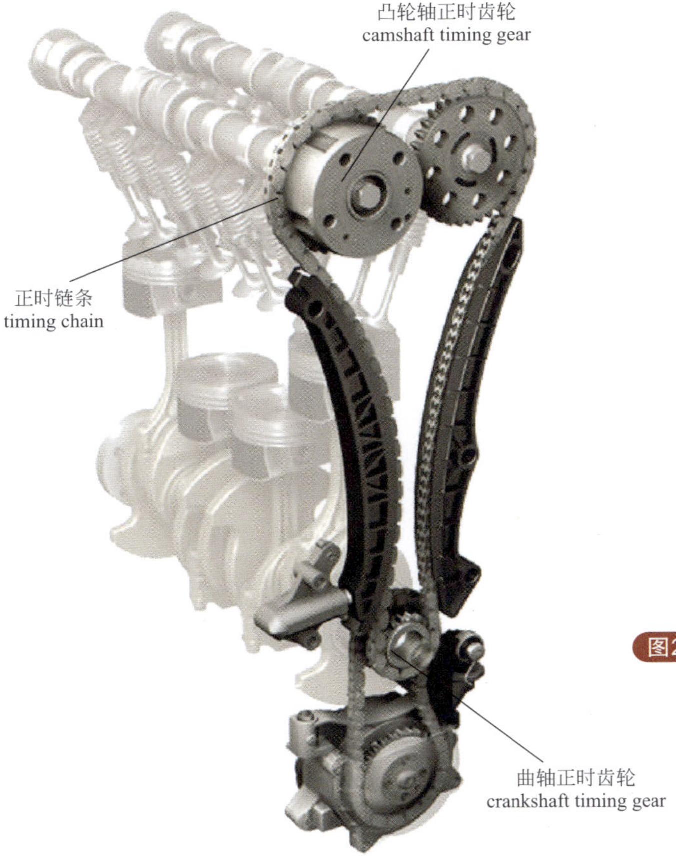

图2-10-1 可变气门正时

10.1.2 可变气门升程

图2-10-2表示可变气门升程系统主要通过切换凸轮轴上的低角度凸轮和高角度凸轮，来实现气门的可变升程。

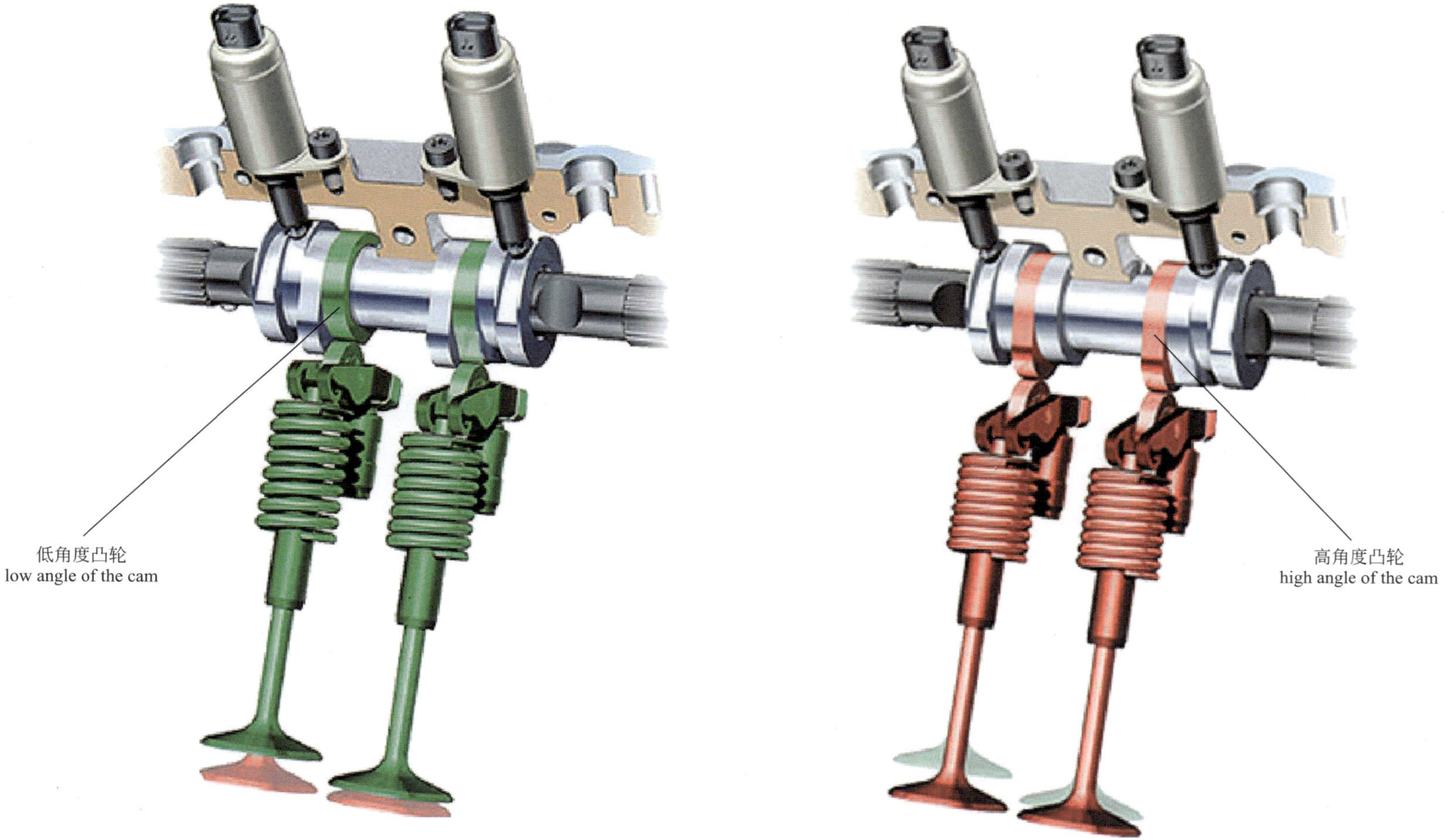

图2-10-2 可变气门升程

10.2 丰田智能可变气门正时系统

丰田的可变气门正时系统已被广泛应用，主要的原理是在凸轮轴上加装一套液力机构，通过ECU的控制，在一定角度范围内对气门的开启、关闭时间进行调节，或提前或延迟或保持不变（图2-10-3）。

凸轮轴的正时齿轮的外转子与正时链条（皮带）相连，内转子与凸轮轴相连。外转子可以通过机油间接带动内转子，从而实现一定范围内的角度提前或延迟。

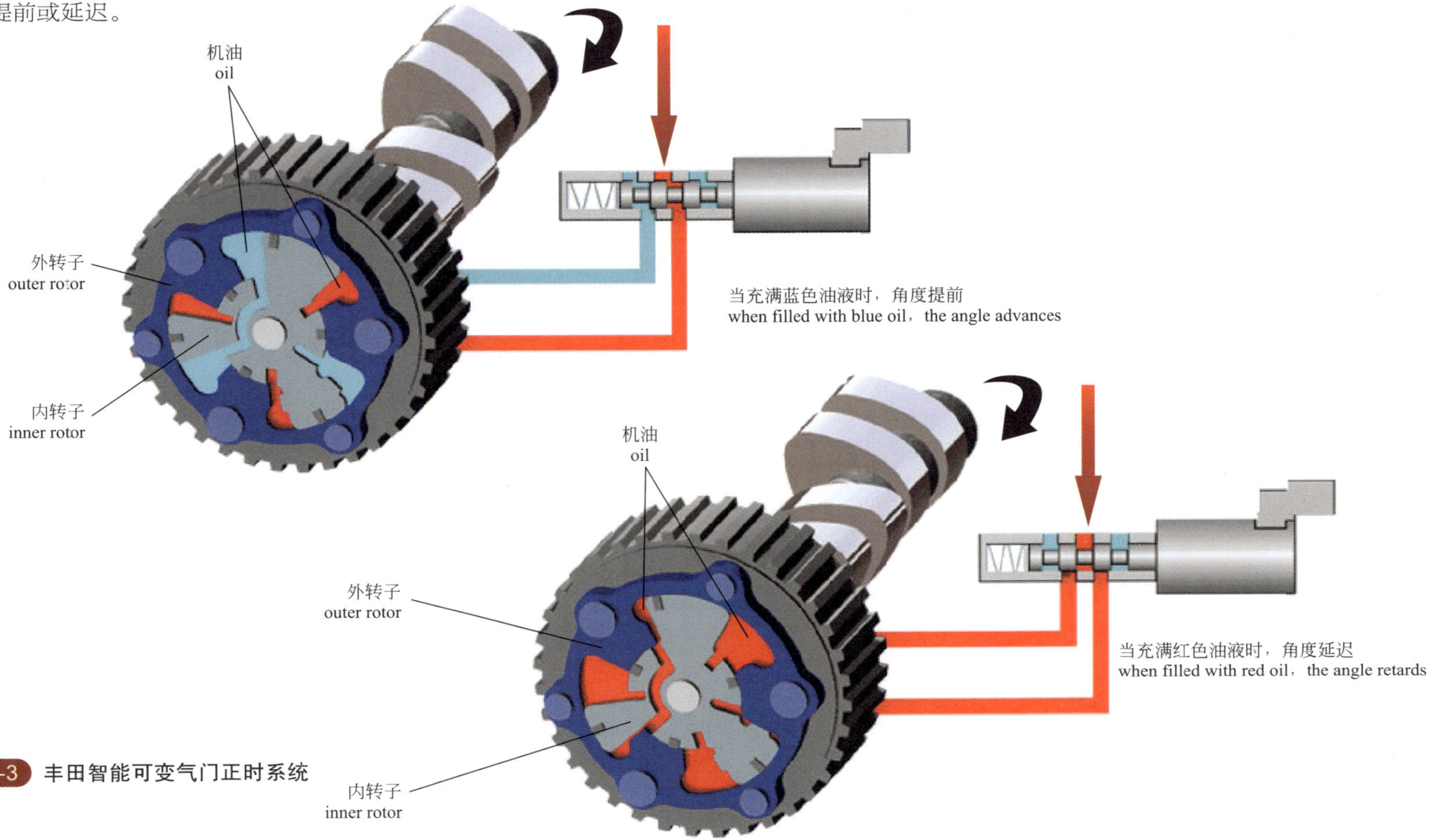

图2-10-3 丰田智能可变气门正时系统

10.3 本田智能可变气门正时和升程电子控制

本田的VTEC可变气门升程系统可以看做在原来的基础上加了第三根摇臂和第三个凸轮轴。通过三根摇臂的分离与结合一体，来实现高低角度凸轮轴的切换，从而改变气门的升程（图2-10-4）。

当发动机处于低负荷时，三根摇臂处于分离状态，低角度凸轮两边的摇臂来控制气门的开闭，气门升程量小；当发动机处于高负荷时，三根摇臂结合为一体，由高角度凸轮驱动中间摇臂，气门升程量大。

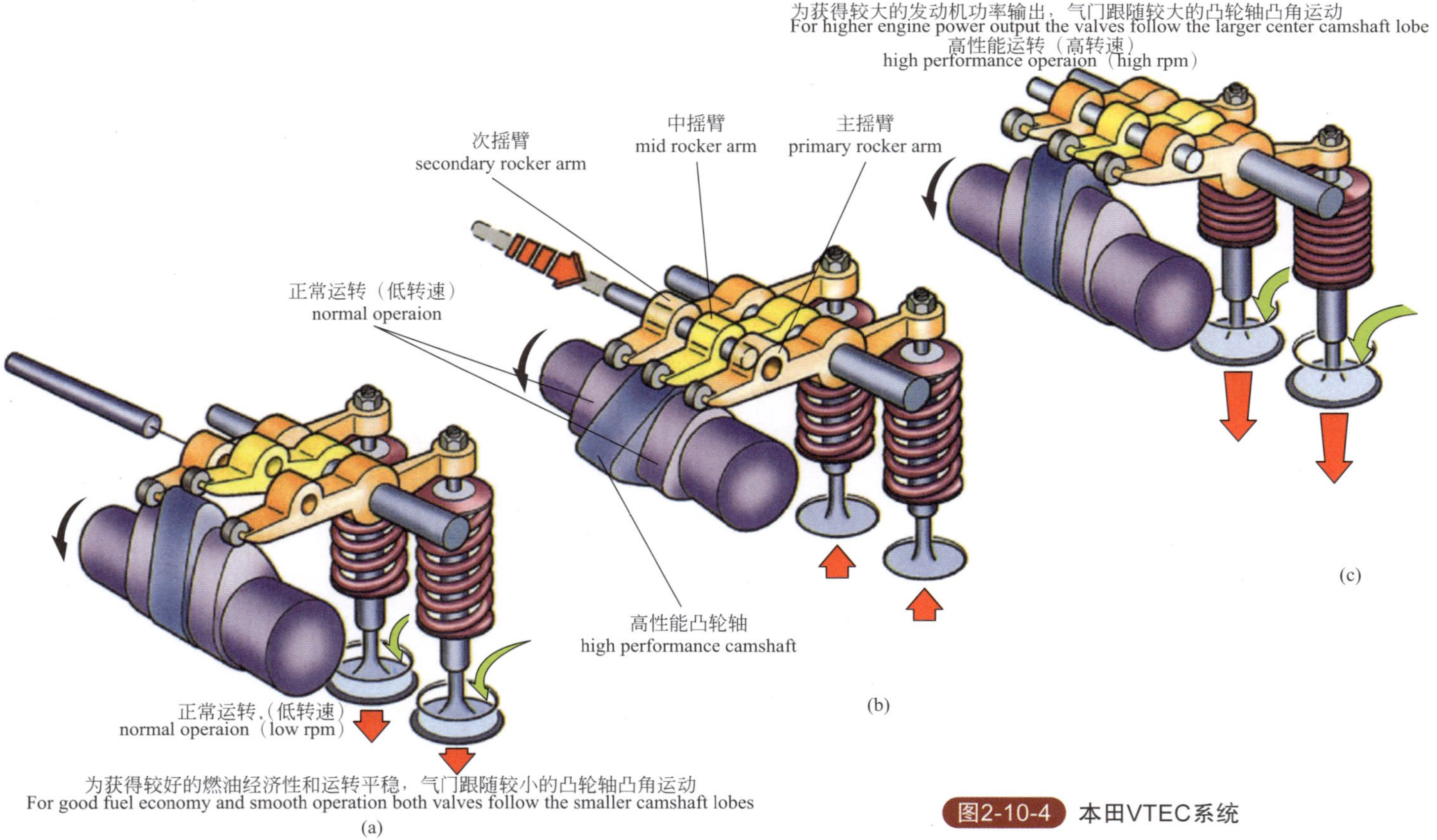
为获得较大的发动机功率输出，气门跟随较大的凸轮轴凸角运动
For higher engine power output the valves follow the larger center camshaft lobe
高性能运转（高转速）
high performance operaion（high rpm）
次摇臂
secondary rocker arm
中摇臂
mid rocker arm
主摇臂
primary rocker arm
正常运转（低转速）
normal operaion
高性能凸轮轴
high performance camshaft
正常运转（低转速）
normal operaion（low rpm）
为获得较好的燃油经济性和运转平稳，气门跟随较小的凸轮轴凸角运动
For good fuel economy and smooth operation both valves follow the smaller camshaft lobes
(a)
(b)
(c)

图2-10-4　本田VTEC系统

10.4 奥迪气门升程系统

奥迪的AVS可变气门升程系统，主要通过切换凸轮轴上两组高度不同的凸轮来实现气门升程的改变，其原理与本田的VTEC非常相似，只是AVS系统是通过安装在凸轮轴上的螺旋沟槽套筒，来实现凸轮轴的左右移动，进而切换凸轮轴上的高低凸轮。在电磁驱动器的作用下，通过螺旋沟槽可以使凸轮轴向左或向右移动，从而实现不同凸轮间的切换（图2-10-5）。

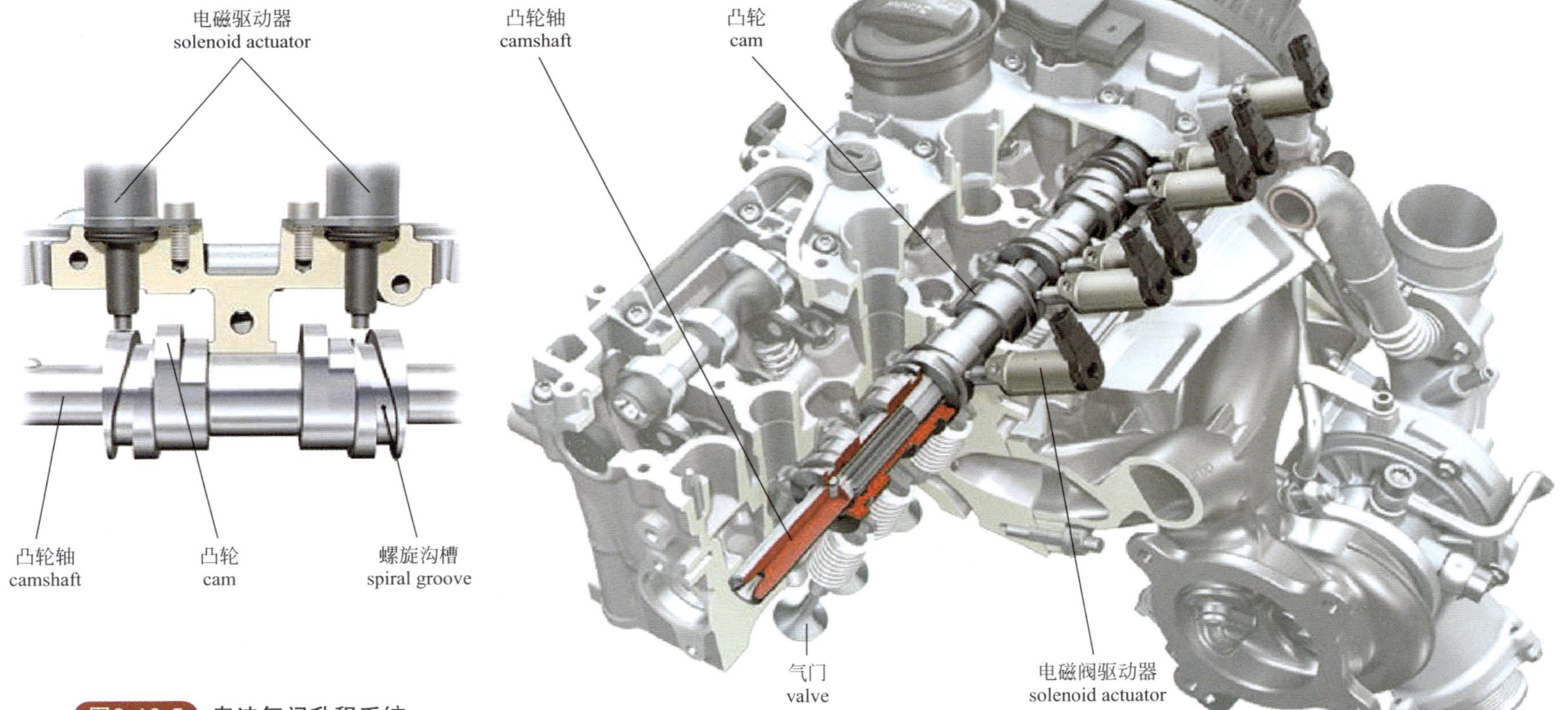

图2-10-5 奥迪气门升程系统

发动机处于高负荷时，电磁驱动器使凸轮轴向右移动，切换到高角度凸轮，从而增大气门的升程（图2-10-6）。

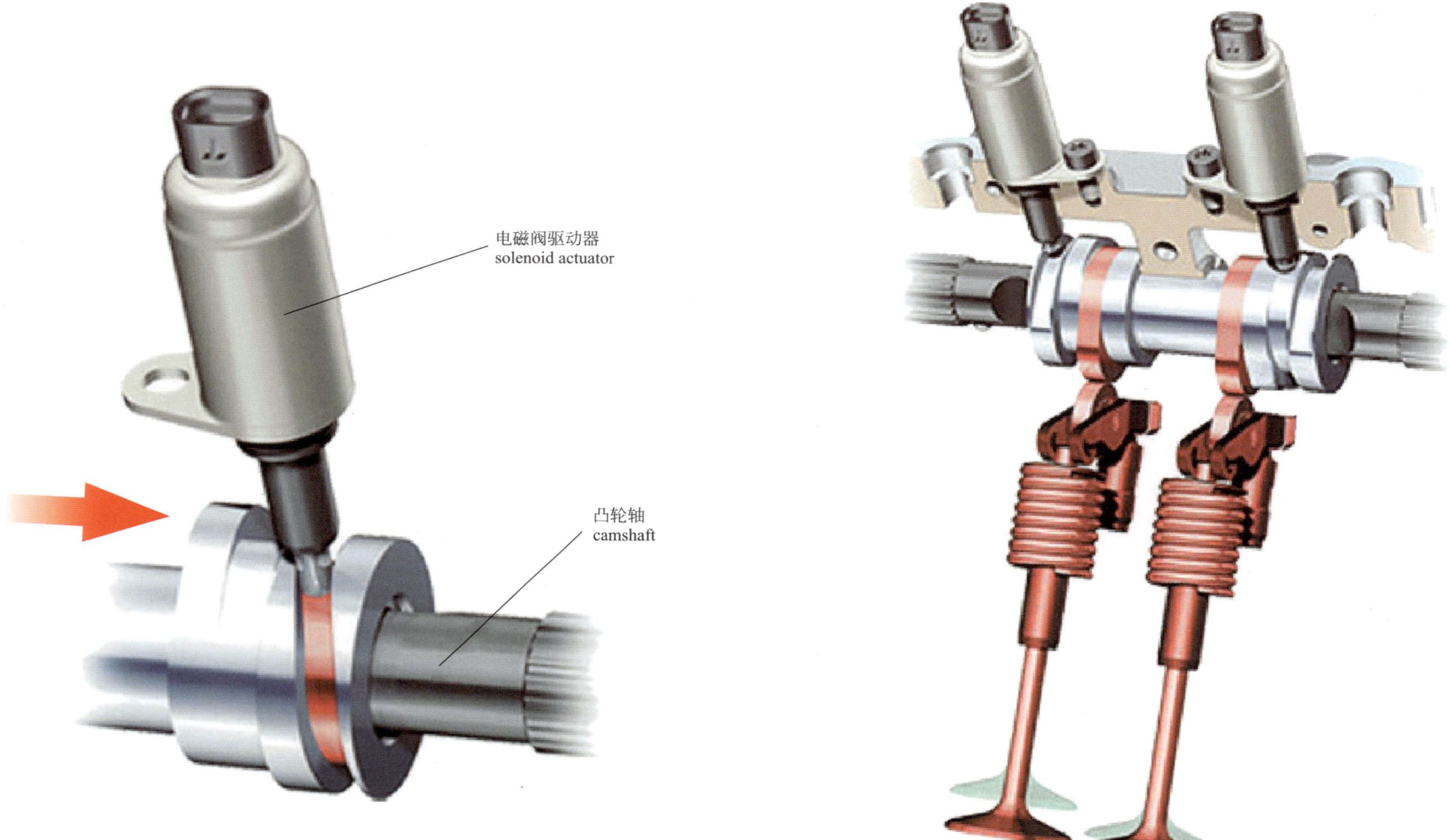

图2-10-6 AVS工作原理（高负荷）

第10章 可变气门正时与可变气门升程

当发动机处于低负荷时，电磁驱动器使凸轮轴向左移动，切换到低角度凸轮，以减少气门的升程（图2-10-7）。

图2-10-7 AVS工作原理（低负荷）

·059·

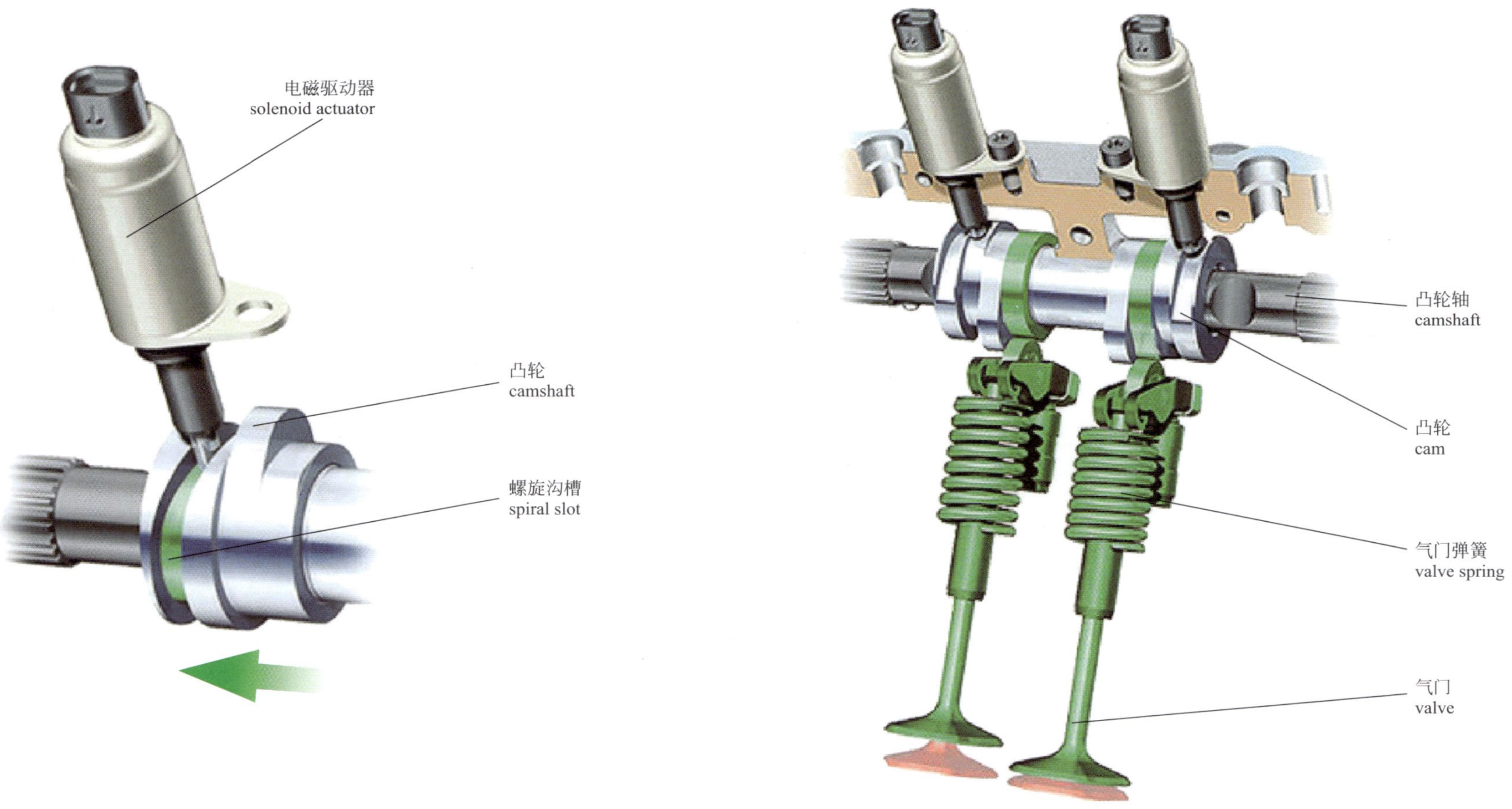

第11章 燃料供给系统

11.1 概述

发动机燃料系统的功能是把发动机所需的燃油与空气按照机器自身的设计方式混合成一定浓度的气体供给燃烧室，并将燃烧后的废气排掉，如图2-11-1所示。燃料供给系统可分为汽油机燃料供给系统和柴油机燃料供给系统。

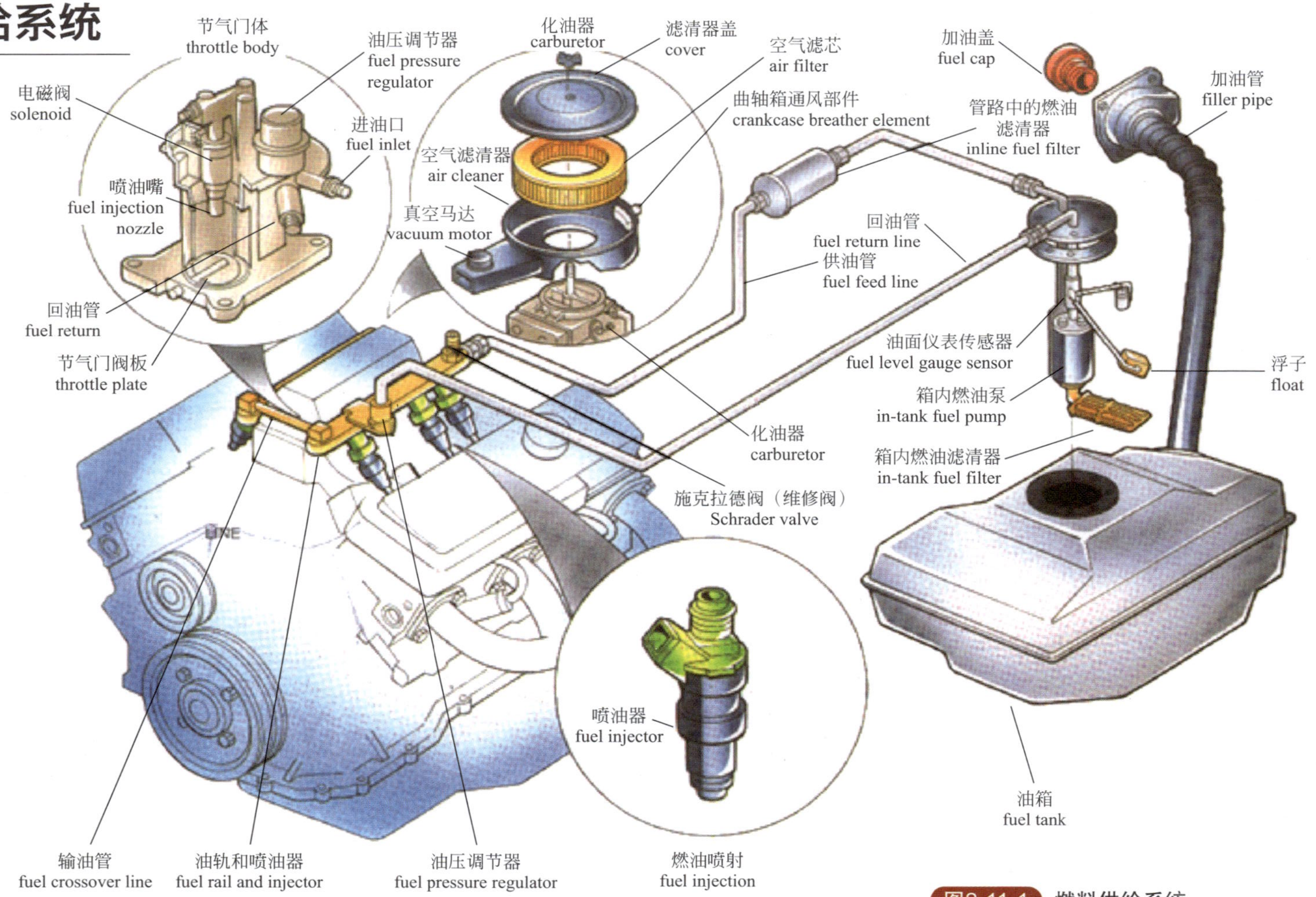

图2-11-1 燃料供给系统

11.2 汽油机燃料供给系统

汽油机燃料供给系统的任务是根据发动机各种不同工况的要求，配制出一定数量和浓度的可燃混合气，进入气缸，使之在临近压缩终了时点火燃烧而膨胀做功。供给系统还应将燃烧产物——废气排入大气中（图2-11-2）。

汽油机燃料供给系统分为化油器式燃料供给系统和电子燃油喷射式供给系统。

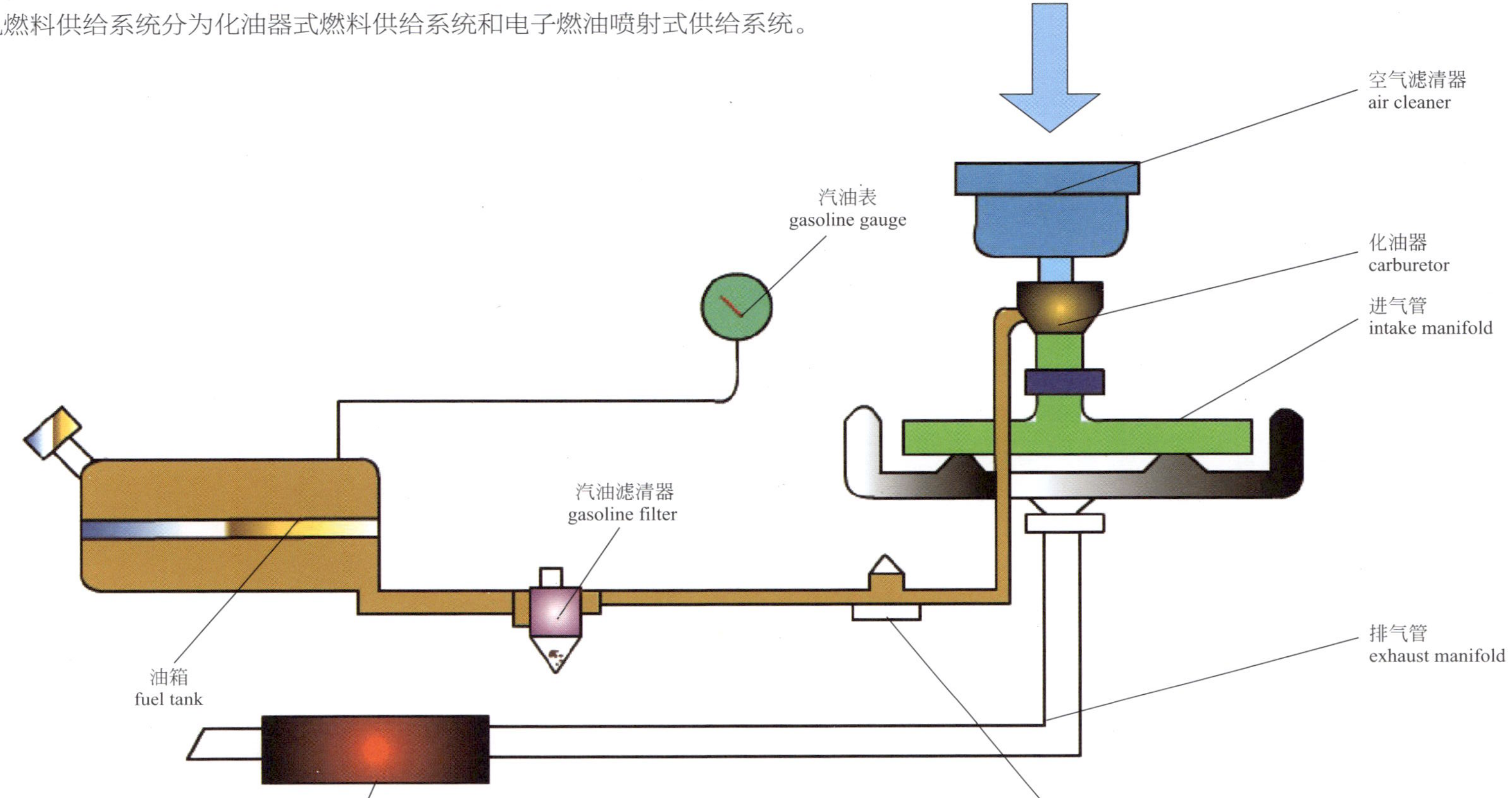
空气滤清器
air cleaner
汽油表
gasoline gauge
化油器
carburetor
进气管
intake manifold
汽油滤清器
gasoline filter
油箱
fuel tank
排气管
exhaust manifold
排气消声器
exhaust silencer
汽油泵
gasoline pump

图2-11-2 化油器式燃料供给系统

11.3 化油器

化油器是在发动机工作产生的真空作用下，将一定比例的汽油与空气混合的机械装置。化油器作为一种精密的机械装置，它对发动机的重要作用可以被称为发动机的“心脏”，其完整的装置应包括启动装置、怠速装置、中等负荷装置、全负荷装置、加速装置。化油器会根据发动机的不同工作状态需求，自动配比出相应的浓度，输出相应的量的混合气，为了使配出的混合气混合的比较均匀，化油器还具备使燃油雾化的效果，以供机器正常运行（图2-11-3）。

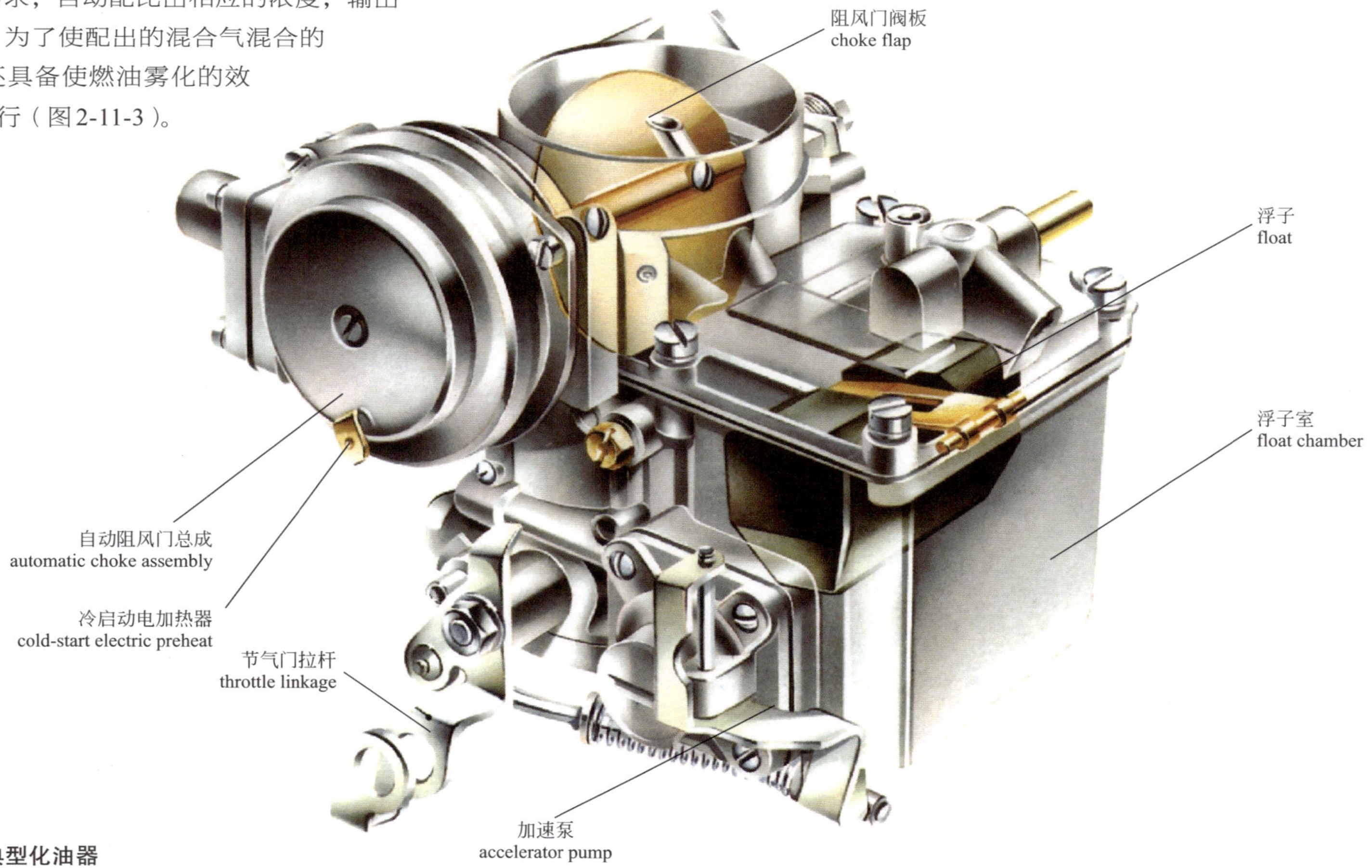
阻风门阀板
choke flap
浮子
float
浮子室
float chamber
自动阻风门总成
automatic choke assembly
冷启动电加热器
cold-start electric preheat
节气门拉杆
throttle linkage
加速泵
accelerator pump

图2-11-3 典型化油器

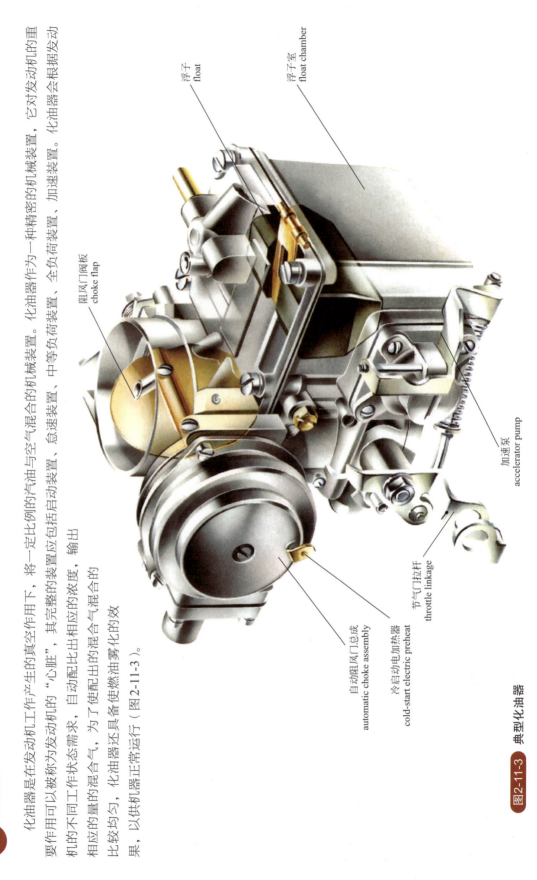

11.4 化油器原理

内燃机工作时，吸入的空气流经喉管时流速增高，使该处产生真空，将浮子室中的燃油经主量孔和喷口吸出，喷入喉管。燃油被高速空气流所雾化，并与之混合，混合过程一直延续到气缸内（图2-11-4）。

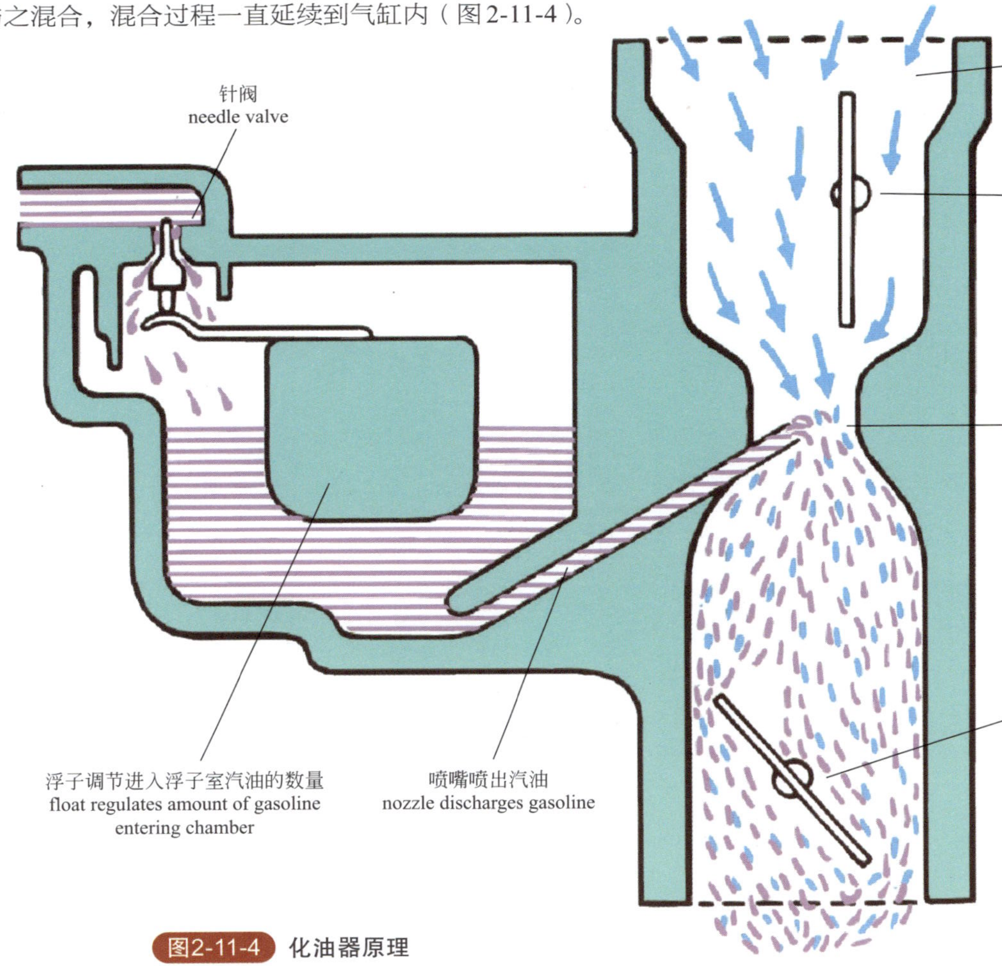

图2-11-4 化油器原理

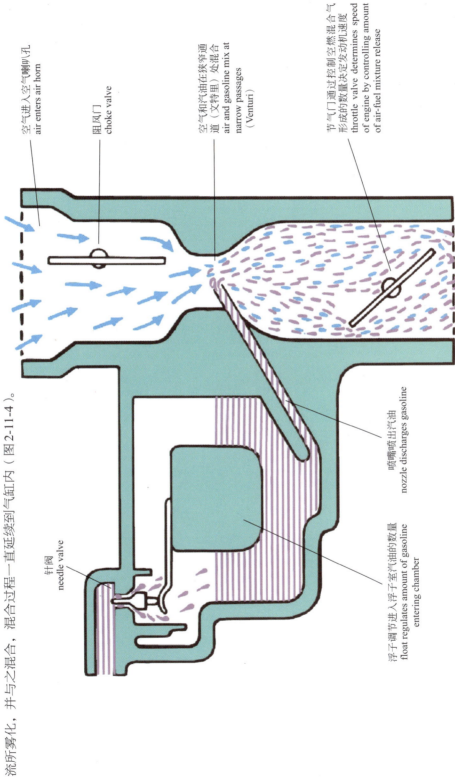

第12章 汽油机电子控制燃油喷射系统

12.1 概述

电子控制燃油喷射系统（EFI）简称为“电控燃油喷射系统”“电喷系统”，是以电控单元为控制中心，并利用安装在发动机上的各种传感器测出发动机的各种运行参数，再按照电脑中预存的控制程序精确地控制喷油器的喷油量，使发动机在各种工况下都能获得最佳空燃比的可燃混合气（图2-12-1）。

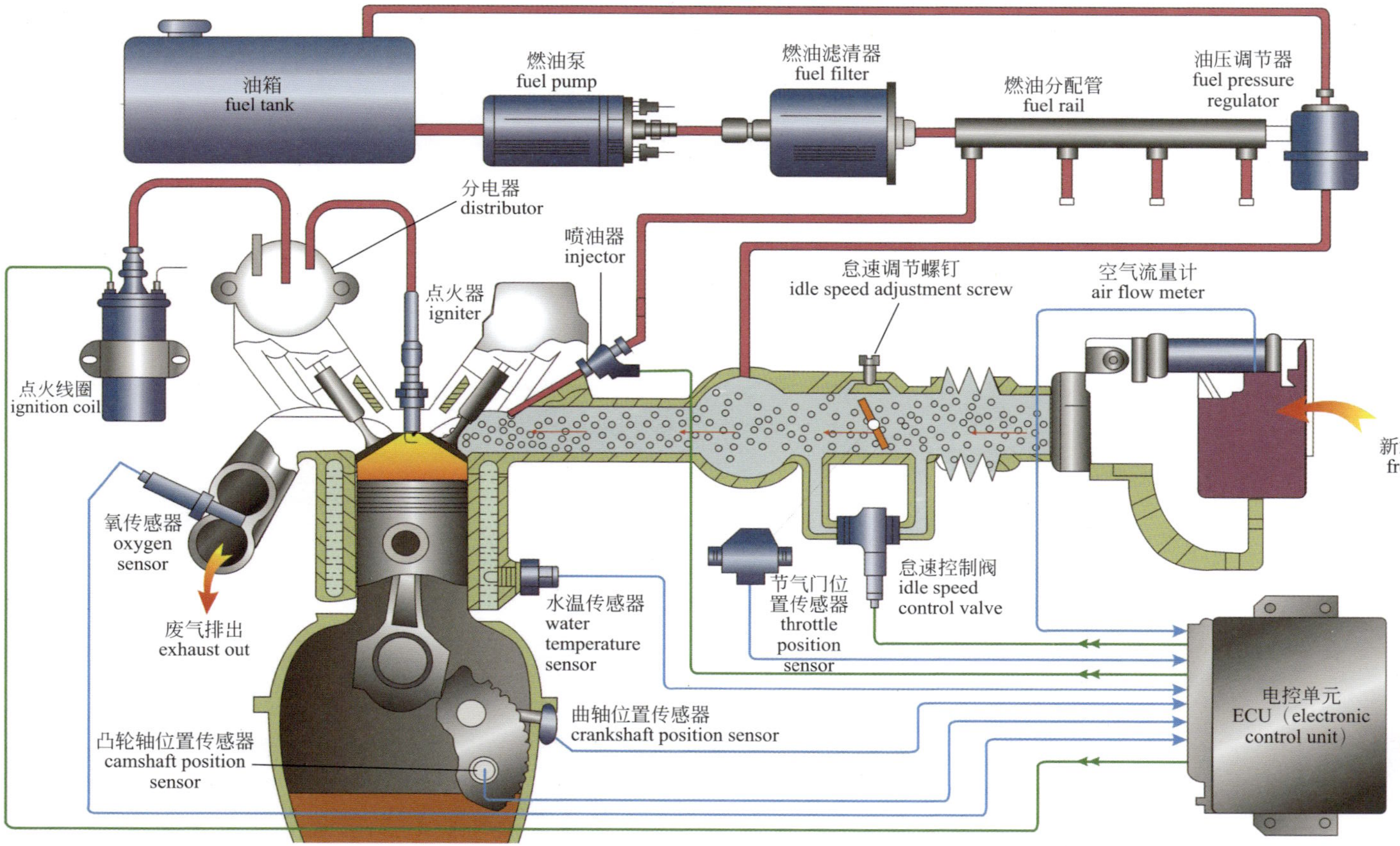

图2-12-1 电子控制燃油喷射系统

12.2 电子燃油喷射系统组成（图2-12-2）

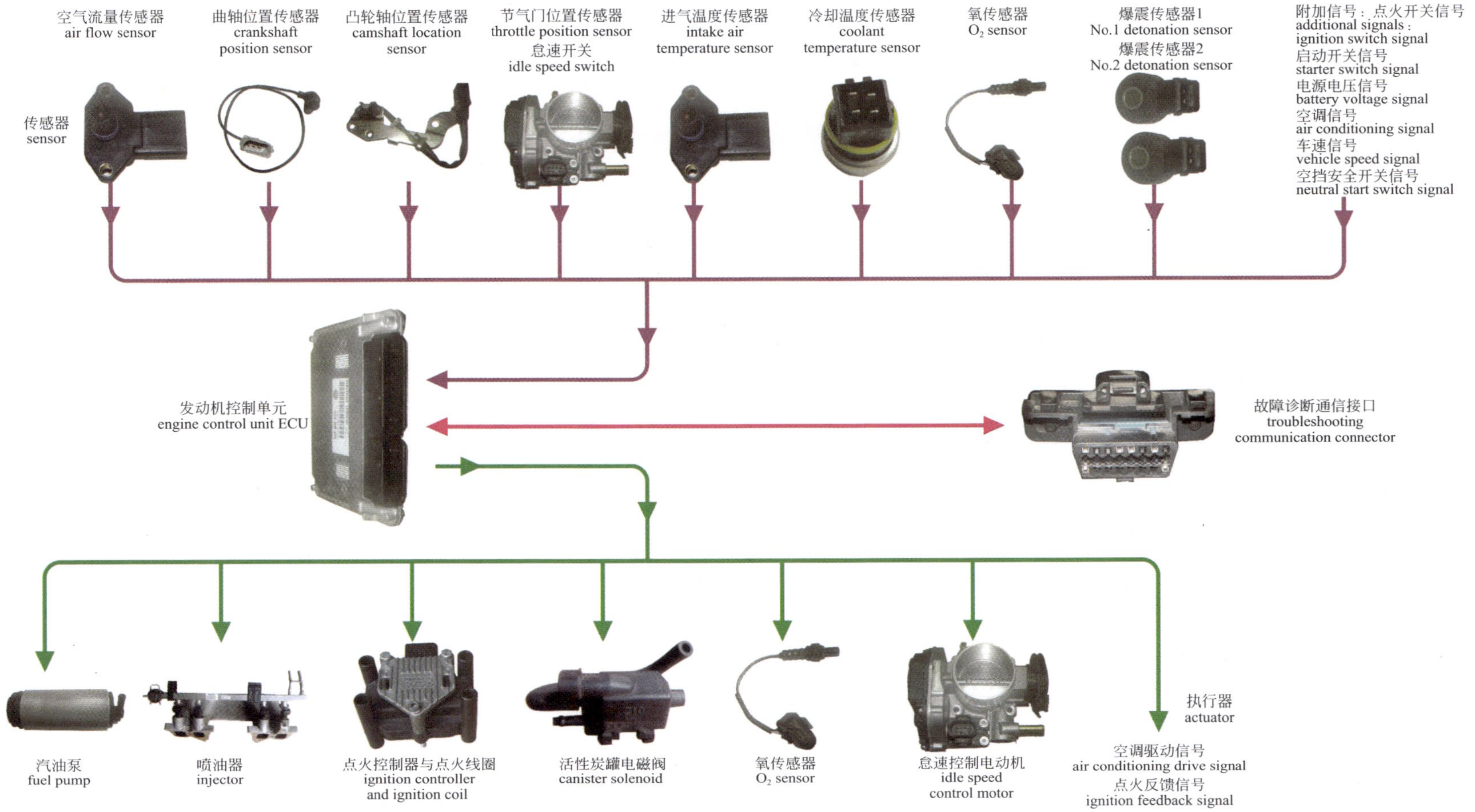

图2-12-2 电子燃油喷射系统组成

12.3 电子燃油喷射系统结构（图2-12-3）

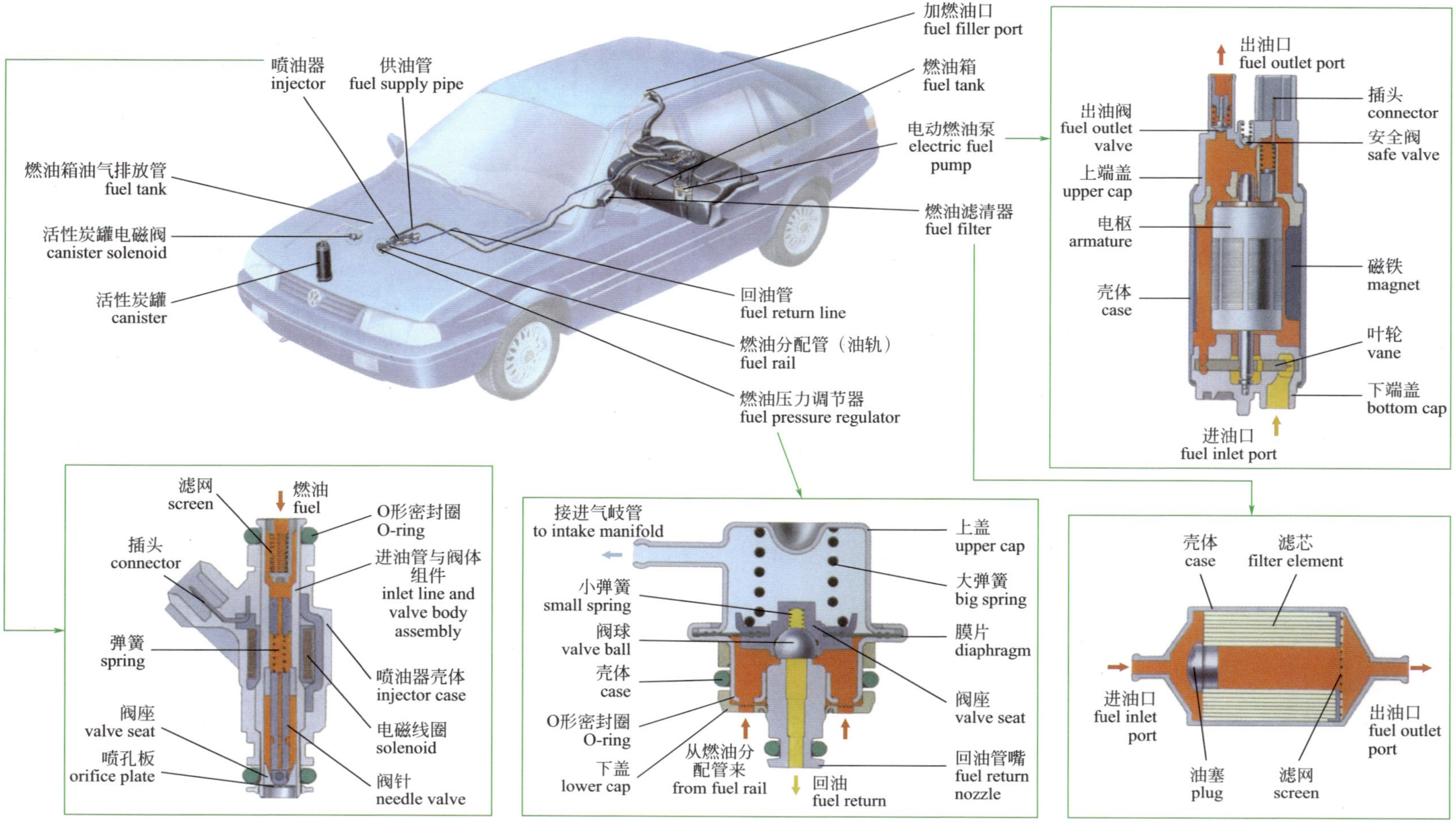

图2-12-3 电子燃油喷射系统结构

12.4 EFI主要部件

12.4.1　喷油器

多点喷射系统的喷油器位于进气口处，见图2-12-4。

图2-12-4　进气口喷射发动机

喷油器的作用是接受ECU送来的喷油脉冲信号，精确地控制燃油喷射量（图2-12-5）。

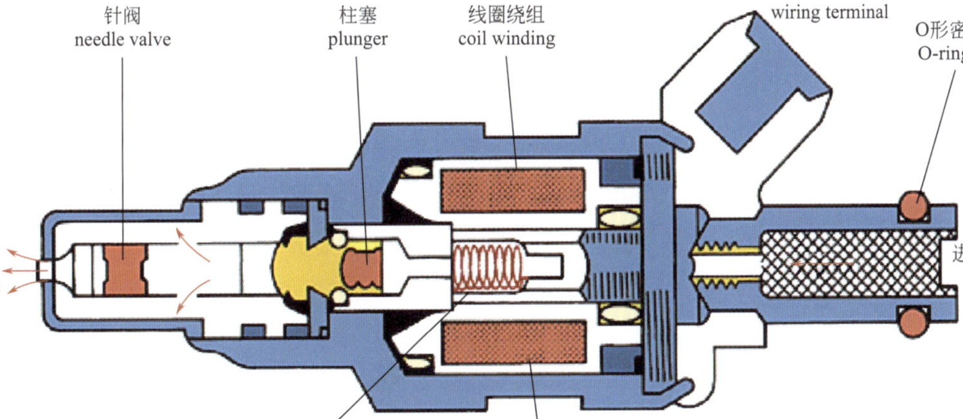

图2-12-5　喷油器结构

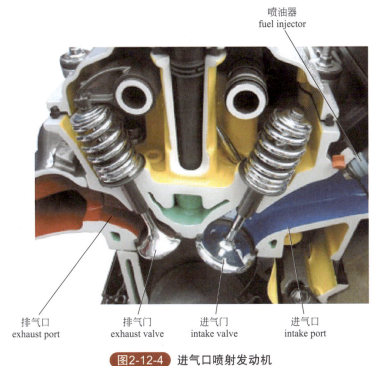

12.4.2 空气流量计

空气流量计将吸入的空气流量转换成电信号送至电控单元（ECU），作为决定喷油的基本信号之一，是用来测定吸入发动机的空气流量的传感器（图2-12-6）。

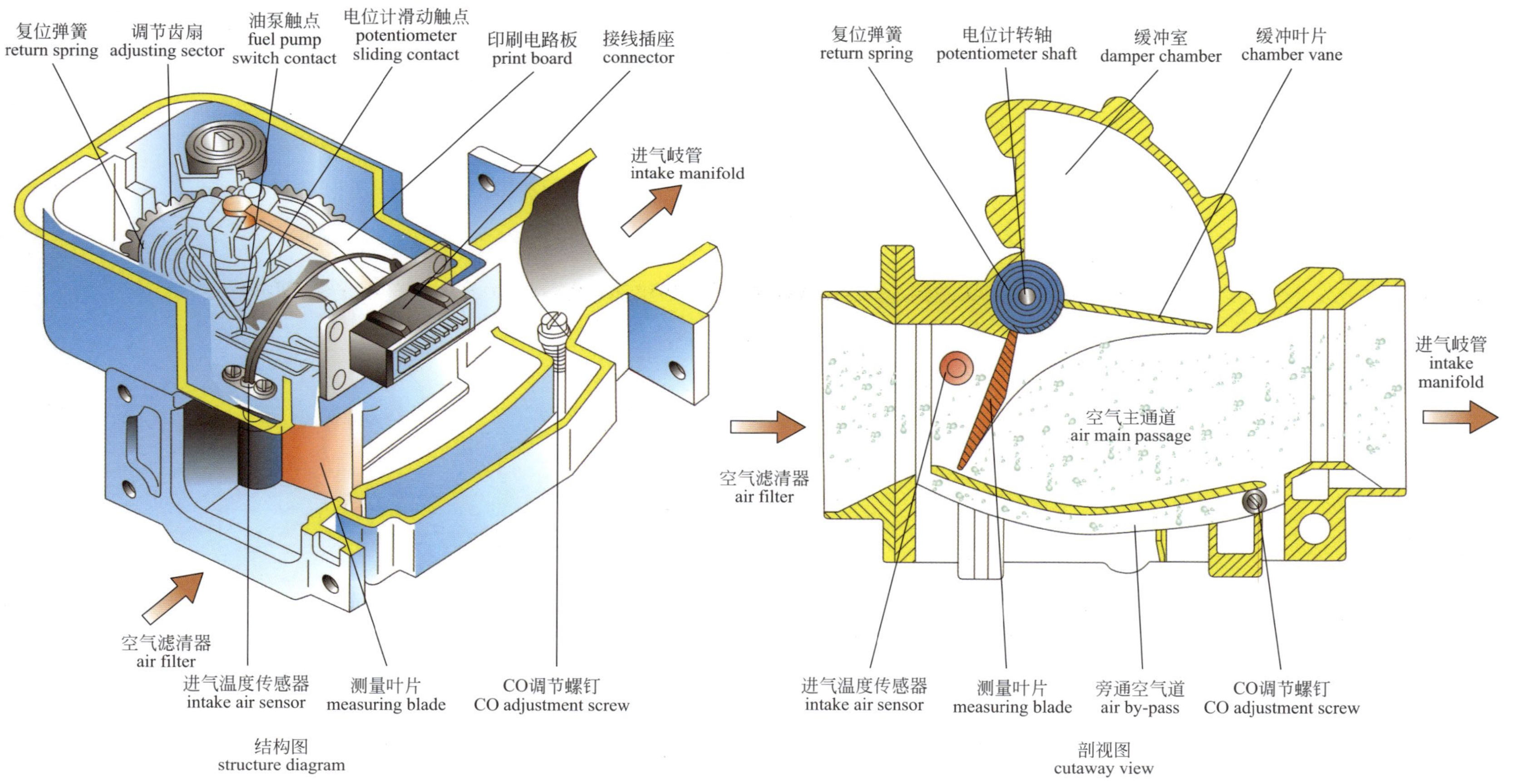

图2-12-6 翼片式空气流量计

12.5 汽油缸内直喷系统

汽油缸内直喷是将喷油嘴安装在燃烧室内，将汽油直接喷注在气缸燃烧室内，空气则通过进气门进入燃烧室与汽油混合成混合气被点燃做功，这种形式与直喷式柴油机相似（图2-12-7）。

目前一般汽油发动机上所用的汽油电控喷射系统，是将汽油喷入进气歧管或进气管道中，与空气混合成混合气后再通过进气门进入气缸燃烧室内被点燃做功。

图2-12-7 汽油缸内直喷系统示意图

12.5.1 典型汽油缸内直喷系统原理

图2-12-8所示为汽油缸内直喷系统采用两个油泵，油箱内的低压电动泵和由凸轮轴驱动的高压油泵。

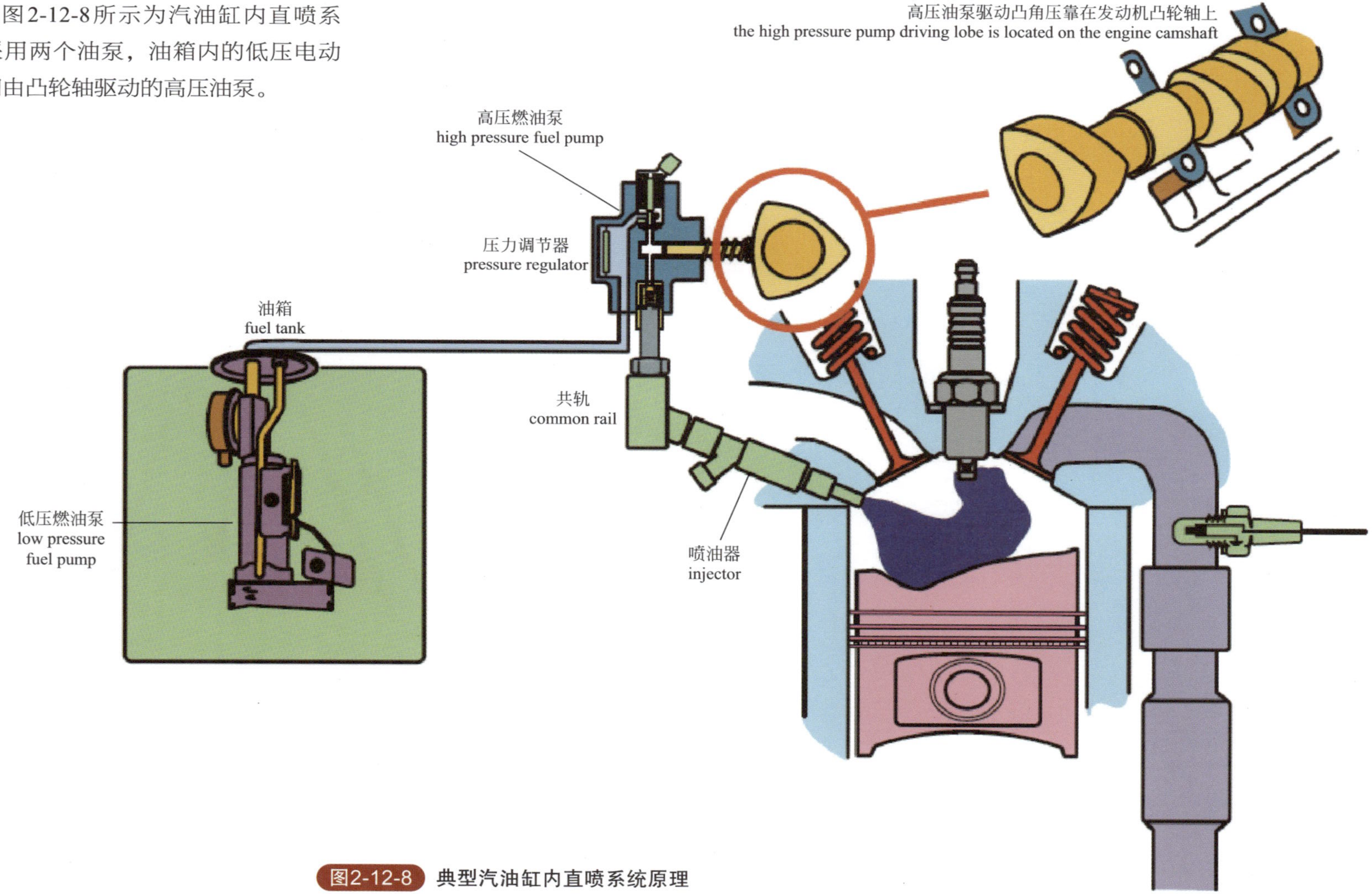

图2-12-8 典型汽油缸内直喷系统原理

第12章 汽油机电子控制燃油喷射系统

12.5.2 汽油缸内直喷系统结构主要部件（图2-12-9）

图2-12-9 汽油缸内直喷系统结构主要部件

·071·

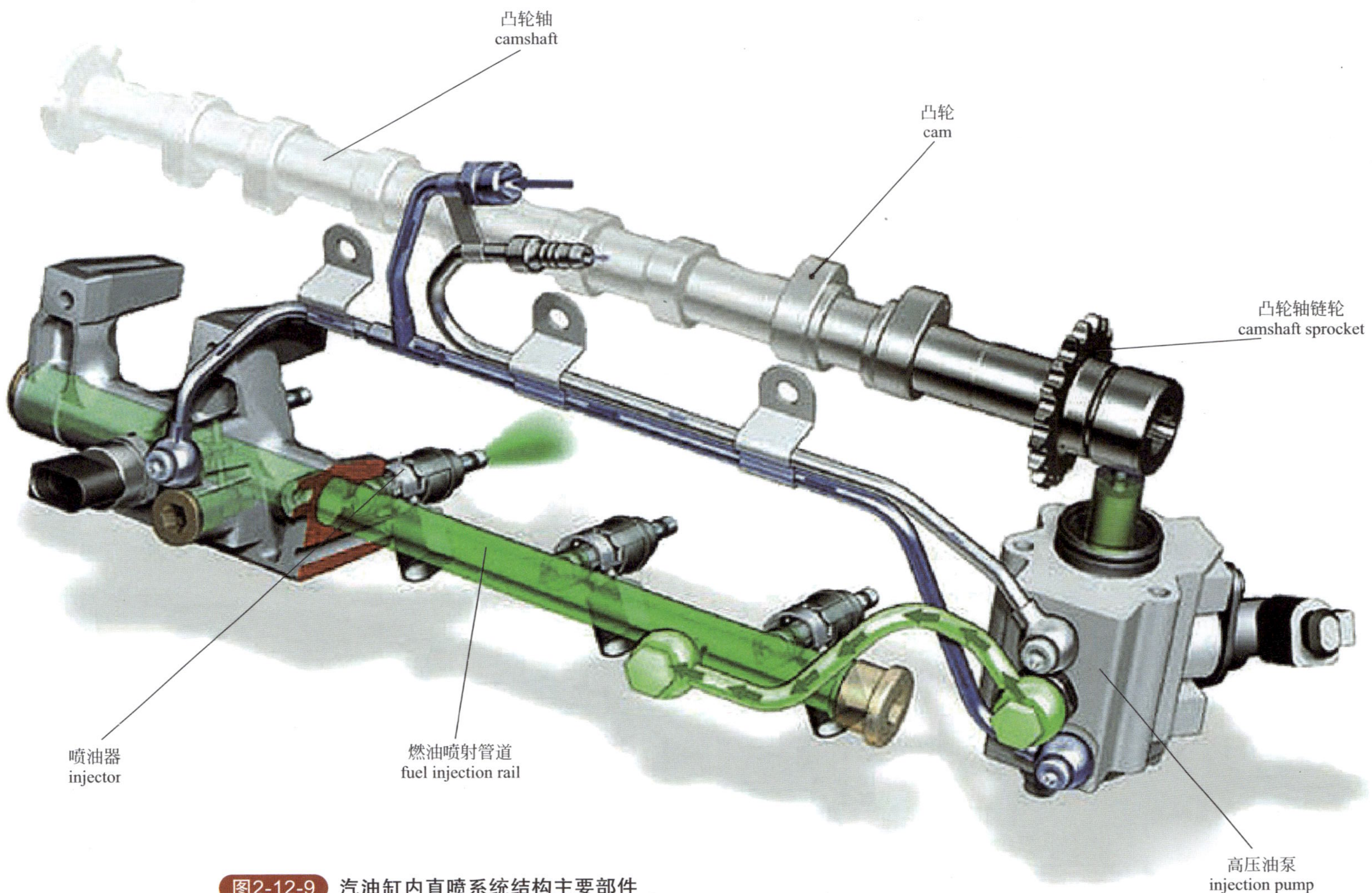

第13章 柴油机燃料供给系统

13.1 概述

柴油机燃料供给系统的功用是不断供给发动机经过滤清的清洁燃料和空气，根据柴油机不同工况的要求，将一定量的柴油以一定压力喷入燃烧室，使其与空气迅速混合并燃烧，做功后将燃烧废气排出气缸（图2-13-1）。

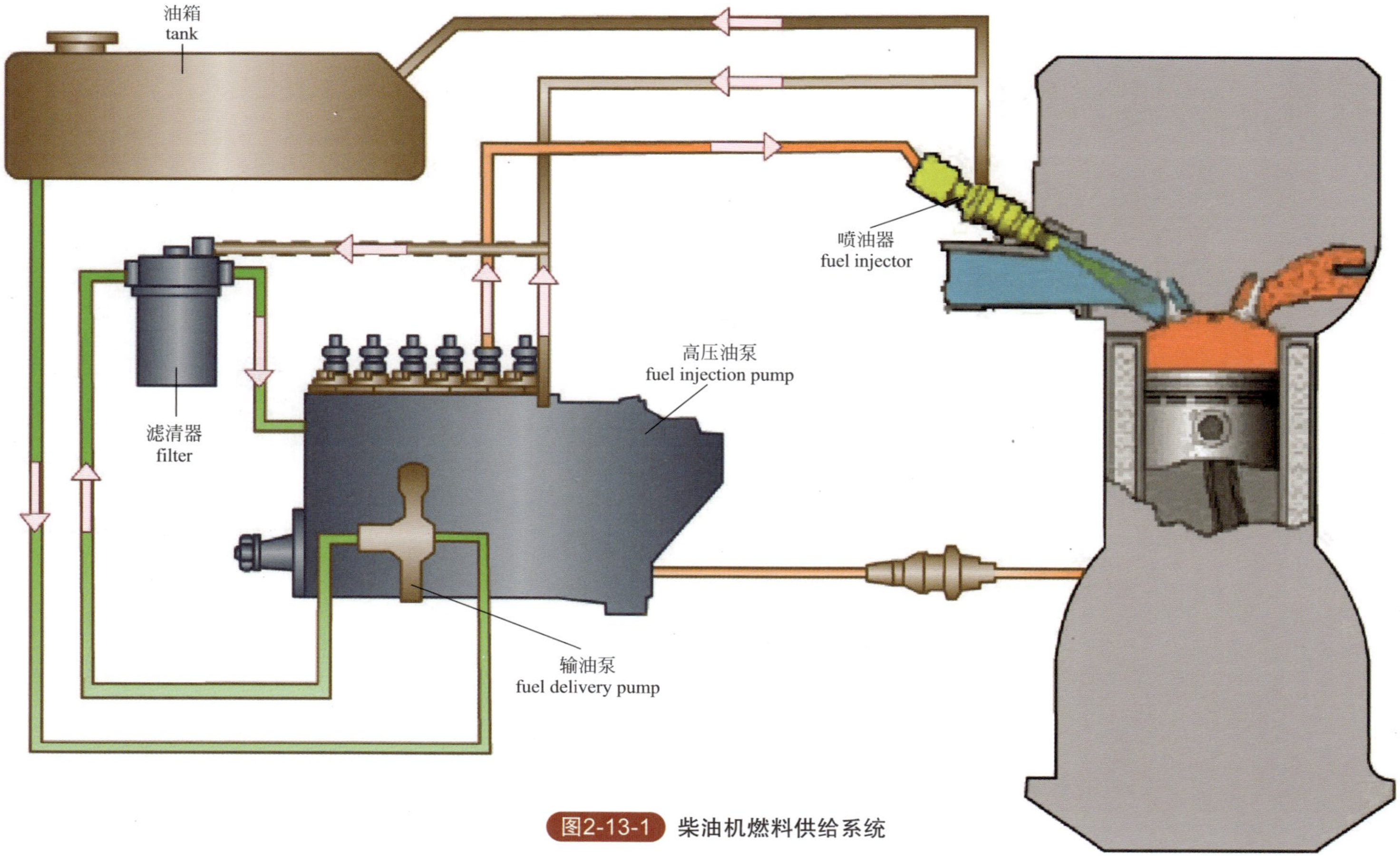

图2-13-1 柴油机燃料供给系统

13.2 高压油泵

在汽车柴油机上得到广泛应用的有直列柱塞式喷油泵和转子分配式喷油泵。

13.2.1 柱塞式喷油泵

柱塞式喷油泵由泵油机构、供油量调节机构、驱动机构和喷油泵体等部分组成（图2-13-2）。

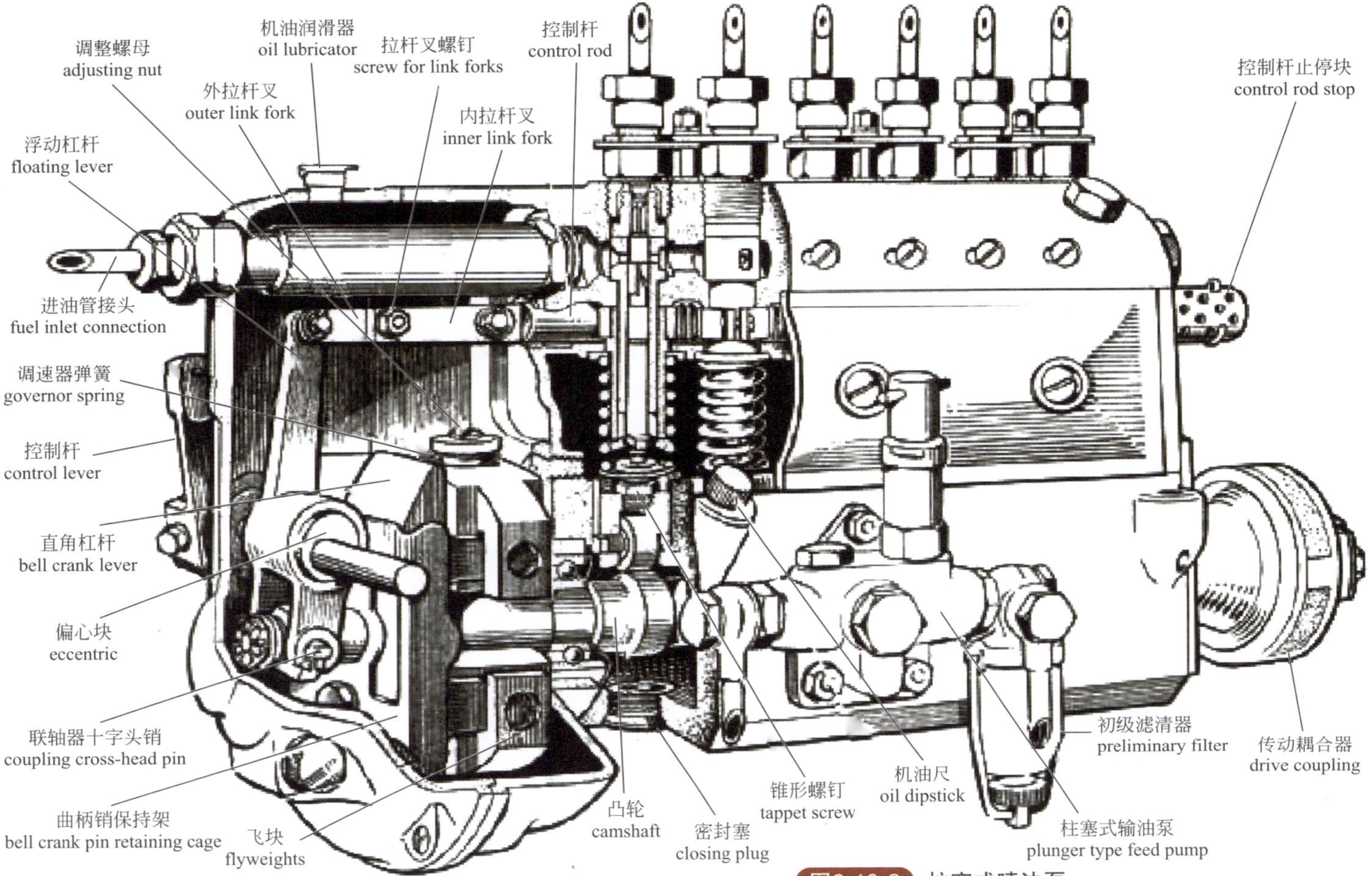

图2-13-2 柱塞式喷油泵

13.2.2　柱塞式喷油泵油量控制

当供油量调节机构的调节齿杆拉动柱塞转动时，柱塞上的螺旋槽与柱塞套油孔之间的相对位置发生变化，从而改变了柱塞的有效行程。当柱塞上的直槽对正柱塞套油孔时，柱塞有效行程为零，这时喷油泵不供油，如图2-13-3所示。

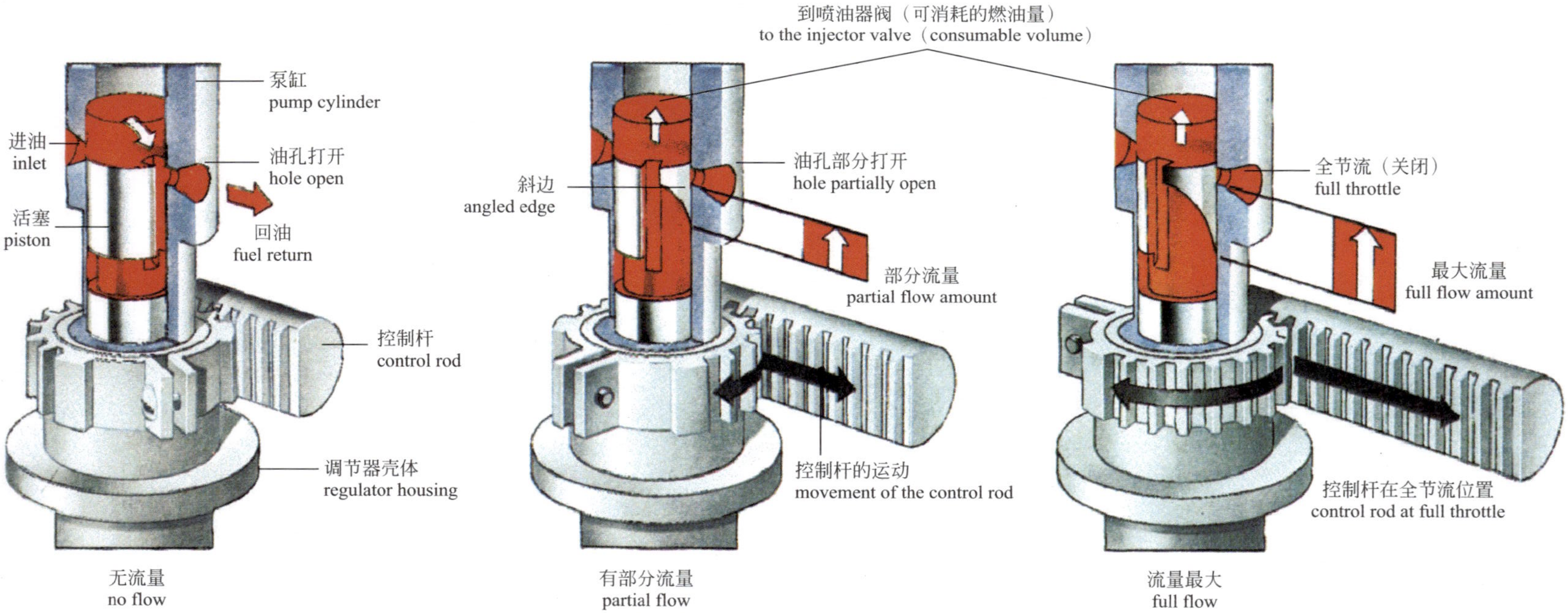

图2-13-3　柱塞式喷油泵油量控制

13.2.3 分配式喷油泵

分配式喷油泵简称分配泵，有转子式和单柱塞式两大类。按压缩方式分有径向压缩式和轴向压缩式。分配泵主要由驱动机构、输油泵、高压分配泵头和油量控制阀等部分组成（图2-13-4）。

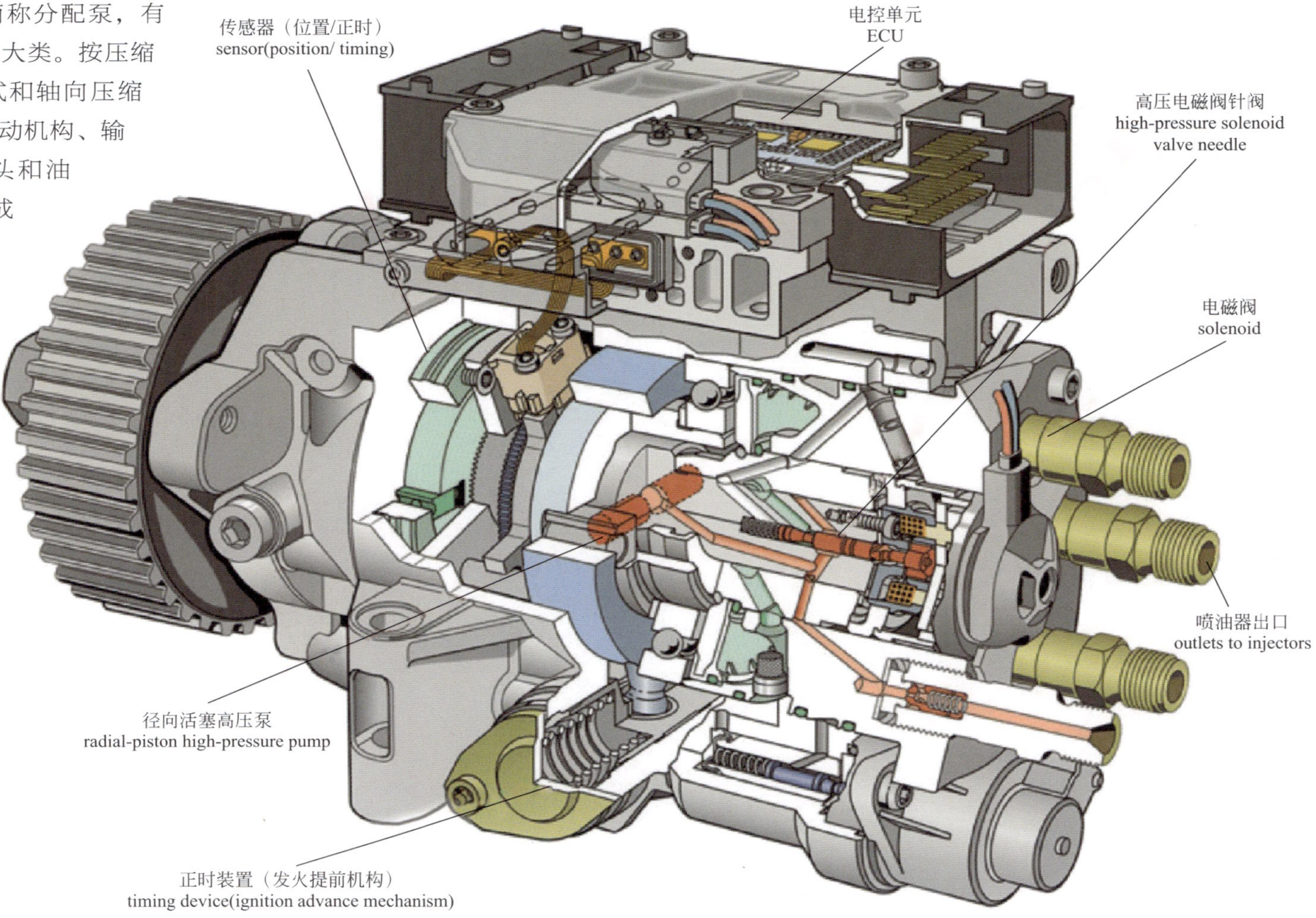

图2-13-4 电磁阀控制的径向活塞分配泵

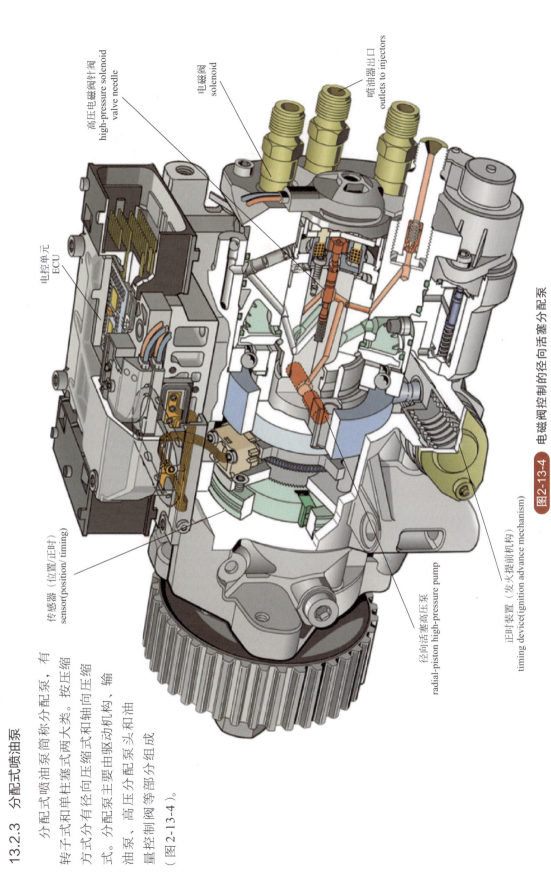

13.3 柴油机电控高压共轨系统

高压共轨电喷技术是指在高压油泵、压力传感器和电子控制单元（ECU）组成的闭环系统中，将喷射压力的产生和喷射过程彼此完全分开的一种供油方式（图2-13-5）。它是由高压油泵将高压燃油输送到公共供油管（油轨），通过公共供油管内的油压实现精确控制，使高压油管压力大小与发动机的转速无关，可以大幅度减小柴油机供油压力随发动机转速变化的程度。

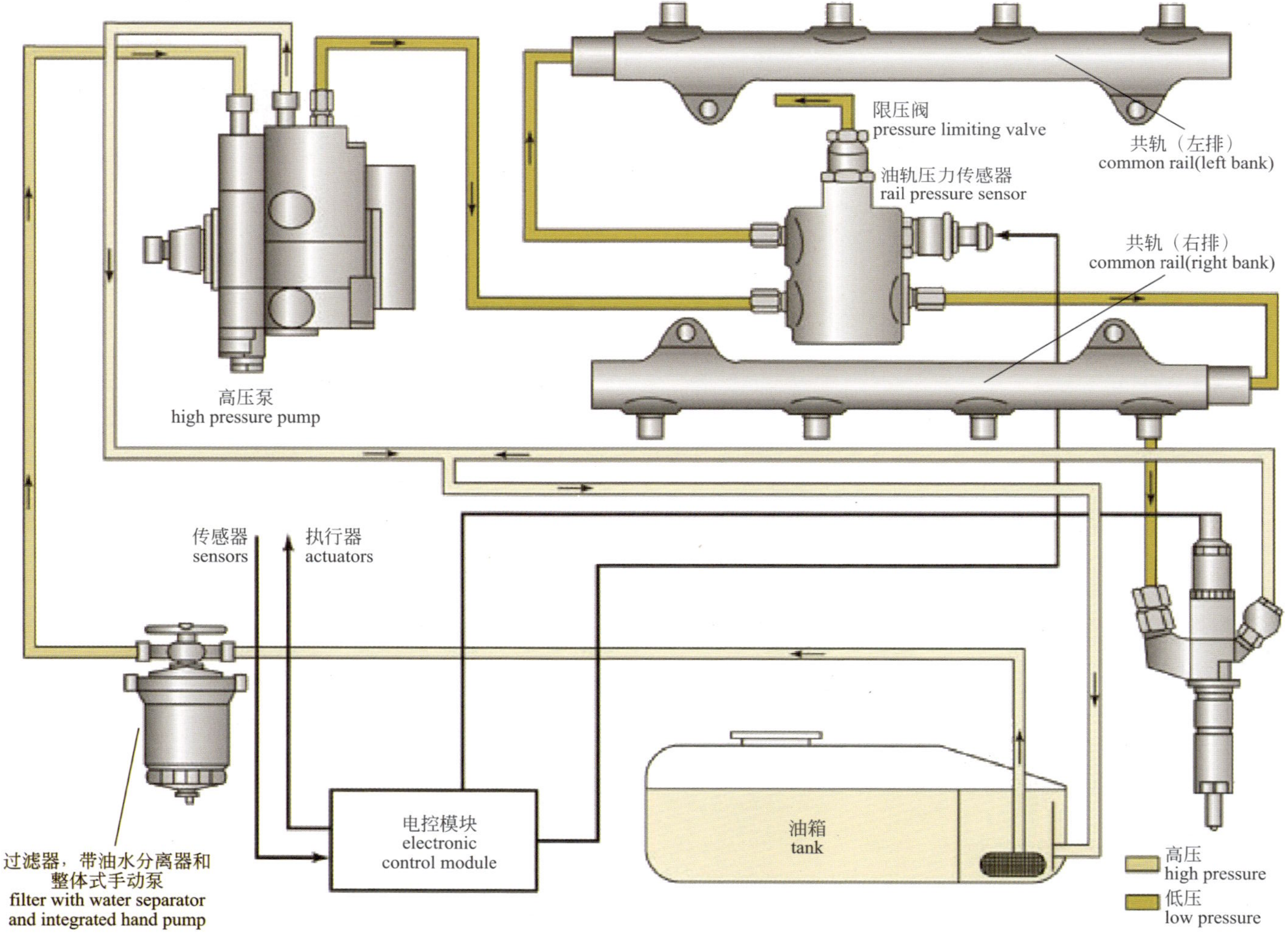

图2-13-5 高压共轨系统组成

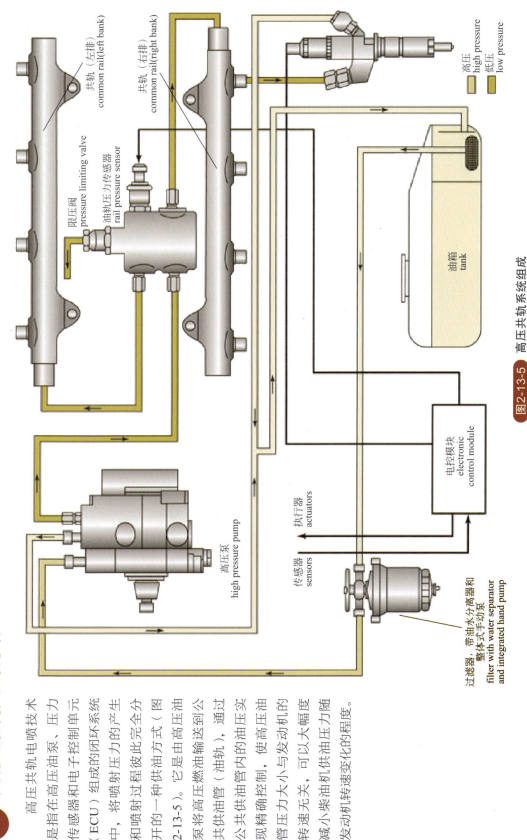

13.4 高压共轨系统原理

高压共轨系统利用较大容积的共轨腔将油泵输出的高压燃油蓄积起来，并消除燃油中的压力波动，然后再输送给每个喷油器，通过控制喷油器上的电磁阀实现喷射的开始和终止（图2-13-6）。

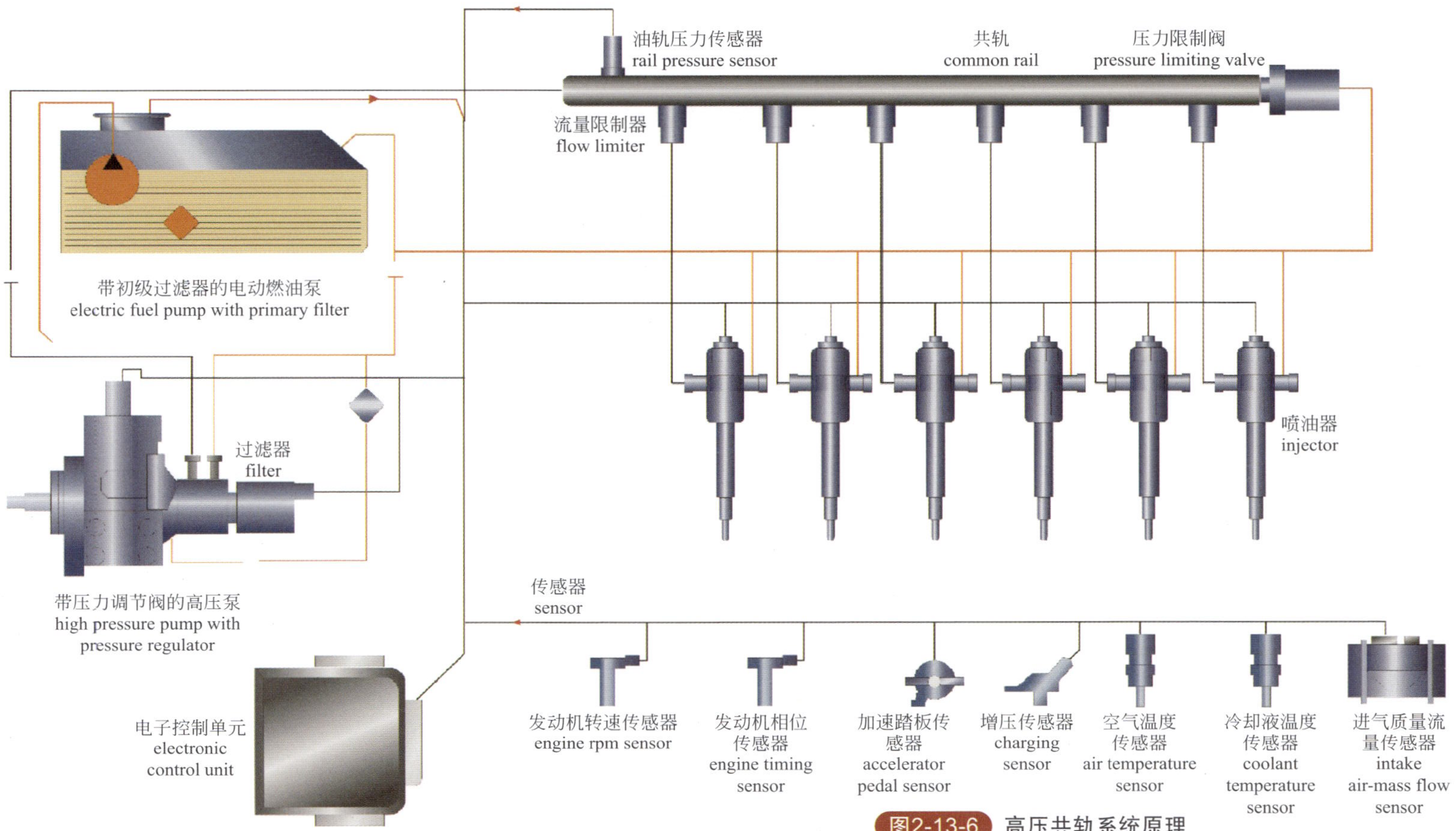

图2-13-6 高压共轨系统原理

第14章 排气系统

14.1 概述

汽车的排气系统主要包括排气歧管、三元催化转换器、消声器和排气管道等，主要的作用就是将气缸内燃烧的废气收集并且排出到大气中（图2-14-1）。

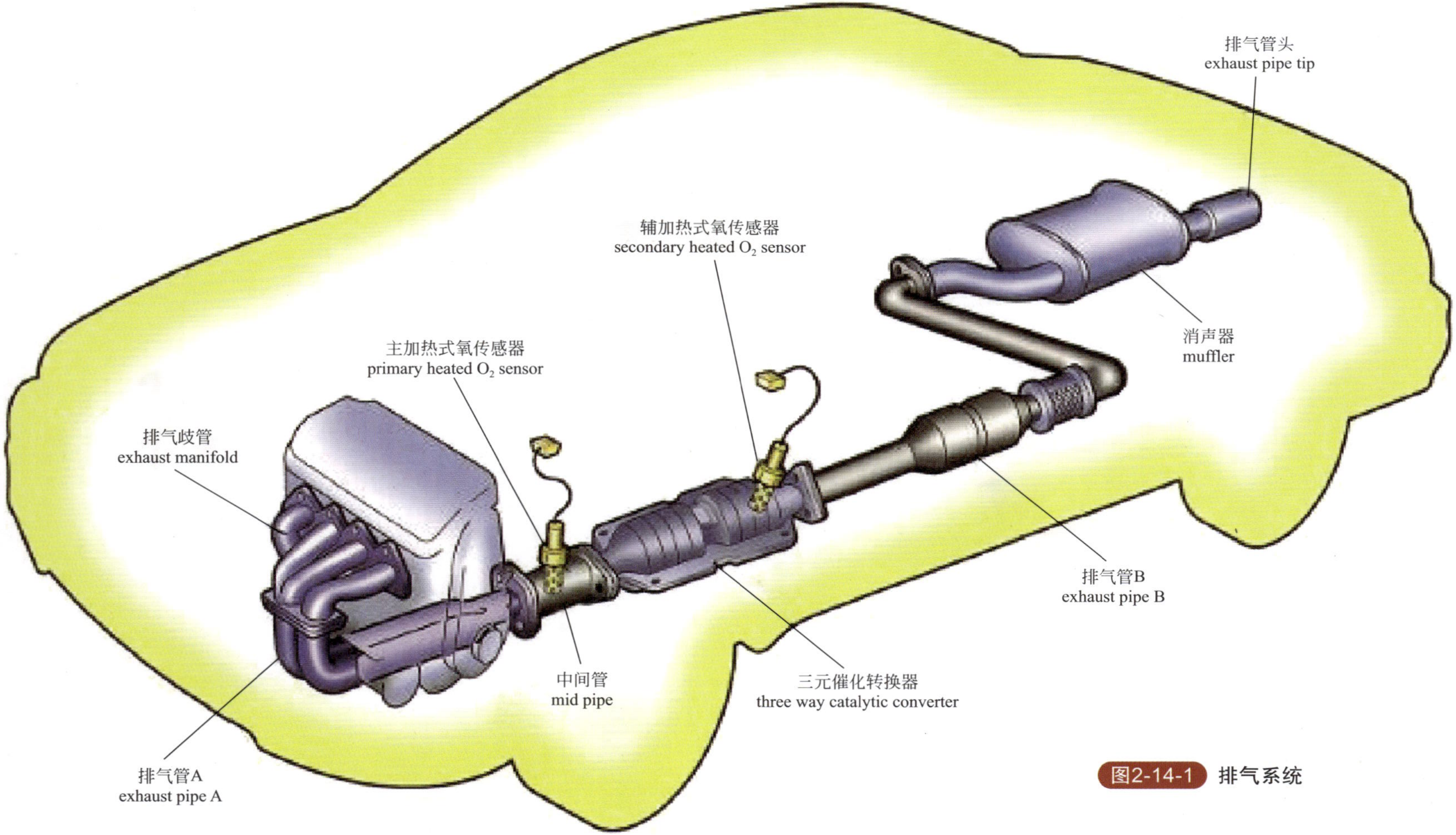
排气管头
exhaust pipe tip
辅加热式氧传感器
secondary heated O_2 sensor
消声器
muffler
主加热式氧传感器
primary heated O_2 sensor
排气歧管
exhaust manifold
排气管B
exhaust pipe B
中间管
mid pipe
三元催化转换器
three way catalytic converter
排气管A
exhaust pipe A

图2-14-1 排气系统

14.2 排气歧管

排气歧管是与发动机气缸体相连的，将各缸的排气集中起来导入排气总管的，带有分歧的管路。为了防止排气口间的废气产生相互干涉或回流的现象，排气歧管设计得很“怪异”，但也是有原则的，以防止出现紊流，如各缸排气歧管尽可能独立，长度尽可能长且相等，管内表面尽可能光滑（图2-14-2）。

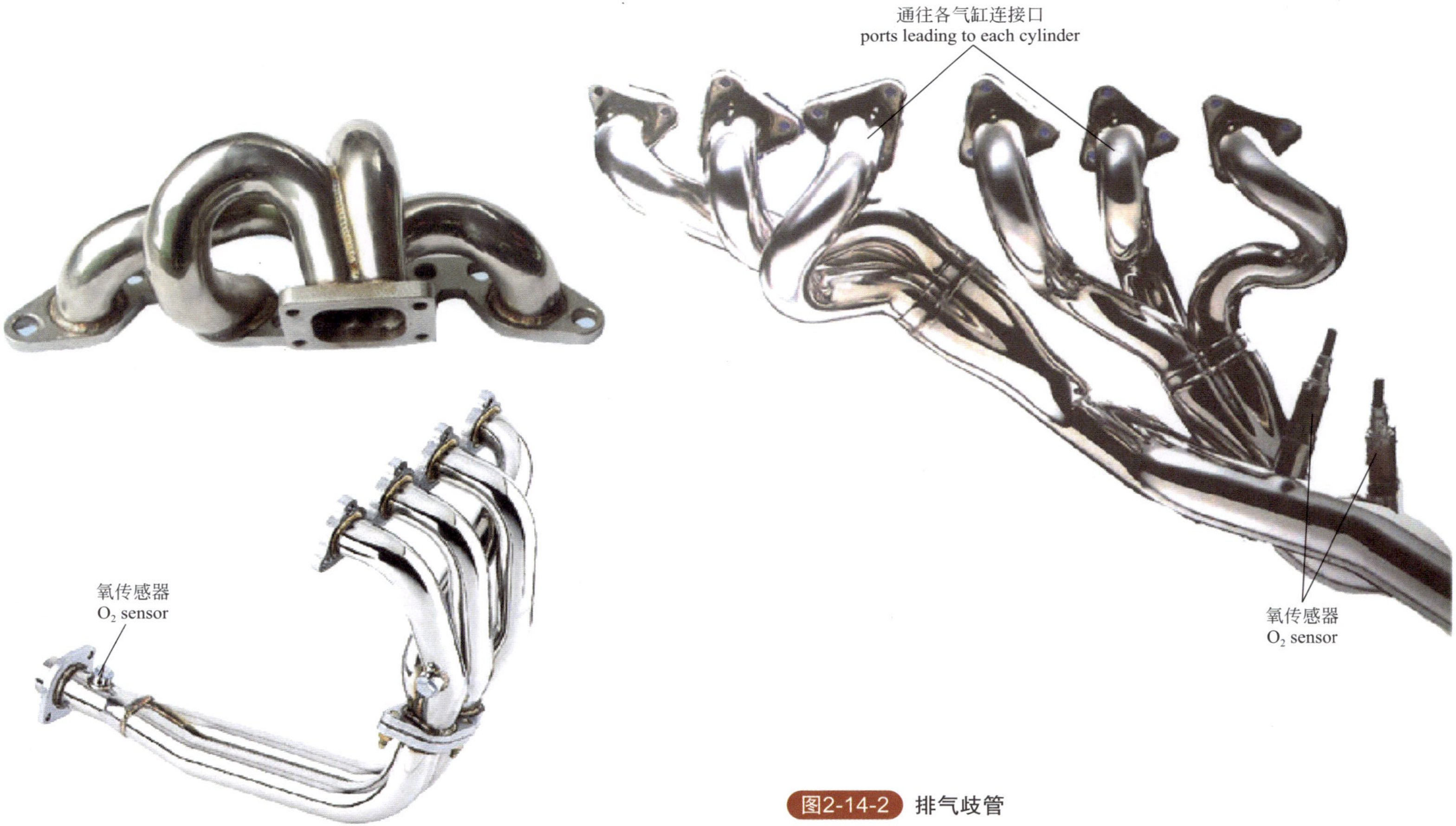
通往各气缸连接口
ports leading to each cylinder
氧传感器
O2 sensor
氧传感器
O2 sensor

图2-14-2 排气歧管

14.3 废气再循环

废气再循环系统用于降低废气中的氧化氮（NO_x）的排出量。氮和氧只有在高温高压条件下才会发生化学反应，发动机燃烧室内的温度和压力满足了上述条件，在强制加速期间更是如此。

当发动机在负荷下运转时，EGR阀开启，使少量的废气进入进气歧管，与可燃混合气一起进入燃烧室。怠速时EGR阀关闭，几乎没有废气再循环至发动机。汽车废气是一种不可燃气体（不含燃料和氧化剂），在燃烧室内不参与燃烧。它通过吸收燃烧产生的部分热量来降低燃烧温度和压力，以减少氧化氮的生成量。进入燃烧室的废气量随着发动机转速和负荷的增加而增加（图2-14-3）。

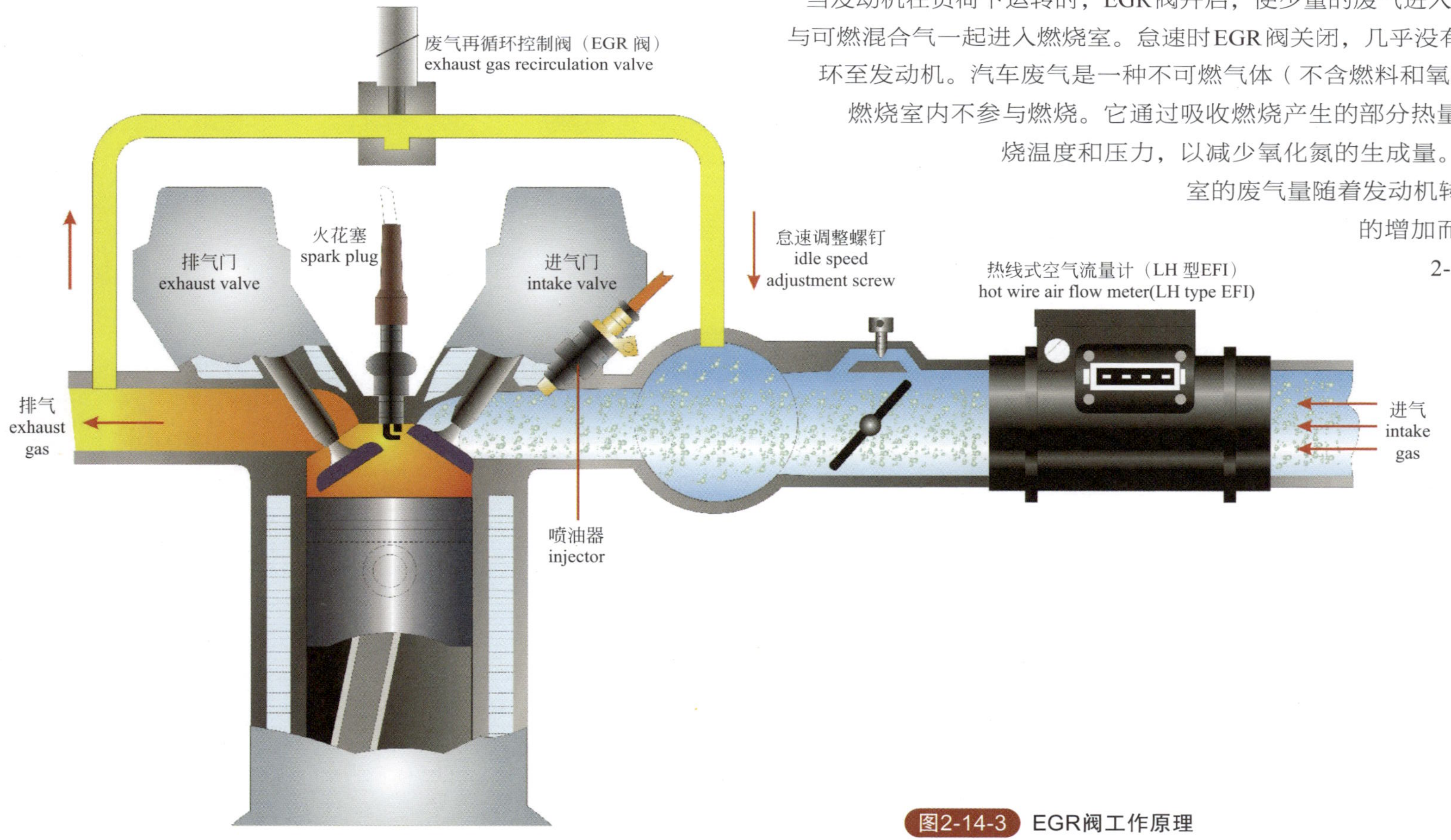

图2-14-3 EGR阀工作原理

14.3.1 EGR阀

当EGR阀打开时，废气通过阀门，进入进气歧管内的通道（图2-14-4）。

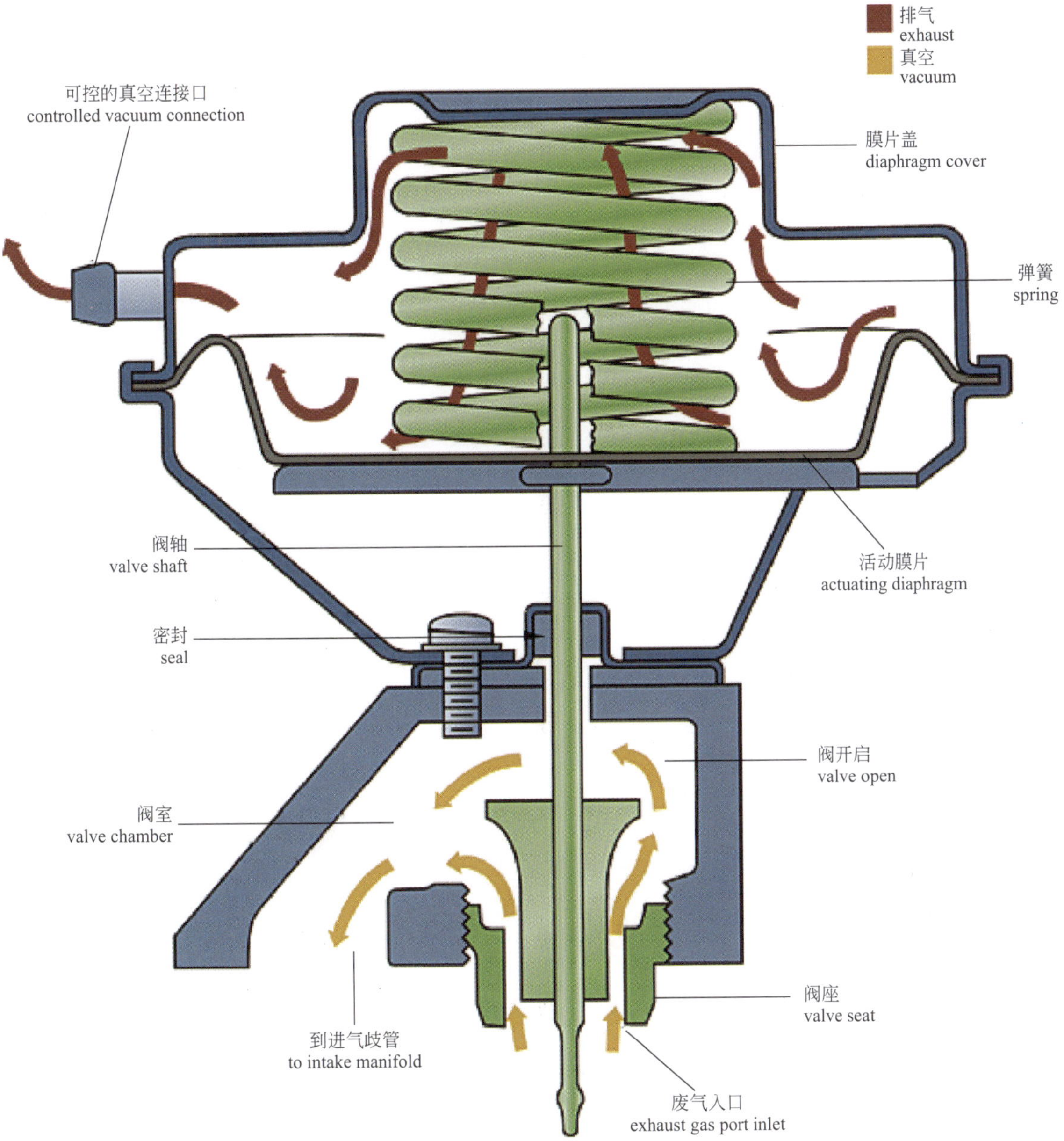

图2-14-4 EGR阀

14.3.2 发动机废气再循环控制系统

发动机废气再循环控制系统中，EGR阀工作时，ECU根据存储器内存储的不同工作条件下理想的EGR阀开度控制EGR阀。EGR阀开度传感器检测EGR阀的开度并将信号传递至ECU，然后ECU将此开度与根据输入信号计算出的理想开度进行对比，如果它们之间不同，ECU将减小EGR阀控制电磁阀的电流，因此减小施加到EGR阀的真空，结果使EGR阀再循环的废气量改变（图2-14-5）。

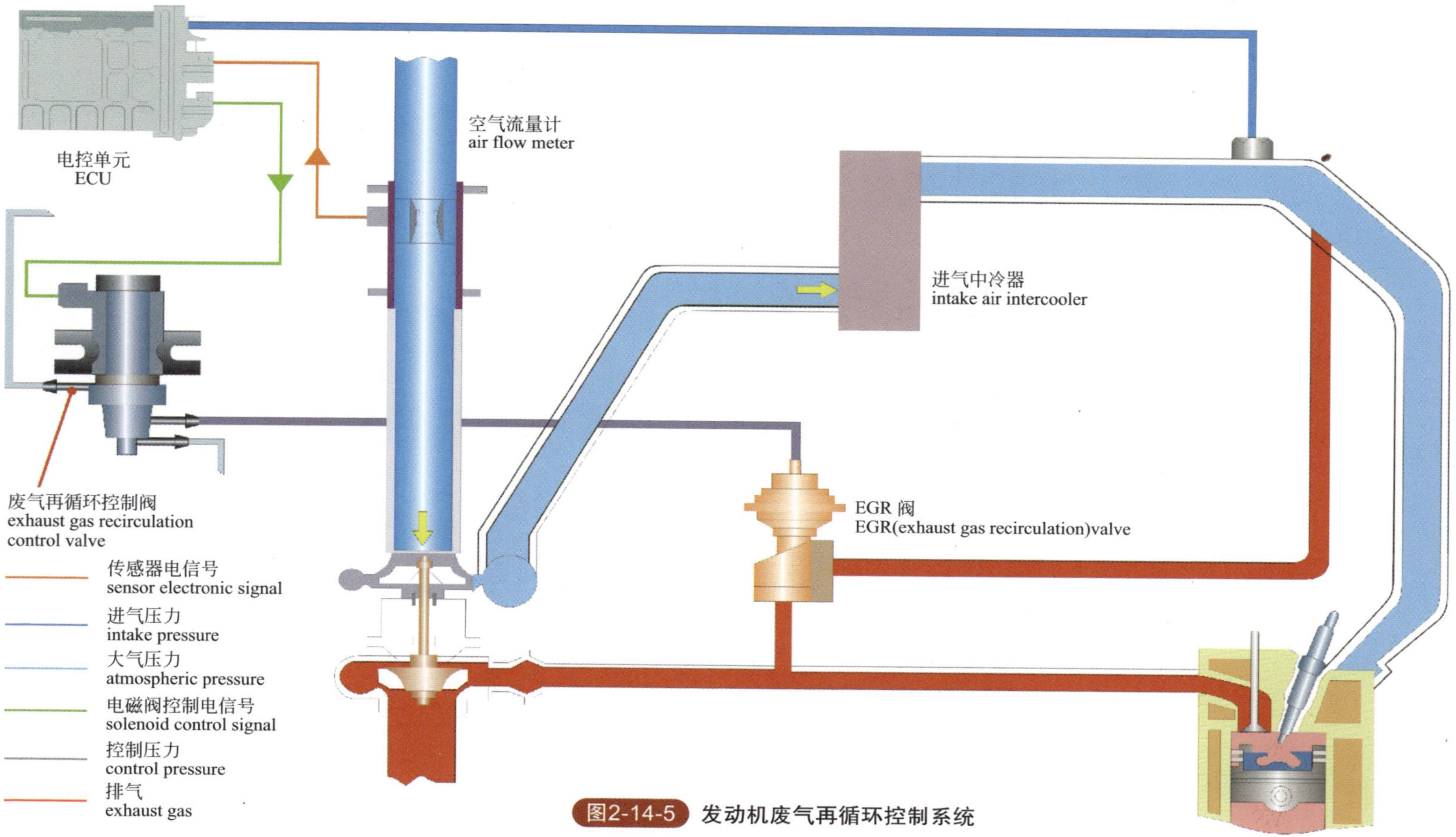

图2-14-5 发动机废气再循环控制系统

14.4 汽油蒸发控制系统

汽油箱和化油器浮子室中的汽油随时都在蒸发气化，若不加以控制或回收，则当发动机停机时，汽油蒸气将逸入大气，造成对环境的污染。汽油蒸发控制系统的功用便是将这些汽油蒸气收集和储存在炭罐内，在发动机工作时再将其送入气缸进行燃烧（图2-14-6）。

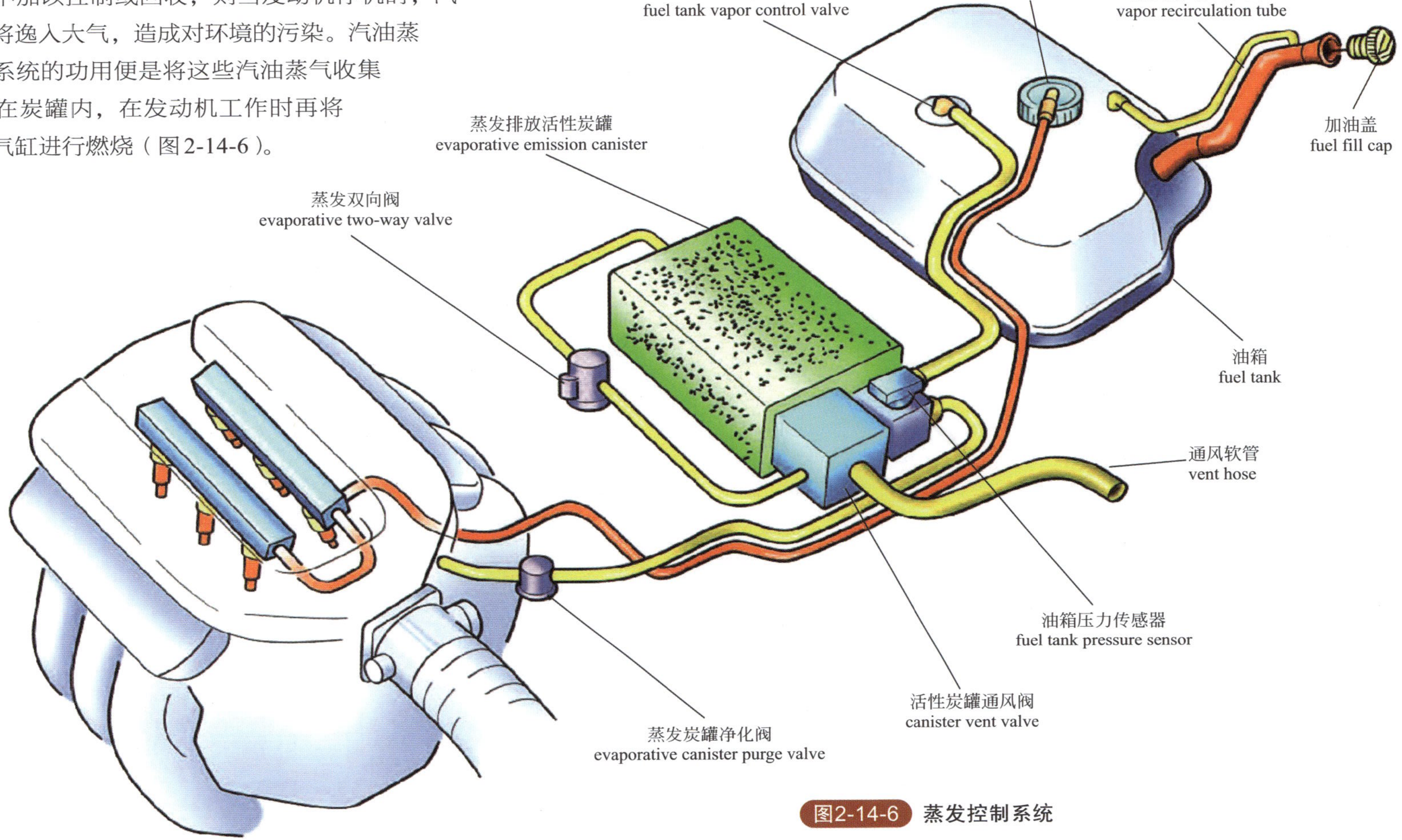

图2-14-6 蒸发控制系统

蒸发控制系统（EVAP system）原理：当计算机将炭罐净化电磁阀打开时，歧管真空将存储在炭罐的蒸气吸入发动机。歧管真空也作用到压力控制阀，当该阀打开，油箱中的汽油蒸气也被吸入到炭罐，最终进入到发动机。当电磁阀关闭（或发动机停转，没有真空），压力控制阀在弹簧作用下关闭，油箱内的蒸气无法进入大气中（图2-14-7）。

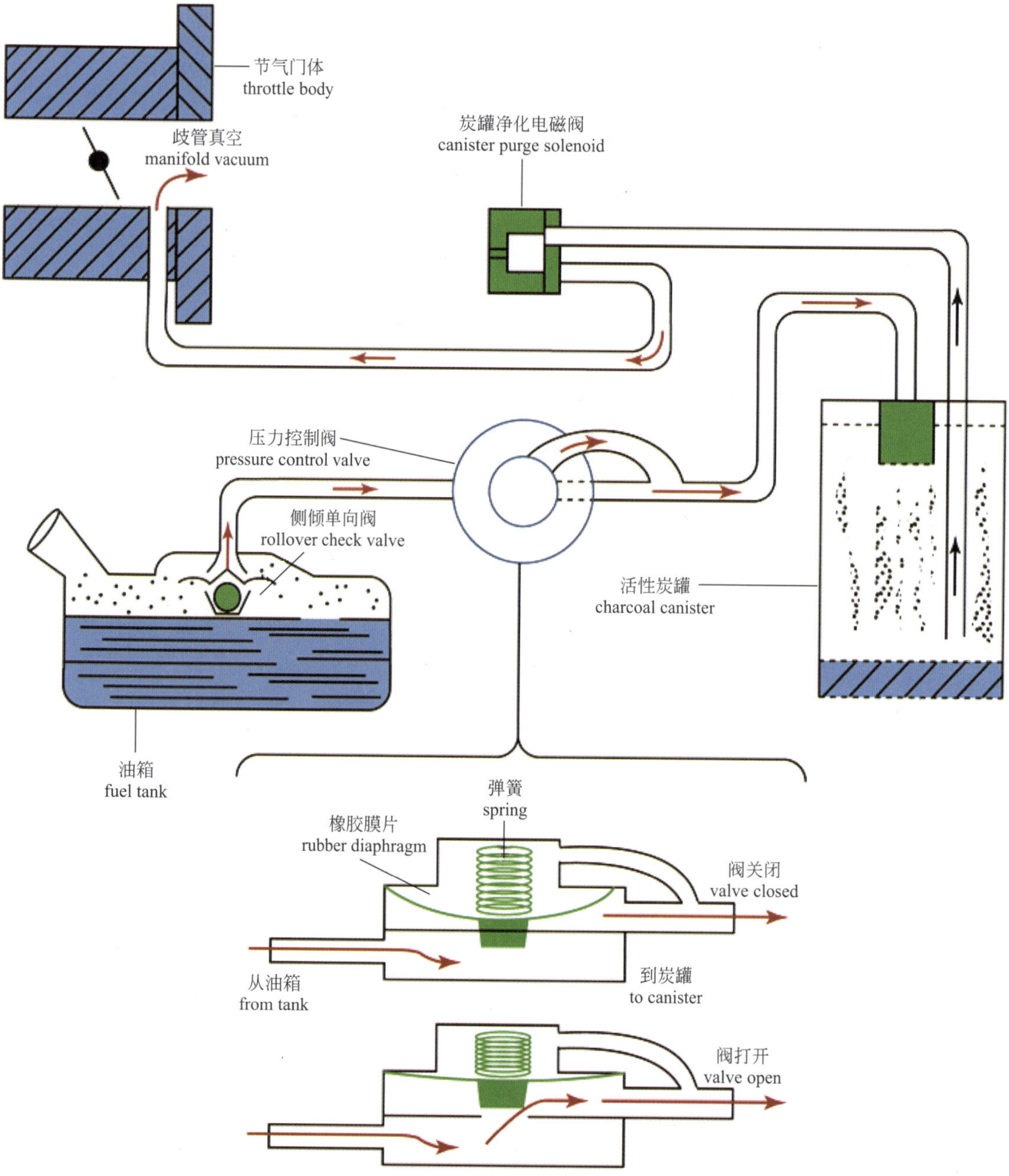

图2-14-7　蒸发控制系统原理

14.5 三元催化转换器

三元催化转换器，是安装在汽车排气系统中最重要的机外净化装置，也称作催化净化转换器。利用催化剂的作用将排气中的CO、HC和NO_x转换为对人体无害的气体，可同时减少CO、HC和NO_x的排放，它以排气中的CO和HC作为还原剂，把NO_x还原为氮（N_2）和氧（O_2），而CO和HC在还原反应中被氧化为CO_2和H_2O（图2-14-8）。

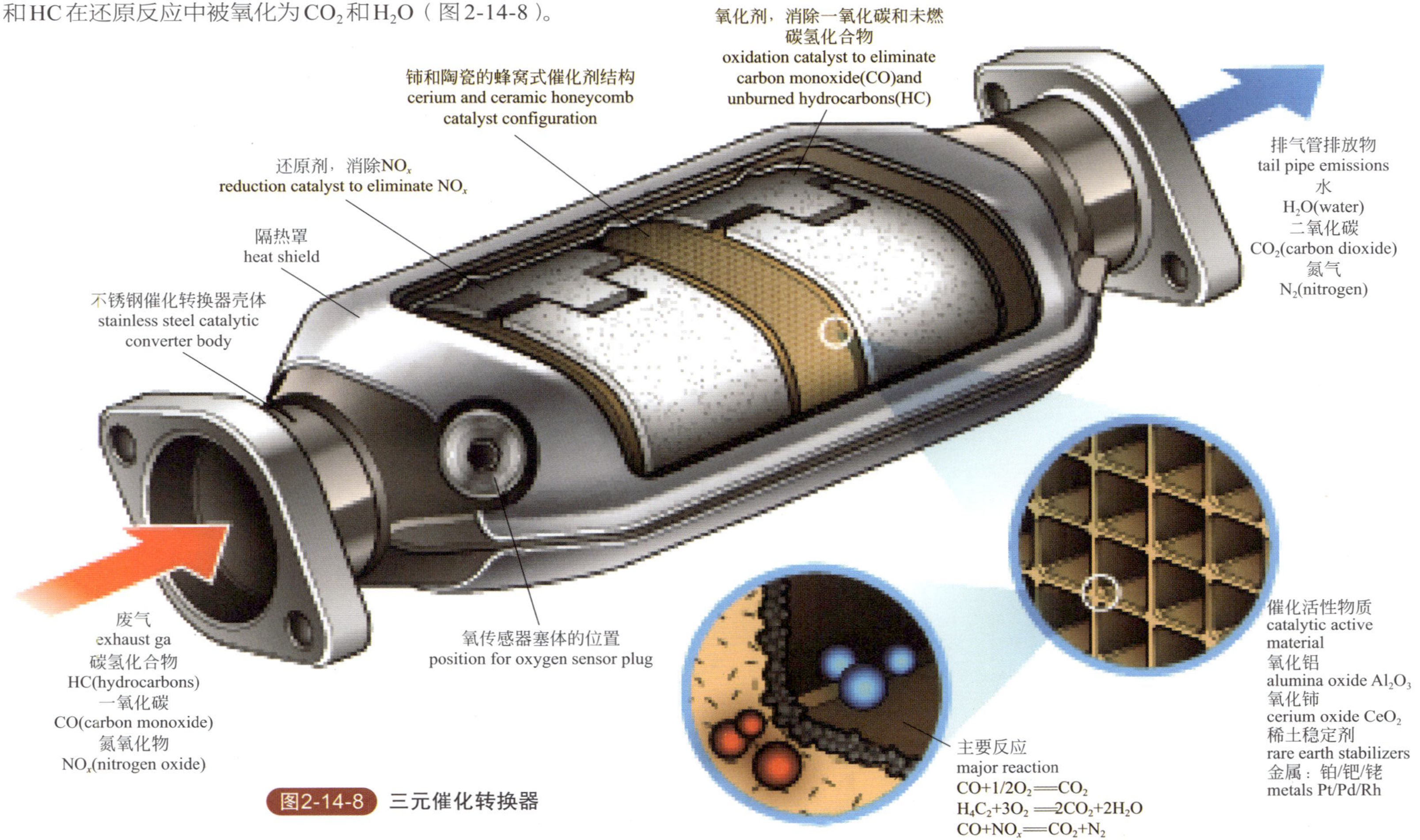

图2-14-8 三元催化转换器

第15章 增压器

增压器是发动机借以增加气缸进气压力的装置。进入发动机气缸前的空气先经增压器压缩以提高空气的密度，使更多的空气充填到气缸里，从而增大发动机功率。装有增压器的发动机除能输出较大的功率外，还可改善发动机的高密度特性。

汽车发动机进气增压器，主要包括三种形式：废气涡轮增压器、机械涡轮增压器、双涡轮增压器。

15.1 涡轮增压器

涡轮增压大家并不陌生，平时在车的尾部都可以看到诸如1.4T、2.0T等字样，这说明了这辆车的发动机是带涡轮增压的。涡轮增压（turbocharger，缩写Turbo或T）是利用发动机的废气带动涡轮来压缩进气，从而提高发动机的功率和扭矩，使车更有劲（图2-15-1）。

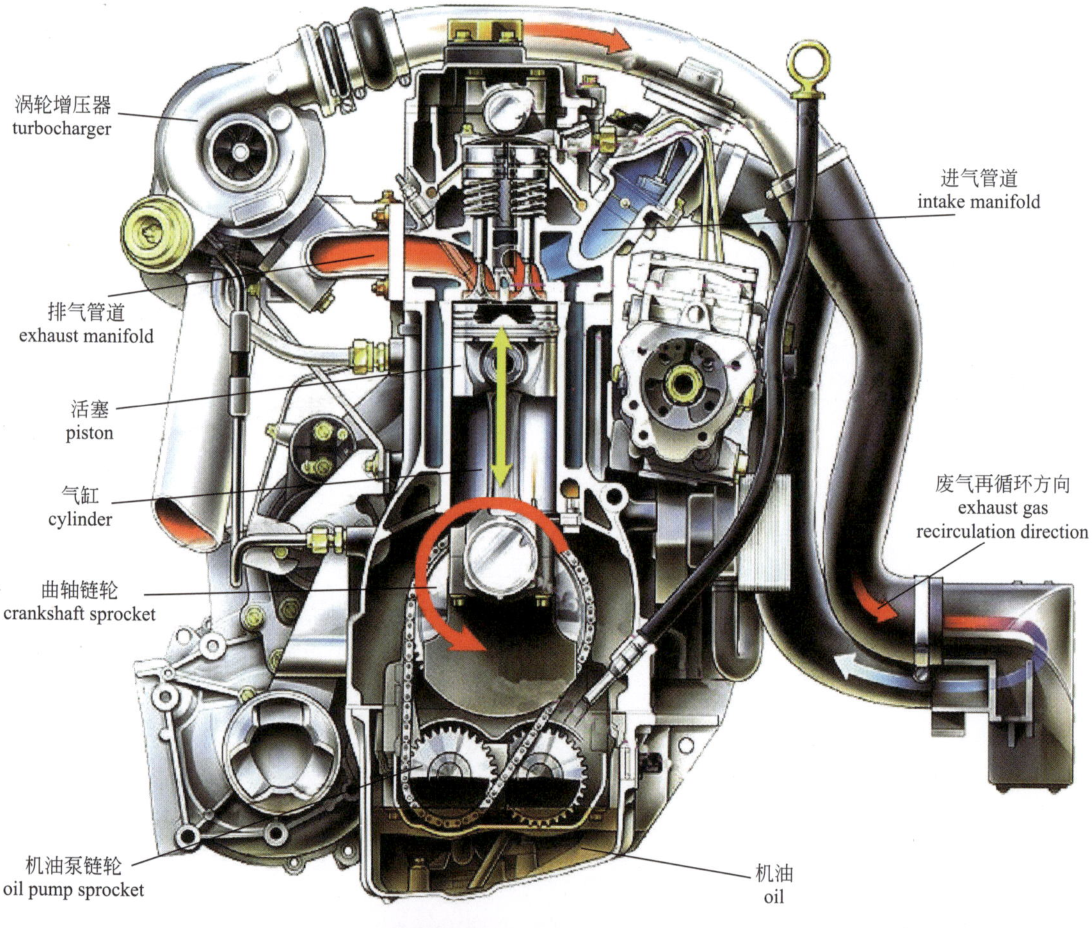

图2-15-1 涡轮增压器的位置

15.1.1 涡轮增压原理

涡轮增压器主要由涡轮机和压缩机两部分组成，它们之间通过一根传动轴连接。涡轮的进气口与发动机排气歧管相连，排气口与排气管相连；压缩机的进气口与进气管相连，排气口则接在进气歧管上。到底是怎样实现增压的呢？主要是通过发动机排出的废气冲击涡轮高速运转，从而带动同轴的压缩机高速转动，强制地将增压后的空气压送到气缸中，提高发动机的功率（图2-15-2）。

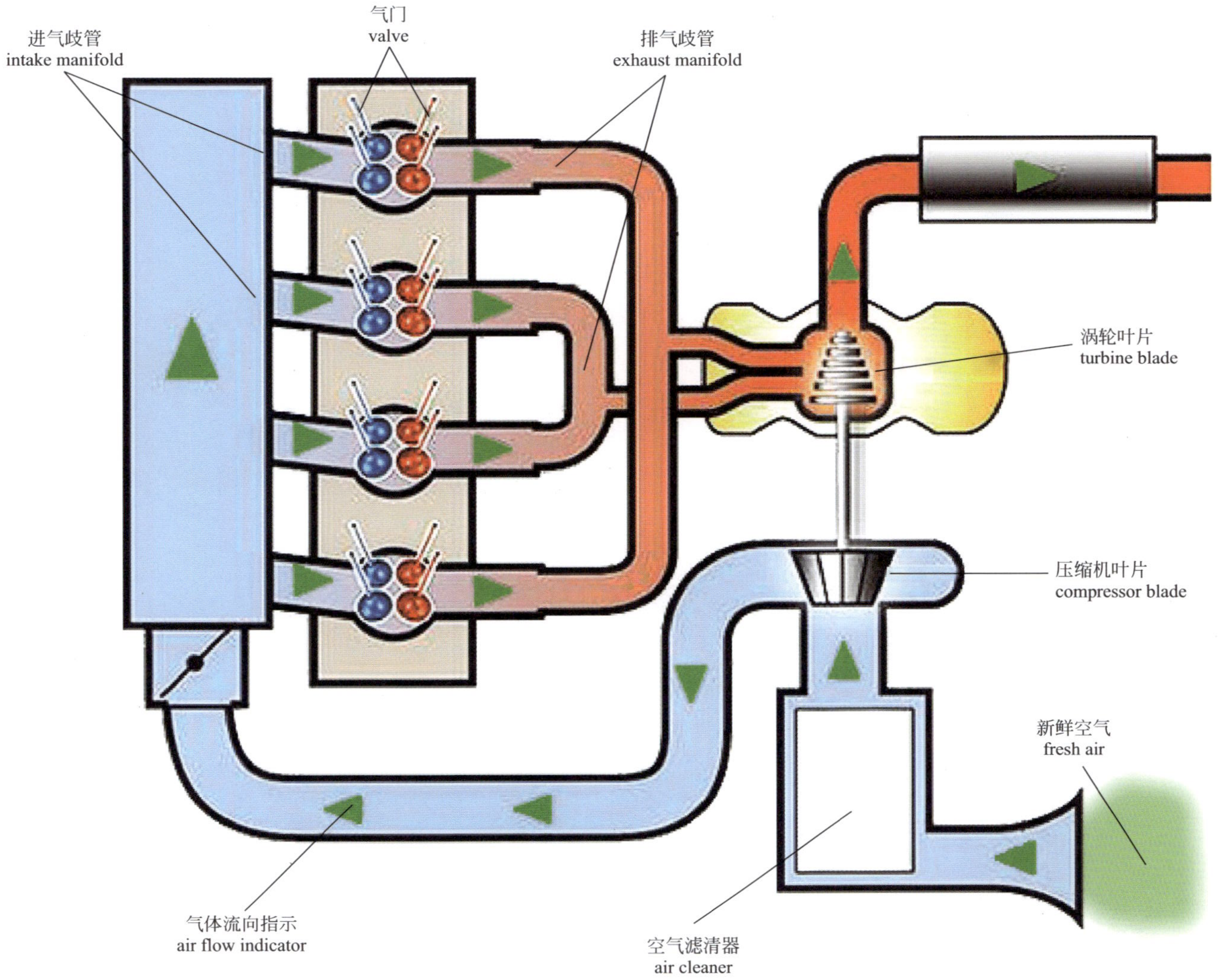

图2-15-2 涡轮增压原理

15.1.2 涡轮增压空气流动

涡轮增压主要是利用发动机废气的能量带动压缩机来实现对进气的增压，整个过程中基本不会消耗发动机的动力，拥有良好的加速持续性，但是在低速时涡轮不能及时介入，带有一定的滞后性。空气经空气滤清器后，被涡轮增压器加压到中冷器，进入进气歧管、进气门、气缸、排气门、排气歧管（图2-15-3）。

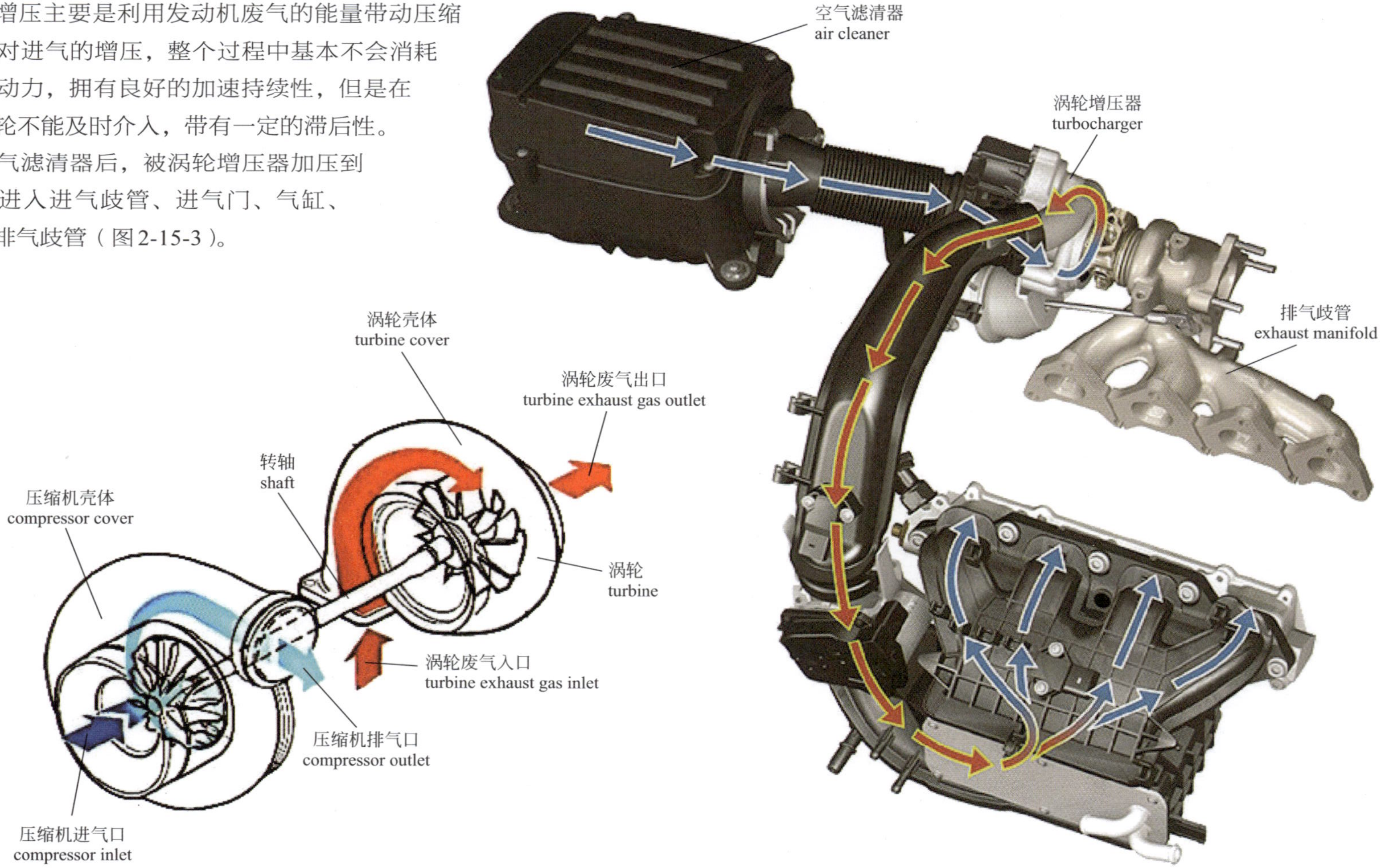

图2-15-3 涡轮增压空气流动

15.2 机械增压器

相对于涡轮增压，机械增压的原理则有所不同。机械增压主要是通过曲轴的动力带动一个机械式的空气压缩机旋转来压缩空气的。与涡轮增压不同的是，机械增压工作过程中会对发动机输出的动力造成一定程度的损耗（图2-15-4）。

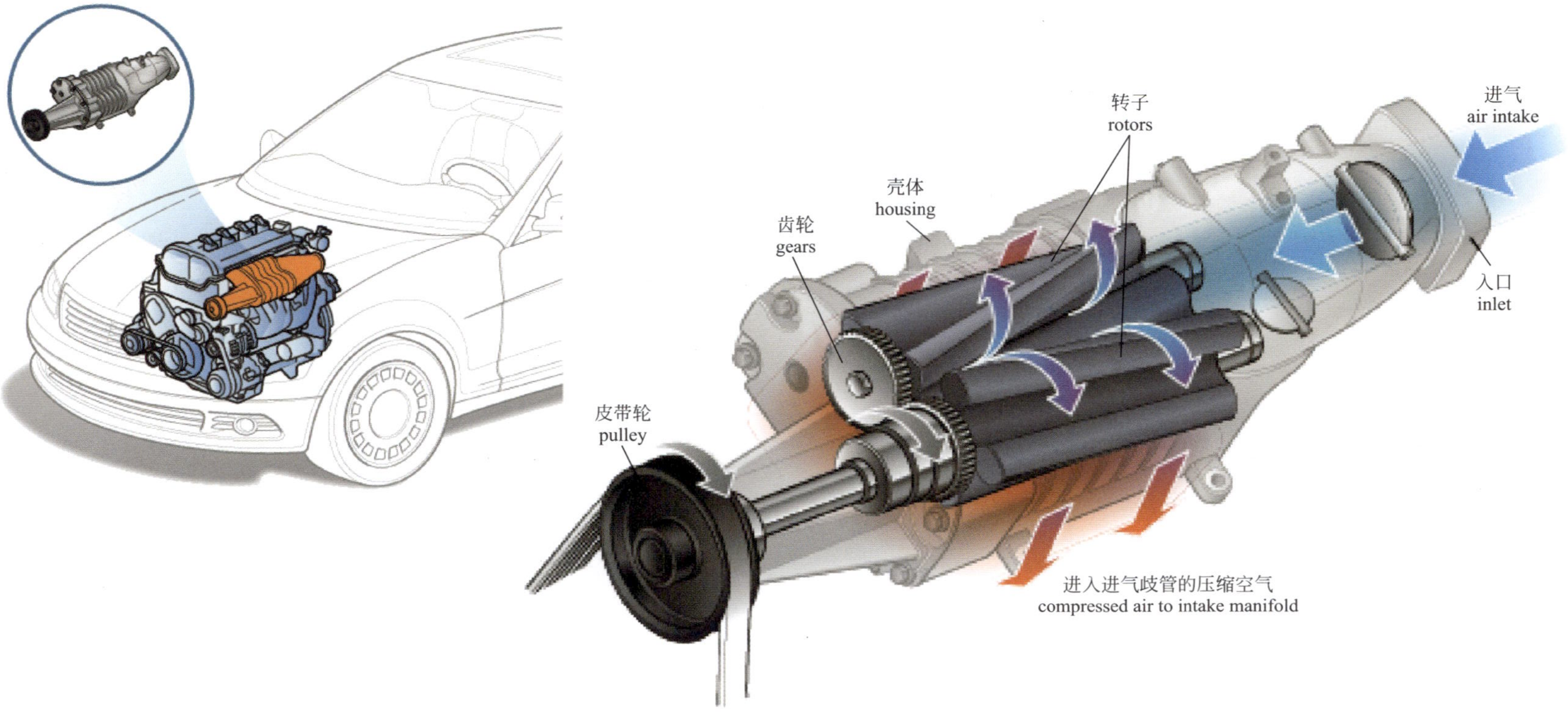

图2-15-4 机械增压器发动机

由于机械增压器是直接由曲轴带动的，发动机运转时，增压器也就开始工作了，所以在低转速时，发动机的扭矩输出表现也十分出色，而且空气压缩量是按照发动机转速线性上升的，没有涡轮增压发动机介入那一刻的唐突，也没有涡轮增压发动机的低速迟滞。但是在发动机高速运转时，机械增压器对发动机动力的损耗也是很大的，动力提升不太明显（图2-15-5）。

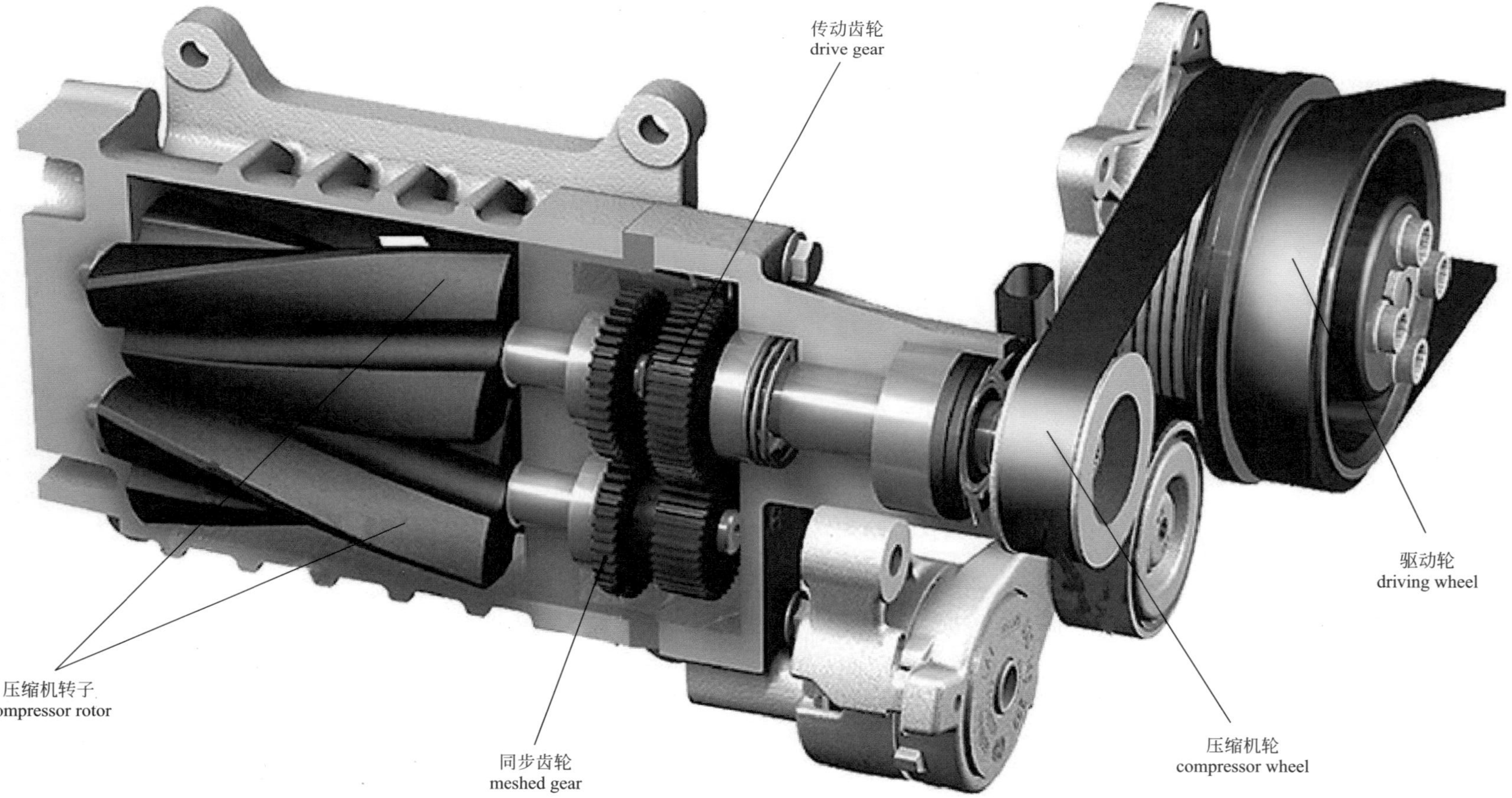
传动齿轮
drive gear
驱动轮
driving wheel
压缩机转子
compressor rotor
同步齿轮
meshed gear
压缩机轮
compressor wheel

图2-15-5 机械增压器

图2-15-6为带有中冷器的机械增压器。

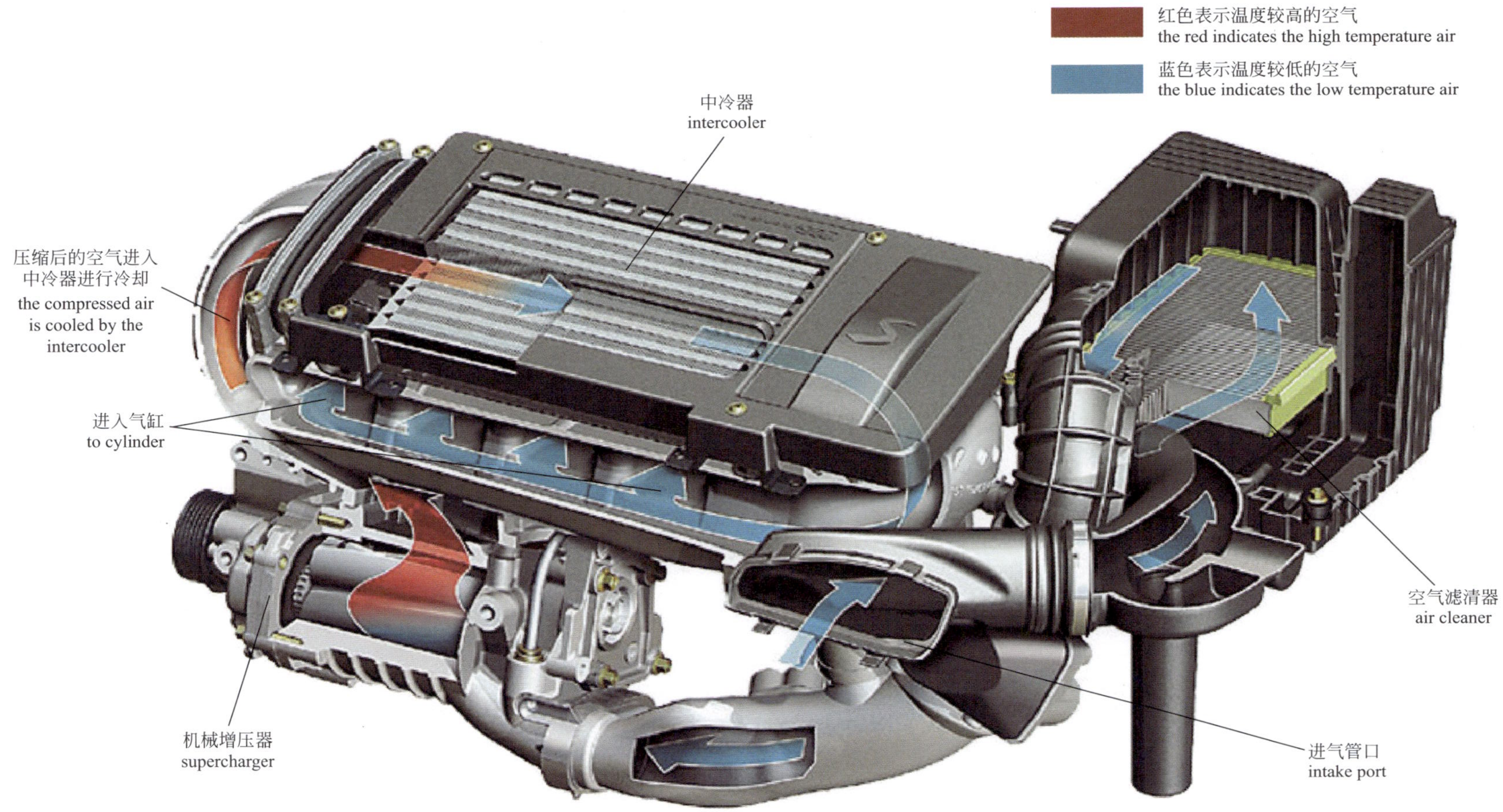

图2-15-6 带有中冷器的机械增压器

第16章 发动机润滑系统

16.1 概述

润滑系统的功用就是在发动机工作时连续不断地把数量足够、温度适当的洁净机油输送到全部传动件的摩擦表面，并在摩擦表面之间形成油膜，实现液体摩擦，从而减小摩擦阻力、降低功率消耗、减轻机件磨损，以达到提高发动机工作可靠性和耐久性的目的（图2-16-1）。

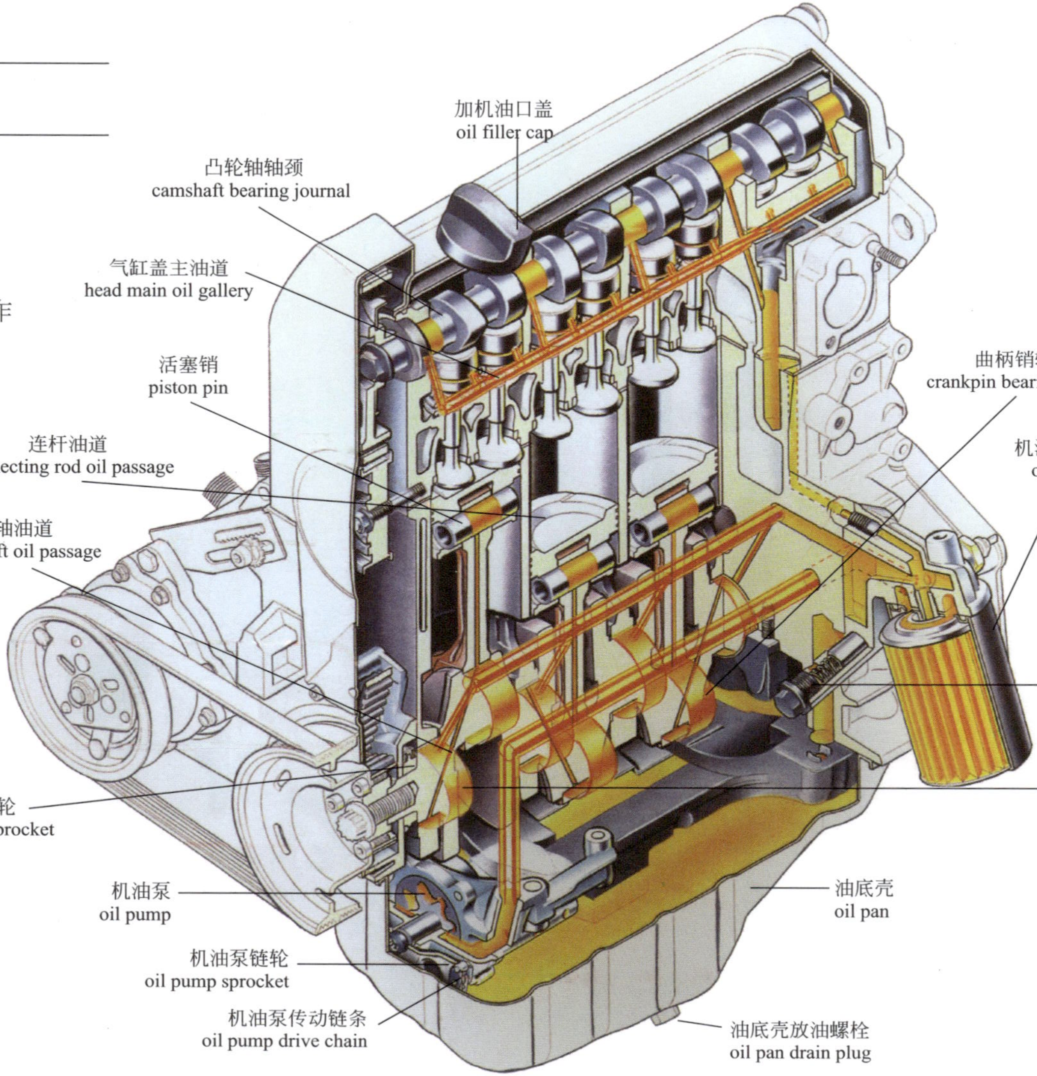

图2-16-1 润滑系统

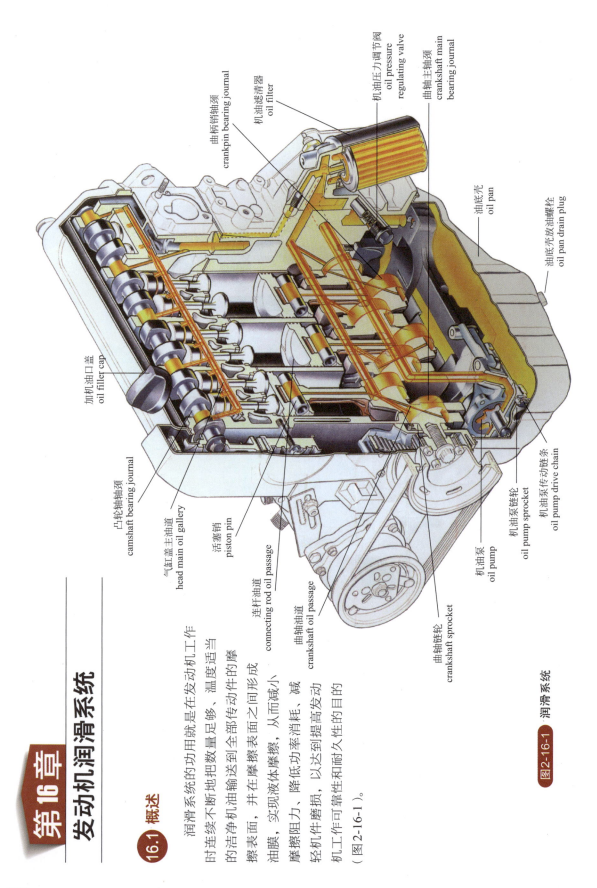

16.2 发动机润滑系统工作原理

机油主要存储在油底壳中，当发动机运转后带动机油泵，利用泵的压力将机油压送至发动机各个部位。润滑后的机油会沿着缸壁等途径回到油底壳中，重复循环使用（图2-16-2）。

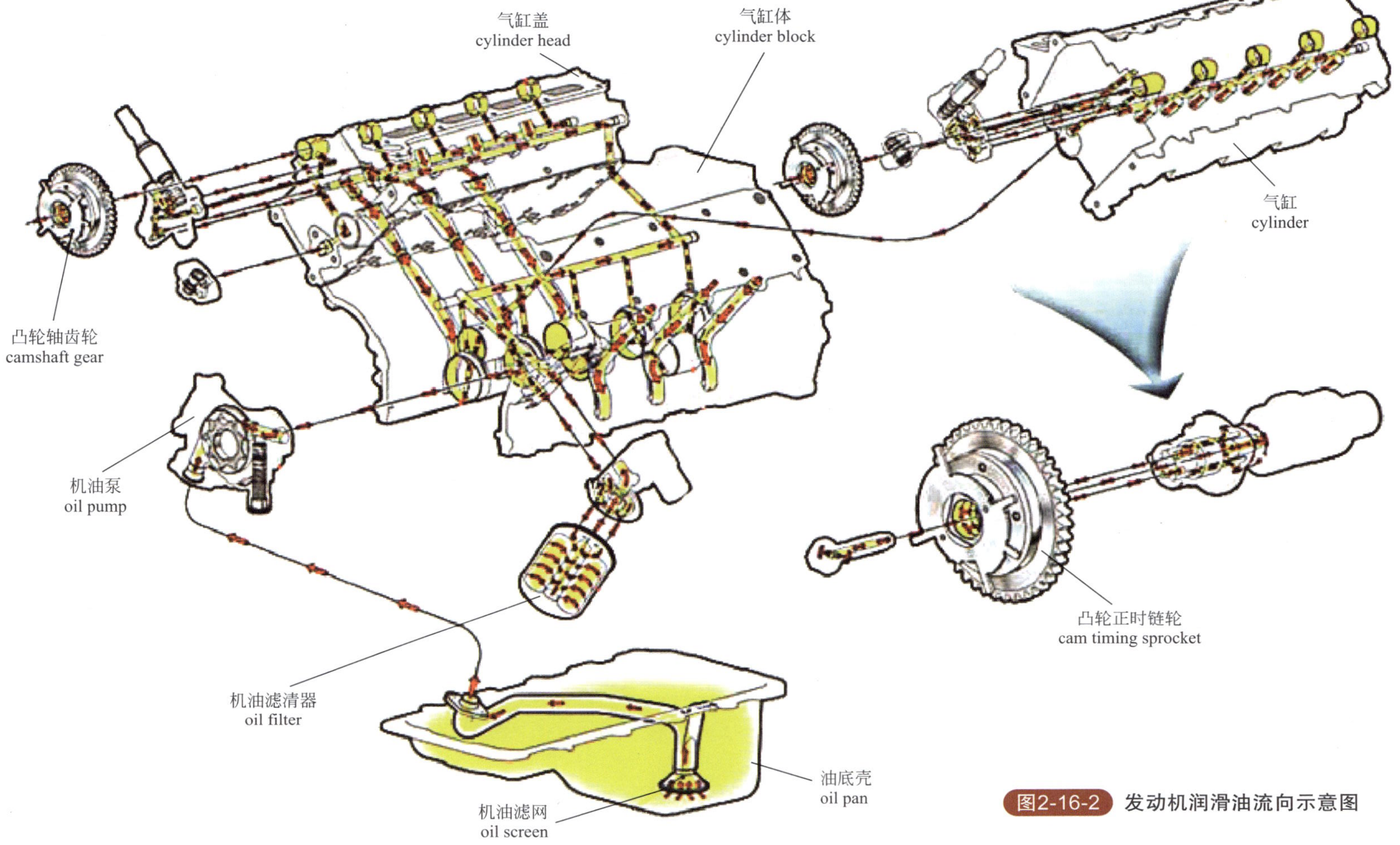

图2-16-2 发动机润滑油流向示意图

16.3 发动机润滑油路

如图2-16-3所示为典型的发动机润滑系统结构，采用压力和飞溅润滑。机油在压力下经过油道到达发动机顶端，随后机油流回油底壳，来润滑其他部件，或将飞溅到部件上。

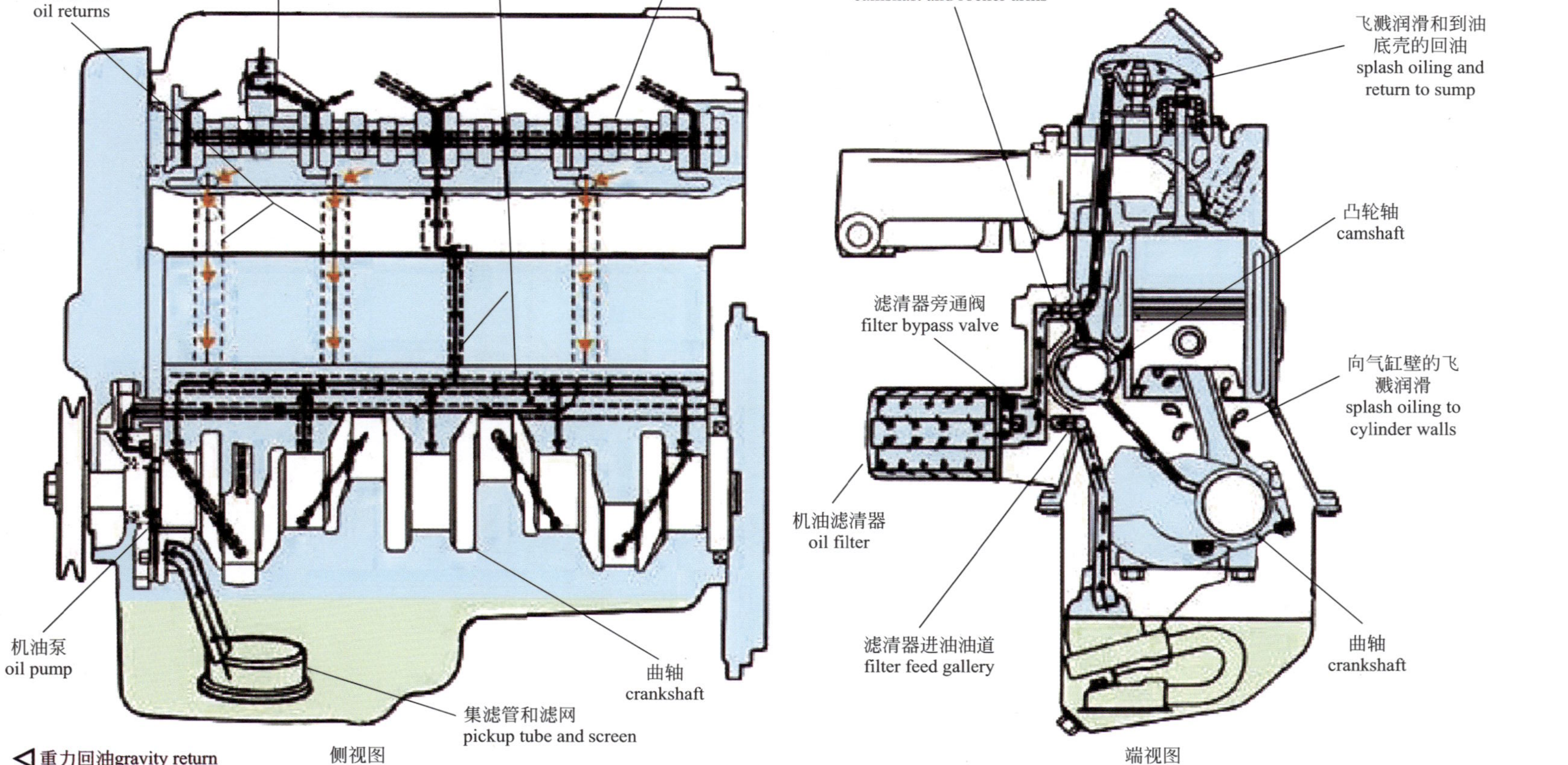

图2-16-3 发动机润滑油路

16.4 机油泵

机油泵的功用是保证机油在润滑系统内循环流动，并在发动机任何转速下都能以足够高的压力向润滑部位输送足够数量的机油（图2-16-4）。

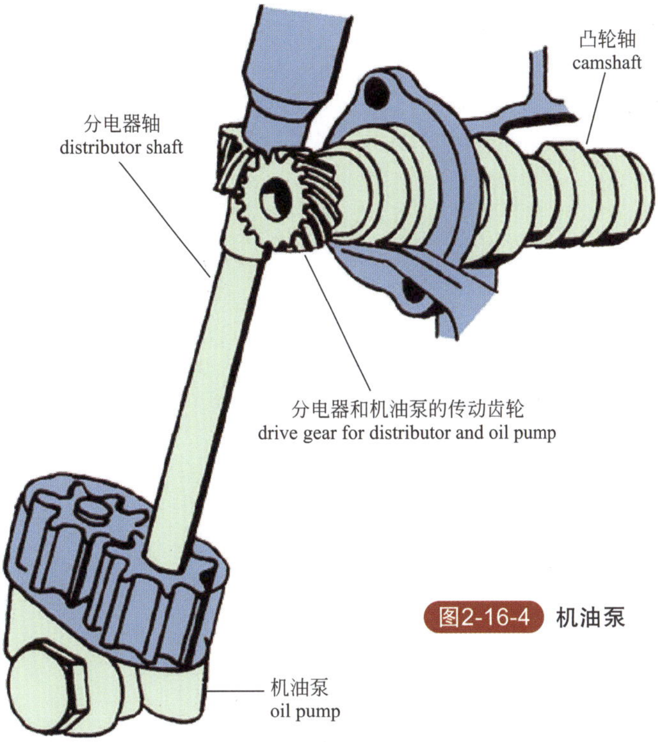

图2-16-4 机油泵

16.5 干式油底壳

干式油底壳取消了在发动机底部安装容器，而是在外部独立安装一个机油箱，采用机油泵对曲轴和连杆系统进行压力润滑（图2-16-5）。

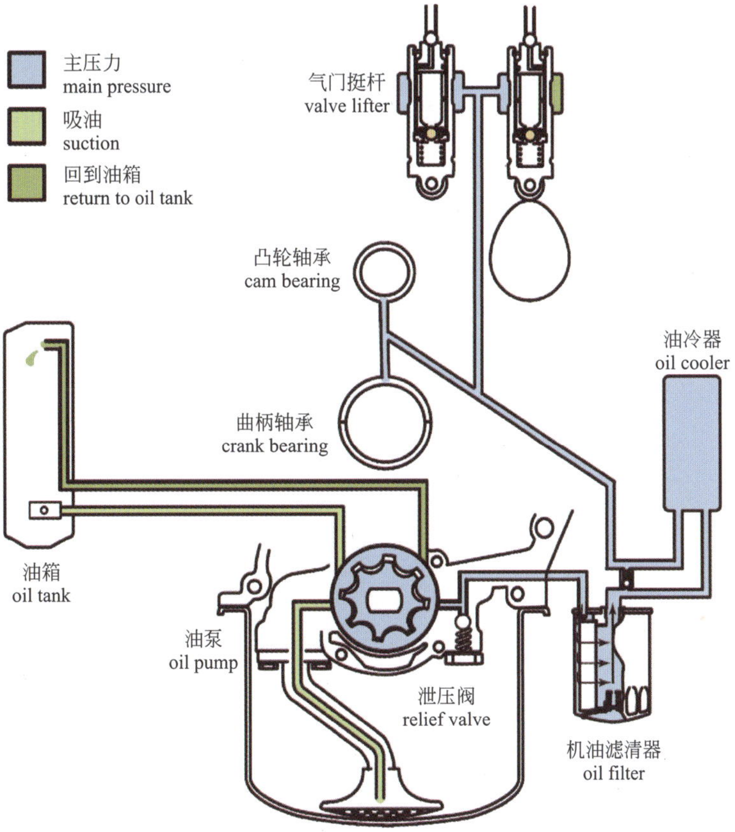

图2-16-5 雪佛兰科尔维特的干式油底壳

第17章 发动机冷却系统

17.1 概述

冷却系统的主要功用是把受热零件吸收的部分热量及时散发出去，保证发动机在最适宜的温度状态下工作。

发动机冷却方式有水冷和风冷两种。水冷系统均为强制循环水冷系统，即利用水泵提高冷却液的压力，强制冷却液在发动机中循环流动（图2-17-1）。

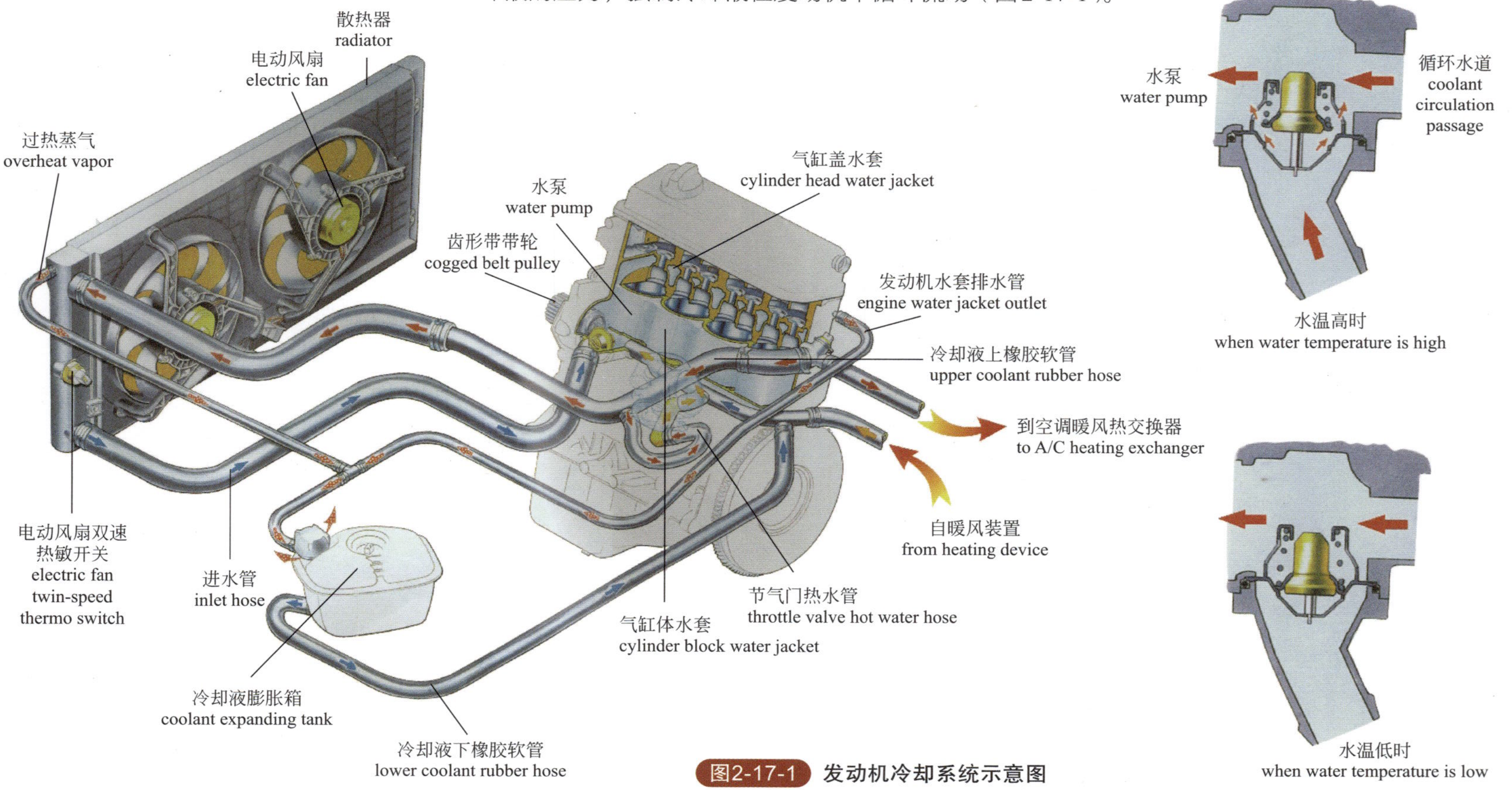

图2-17-1 发动机冷却系统示意图

17.2 冷却系统工作原理

发动机是怎么进行冷却的呢？主要通过水泵使环绕在气缸水套中的冷却液加快流动，通过行驶中的自然风和电动风扇，使冷却液在散热器中进行冷却，冷却后的冷却液再次引入到水套中，周而复始，实现对发动机的冷却。

冷却系统除了对发动机有冷却作用外，还有“保温”的作用，因为“过冷”或“过热”，都会影响发动机的正常工作。这个过程主要是通过节温器实现发动机冷却系统“大小循环”的切换。什么是冷却系统的大小循环？可以简单理解为，小循环的冷却液是不通过散热器的，而大循环的冷却液是通过散热器的（图2-17-2、图2-17-3）。

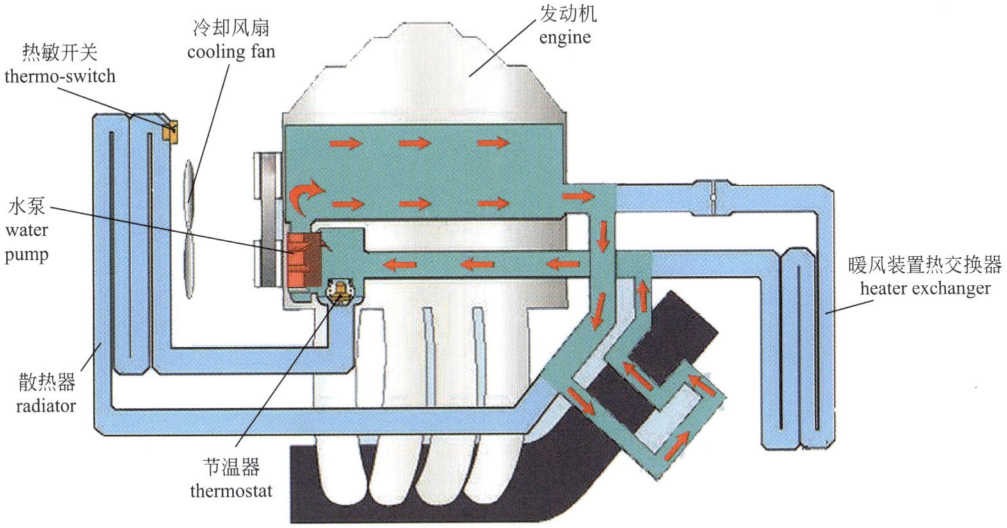

图2-17-2 冷却系统小循环

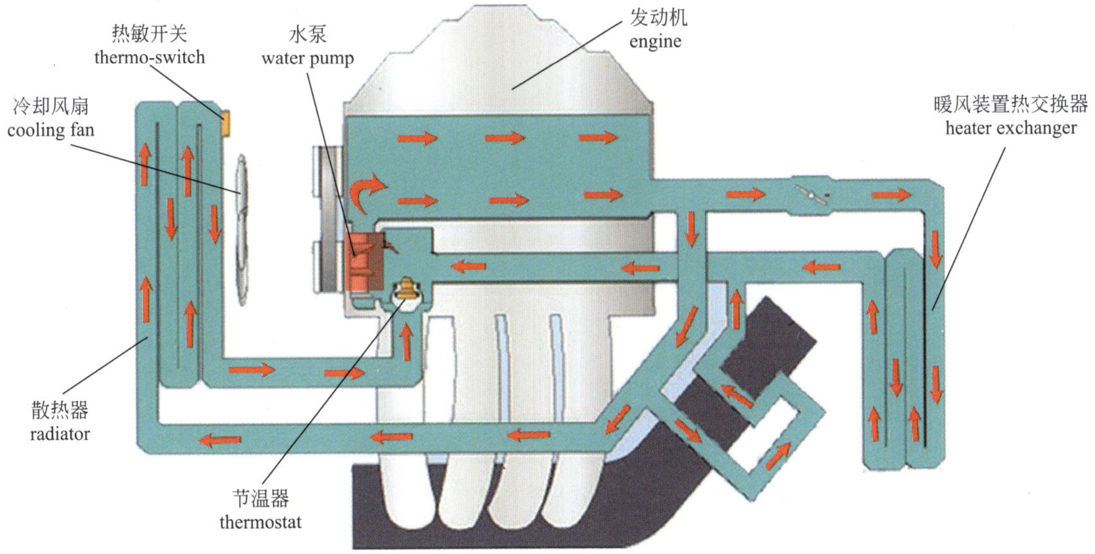

图2-17-3 冷却系统大循环

17.3 节温器

当冷却液温度低于规定值时，节温器感温体内的石蜡呈固态，节温器阀在弹簧的作用下关闭发动机与散热器间的通道，进行小循环。当冷却液温度达到规定值后，石蜡开始熔化逐渐变成液体，体积随之增大并压迫橡胶管使其收缩，在橡胶管收缩的同时对推杆作用以向上的推力。由于推杆上端固定，推杆对橡胶管和感温体产生向下的反推力使阀门开启，这时冷却液经由散热器和节温器阀，再经水泵流回发动机，进行大循环（图2-17-4）。

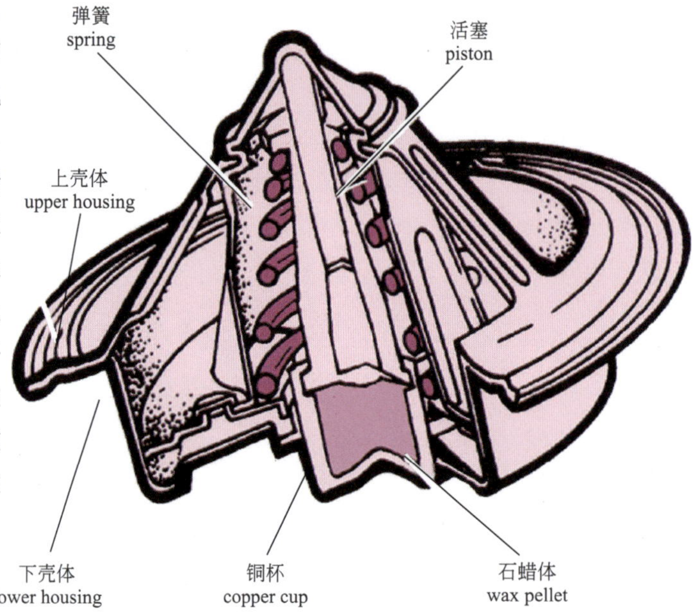

图2-17-4 蜡式节温器剖面图

17.4 散热器

发动机水冷系统中的散热器由进水室、出水室及散热器芯等三部分构成。冷却液在散热器芯内流动，空气在散热器芯外通过。热的冷却液由于向空气散热而变冷，冷空气则因为吸收冷却液散出的热量而升温，所以散热器是一个热交换器（图2-17-5）。

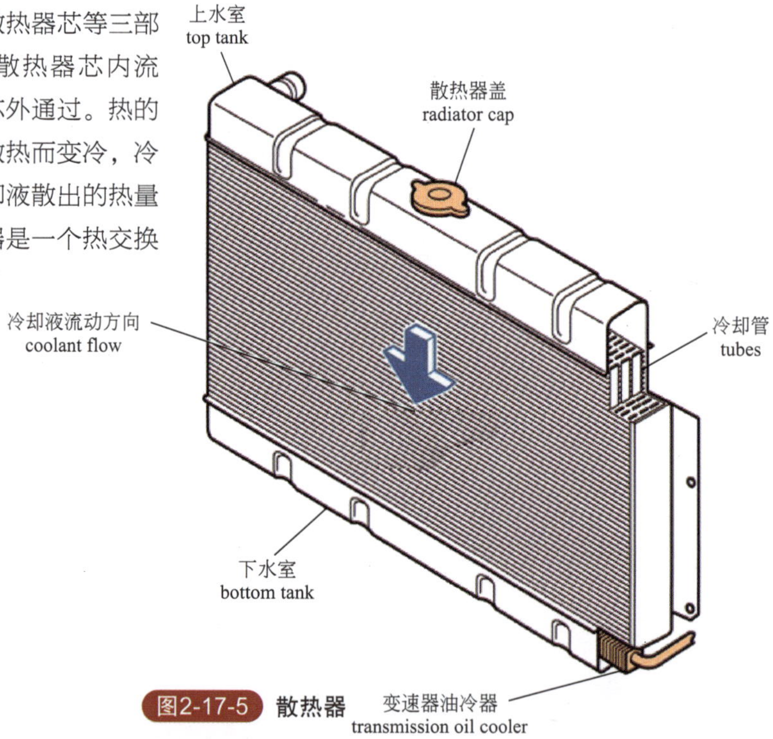

图2-17-5 散热器

17.5 散热器盖

散热器盖的作用是密封水冷系统并调节系统的工作压力。当发动机工作时，冷却液的温度逐渐升高。由于冷却液容积膨胀使冷却系统内的压力增高，当压力超过预定值时，压力阀开启，一部分冷却液经溢流管流入补偿水桶，以防止冷却液胀裂散热器。当发动机停机后，冷却液的温度下降，冷却系统内的压力也随之降低。当压力降到大气压力以下出现真空时，真空阀开启，补偿水桶内的冷却液部分地流回散热器，可以避免散热器被大气压力压坏（图2-17-6）。

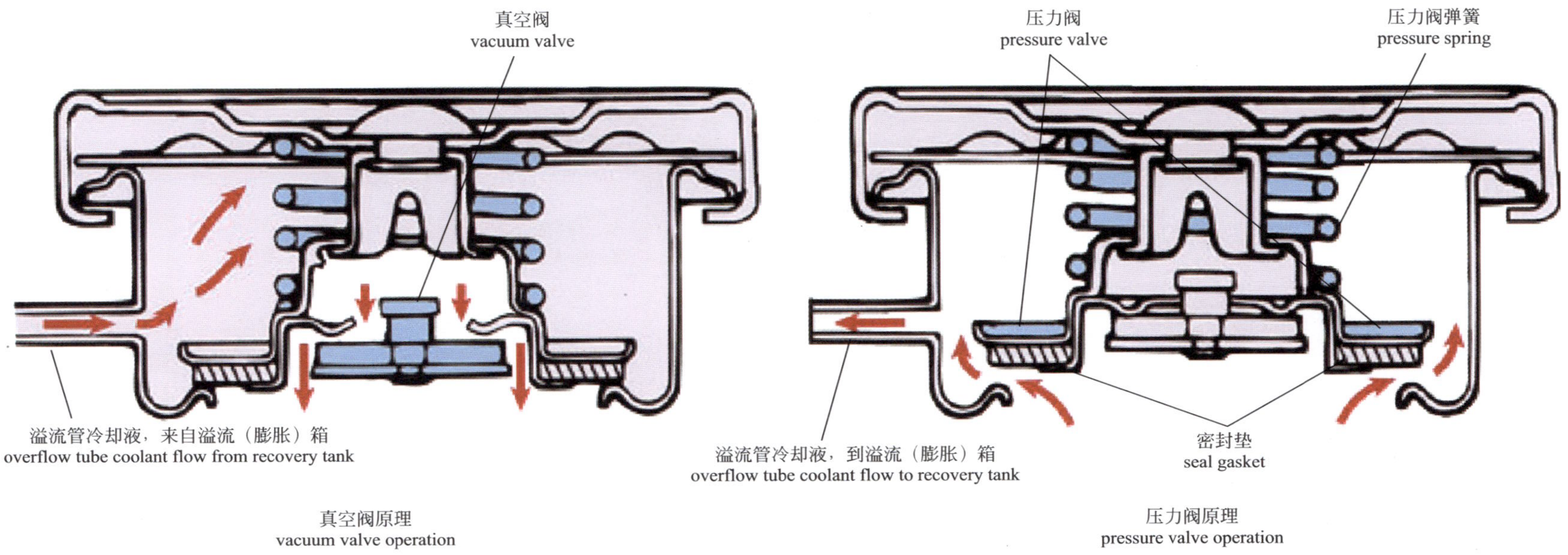

图2-17-6 散热器盖

第18章 电动汽车

电动汽车是指以车载电源为动力，用电动机驱动车轮行驶，符合道路交通、安全法规各项要求的车辆。电动汽车包括纯电动汽车（BEV）、混合动力汽车（HEV）、燃料电池汽车（FCEV）。

18.1 纯电动汽车

图2-18-1为一种电动汽车的驱动系统，电动机被安放在车头前部，动力电池组布置在车身底部稍靠后的位置。

车载充电器
on-board charger
电驱系统
eletric power system
鼓式制动
drum brake
动力电池组
power battery pack
盘式制动
disc brake

图2-18-1 纯电动汽车

通用电动汽车的部件如图2-18-2所示。

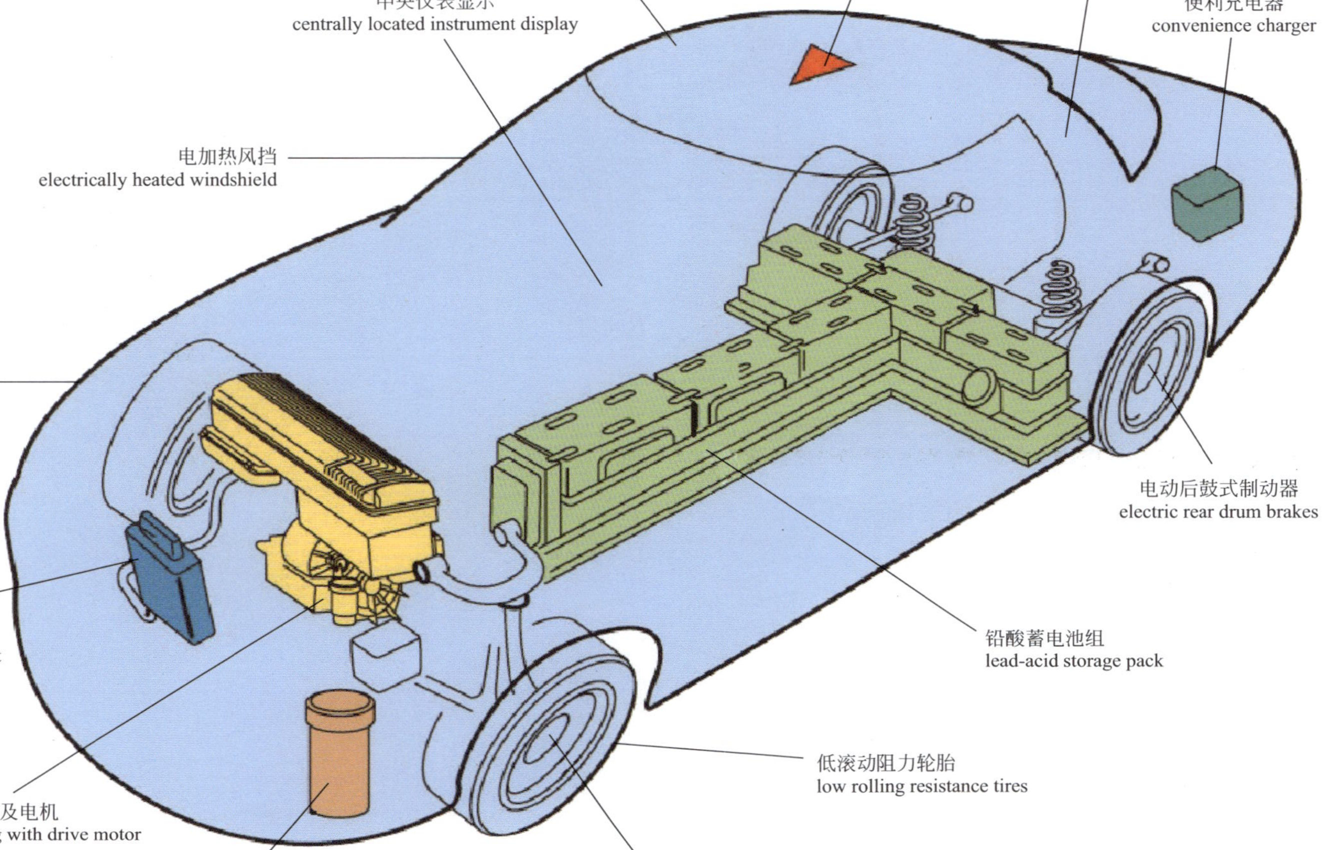

图2-18-2 通用电动汽车的部件图

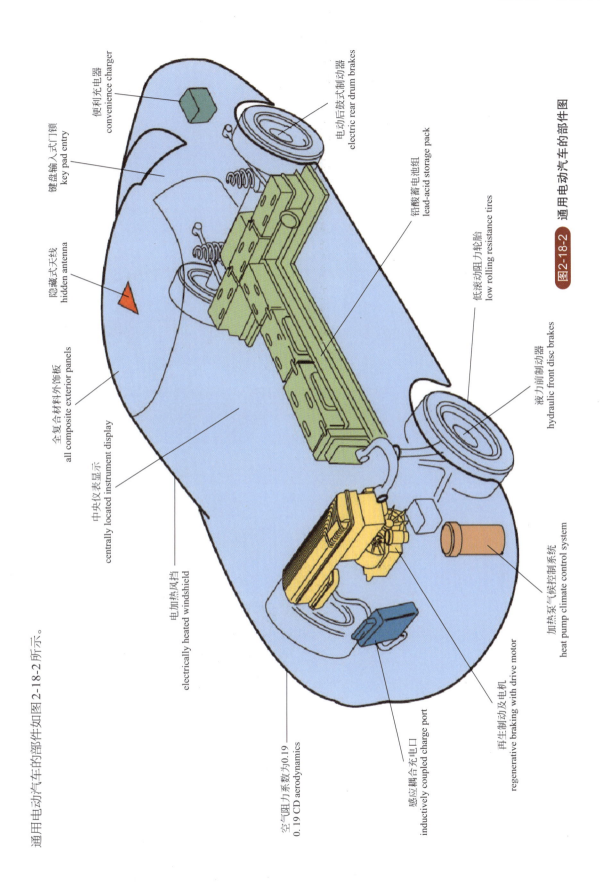

18.2 混合动力电动汽车

现在的混合动力电动汽车一般为油电混合，就是利用燃油发动机和电动机共同为汽车提供动力。混合动力车上的装置可以在车辆减速、制动、下坡时回收能量，并通过电动机为汽车提供动力，因此它的油耗比较低，但汽车价格相对较高（图2-18-3）。

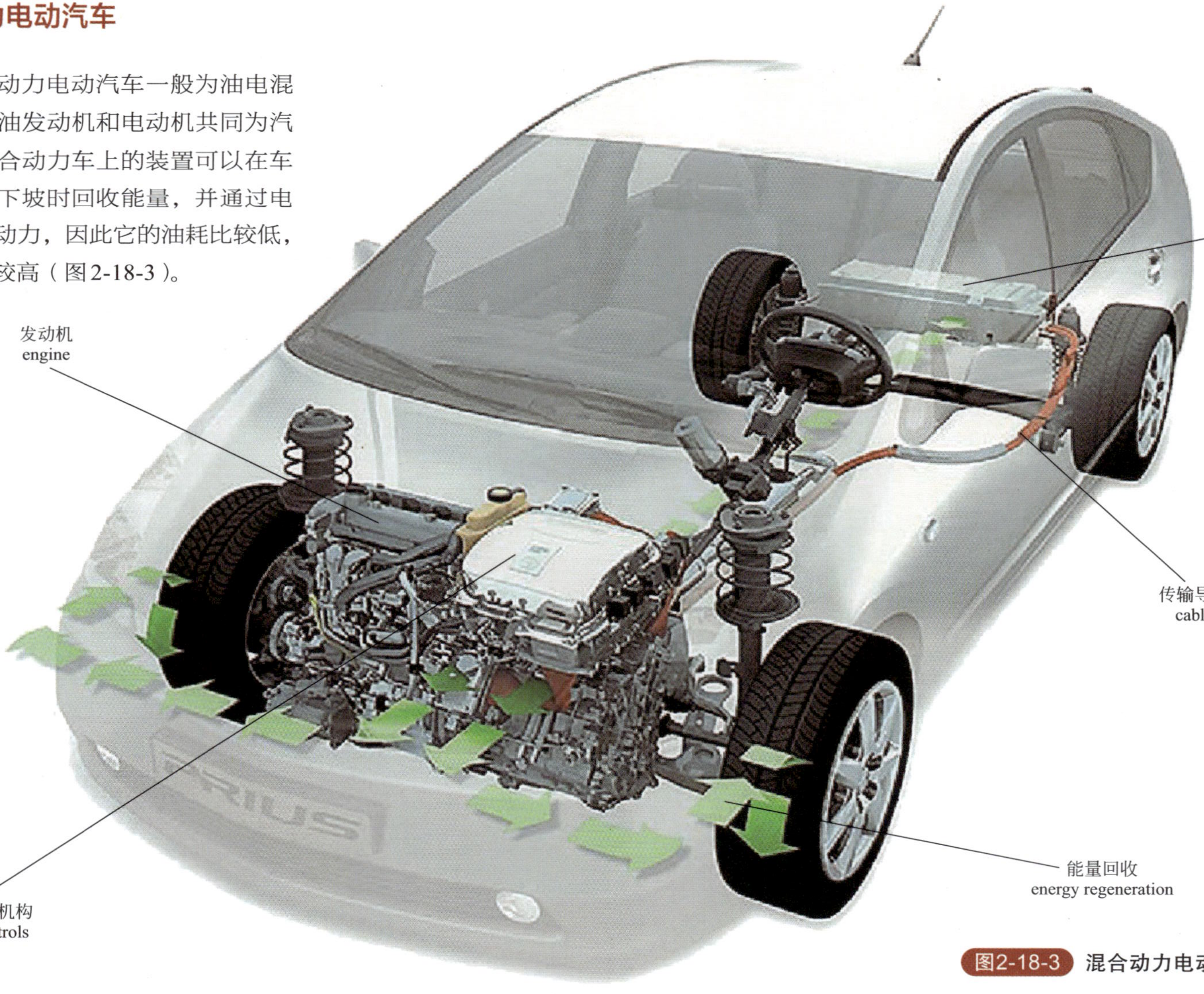
蓄电池
storage battery
传输导线
cable
发动机
engine
电动机和控制机构
motor and controls
能量回收
energy regeneration

图2-18-3　混合动力电动汽车

根据混合动力驱动的联结方式，混合动力系统主要分为三类：串联式混合动力系统、并联式混合动力系统和混联式混合动力系统。

串联式混合动力系统：由内燃机直接带动发电机发电，产生的电能通过控制单元传到电池，再由电池传输给电动机转化为动能，最后通过变速机构来驱动汽车（图2-18-4）。

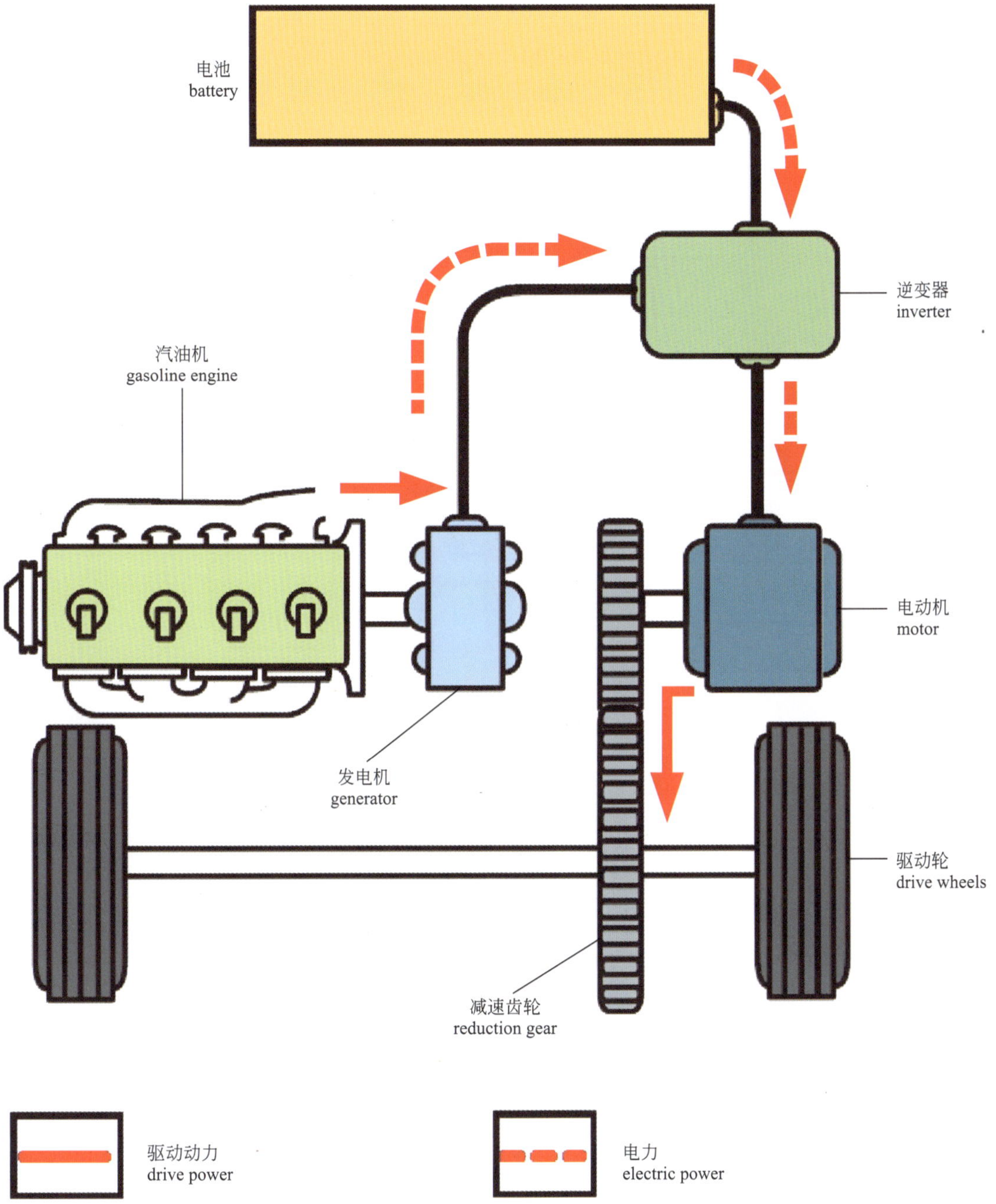

图2-18-4 典型串联式混合动力汽车动力流程图

并联式混合动力系统：并联式混合动力系统有两套驱动系统，传统的内燃机系统和电机驱动系统，两个系统既可以同时协调工作，也可以各自单独工作驱动汽车（图2-18-5）。

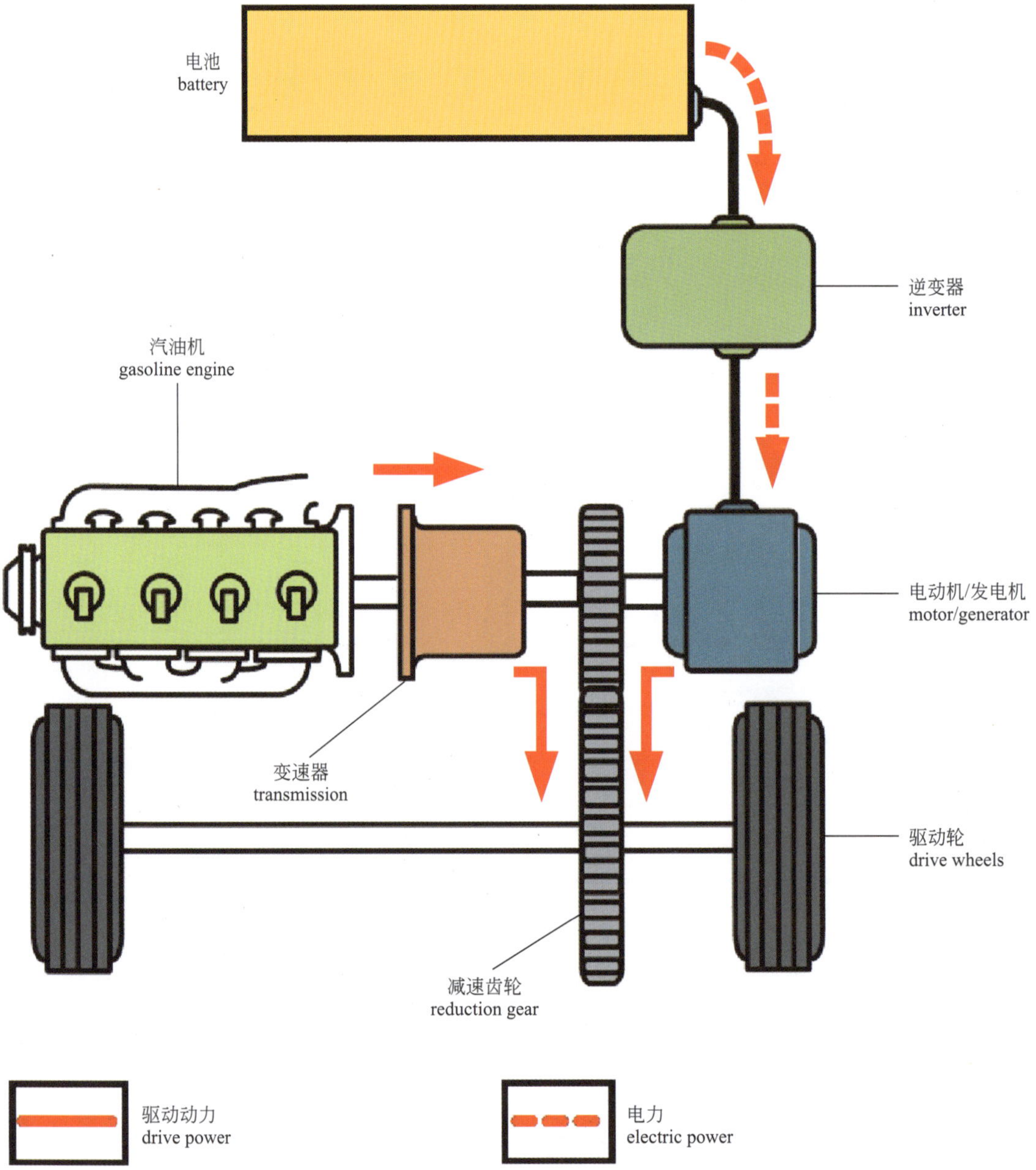

图2-18-5 典型并联式混合动力汽车动力流程

串并联（混联）式混合动力系统：内燃机系统和电动机驱动系统各有一套机械变速机构，两套机构或通过齿轮系，或采用行星轮式结构结合在一起，从而综合调节内燃机与电动机之间的转速关系（图2-18-6）。

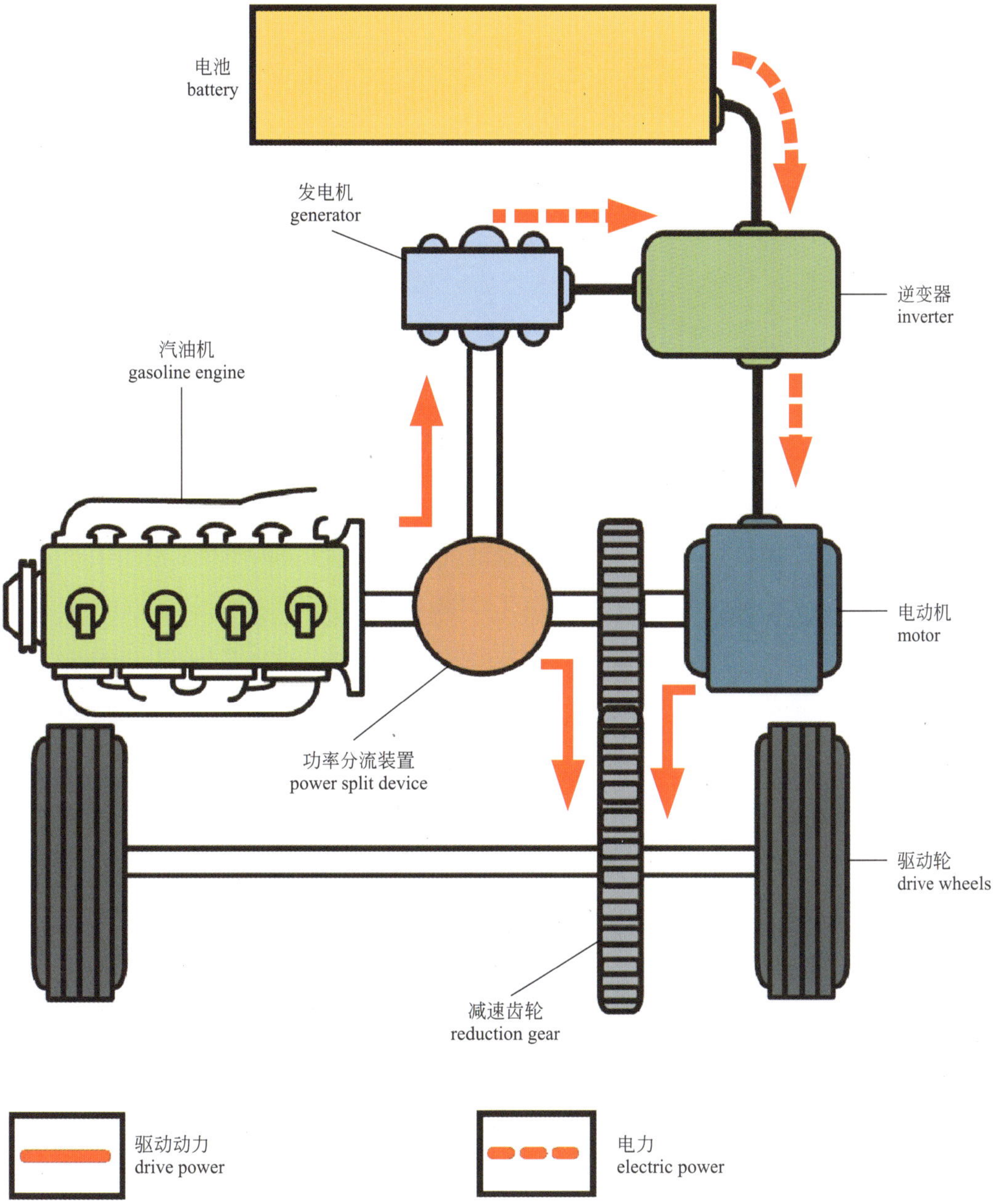

图2-18-6 串并联（混联）式混合动力结构设计

18.3 燃料电池汽车

燃料电池汽车是电动车的一种，其电池的能量是通过氢气和氧气的化学作用直接变成电能的，而不是经过燃烧。燃料电池的化学反应过程不会产生有害产物，因此燃料电池车辆是无污染汽车（图2-18-7）。

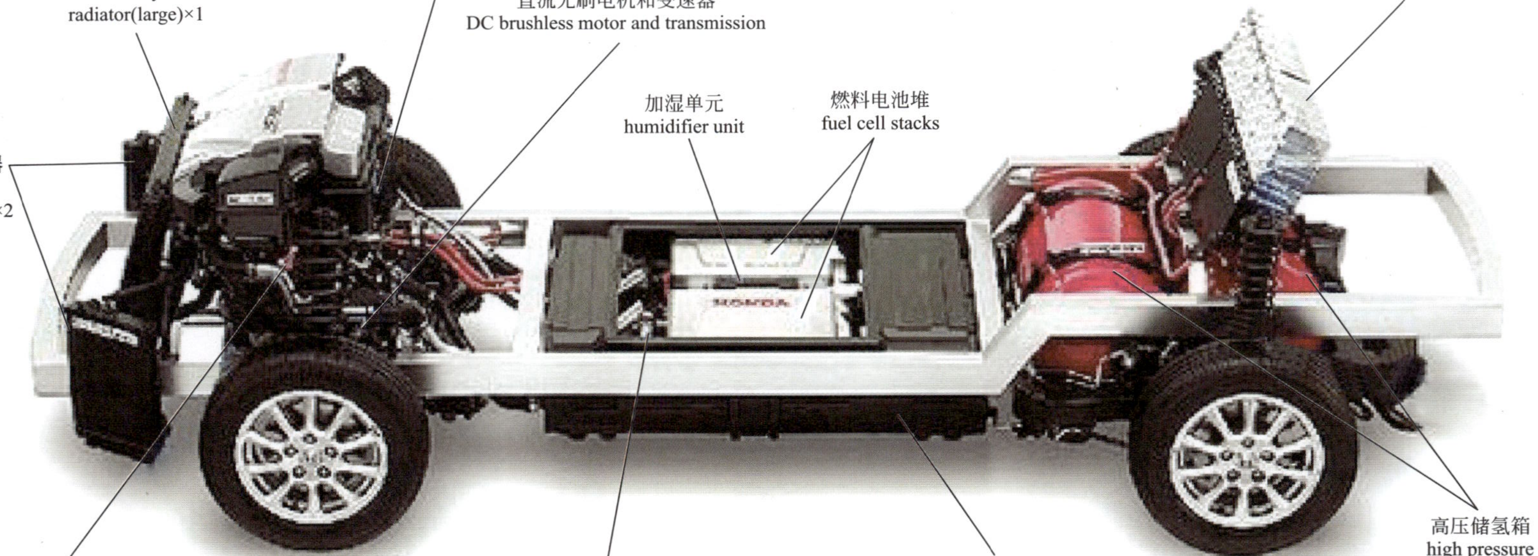

图2-18-7 本田燃料电池汽车

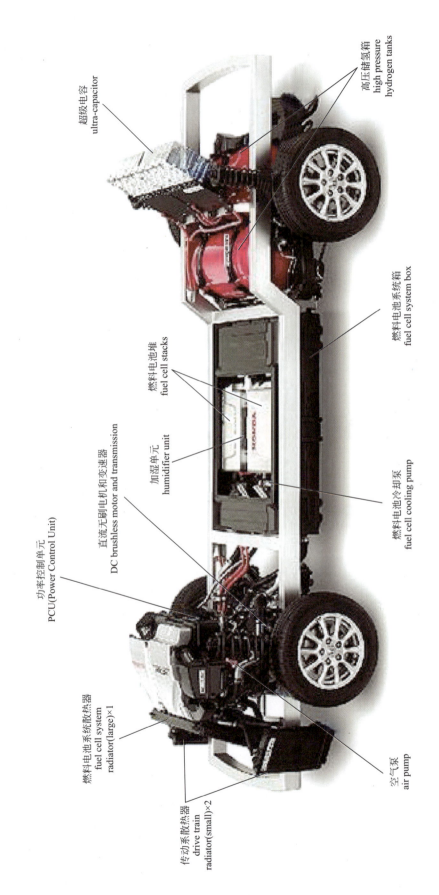

燃料电池原理：在质子交换膜燃料电池中，电解质和质子能够在薄的聚合物膜之间渗透但不导电，而电极基本由碳组成。氢流入燃料电池到达阳极，裂解成氢离子（质子）和电子。氢离子通过电解质渗透到阴极，而电子通过外部网路流动，提供电力。以空气形式存在的氧供应到阴极，与电子和氢离子结合形成水（图2-18-8）。

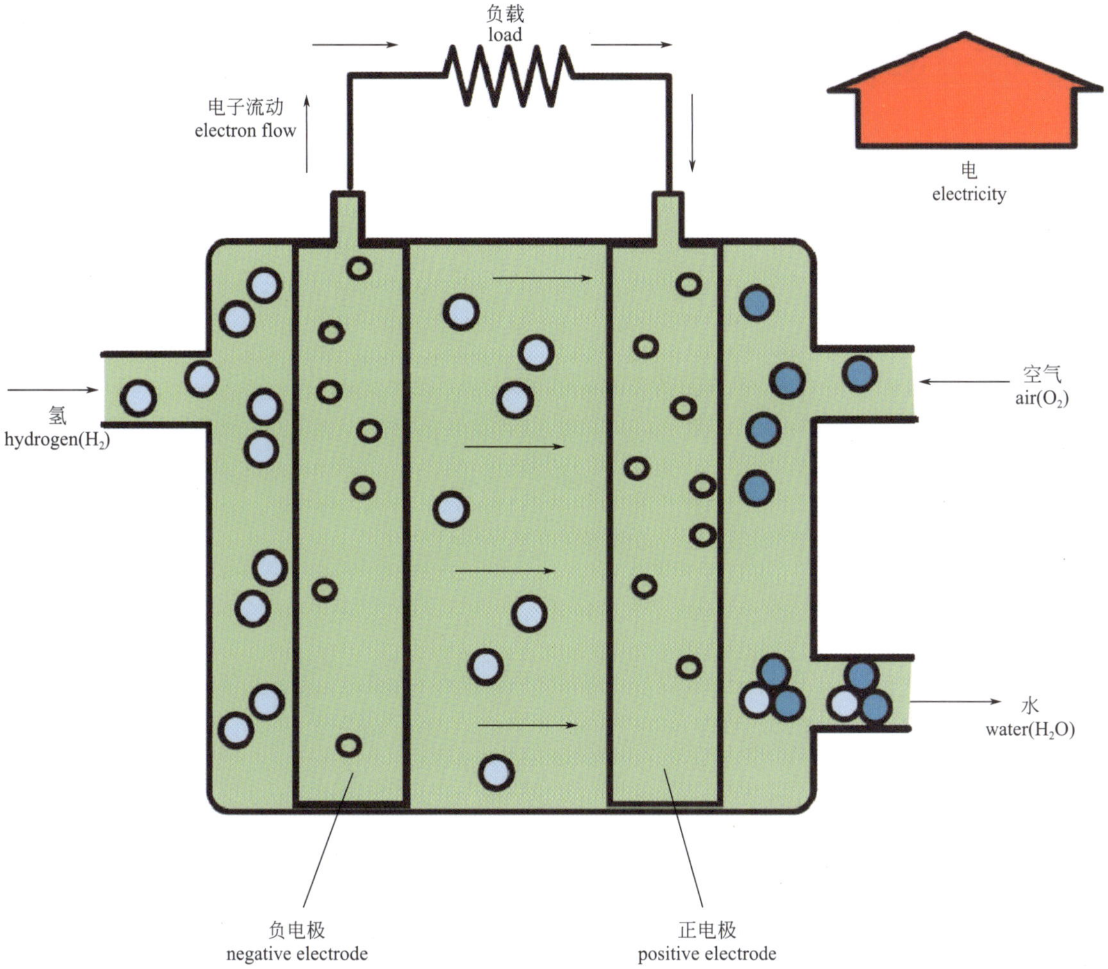

图2-18-8 燃料电池原理

PART 3

第3部分 底盘

第1章 底盘概述
第2章 传动系统
第3章 传动系统的布置形式
第4章 离合器
第5章 手动变速器
第6章 自动变速器
第7章 无级变速器
第8章 双离合器变速器
第9章 四轮驱动
第10章 传动轴
第11章 差速器
第12章 悬架系统
第13章 轮胎
第14章 转向系统
第15章 制动系统

第1章

底盘概述

底盘由传动系统、行驶系统、转向系统和制动系统四部分组成，用以支撑、安装汽车发动机及其各部件的总成，形成汽车的整体造型，并接受发动机的动力，使汽车产生运动，保证正常行驶（图3-1-1）。

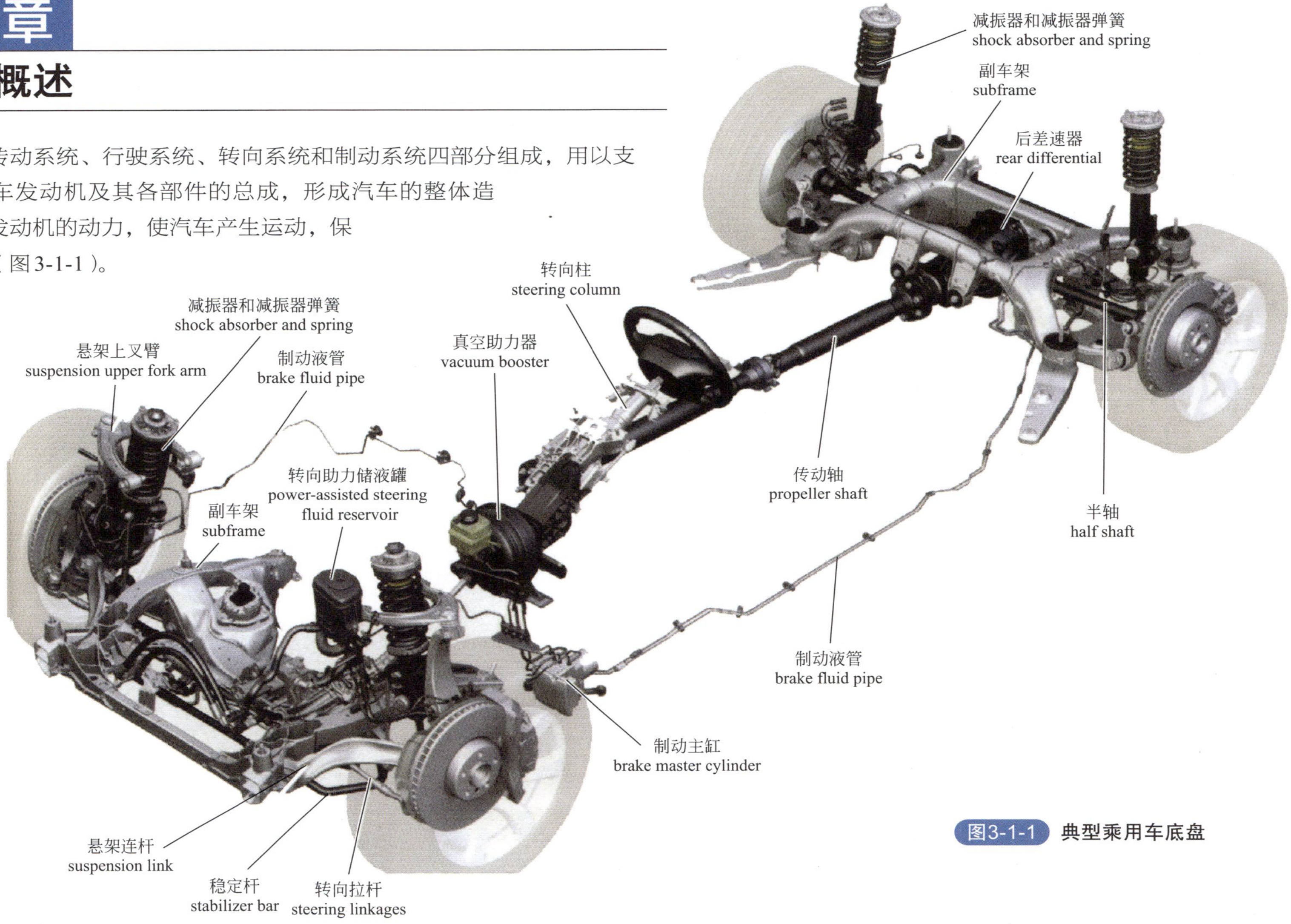

图3-1-1 典型乘用车底盘

典型货车底盘如图3-1-2所示。

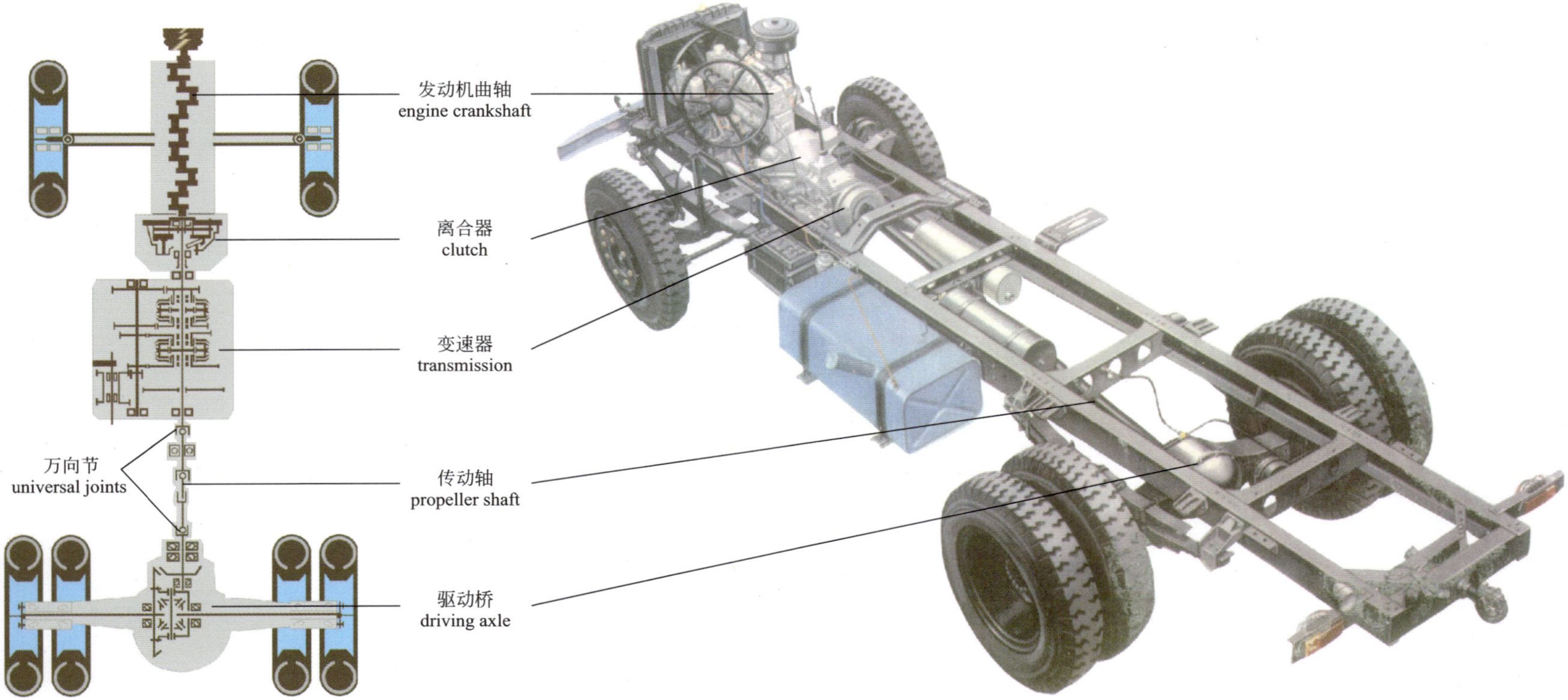

图3-1-2 典型货车底盘

1.1 传动系统

汽车传动系统是指从发动机到驱动车轮之间所有动力传递装置的总称，其功用是将发动机的动力传给驱动车轮（图3-1-3）。

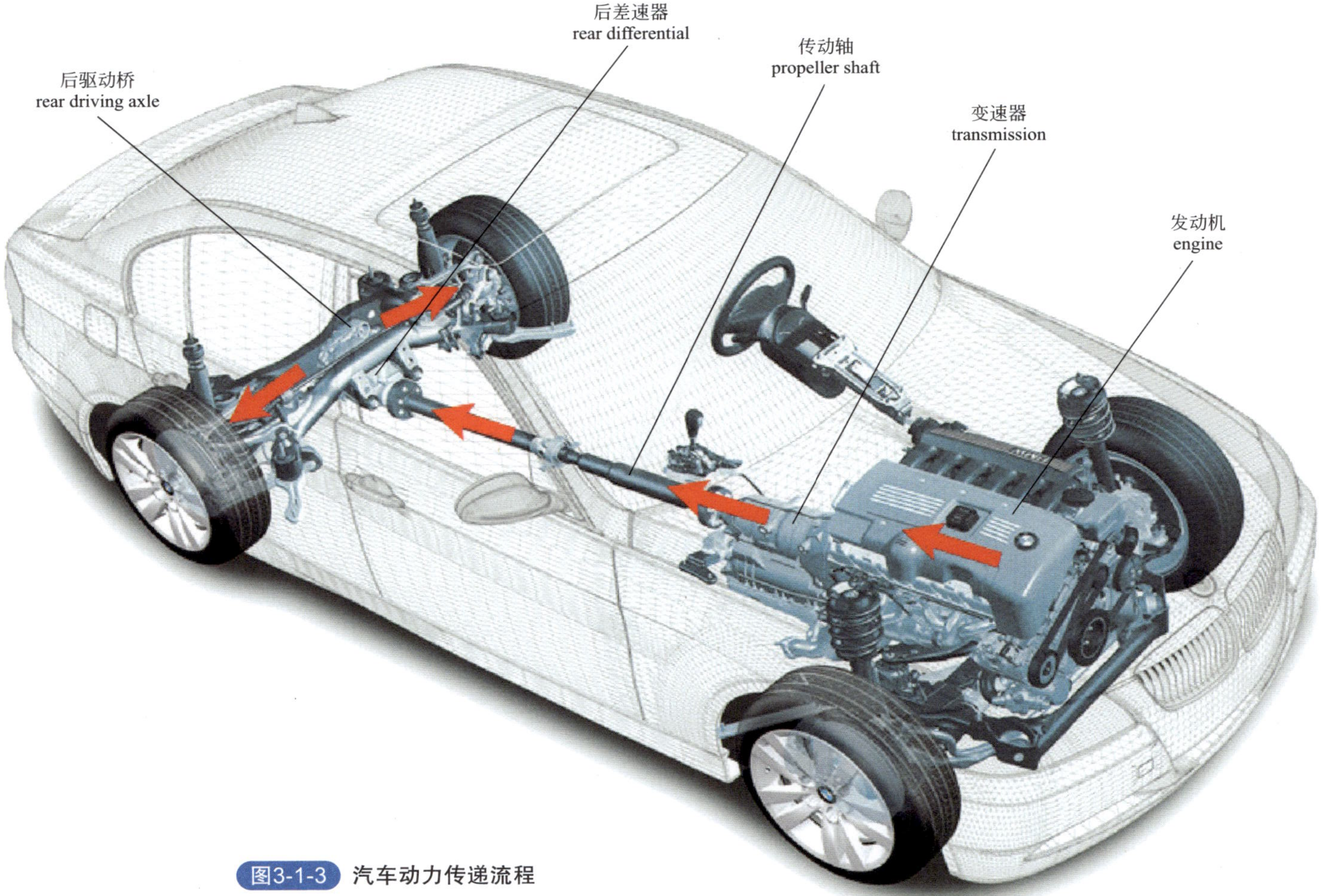
后差速器
rear differential
传动轴
propeller shaft
后驱动桥
rear driving axle
变速器
transmission
发动机
engine

图3-1-3 汽车动力传递流程

1.2 行驶系统

汽车行驶系统一般由车架、悬架、车桥和车轮等组成。汽车行驶系统的作用是将汽车构成一个整体，支承汽车的总质量；将传动系统传来的转矩转化为汽车行驶的驱动力；承受并传递路面对车轮的各种反力及力矩；减振缓冲，保证汽车平顺行驶；与转向系统配合，正确控制汽车的行驶方向（图3-1-4）。

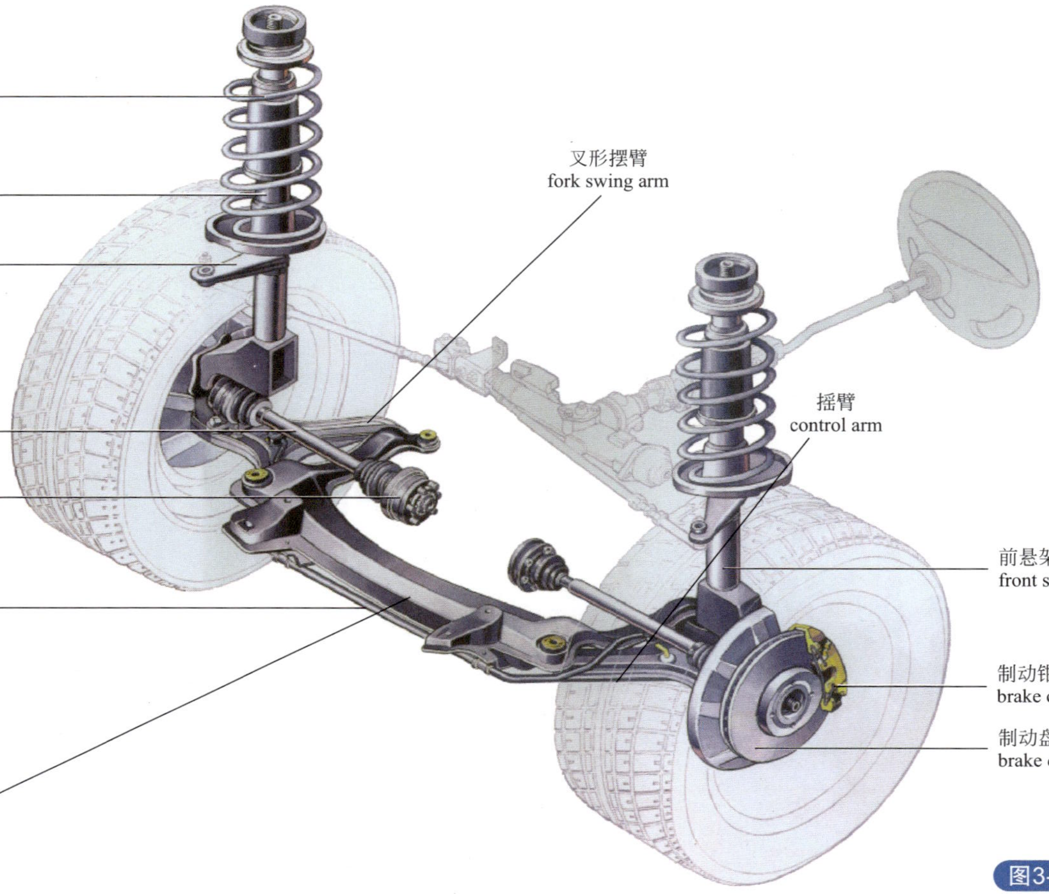
螺旋弹簧
coil spring
筒式减振器
telescopic shock absorber
转向臂
steering arm
传动轴
propeller shaft
等速万向节
constant velocity
universal joint
横向稳定杆
transverse stabilizer bar
副车架
subframe
叉形摆臂
fork swing arm
摇臂
control arm
前悬架部件
front suspension part
制动钳
brake caliper
制动盘
brake disc

图3-1-4 汽车行驶系统

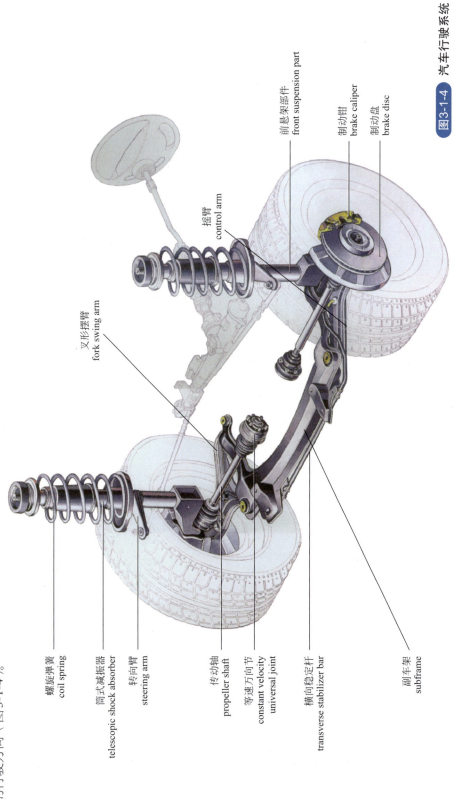

1.3 转向系统

转向系统的功用是保证汽车能够按照驾驶员选定的方向行驶，主要由转向操纵机构、转向器、转向传动机构组成。现在的汽车普遍采用动力转向装置（图3-1-5）。

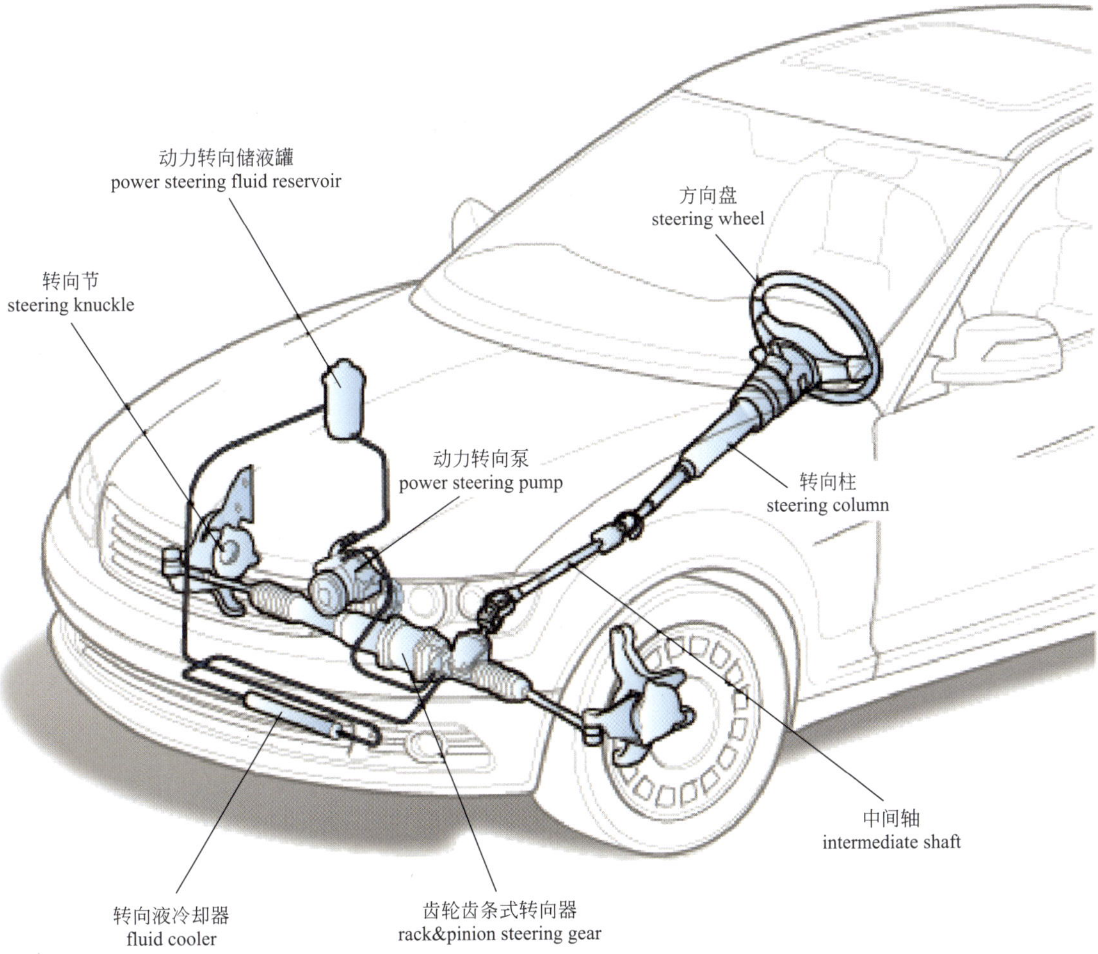

图3-1-5 转向系统

1.4 制动系统

制动系统的功用是使汽车减速、停车并能保证可靠地驻停。汽车制动系统一般包括行车制动系统和驻车制动系统两套相互独立的制动系统，每套制动系统都包括制动器和制动传动机构（图3-1-6）。现在汽车的行车制动系统一般都装配有制动防抱死系统（ABS）。

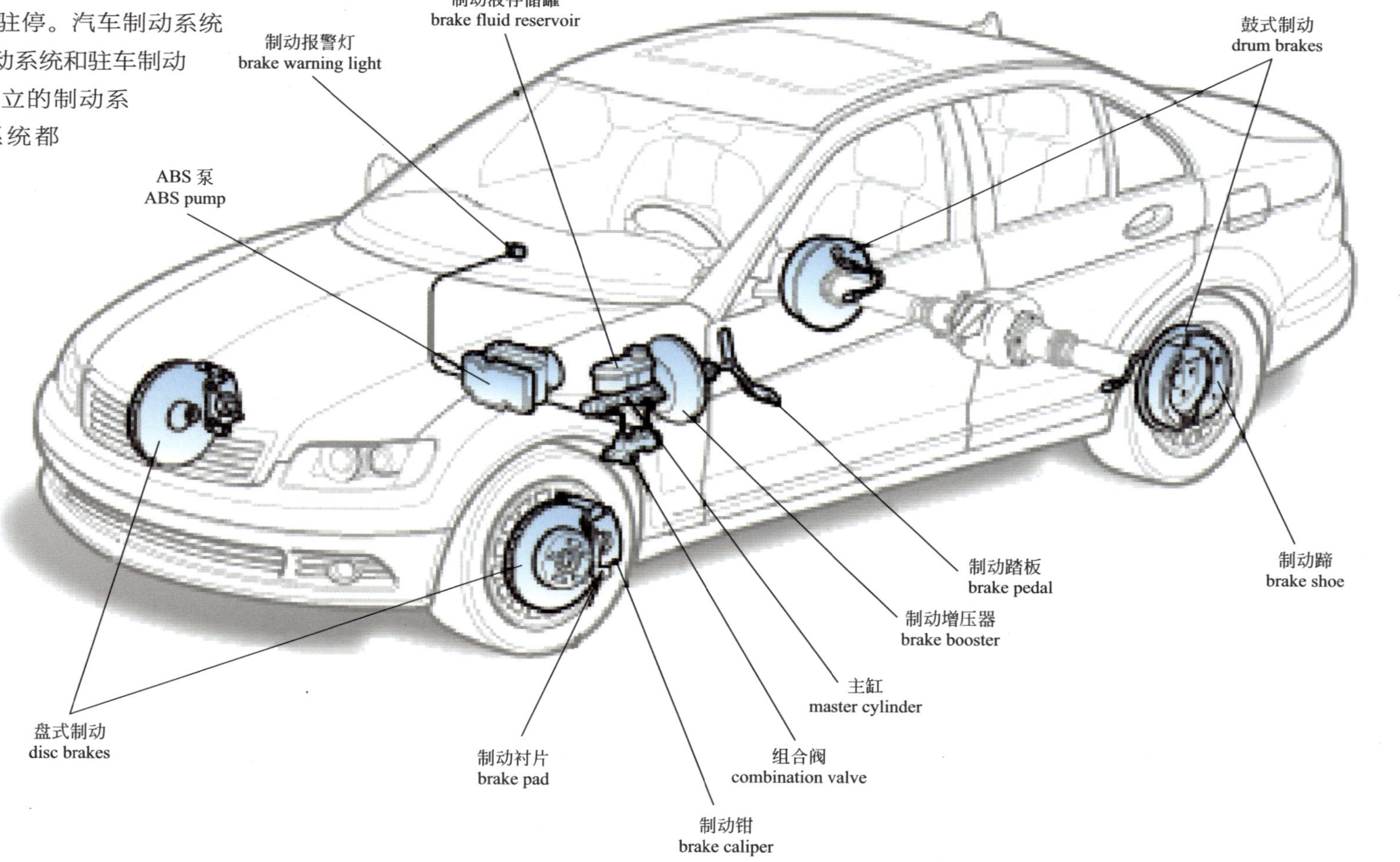

图3-1-6 制动系统

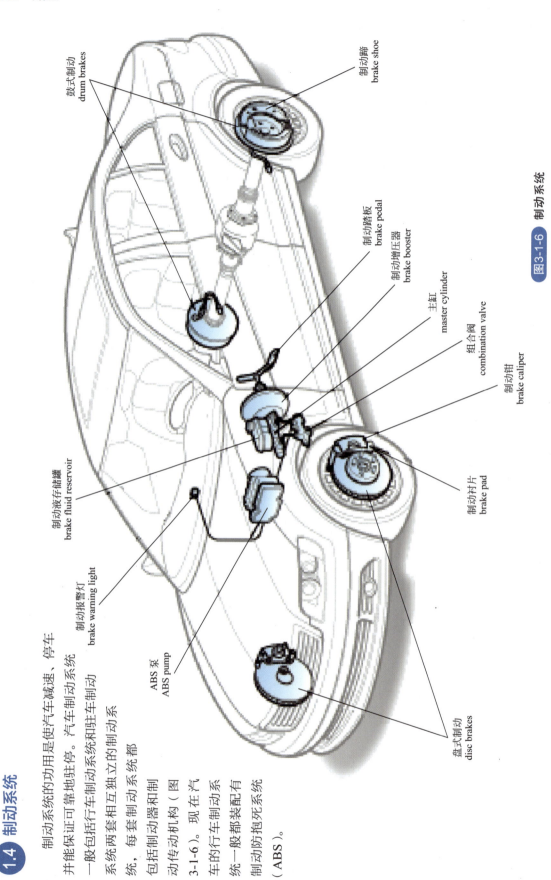

第2章 传动系统

2.1 概述

发动机输出的动力，先经过离合器，由变速器变扭和变速后，经传动轴把动力传递到主减速器上，最后通过差速器和半轴把动力传递到驱动轮上（图3-2-1）。

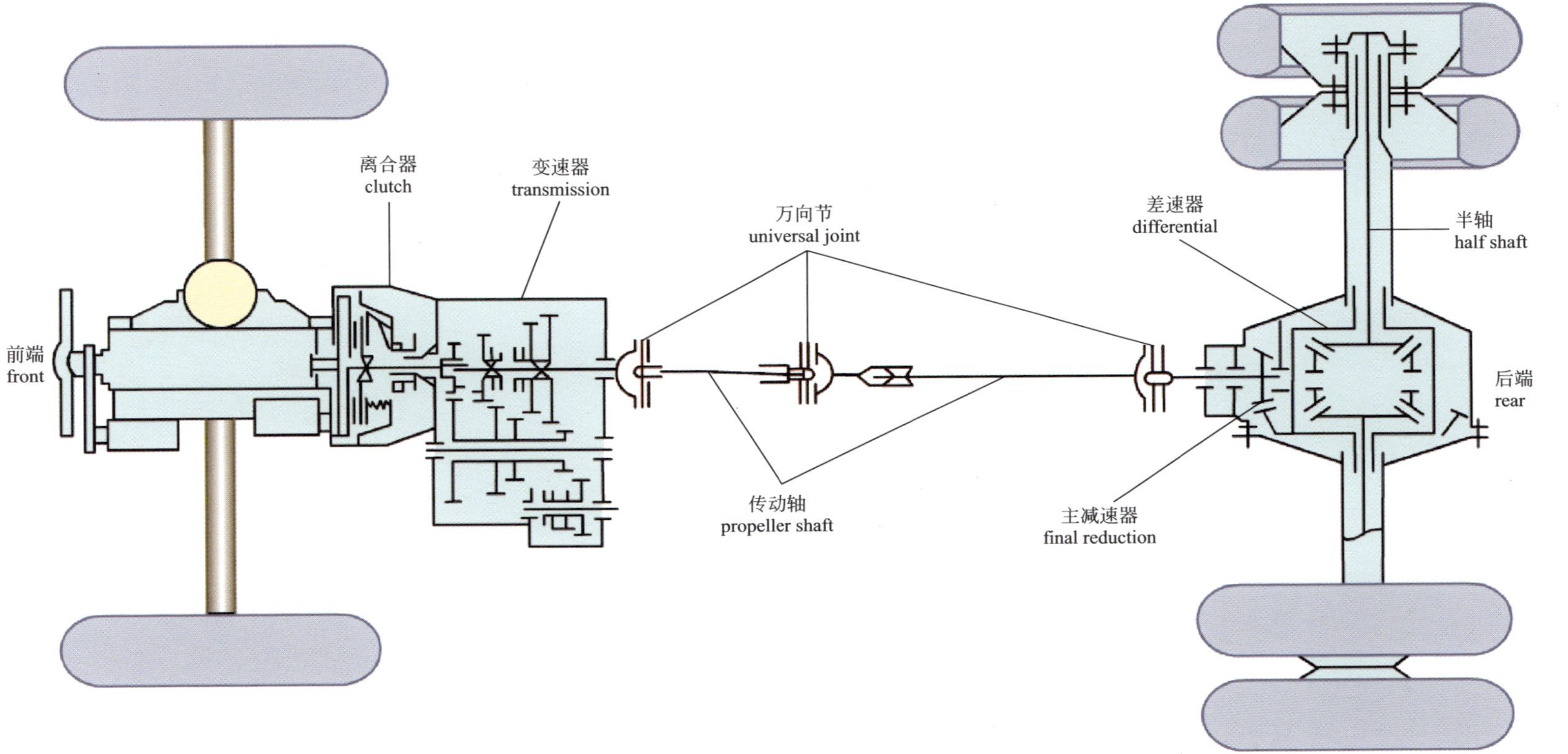

图3-2-1 货车传动系统

2.2 离合器

离合器是汽车传动系统中直接与发动机相连接的部件，它负责动力与传动系统之间的切断和结合，所以能够保证汽车起步时平稳起步，也能保证换挡时的平顺，也防止了传动系统过载（图3-2-2）。

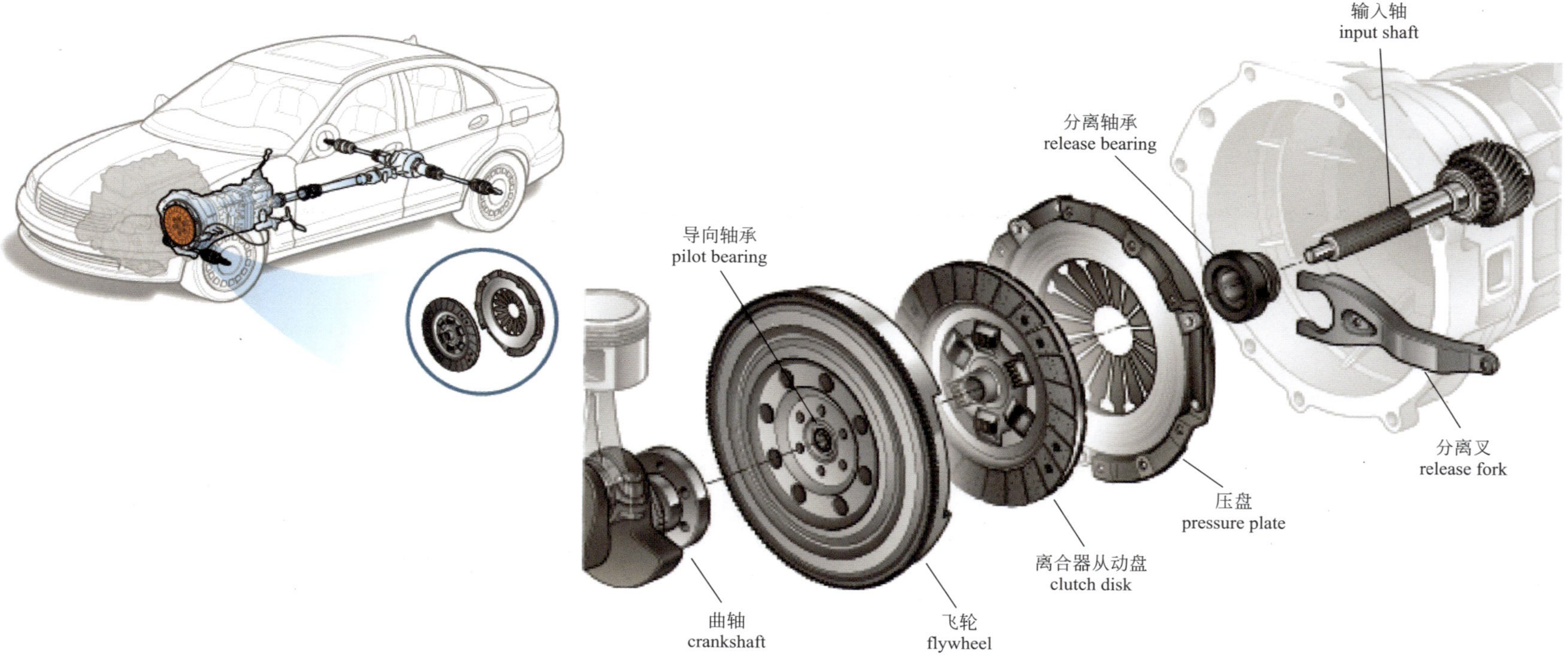

图3-2-2 离合器

2.3 变速器

汽车变速器是一套用来协调发动机的转速和车轮的实际行驶速度的变速装置，用于发挥发动机的最佳性能。变速器可以在汽车行驶过程中，在发动机和车轮之间产生不同的变速比，通过换挡可以使发动机在其最佳的动力性能状态下工作（图3-2-3）。

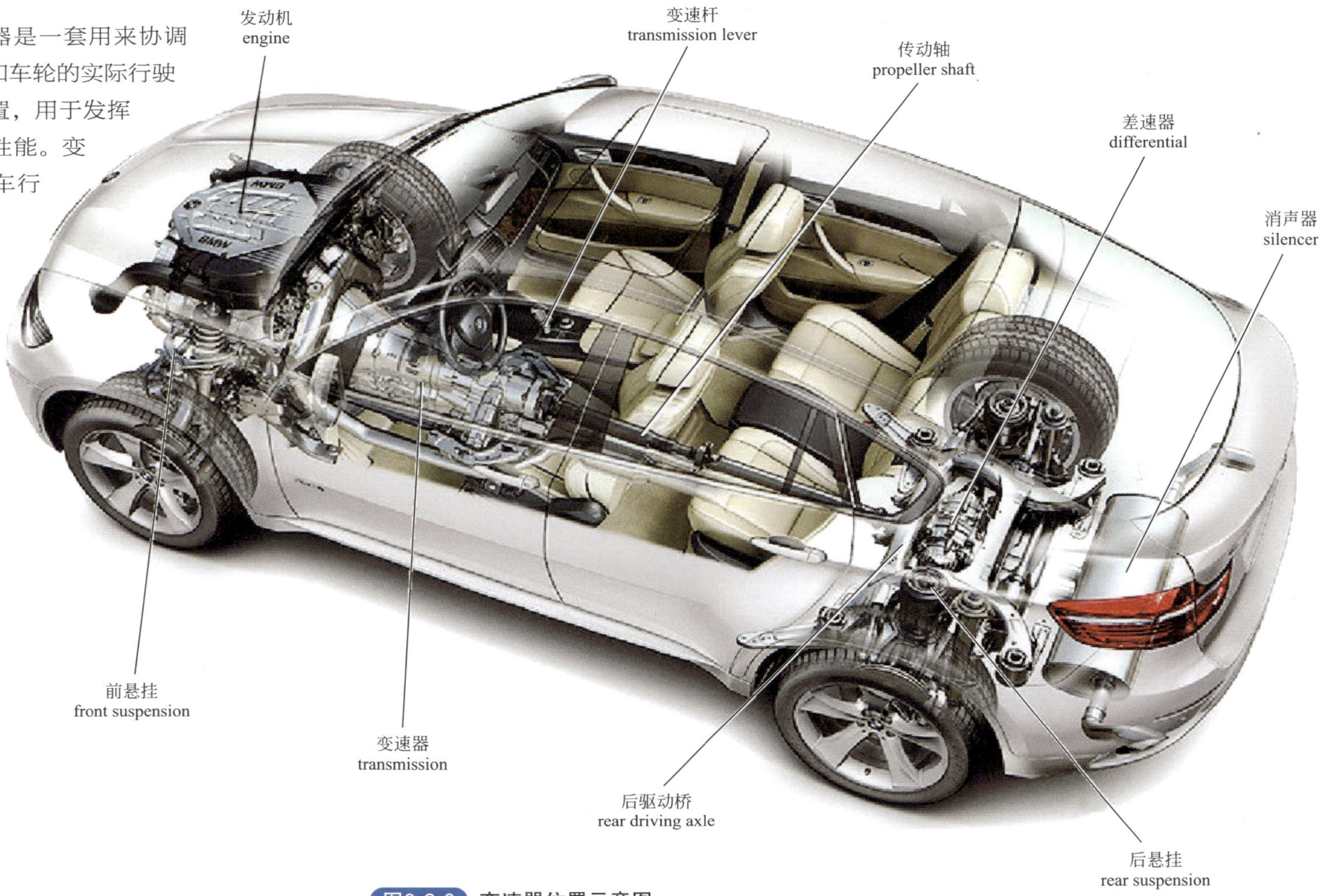

图3-2-3 变速器位置示意图

2.3.1　手动变速器

手动变速器又称机械式变速器，即必须用手拨动变速杆才能改变变速器内的齿轮啮合位置，改变传动比，从而达到变速的目的（图3-2-4）。

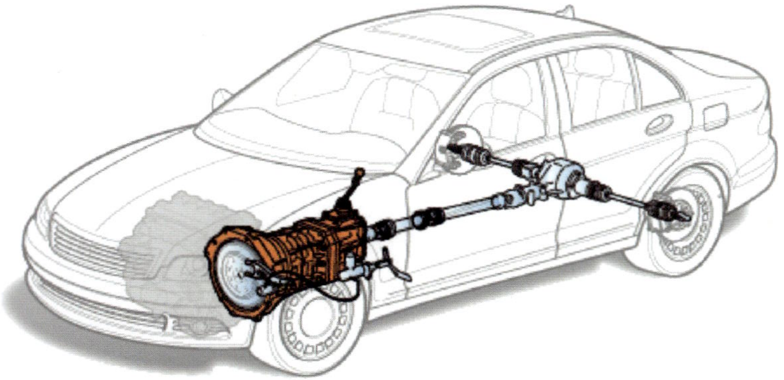

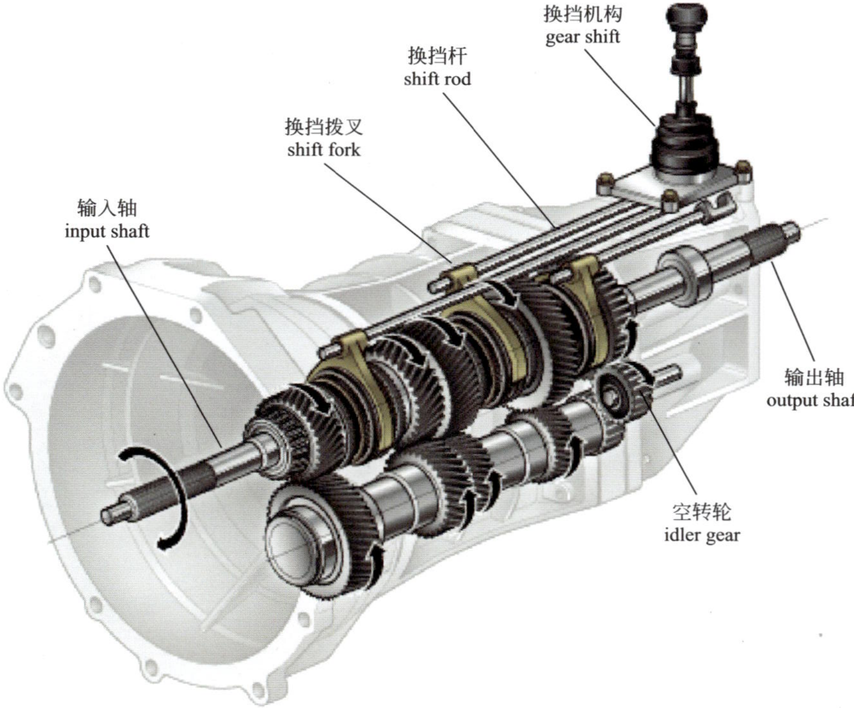

图3-2-4　手动变速器

2.3.2 自动变速器

自动变速器，亦称自动变速箱，通常来说是一种可以在车辆行驶过程中自动改变齿轮传动比的汽车变速器，从而使驾驶员不必手动换挡（图3-2-5）。

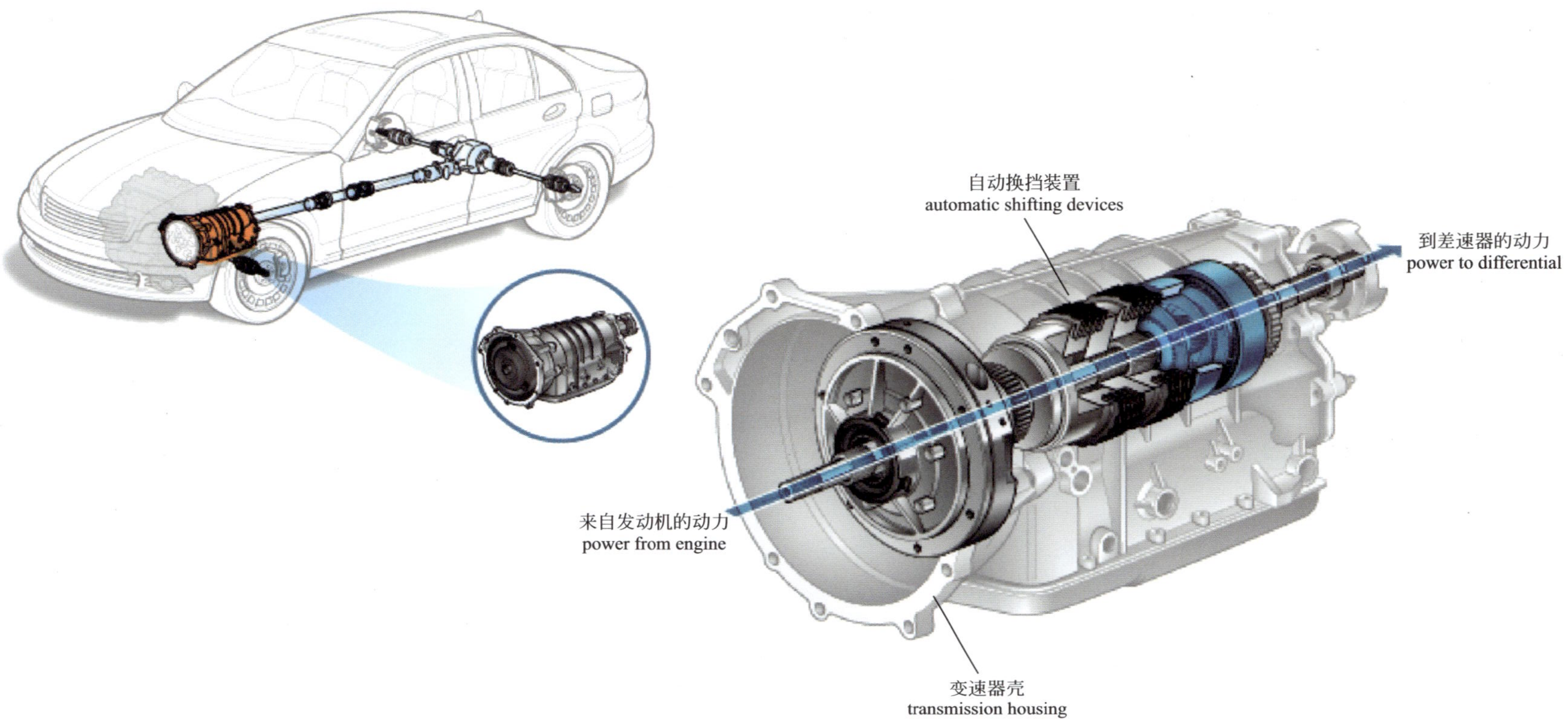

图3-2-5 自动变速器

2.4 传动轴和万向节

传动轴是由轴管、伸缩套和万向节组成。伸缩套能自动调节变速器与驱动桥之间距离的变化。万向节是保证变速器输出轴与驱动桥输入轴两轴线夹角的变化，并实现两轴的等角速传动（图3-2-6）。

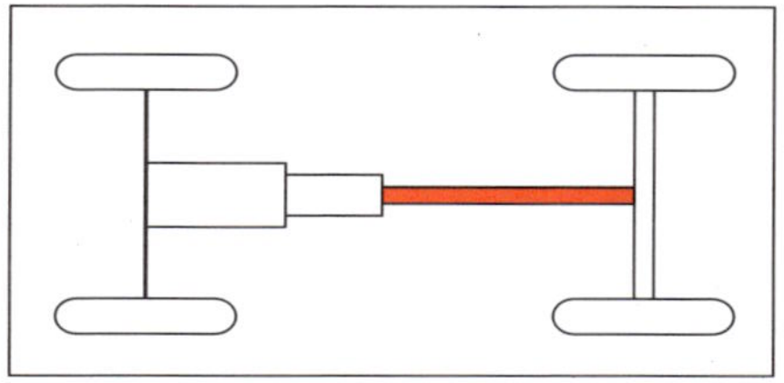

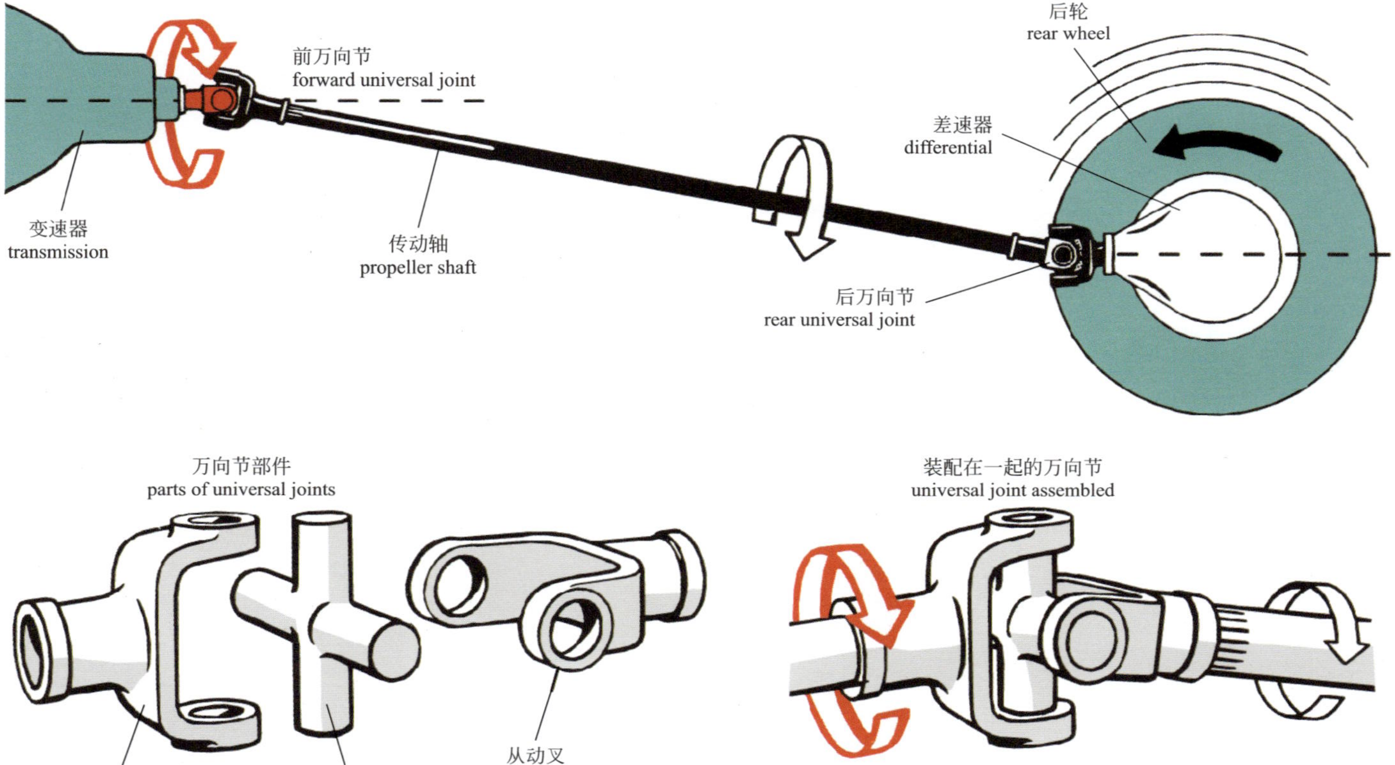

图3-2-6 传动轴和万向节

2.5 主减速器

主减速器在汽车传动系统中将动力传给差速器，并实现降速增矩作用，从而得到较大的驱动力。对发动机纵置的汽车来说，主减速器还利用锥齿轮传动以改变动力方向（图3-2-7）。

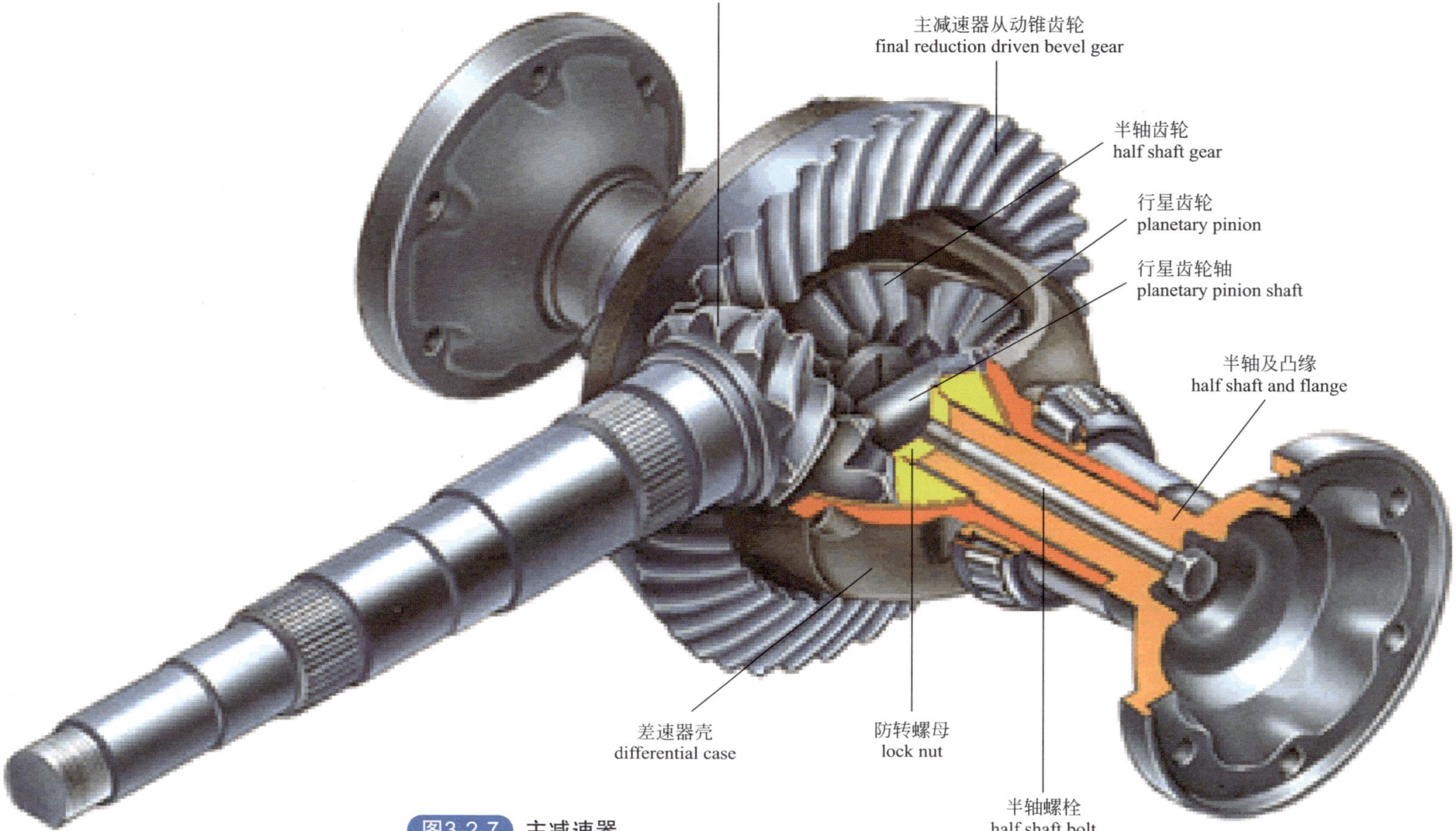

图3-2-7 主减速器

2.6 差速器

汽车差速器的作用就是在向两边半轴传递动力的同时，允许两边半轴以不同的转速旋转，满足两边车轮尽可能以纯滚动的形式做不等距行驶，减少轮胎与地面的摩擦。半轴将差速器的动力传给驱动车轮（图3-2-8）。差速器由行星齿轮、行星轮架（差速器壳）、半轴齿轮等零件组成。

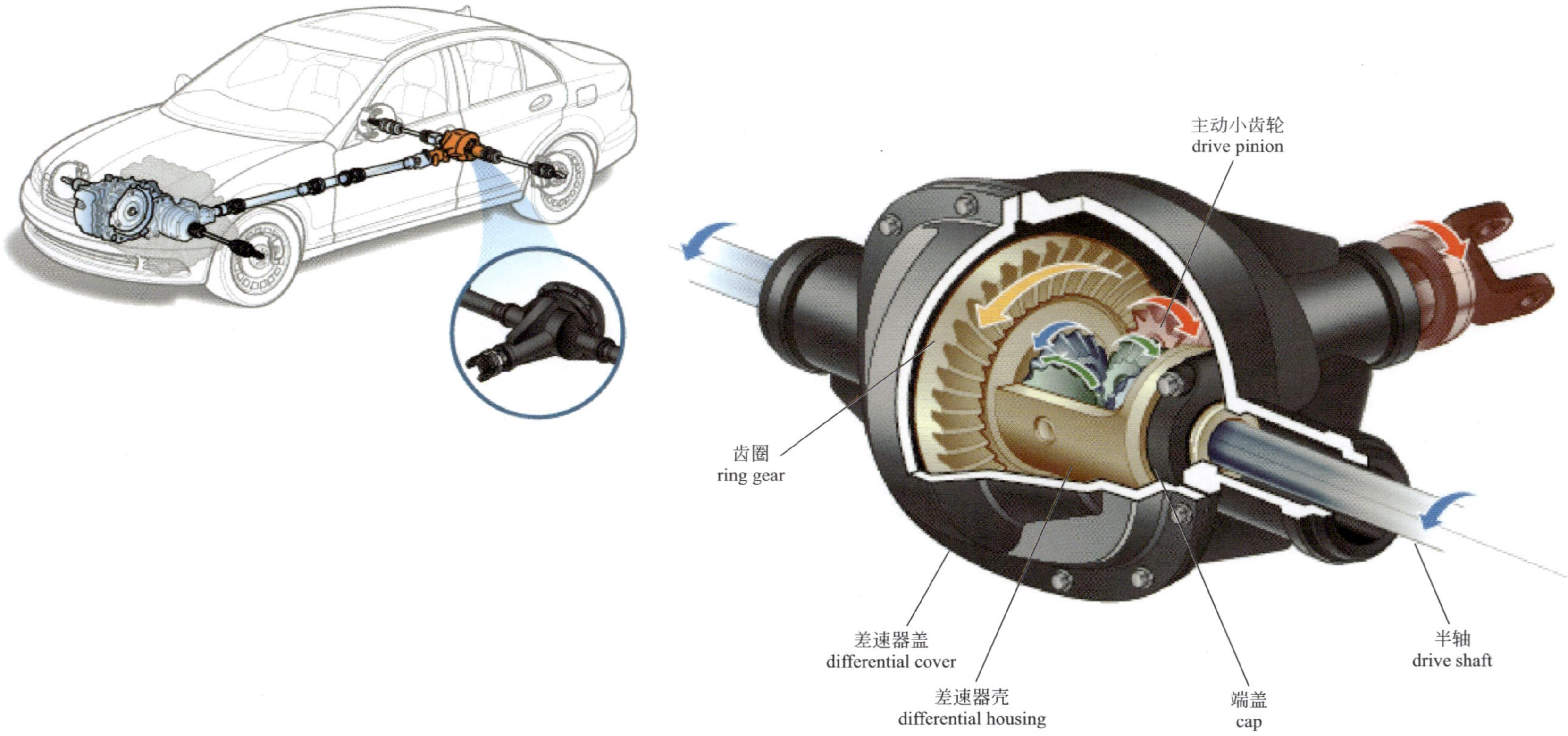

图3-2-8 差速器

第3章 传动系统的布置形式

汽车传动系统的布置形式与发动机的位置及驱动形式有关，一般可分为前置前驱、前置后驱、后置后驱、中置后驱四种形式。

3.1 前置前驱

前置前驱是指发动机放置在车的前部，并采用前轮作为驱动轮。现在大部分轿车都采取这种布置方式。由于发动机布置在车的前部，所以整车的重心集中在车身前段，会有点“头重尾轻”，但由于车体会被前轮拉着走的，所以前置前驱汽车的直线行驶稳定性非常好（图3-3-1）。

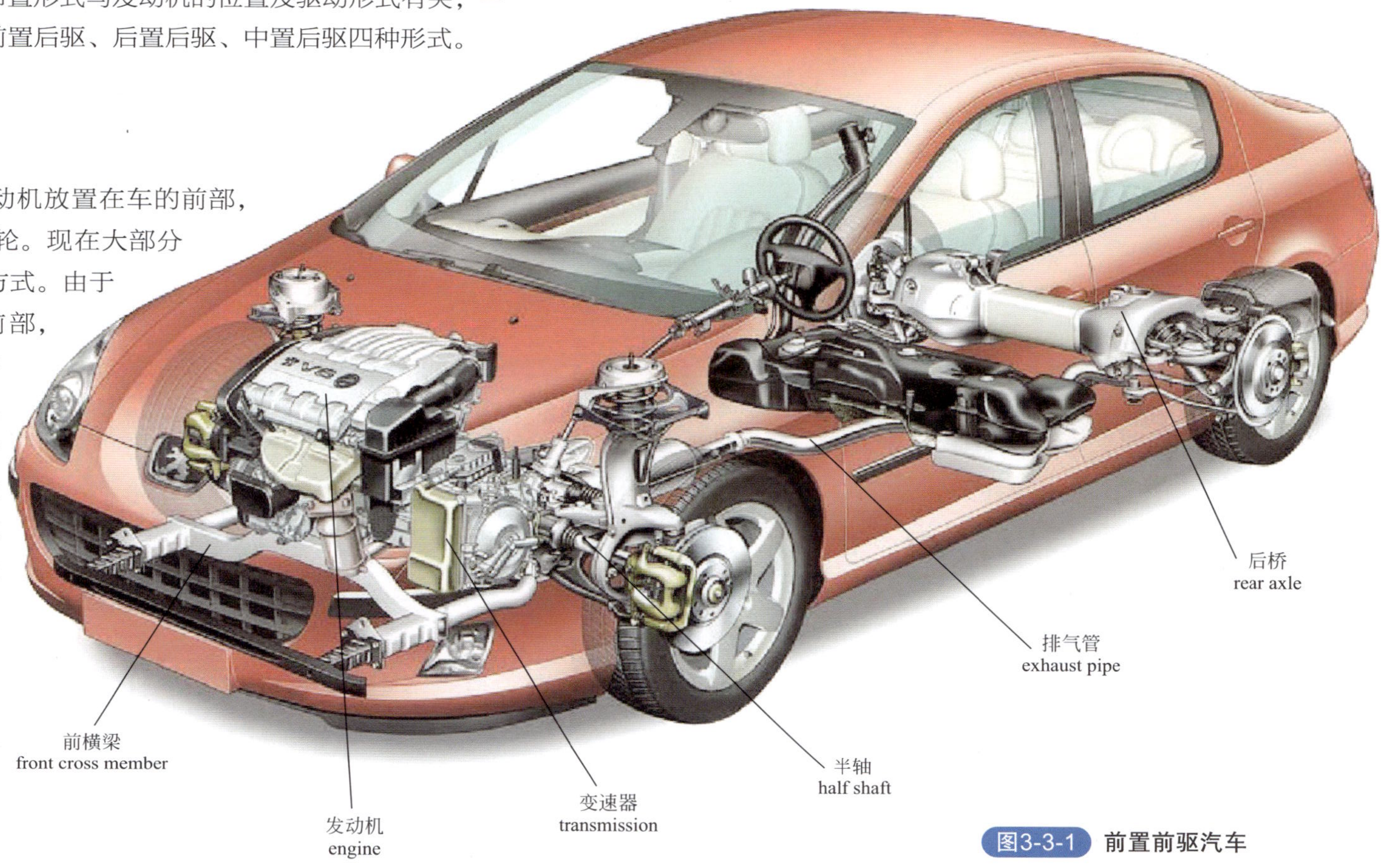

图3-3-1 前置前驱汽车

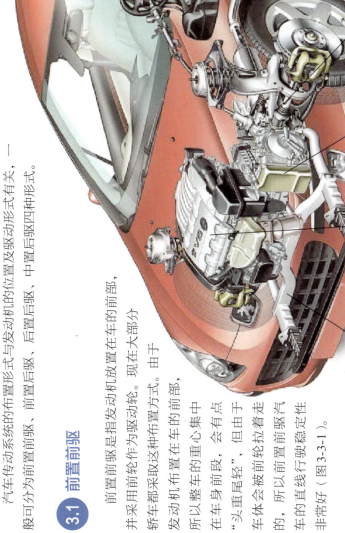

3.2 前置后驱

前置后驱是指发动机放置在车前部，并采用后轮作为驱动轮。FR整车的前后重量比较均衡，拥有较好的操控性能和行驶稳定性，不过传动部件多、传动系统质量大，贯穿乘客室的传动轴占据了室内的地台空间（图3-3-2）。

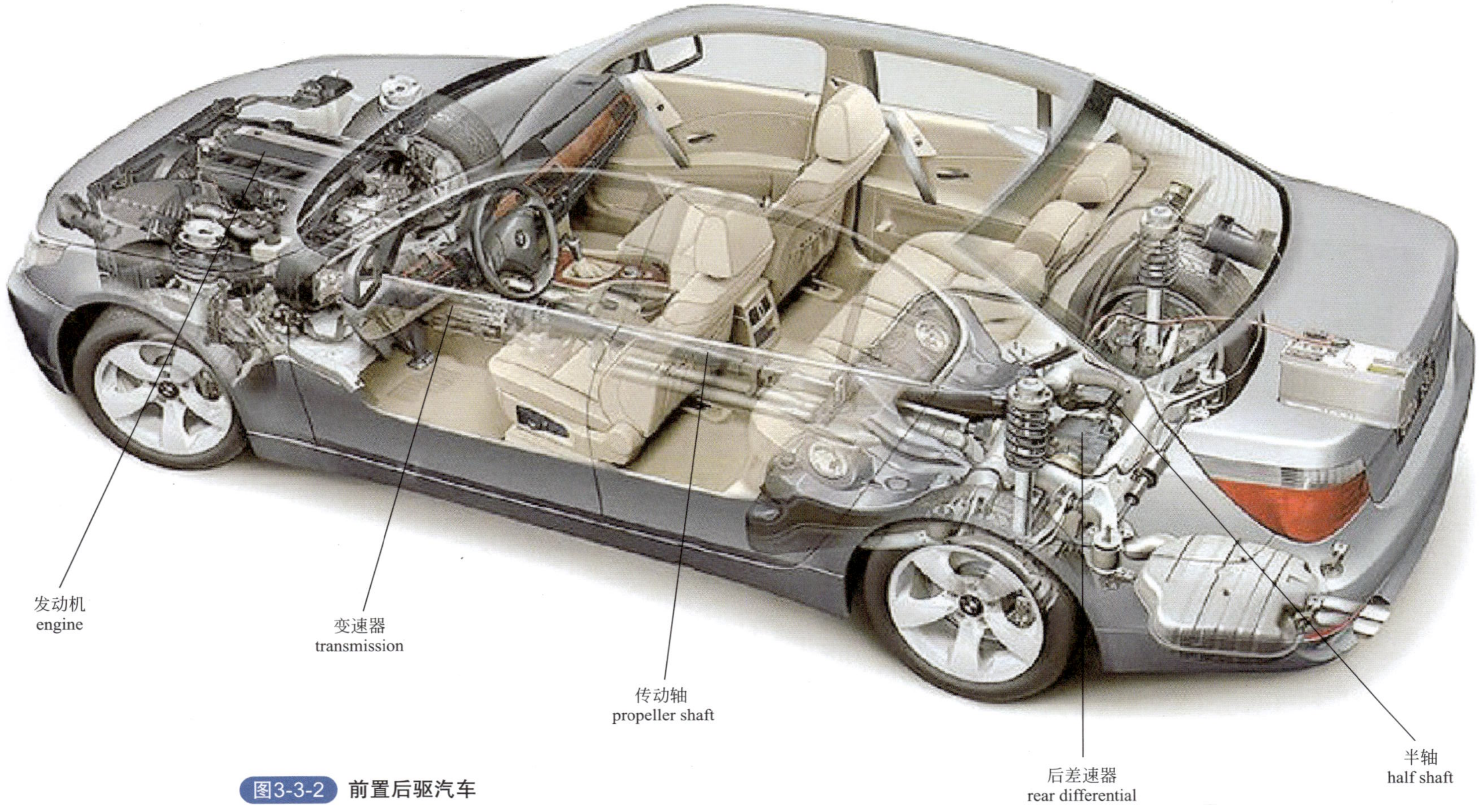

图3-3-2 前置后驱汽车

3.3 后置后驱

后置后驱是指将发动机放置在后轴的后部，并采用后轮作为驱动轮。由于全车的重量大部分集中在后方，且又是后轮驱动，所以起步、加速性能都非常好，因此超级跑车一般都采用RR方式（图3-3-3）。

RR车的转弯性能比FF和FR更加敏锐，不过当后轮的抓地力达到极限时，会有打滑甩尾现象，不容易操控。

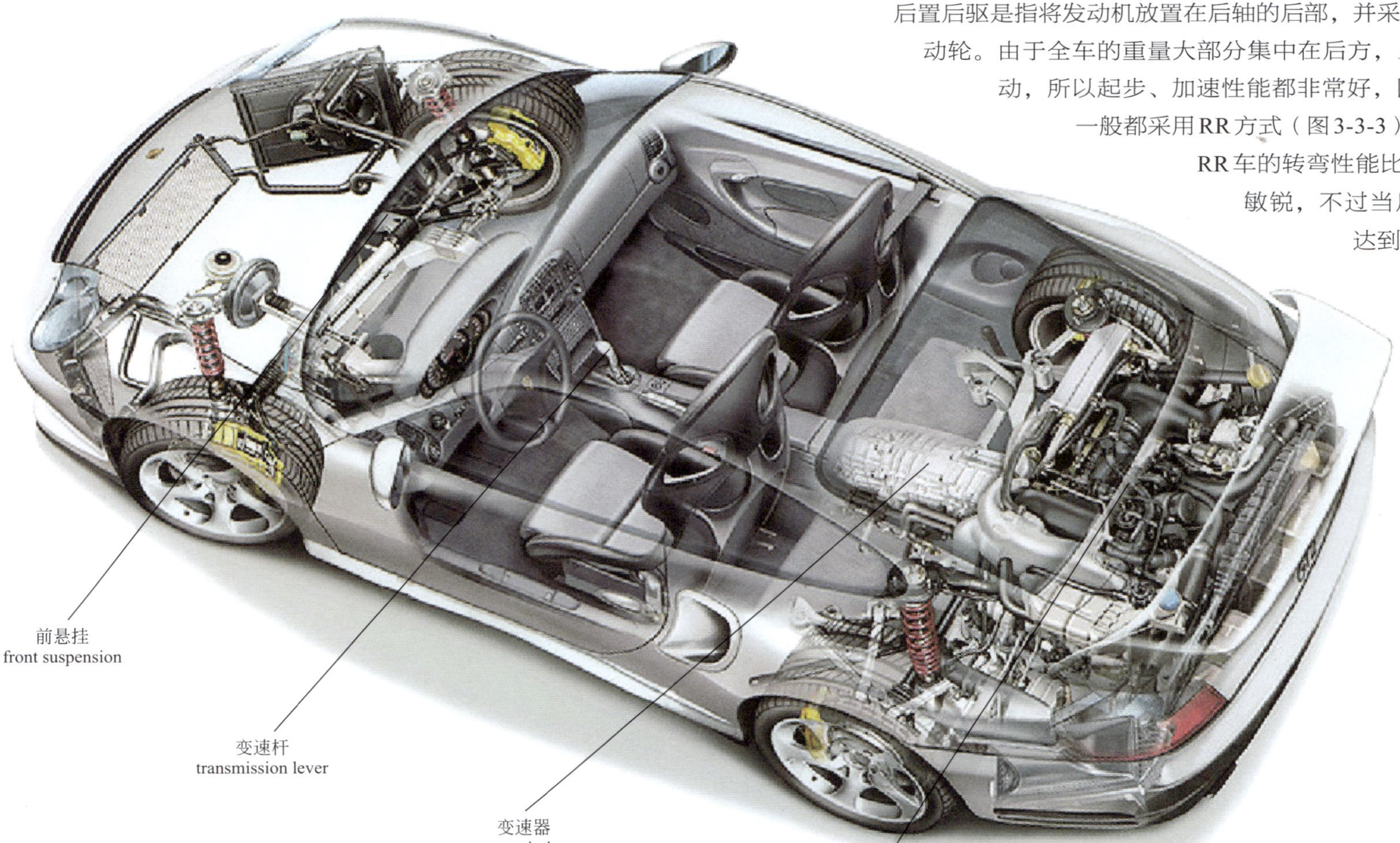
前悬挂
front suspension
变速杆
transmission lever
变速器
transmission
发动机
engine

图3-3-3 后置后驱汽车

3.4 中置后驱

中置后驱是指将发动机放置在驾乘室与后轴之间，并采用后轮作为驱动轮。MR这种设计已是高级跑车的主流驱动方式。由于将车中运动惯量最大的发动机置于车体中央，整车重量分布接近理想平衡，是使得MR车获得最佳运动性能的保障（图3-3-4）。

备胎
spare tire
蓄电池
storage battery
发动机
engine
变速器
transmission
半轴
half shaft

图3-3-4 中置后驱汽车

第4章 离合器

4.1 概述

离合器位于发动机与变速器之间的飞轮壳内，被固定在飞轮的后平面上，另一端连接变速器的输入轴。离合器相当于一个动力开关，可以传递或切断发动机向变速器输入的动力，主要是为了使汽车平稳起步，适时中断到传动系统的动力以配合换挡，还可以防止传动系统过载（图3-4-1）。

摩擦片
friction disc
减振弹簧
torsional spring
飞轮齿圈
flywheel ring gear
飞轮
flywheel
压盘
pressure plate
膜片弹簧
diaphragm spring

图3-4-1 离合器

4.2 离合器组成

离合器主要由四部分组成，具体如下。

（1）主动部分：飞轮、离合器盖、离合器主动盘（压盘）。

（2）从动部分：离合器从动盘（俗称离合器片）。

（3）压紧机构：膜片弹簧或螺旋弹簧。

（4）操纵机构：离合器踏板、离合器总泵、离合器分泵、离合器分离拨叉、分离轴承、轴承座等组成（图3-4-2）。

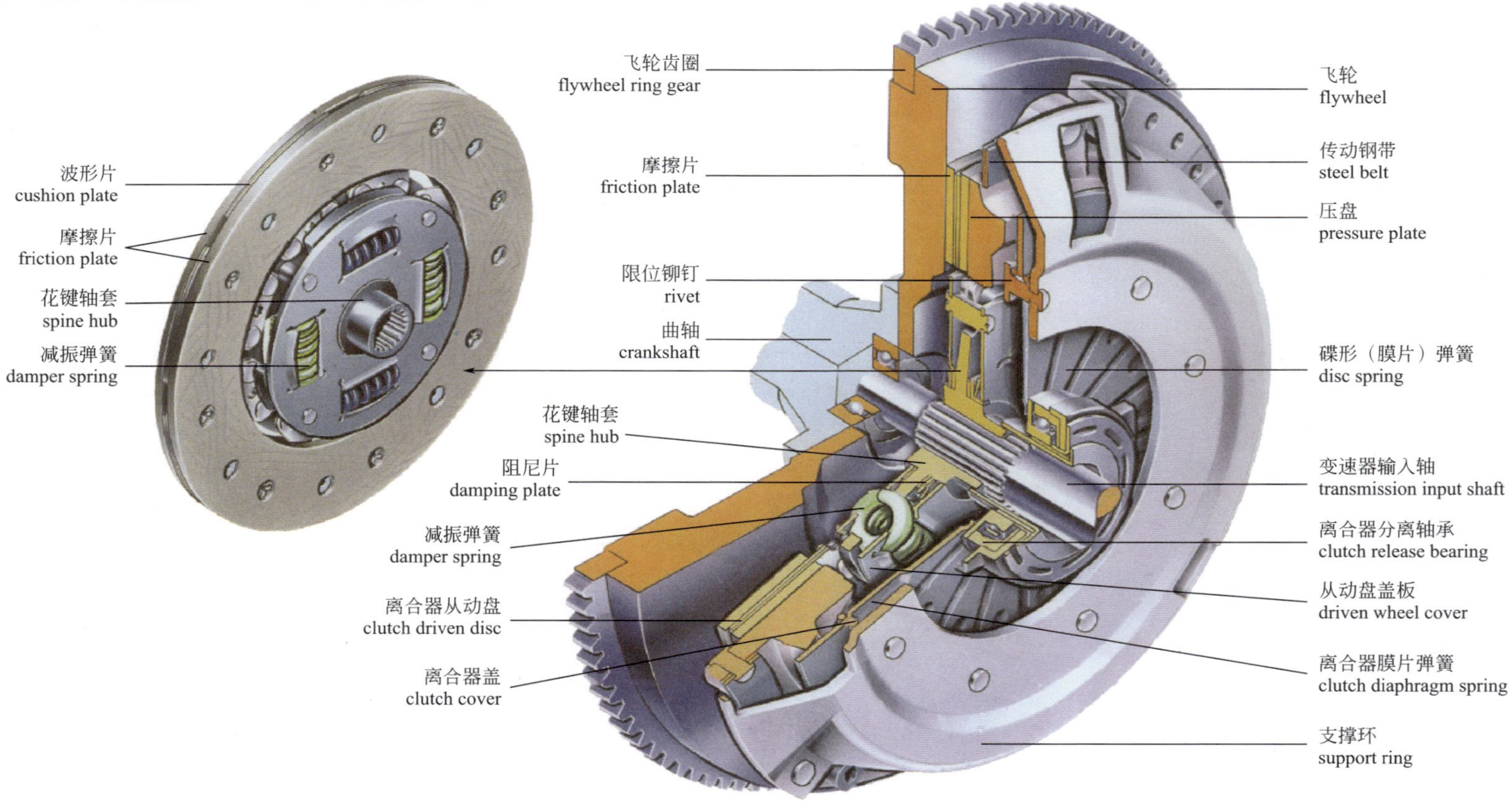

图3-4-2 离合器部件

离合器从动盘也可以叫后压盘，就是从后面给离合器摩擦片一个力，让摩擦片轻微前移和主动盘（前压盘、飞轮）压紧，以传递动力。离合器控制的就是从动盘，通过其前后移动来压紧和放开离合器摩擦片，达到动力的切断和接合（图3-4-3）。

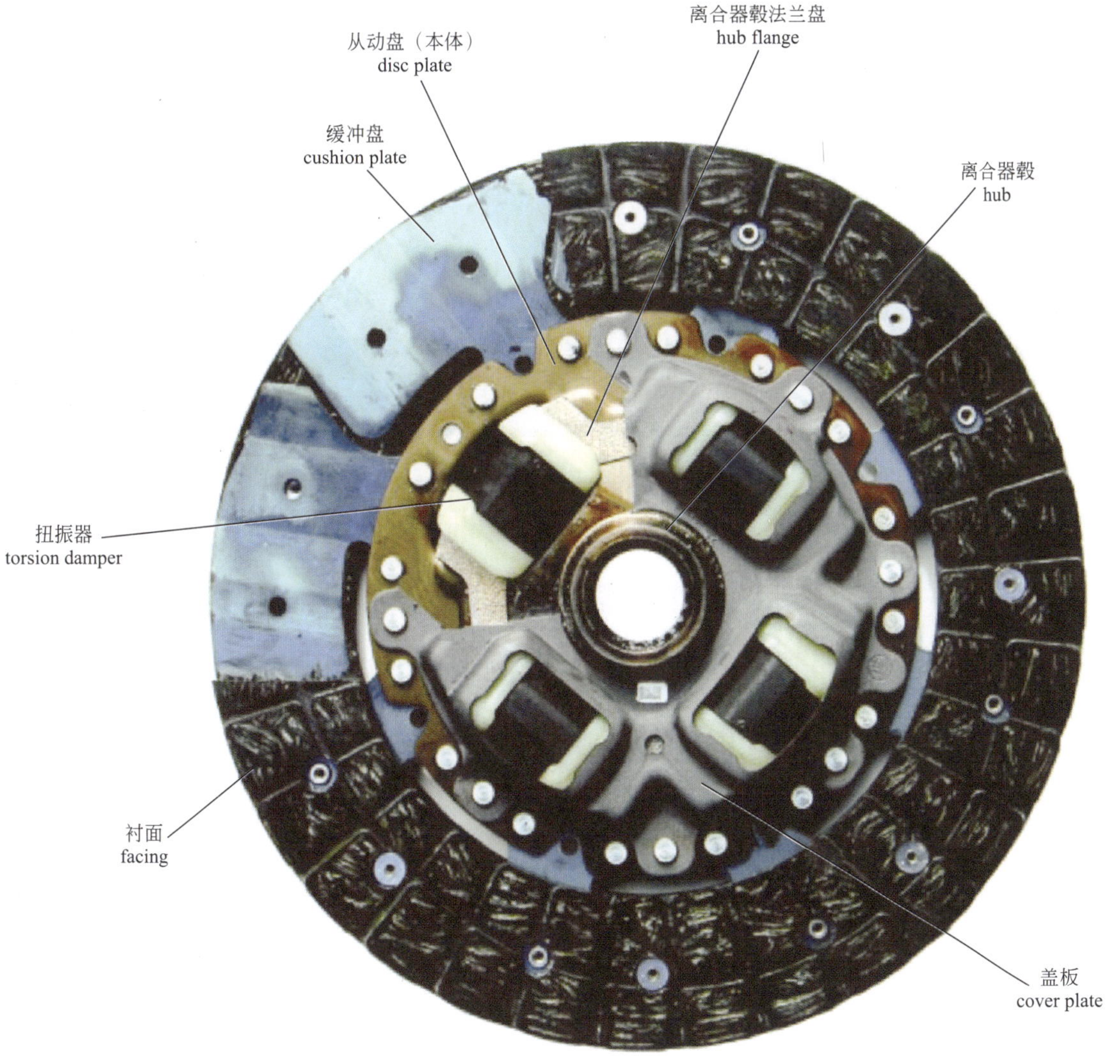

图3-4-3 离合器从动盘

4.3 离合器原理

离合器盖通过螺钉固定在飞轮的后端面上，离合器内的摩擦片在弹簧的作用力下被压盘压紧在飞轮面上，而摩擦片是与变速器的输入轴相连。通过飞轮及压盘与从动盘接触面的摩擦作用，将发动机发出的扭矩传递给变速器（图3-4-4）。

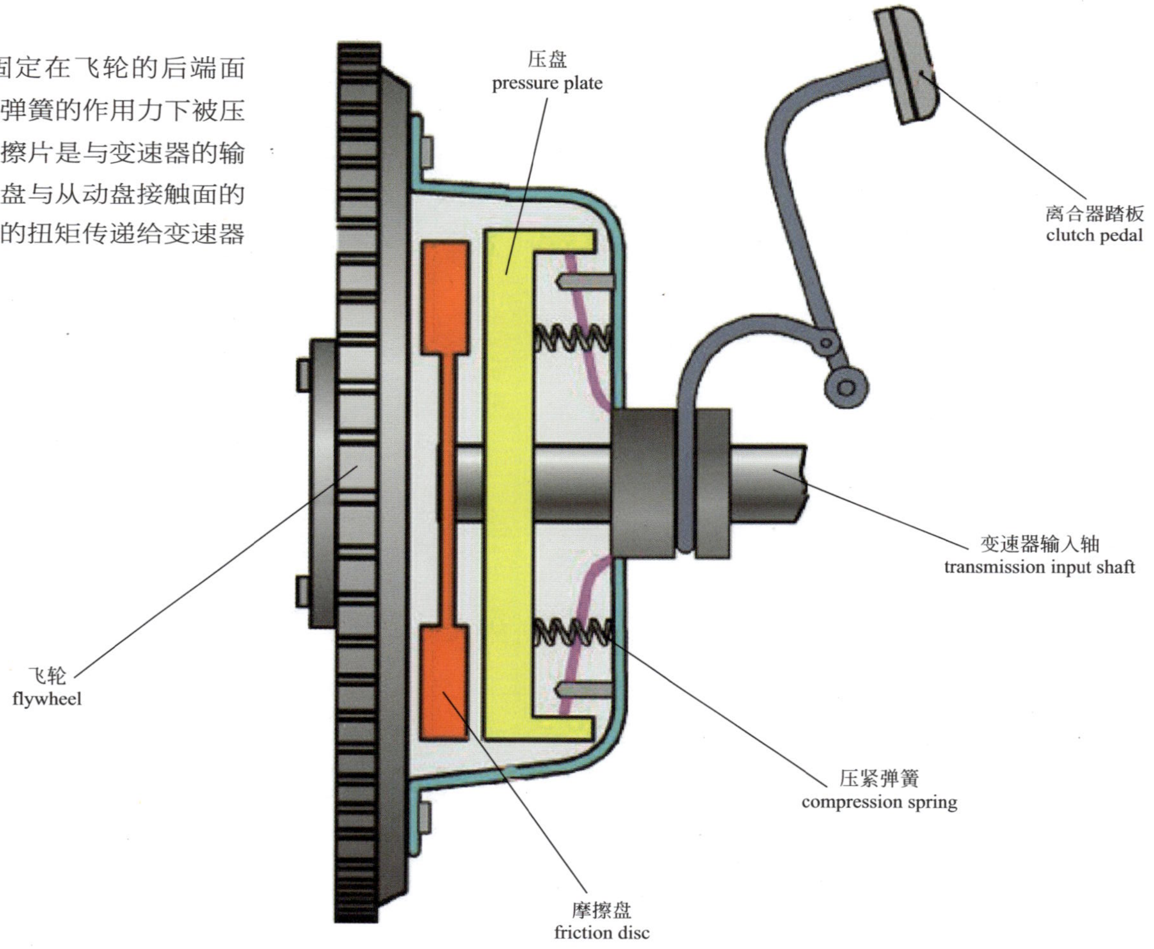

图3-4-4 摩擦式离合器

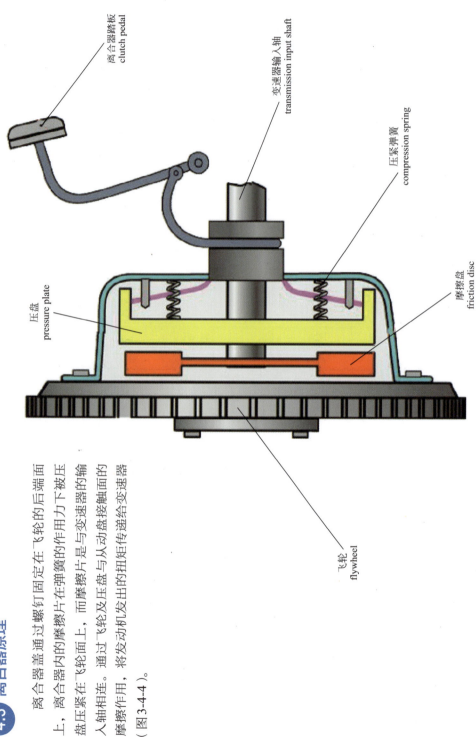

如图3-4-5所示，踩下离合器前，摩擦盘（红色）在压盘（黄色）的作用下，迫使摩擦盘与飞轮一起转动，传递动力。踩下离合器后，在分离机构的作用下，摩擦盘与飞轮分离，中断传递动力。

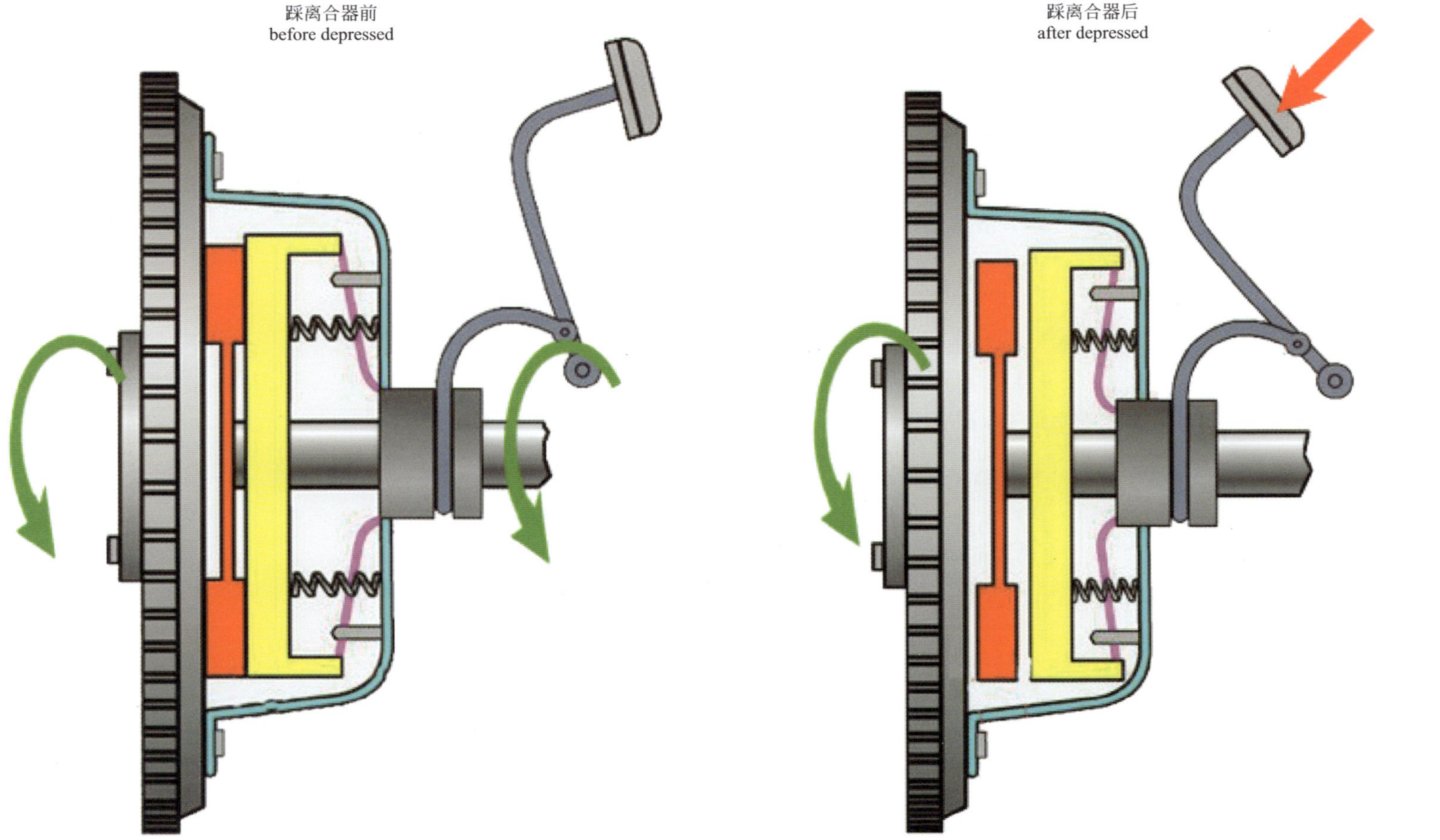
踩离合器前
before depressed
踩离合器后
after depressed

图3-4-5 摩擦式离合器工作原理

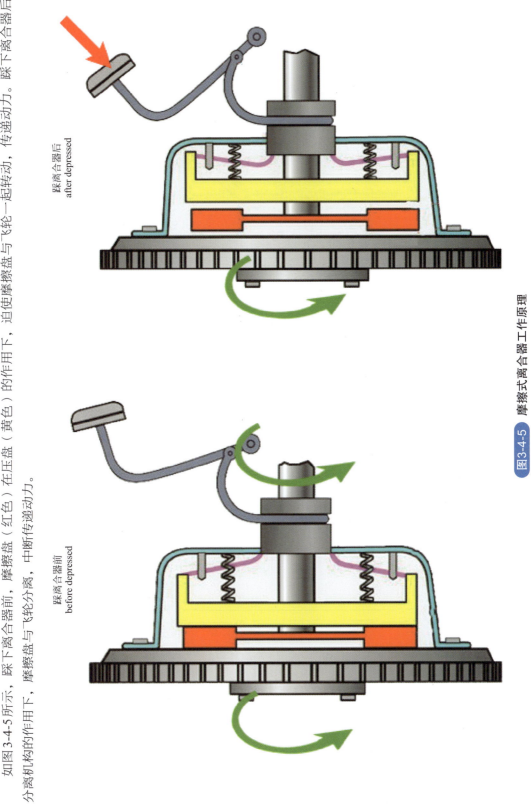

4.4 离合器操纵机构

离合器操纵机构始于驾驶室内的离合器踏板，终于离合器内的分离轴承，作用是将踏板上的人力变为推动分离套筒的推力（图3-4-6）。

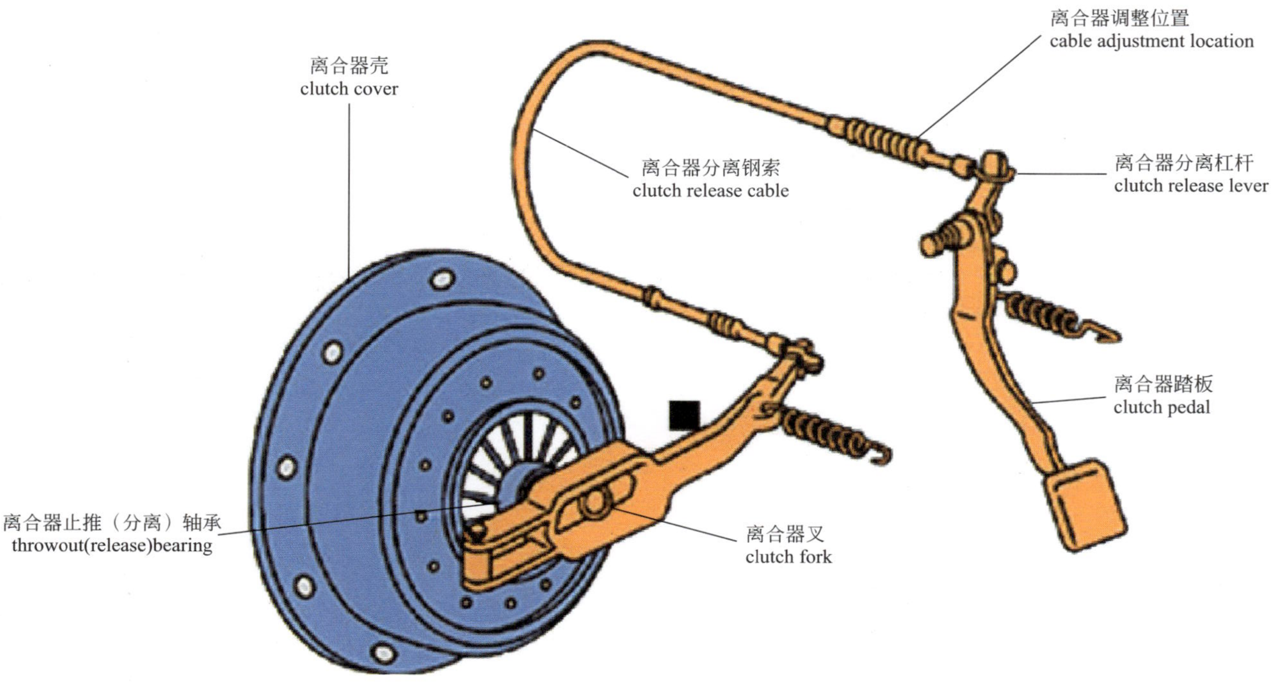

图3-4-6 离合器操纵机构

第5章 手动变速器

5.1 概述

手动变速器就是必须用手拨动变速器杆，才能改变传动比的变速器。手动变速器主要由壳体、传动组件（输入输出轴、齿轮、同步器等）、操纵组件（换挡拉杆、拨叉等）（图3-5-1）。

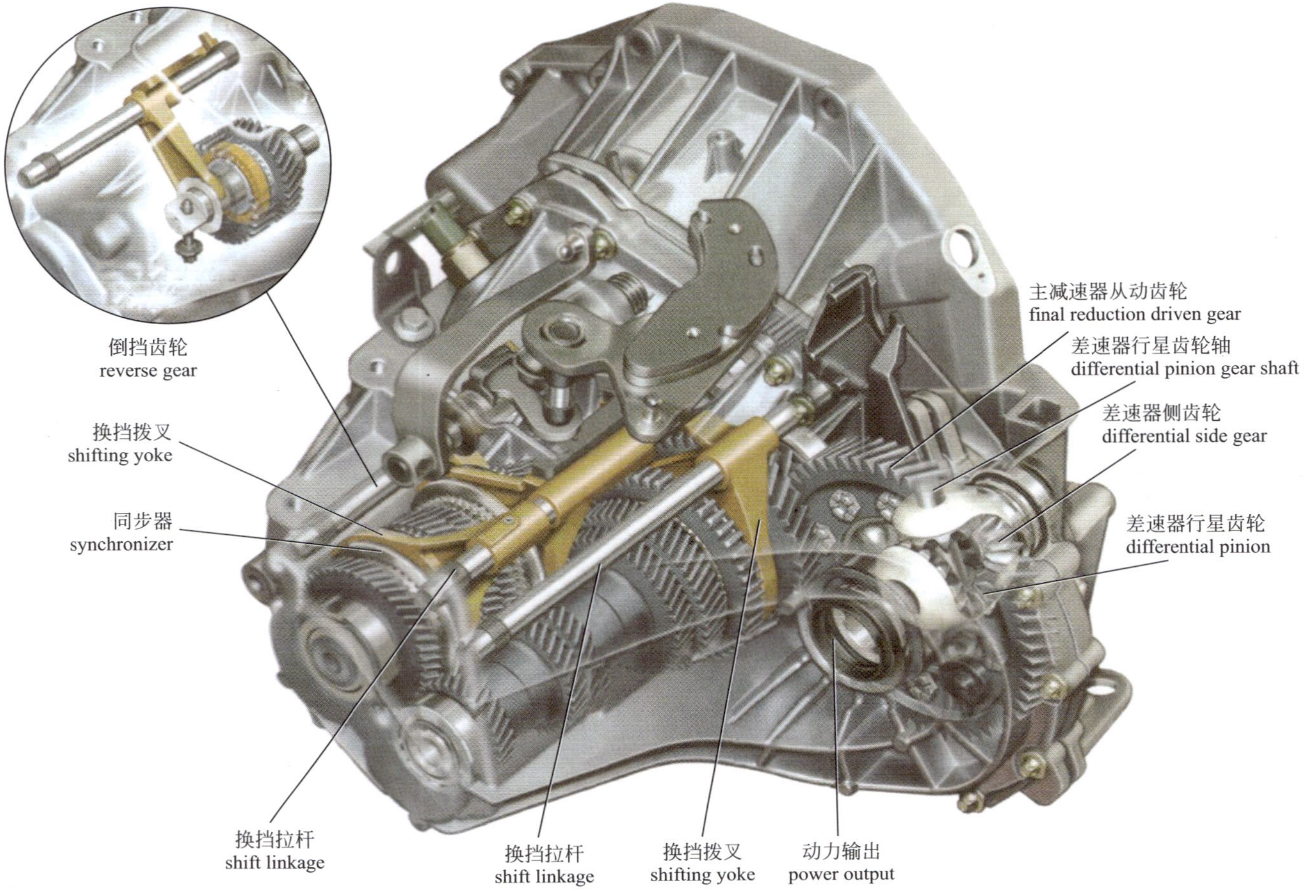
倒挡齿轮
reverse gear
换挡拨叉
shifting yoke
同步器
synchronizer
换挡拉杆
shift linkage
换挡拉杆
shift linkage
换挡拨叉
shifting yoke
动力输出
power output
主减速器从动齿轮
final reduction driven gear
差速器行星齿轮轴
differential pinion gear shaft
差速器侧齿轮
differential side gear
差速器行星齿轮
differential pinion

图3-5-1 手动变速器构造

5.2 变速器原理

变速器为什么可以调整发动机输出的转矩和转速呢？其实这里蕴含了齿轮和杠杆的原理。变速器内有多个不同的齿轮，通过不同大小的齿轮组合在一起，就能实现对发动机转矩和转速的调整。用低转矩可以换来高转速，用低转速则可以换来高转矩（图3-5-2）。

变速器的作用主要表现在三方面：第一，改变传动比，扩大驱动轮的转矩和转速的变化范围；第二，在发动机转向不变的情况下，实现汽车倒退行驶；第三，利用空挡，可以中断发动机动力传递，使得发动机可以启动、怠速。

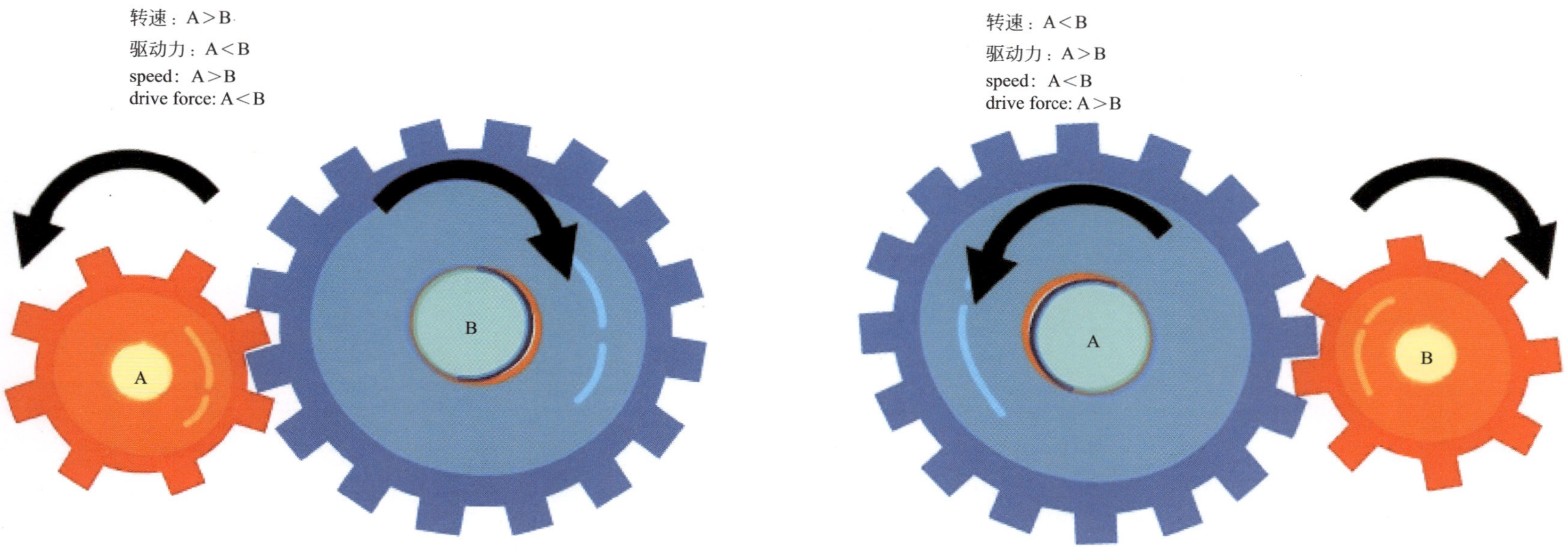

图3-5-2 变速器原理

5.3 手动变速器原理

手动变速器的工作原理，就是通过拨动变速杆，切换中间轴上的主动齿轮，通过大小不同的齿轮组合与动力输出轴结合，从而改变驱动轮的转矩和转速。

发动机的动力输入轴是通过一根中间轴，间接与动力输出轴连接的。如图3-5-3所示，中间轴的两个齿轮（红色）与动力输出轴上的两个齿轮（蓝色）是随着发动机输出一起转动的。但是如果没有同步器（紫色）的接合，两个齿轮（蓝色）只能在动力输出轴上空转（即不会带动输出轴转动）。图中同步器位于中间状态，相当于变速器挂了空挡。

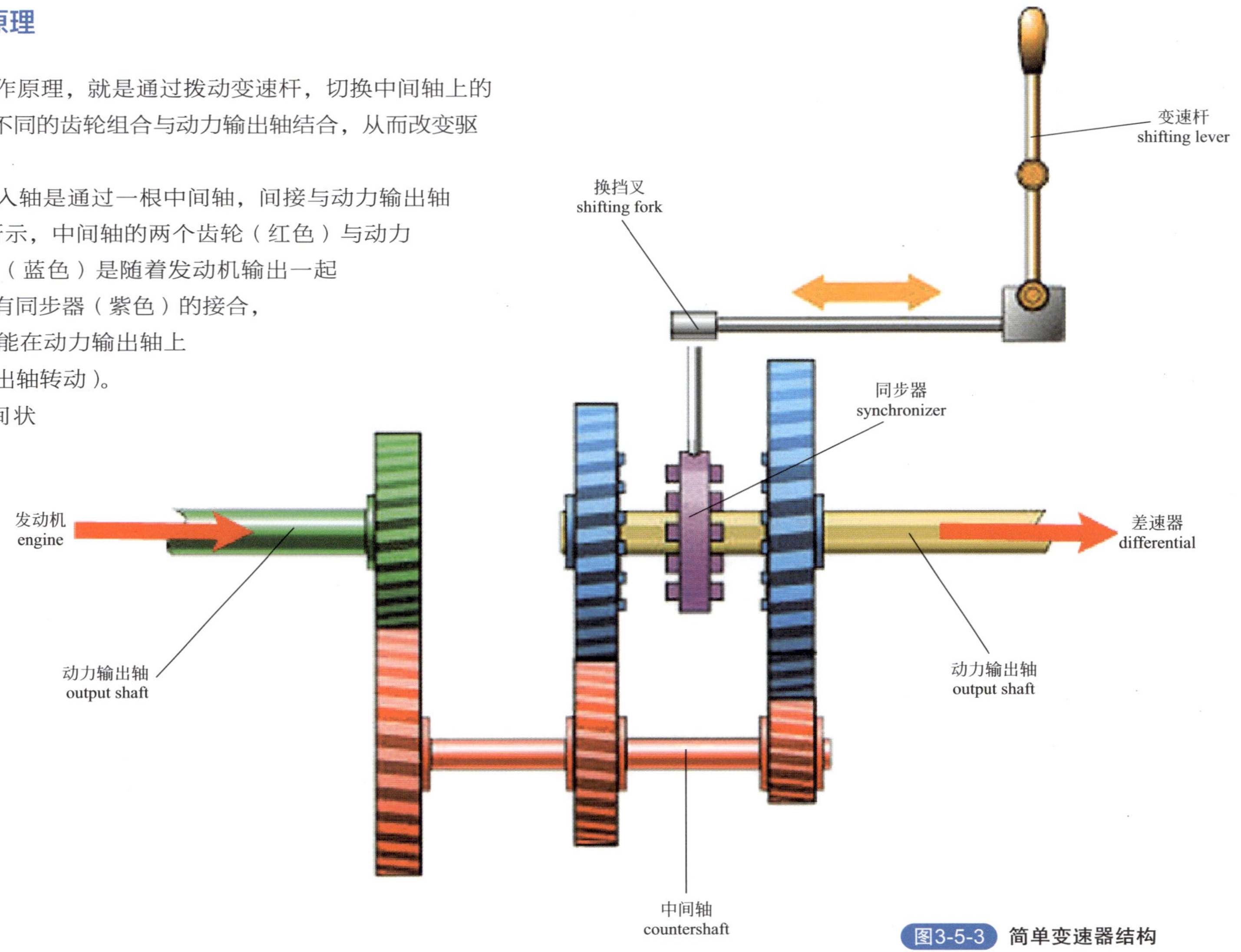

图3-5-3 简单变速器结构

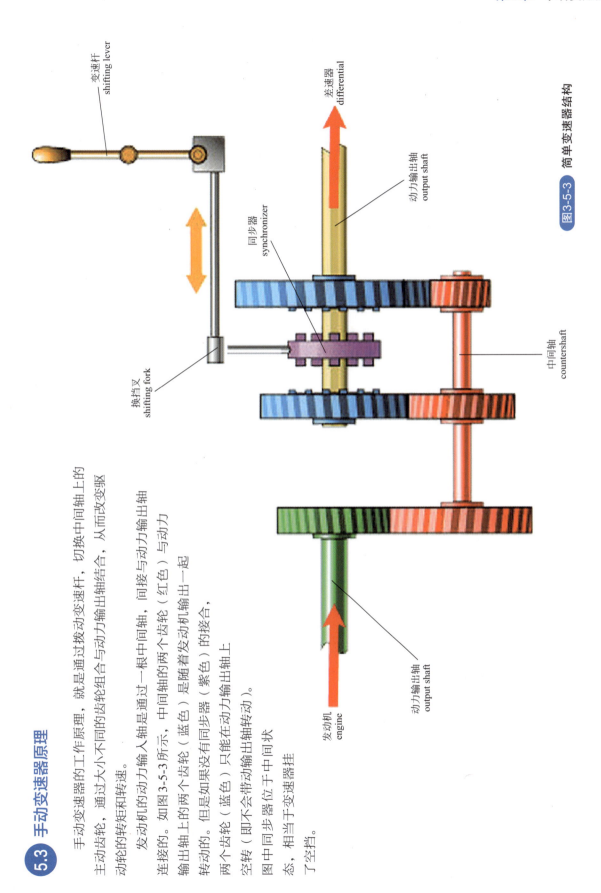

5.4 5挡手动变速器

5.4.1 5挡手动变速器原理（图3-5-4）

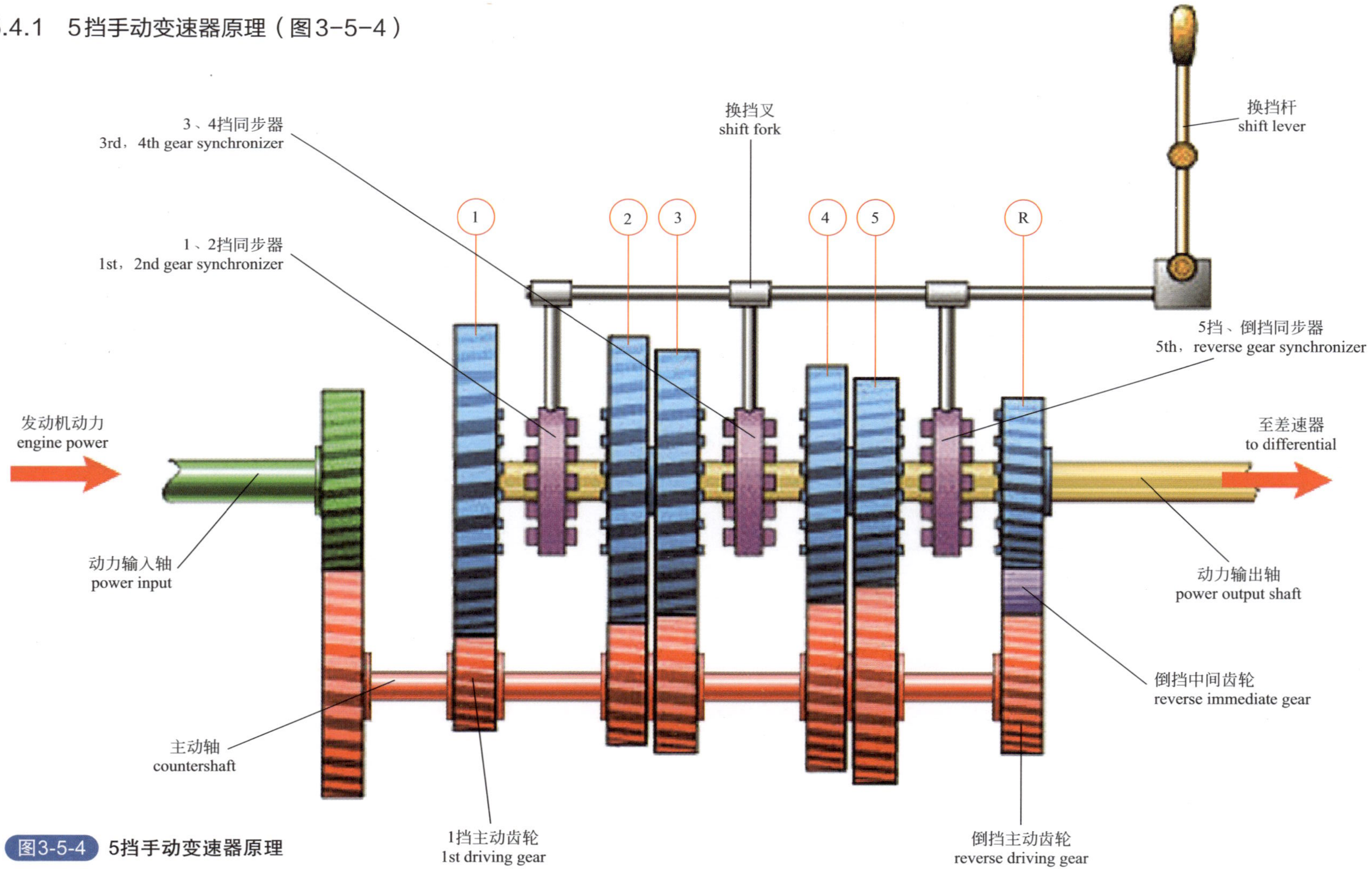

图3-5-4 5挡手动变速器原理

5挡手动变速器剖面图显示出变速器的主要部件（图3-5-5）。

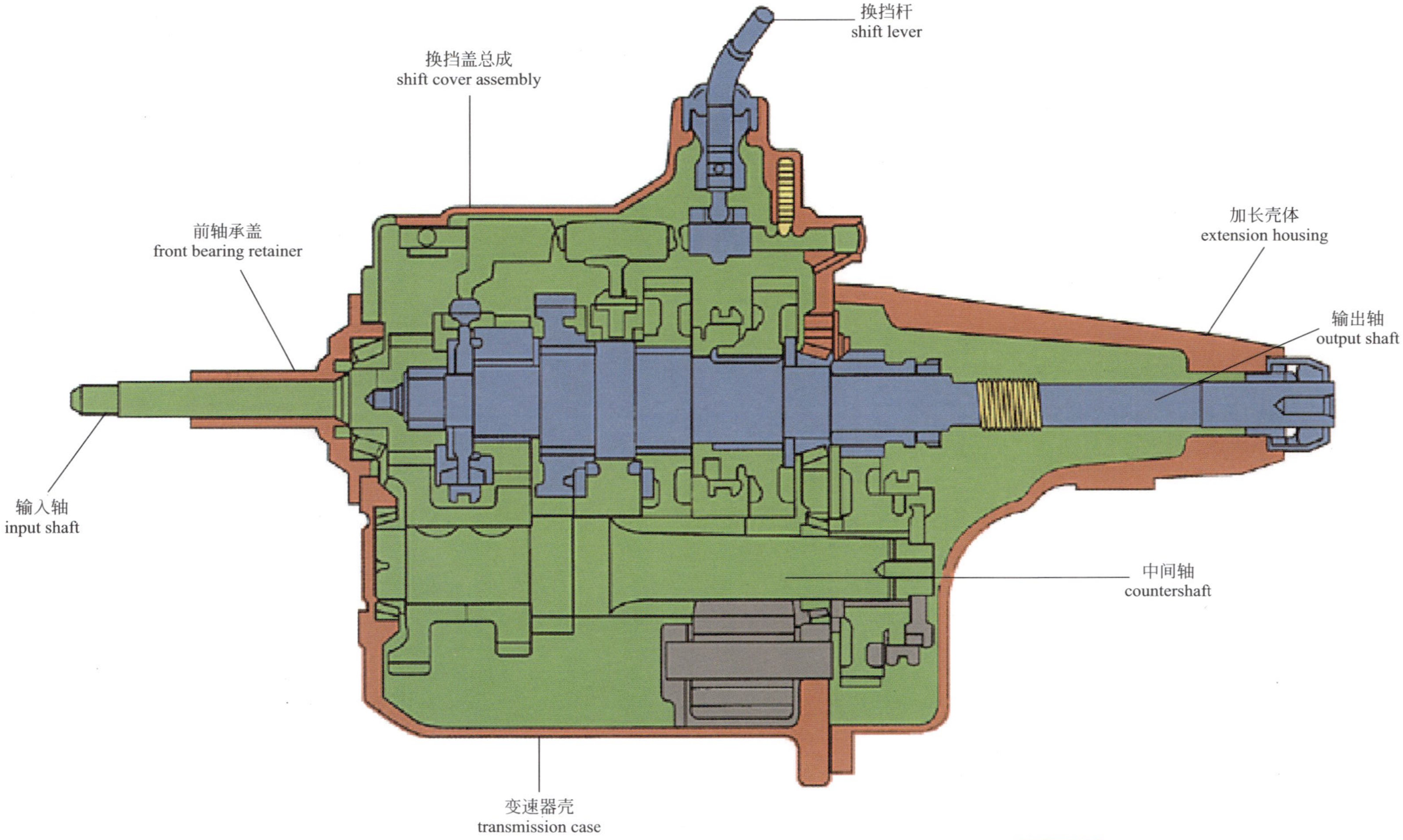
换挡杆
shift lever
换挡盖总成
shift cover assembly
前轴承盖
front bearing retainer
加长壳体
extension housing
输出轴
output shaft
输入轴
input shaft
中间轴
countershaft
变速器壳
transmission case

图3-5-5 5挡手动变速器剖面图

5挡手动变速器组成如图3-5-6所示。

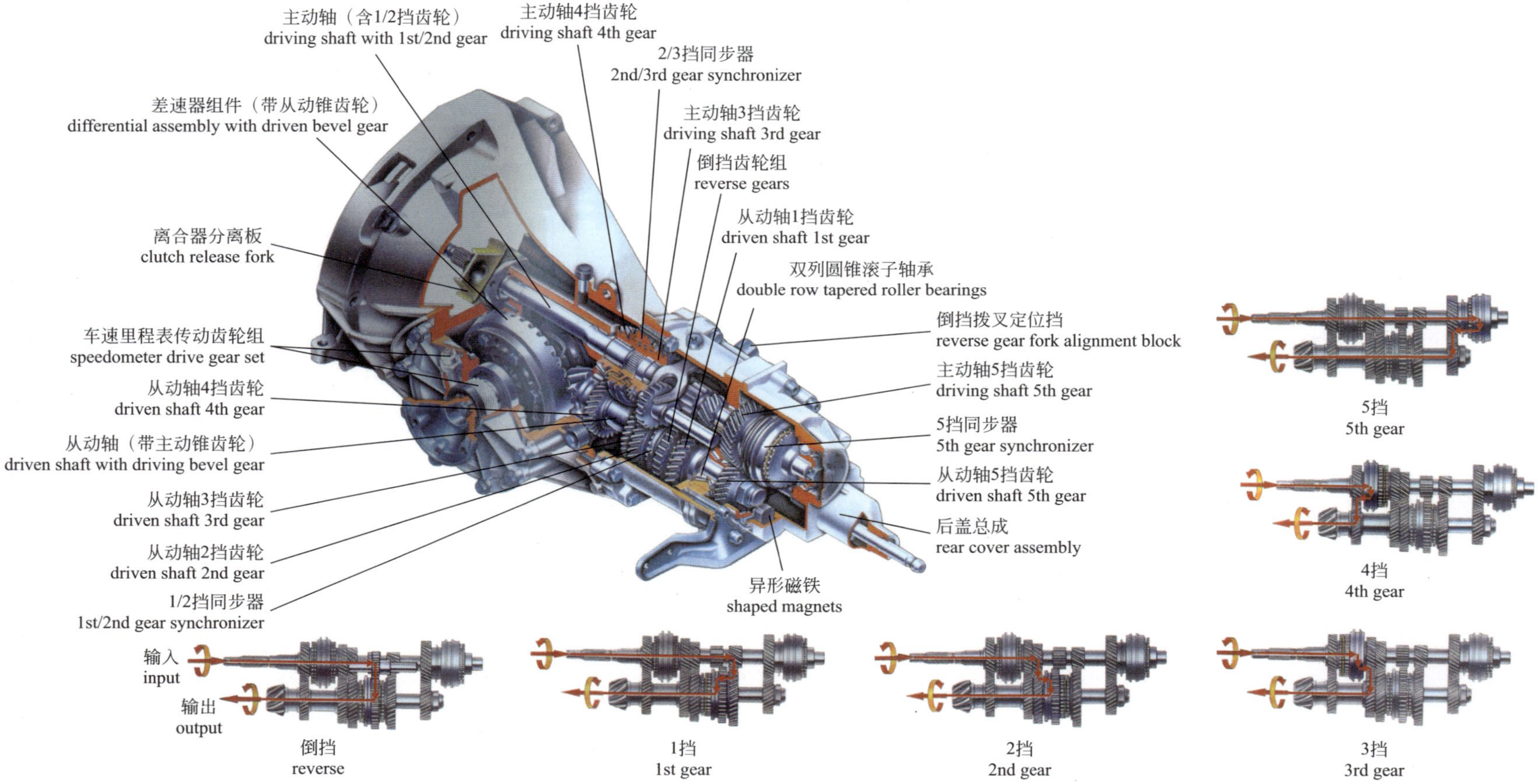
主动轴（含1/2挡齿轮）
driving shaft with 1st/2nd gear
主动轴4挡齿轮
driving shaft 4th gear
2/3挡同步器
2nd/3rd gear synchronizer
差速器组件（带从动锥齿轮）
differential assembly with driven bevel gear
主动轴3挡齿轮
driving shaft 3rd gear
倒挡齿轮组
reverse gears
从动轴1挡齿轮
driven shaft 1st gear
离合器分离板
clutch release fork
双列圆锥滚子轴承
double row tapered roller bearings
倒挡拨叉定位挡
reverse gear fork alignment block
车速里程表传动齿轮组
speedometer drive gear set
主动轴5挡齿轮
driving shaft 5th gear
从动轴4挡齿轮
driven shaft 4th gear
5挡同步器
5th gear synchronizer
从动轴（带主动锥齿轮）
driven shaft with driving bevel gear
从动轴5挡齿轮
driven shaft 5th gear
从动轴3挡齿轮
driven shaft 3rd gear
后盖总成
rear cover assembly
从动轴2挡齿轮
driven shaft 2nd gear
1/2挡同步器
1st/2nd gear synchronizer
异形磁铁
shaped magnets
5挡
5th gear
4挡
4th gear
输入
input
输出
output
倒挡
reverse
1挡
1st gear
2挡
2nd gear
3挡
3rd gear

图3-5-6 5挡手动变速器组成

5.4.2 换挡机构

换挡机构不仅增强驾驶员换挡感觉，而且可以防止同时挂入两个挡位（图3-5-7）。

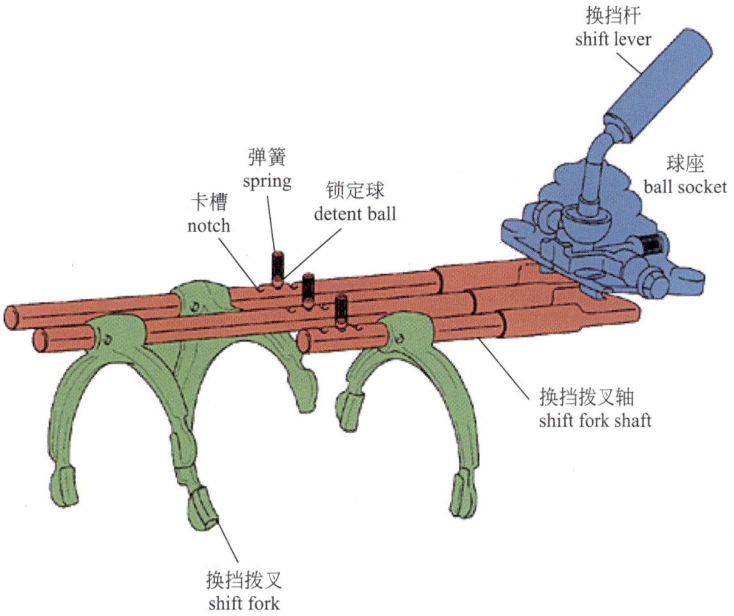

图3-5-7 换挡机构

5.5 同步器

变速器在进行换挡操作时，尤其是从高挡向低挡的换挡很容易产生轮齿或花键齿间的冲击。为了避免齿间冲击，在换挡装置中都设置同步器。同步器有常压式和惯性式两种，目前大部分同步式变速器上采用的是惯性同步器，它主要由接合套、同步锁环等组成，主要是依靠摩擦作用实现同步（图3-5-8）。

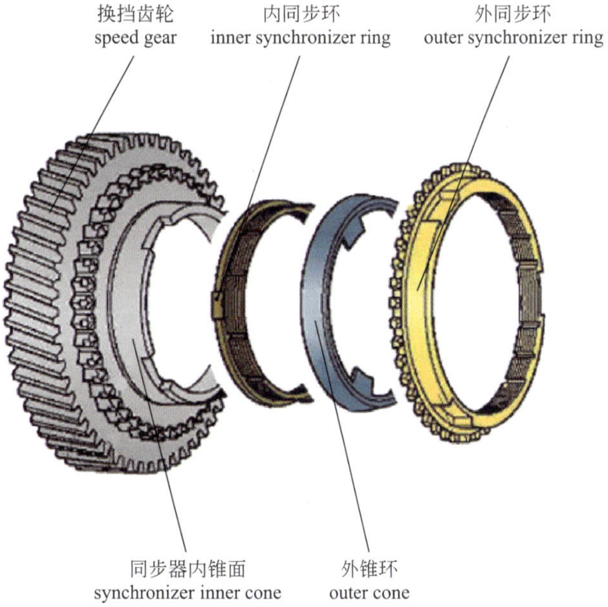

图3-5-8 同步器结构

5.5.1 同步器工作原理

当同步锁环内锥面与待接合齿轮齿圈外锥面接触后，在摩擦力矩的作用下齿轮转速迅速降低（或升高）到与同步锁环转速相等，两者同步旋转，齿轮相对于同步锁环的转速为零，因而惯性力矩也同时消失，这时在作用力的推动下，接合套不受阻碍地与同步锁环齿圈接合，并进一步与待接合齿轮的齿圈接合而完成换挡过程（图3-5-9）。

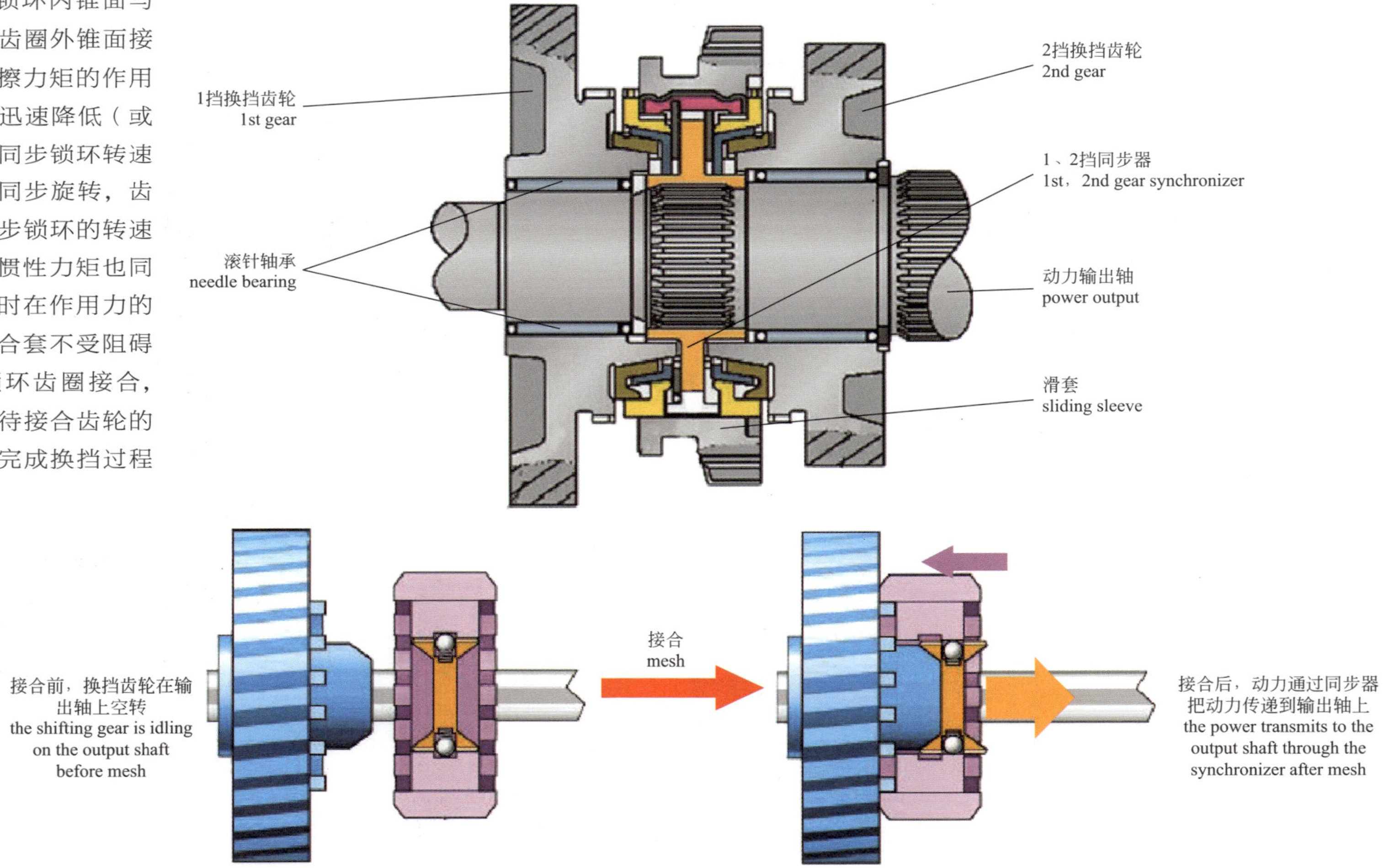

图3-5-9 同步器工作原理

5.5.2 同步器部件（图3-5-10）

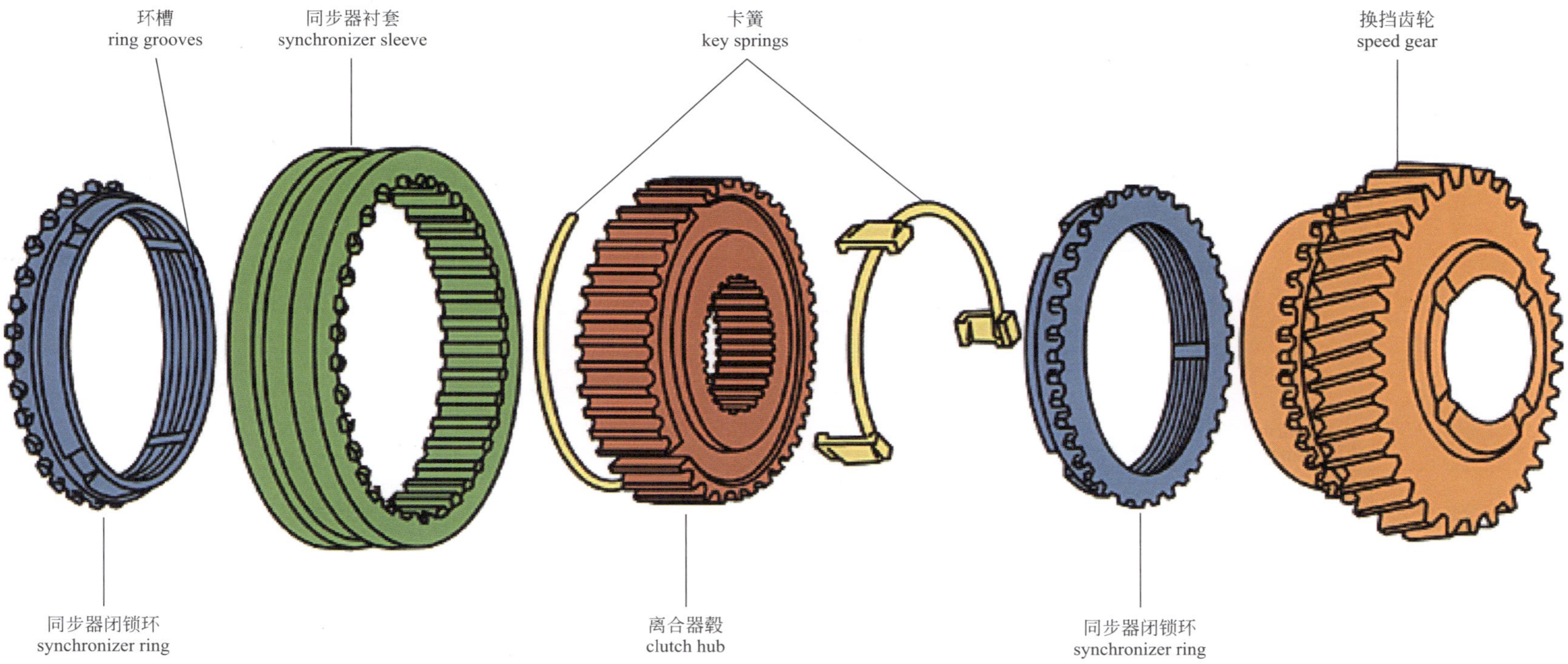
环槽
ring grooves
同步器衬套
synchronizer sleeve
卡簧
key springs
换挡齿轮
speed gear
同步器闭锁环
synchronizer ring
离合器毂
clutch hub
同步器闭锁环
synchronizer ring

图3-5-10 同步器部件

第6章 自动变速器

6.1 概述

汽车自动变速器常见的有四种形式，分别是液力自动变速器（hydraulic automatic transmissions，AT）、无级变速器（continuously variable transmission，CVT）、电控机械式自动变速器（automated mechanical transmission，AMT）、双离合自动变速器（dual clutch transmission，DCT）。

轿车普遍使用的是液力自动变速器，本章中的自动变速器指的也是液力自动变速器（AT）。自动变速器主要由液力变扭器、行星齿轮和液压操纵系统组成，通过液力传递和齿轮组合的方式来达到变速变矩（图3-6-1）。

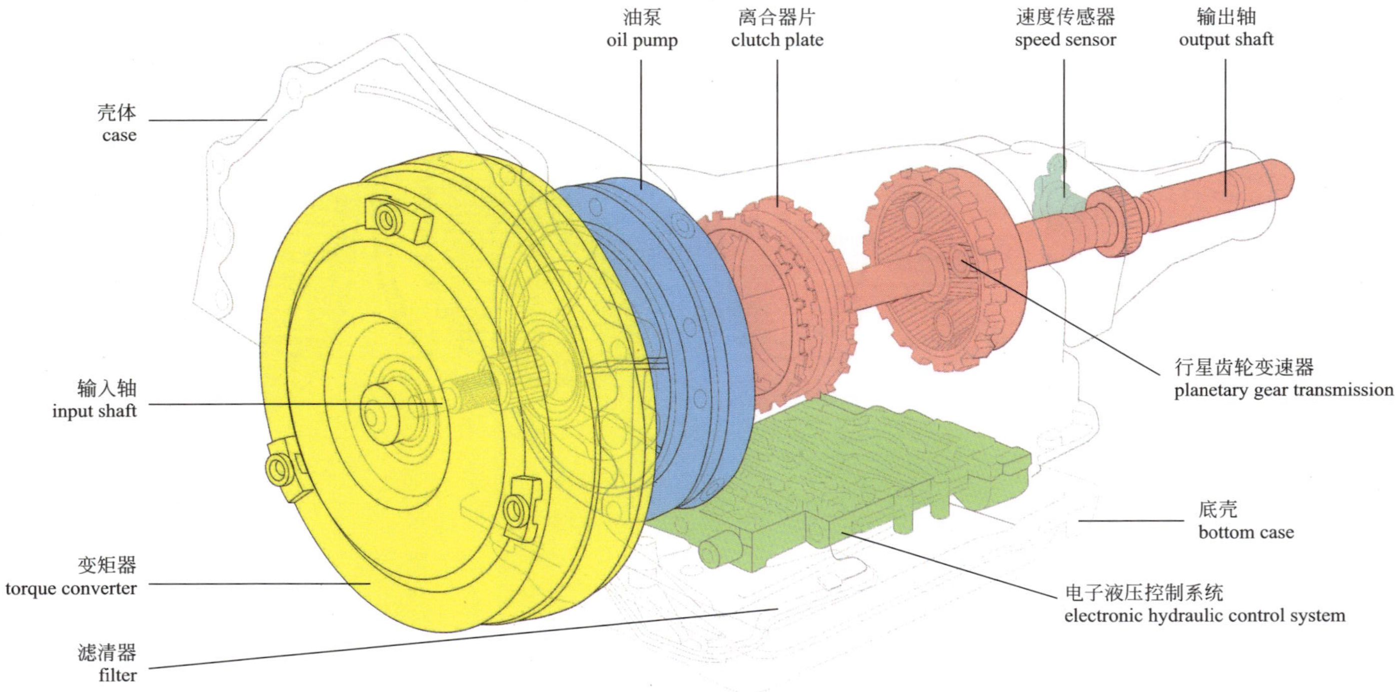
油泵
oil pump
离合器片
clutch plate
速度传感器
speed sensor
输出轴
output shaft
壳体
case
输入轴
input shaft
行星齿轮变速器
planetary gear transmission
底壳
bottom case
电子液压控制系统
electronic hydraulic control system
变矩器
torque converter
滤清器
filter

图3-6-1 自动变速器主要部件

6.2 液力变矩器

液力变矩器一般是由泵轮、导轮、涡轮以及锁止离合器组成（图3-6-2）。动力传递路径：壳体→泵轮→涡轮→变速器。

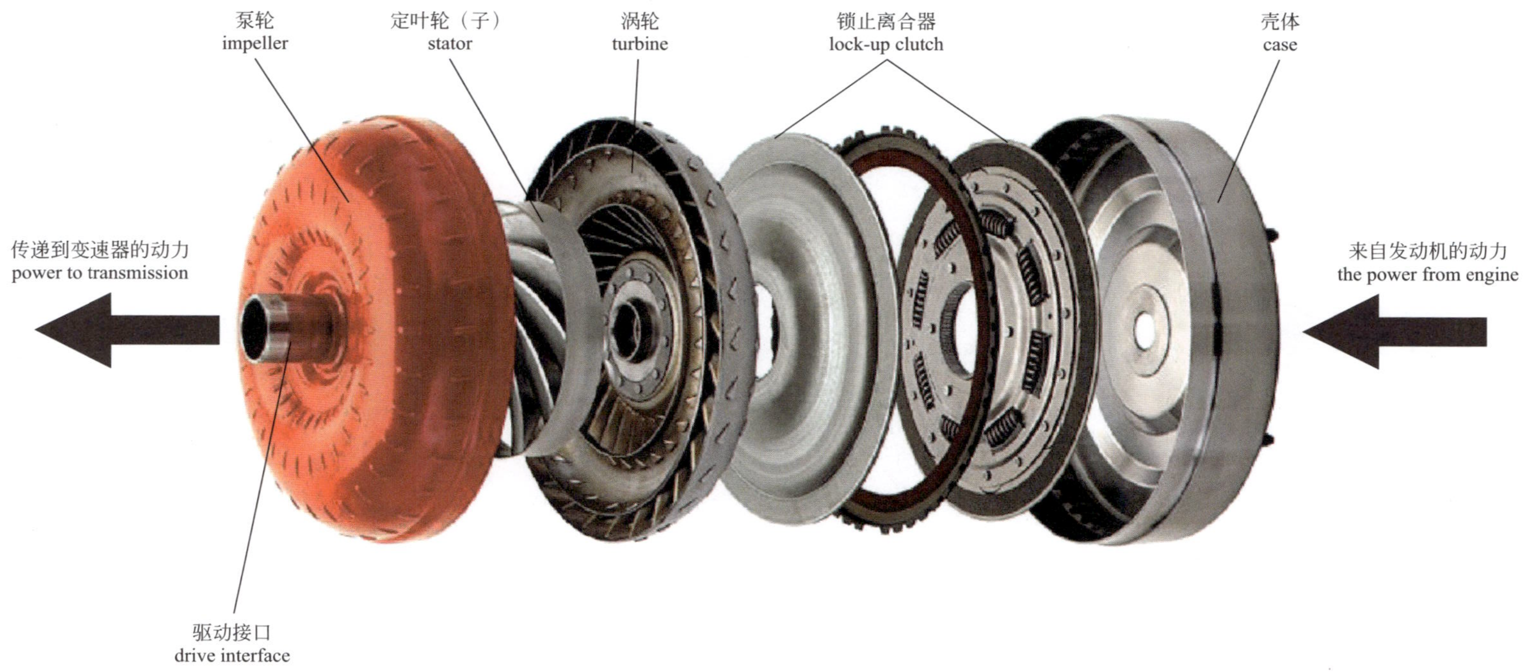

图3-6-2 液力变矩器的结构

6.2.1　液力变矩器的工作原理

液力变矩器的作用是将发动机的动力输出传递到变速机构，它里面充满了传动油，当与动力输入轴相连接的泵轮转动时，它会通过传动油带动与输出轴相连的涡轮一起转动，从而将发动机动力传递出去，其原理就像一把插电的风扇能够带动一把不插电的风扇的叶片转动一样（图3-6-3）。

涡轮被泵轮泵过来的变速器油推动
the turbine is pushed by the AT fluid from the pump
发动机带动泵轮旋转
the engine drives the impeller wheel rotation
定子对泵轮泵过来的变速器油起导向作用
the stator guides the AT fluid pumped by the impeller

图3-6-3　液力变矩器的工作原理

6.2.2 液力变矩器组成部件（图3-6-4）

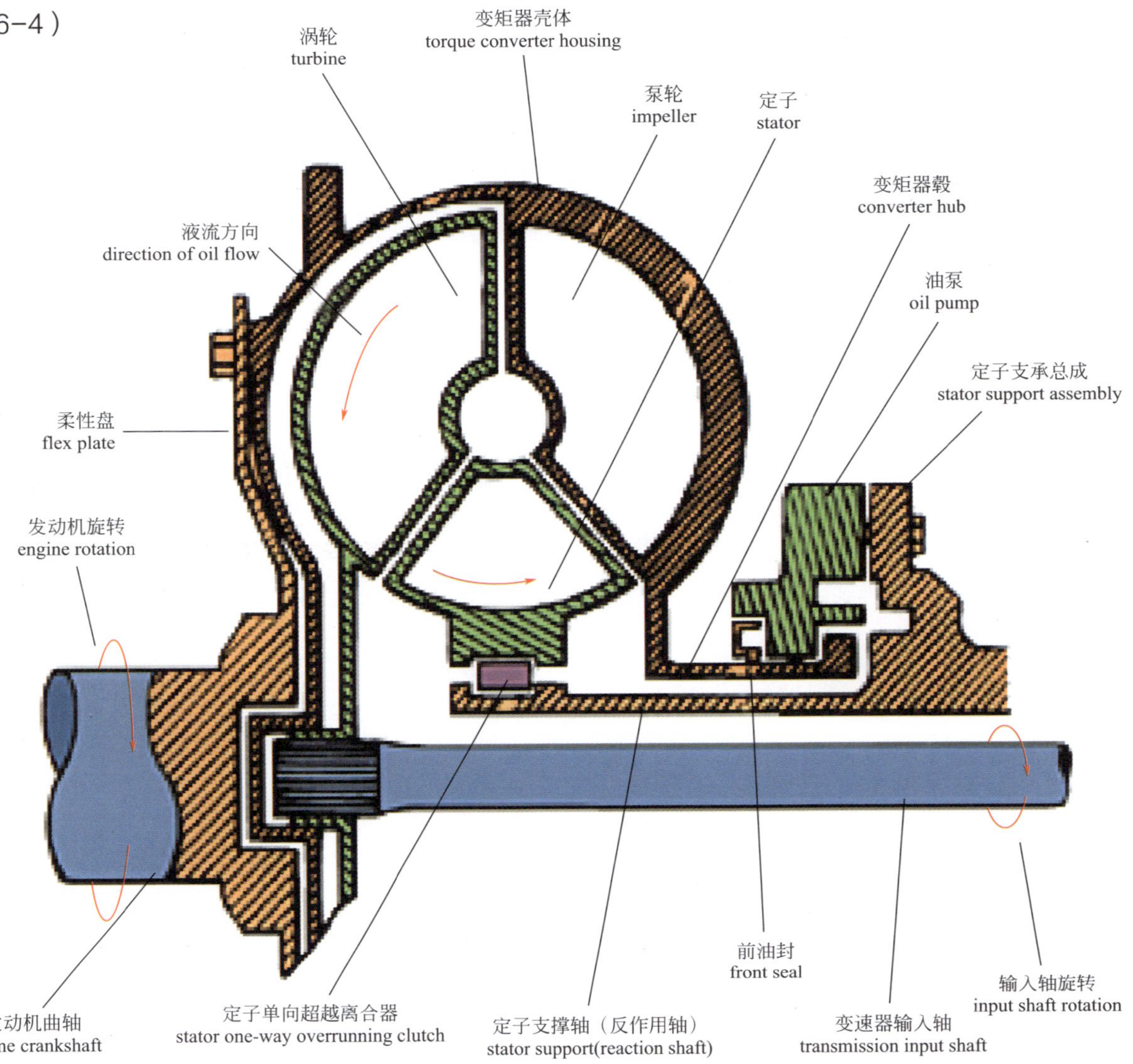

图3-6-4 液力变矩器组成部件

6.3 行星齿轮传动

行星齿轮组包括行星架、齿圈以及太阳轮，当这三个部件中的一个被固定后，动力便会在其他两个部件之间传递（图3-6-5）。

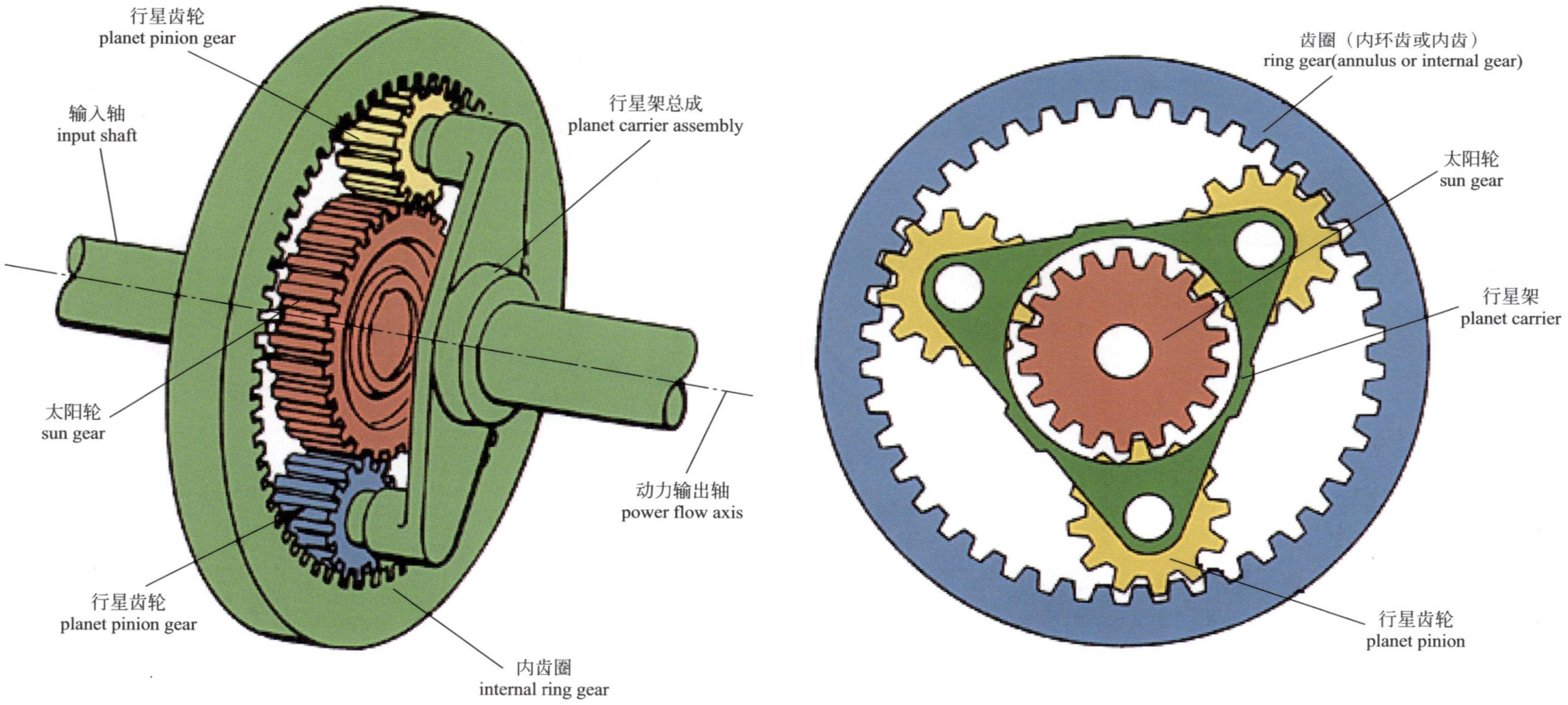

图3-6-5 行星齿轮传动

行星齿轮变速器原理如图3-6-6所示。

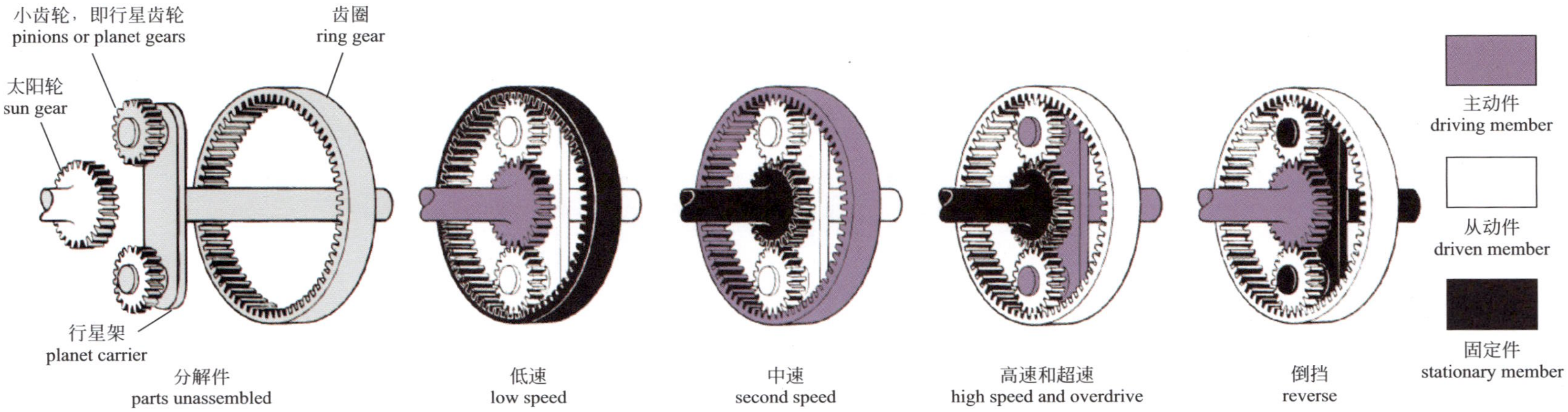

图3-6-6 行星齿轮变速器原理

6.4 自动变速器换挡执行机构

换挡执行机构主要是用来改变行星齿轮中的主动元件或限制某个元件的运动，改变动力传递的方向和速比，主要由离合器、制动器和单向离合器等组成。

离合器的作用是把动力传给行星齿轮机构的某个元件使之成为主动件（图3-6-7）。

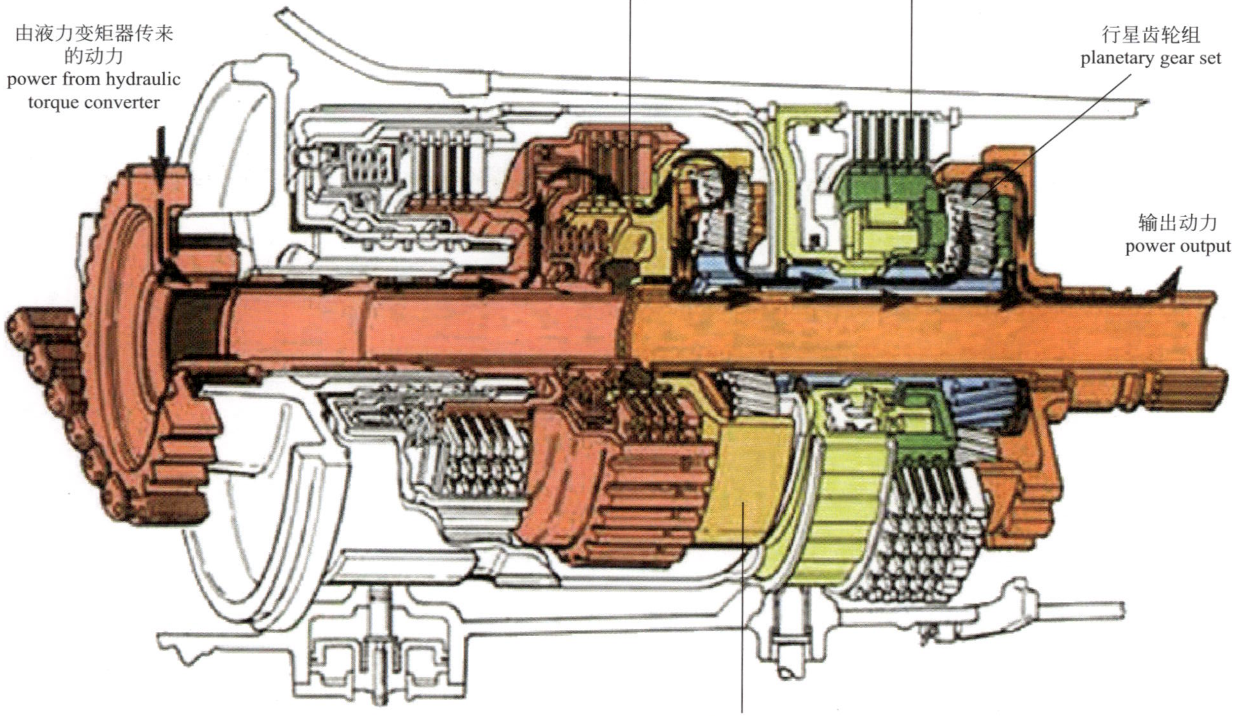

图3-6-7 离合器原理

6.4.1 多片离合器

离合器的摩擦片是在变速器油中工作，且用油压推动活塞进行工作。如图3-6-8所示，压力油进入离合器壳体，对离合器活塞施加作用力。离合器活塞迫使钢片和摩擦片挤压在一起，完成换挡。

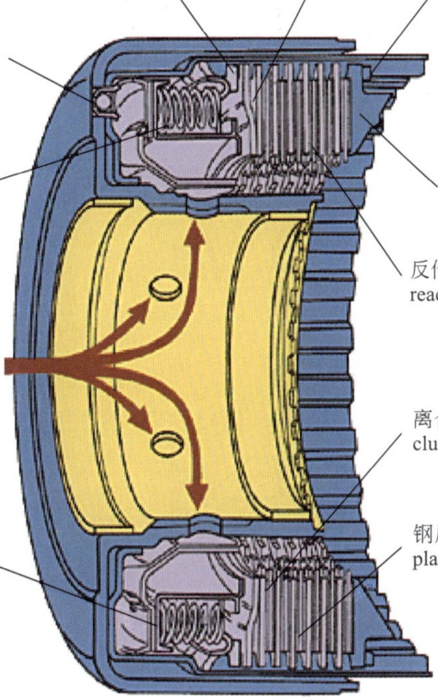

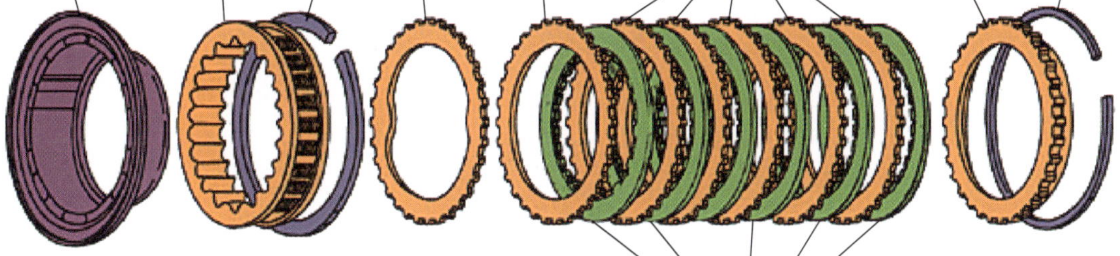

图3-6-8 多片离合器

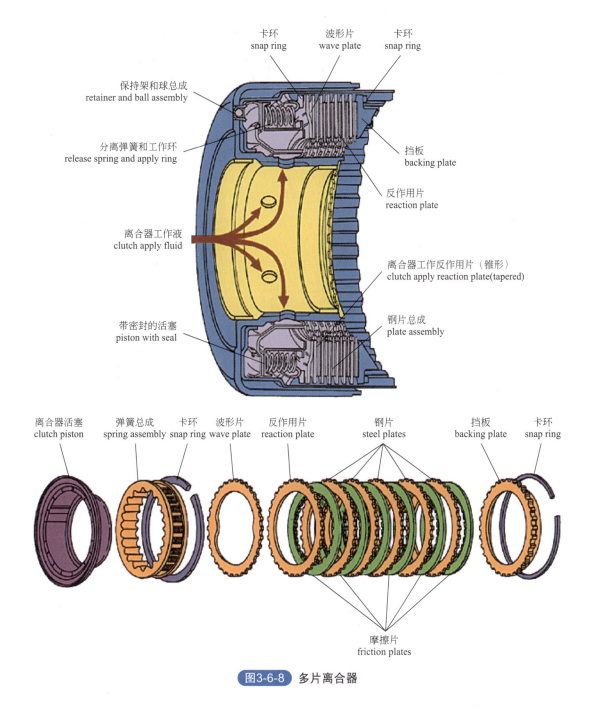

6.4.2 制动带

制动带的作用是将行星齿轮机构中的某个元件抱住，使之不动（图3-6-9）。

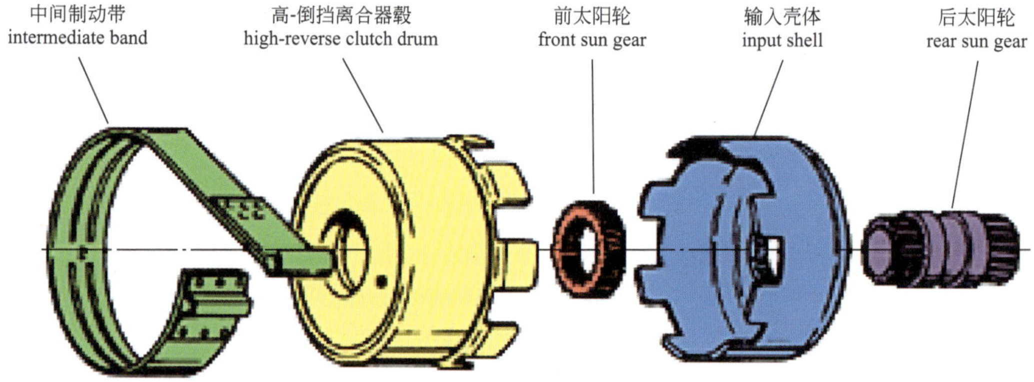
中间制动带
intermediate band
高-倒挡离合器毂
high-reverse clutch drum
前太阳轮
front sun gear
输入壳体
input shell
后太阳轮
rear sun gear

图3-6-9 制动带

6.5 自动变速器换挡控制

自动变速器的换挡控制方式如图3-6-10所示。变速器控制电脑通过电信号控制电磁阀的动作，从而改变变速器油在阀体油道的走向。当作用在多片式离合片上的油压达到制动压力时，多片式离合片接合从而促使相应的行星齿轮组输出动力。

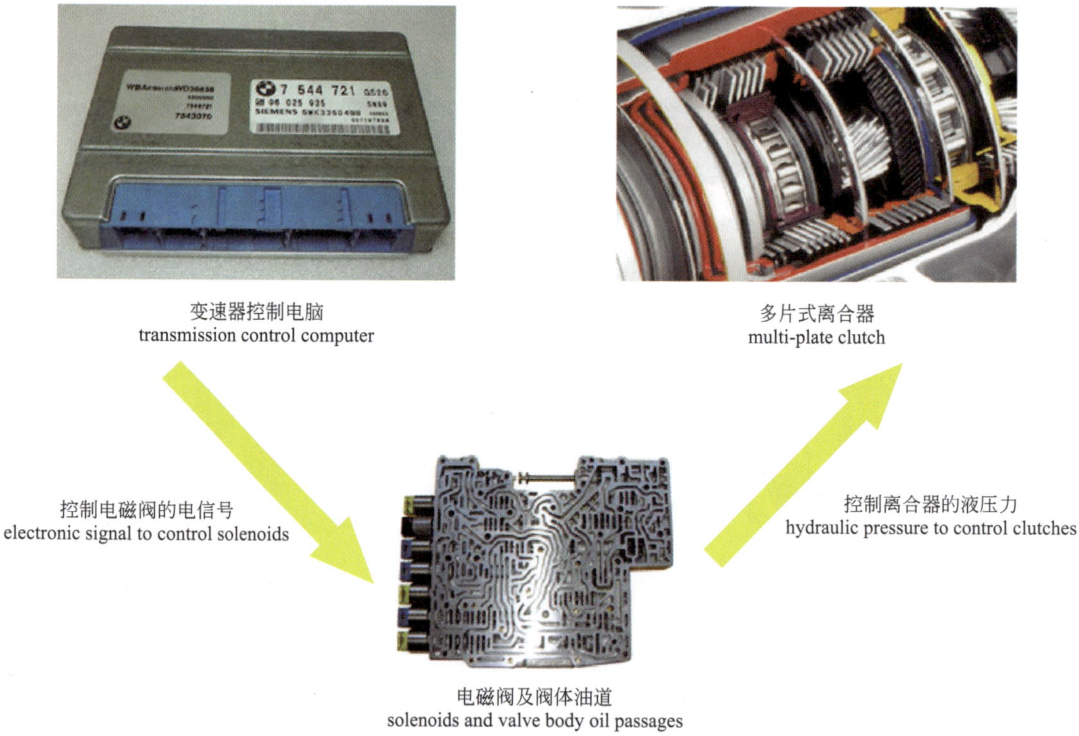
变速器控制电脑
transmission control computer
多片式离合器
multi-plate clutch
控制电磁阀的电信号
electronic signal to control solenoids
控制离合器的液压力
hydraulic pressure to control clutches
电磁阀及阀体油道
solenoids and valve body oil passages

图3-6-10 变速器换挡控制

液压自动操纵系统通常由供油、手动选挡、参数调节、换挡时刻控制、换挡品质控制等部分组成。供油部分根据节气门开度和选挡杆位置的变化，将油泵输出油压调节至规定值，形成稳定的工作液压。

在液控液动自动变速器中，参数调节部分主要有节气门压力调节阀（简称节气门阀）和速控调压阀（又称调速器）。节气门压力调节阀使输出液压的大小能够反映节气门开度；速控调压阀使输出液压的大小能够反映车速的大小。换挡时刻控制部分用于转换通向各换挡执行机构（离合器和制动器）的油路，从而实现换挡控制。锁定信号阀受电磁阀的控制，使液力变矩器内的锁止离合器适时地接合与分离。

自动变速器采用阀体内的各种电子阀来控制管路压力，开启和闭阀体内的油道，实现换挡（图3-6-11）。

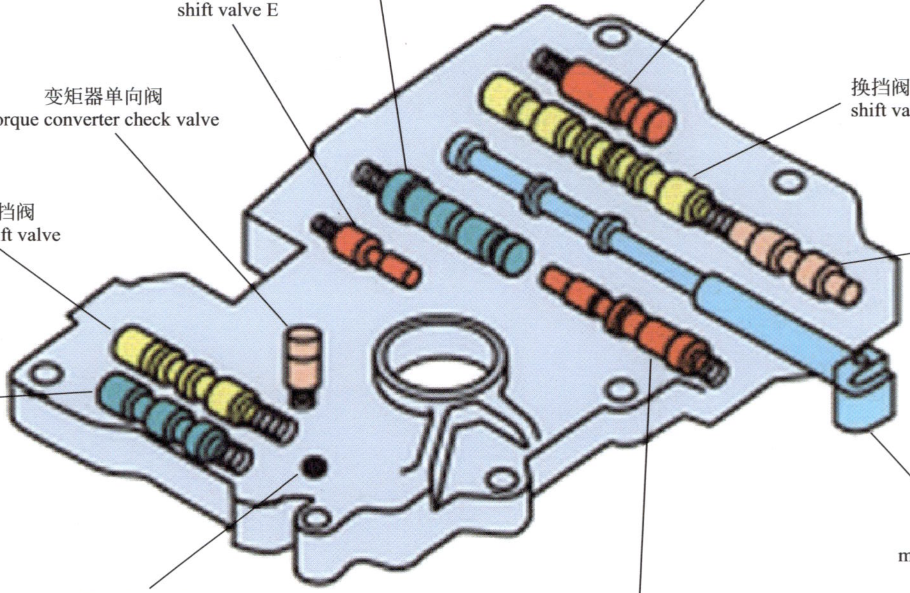

图3-6-11 阀体部件

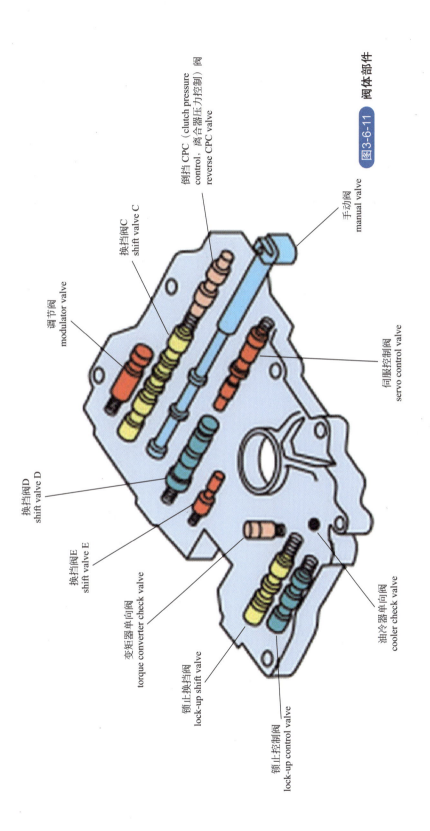

第7章 无级变速器

7.1 概述

CVT（continuously variable transmission），直接翻译就是连续可变传动，也就是我们常说的无级变速器，顾名思义就是没有明确具体的挡位，操作上类似自动变速器，但是速比的变化却不同于自动变速器的跳挡过程，而是连续的，因此动力传输持续而顺畅，如图3-7-1所示。

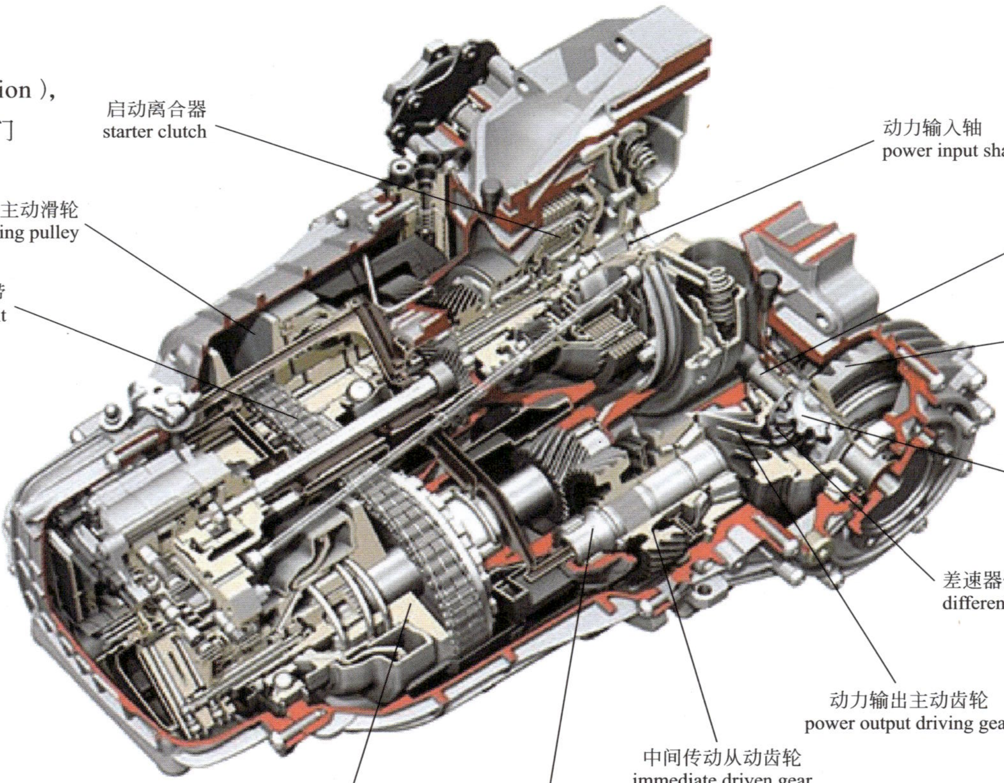

图3-7-1 无级变速器

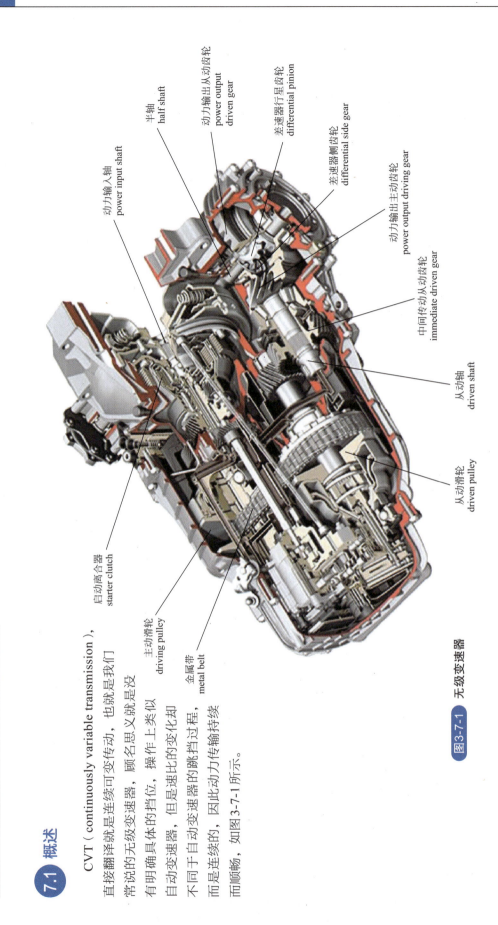

7.2 CVT原理

CVT传动系统里，传统的齿轮被一对滑轮和一只钢制皮带所取代，每个滑轮其实是由两个锥形盘组成的V形结构，发动机轴连接小滑轮，透过钢制皮带带动大滑轮。CVT的传动滑轮构造比较奇怪，分成活动的左右两半，可以相对接近或分离。锥形盘可在液压的推力作用下收紧或张开，挤压钢片链条以此来调节V形槽的宽度。当锥形盘向内侧移动收紧时，钢片链条在锥盘的挤压下向圆心以外的方向（离心方向）运动，相反会向圆心以内运动。这样，钢片链条带动的圆盘直径增大，传动比也就发生了变化（图3-7-2）。

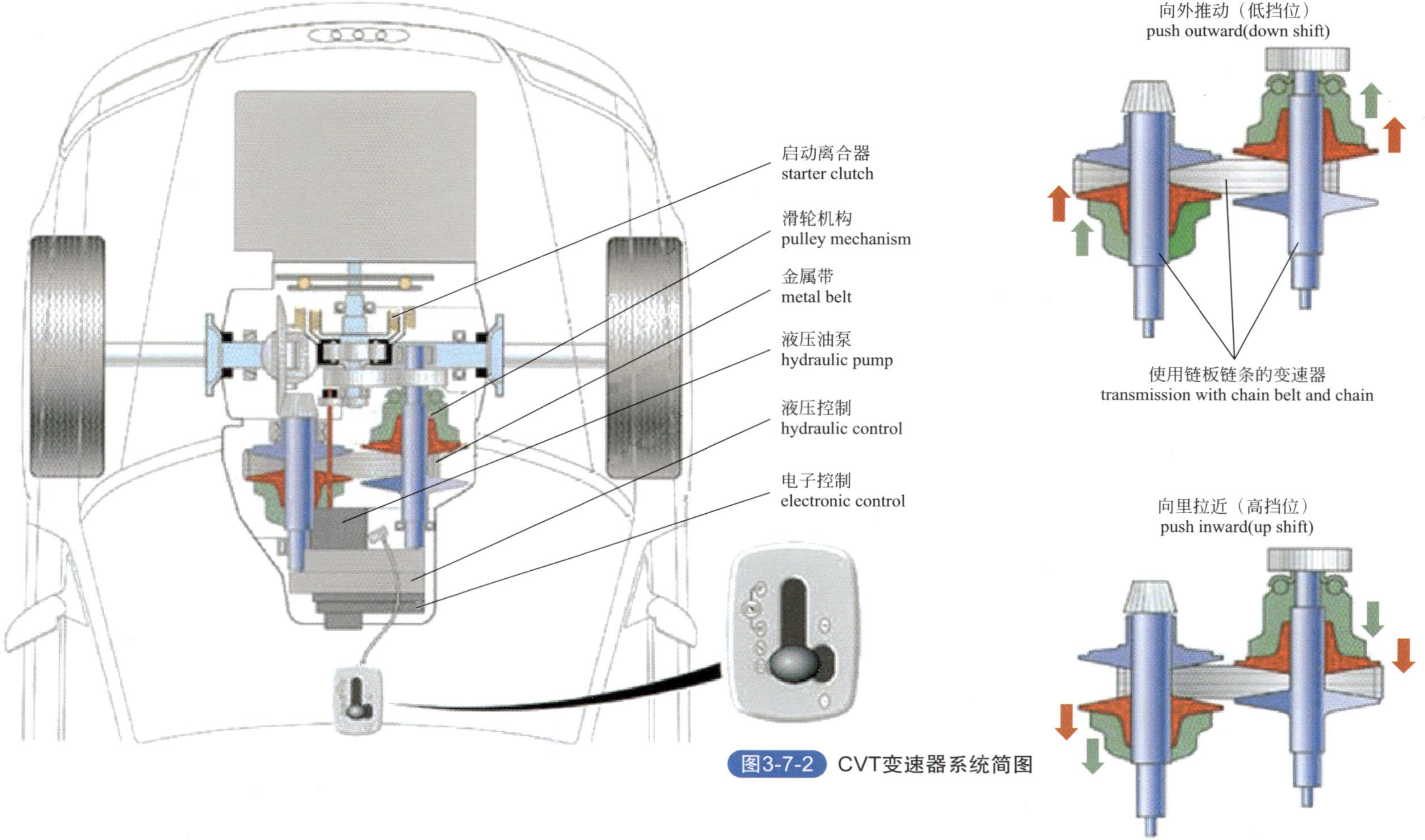
启动离合器
starter clutch
滑轮机构
pulley mechanism
金属带
metal belt
液压油泵
hydraulic pump
液压控制
hydraulic control
电子控制
electronic control
向外推动（低挡位）
push outward(down shift)
使用链板链条的变速器
transmission with chain belt and chain
向里拉近（高挡位）
push inward(up shift)

图3-7-2 CVT变速器系统简图

7.3 CVT滑轮控制机构

汽车开始起步时，主动滑轮的工作半径较小，变速器可以获得较大的传动比，从而保证驱动桥能够有足够的扭矩来保证汽车有较高的加速度。随着车速的增加，主动滑轮的工作半径逐渐增大，从动滑轮的工作半径相应减小，CVT的传动比下降，使得汽车能够以更高的速度行驶（图3-7-3）。

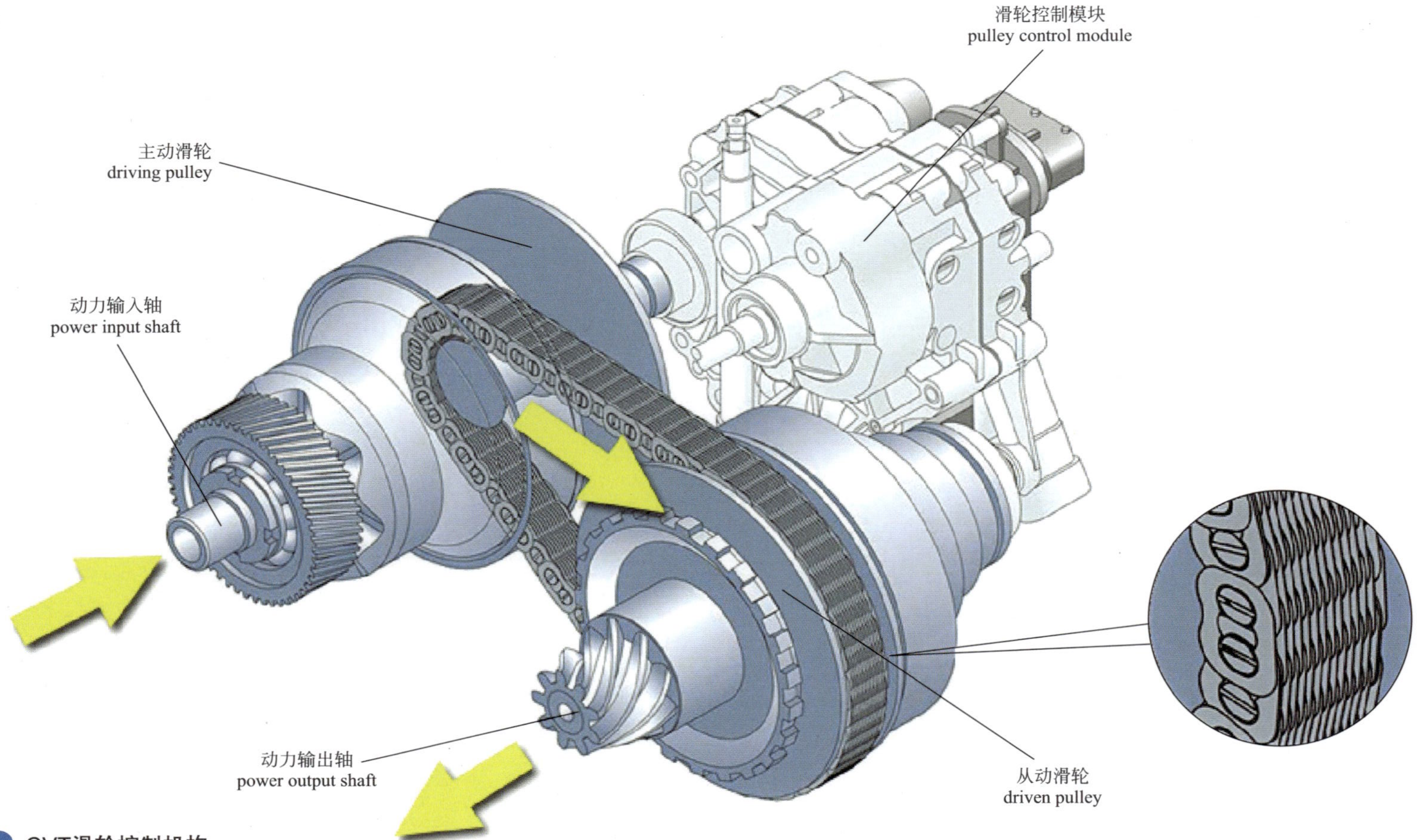

图3-7-3 CVT滑轮控制机构

第8章
双离合器变速器

8.1 双离合器变速器原理

8.1.1　双离合器变速器基本结构

双离合器变速器有两组离合器，分别由电子控制并由液压系统推动，而两组离合器分别对应两组齿轮，这样传动轴也相应复杂地被分为两部分，实心传动轴负责一组齿轮，而空心传动轴负责另一组（图3-8-1）。

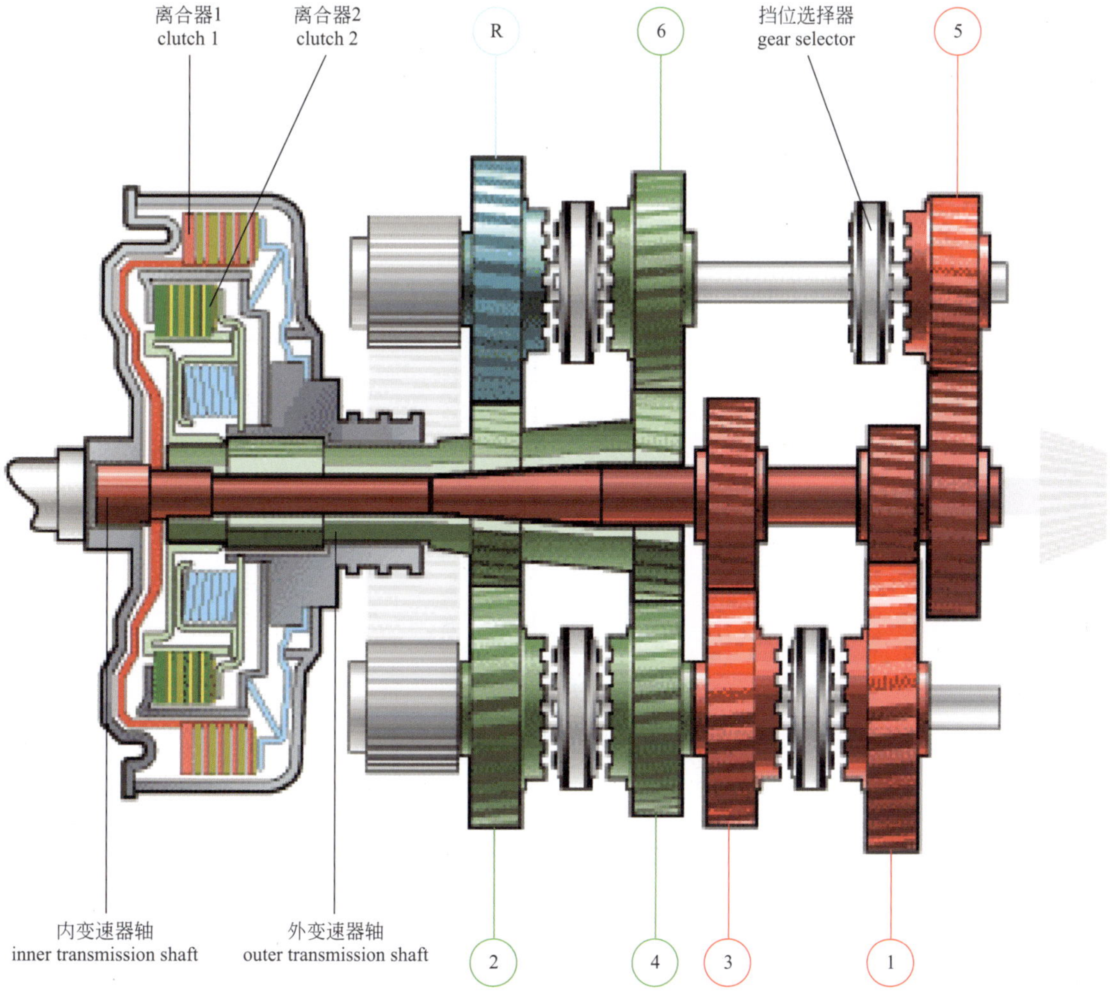

图3-8-1　6速变速器结构

8.1.2 双离合器变速器布置形式

如图3-8-2所示，离合器1负责2挡、4挡，离合器2负责1挡、3挡和5挡；挂上奇数挡时，离合器2结合，内输入轴工作，离合器1分离，外输入轴不工作，即在变速器的工作过程中总是有2个挡位是结合的，一个正在工作，另一个则为下一步做好准备。

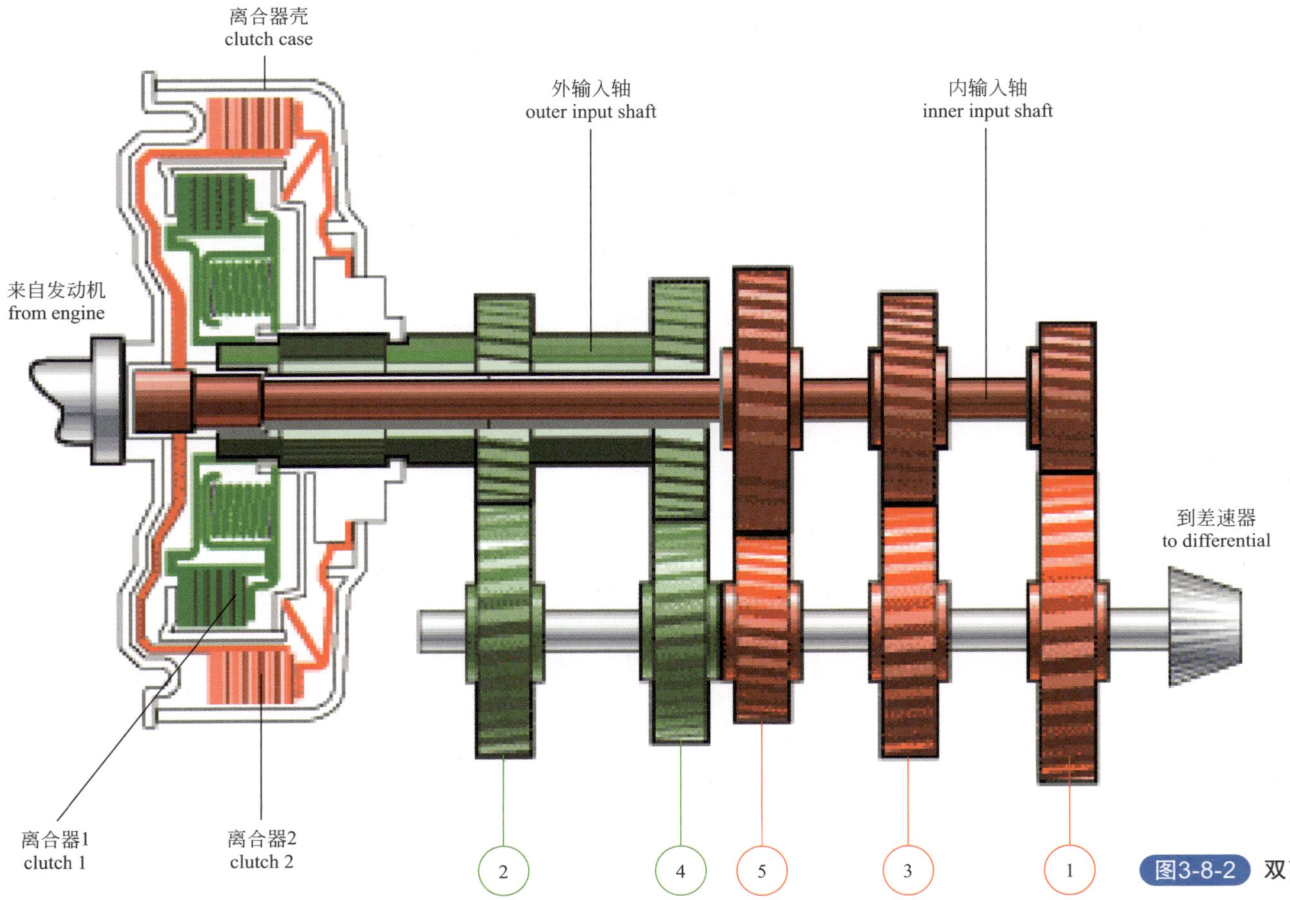

图3-8-2 双离合器变速器布置形式

8.1.3 多片湿式离合器

离合器有干式和湿式两种，干式离合器内是空气，湿式离合器内是液压油，如图3-8-3所示。湿式多片离合器和变矩器一样，都是使用液压来驱动齿轮。

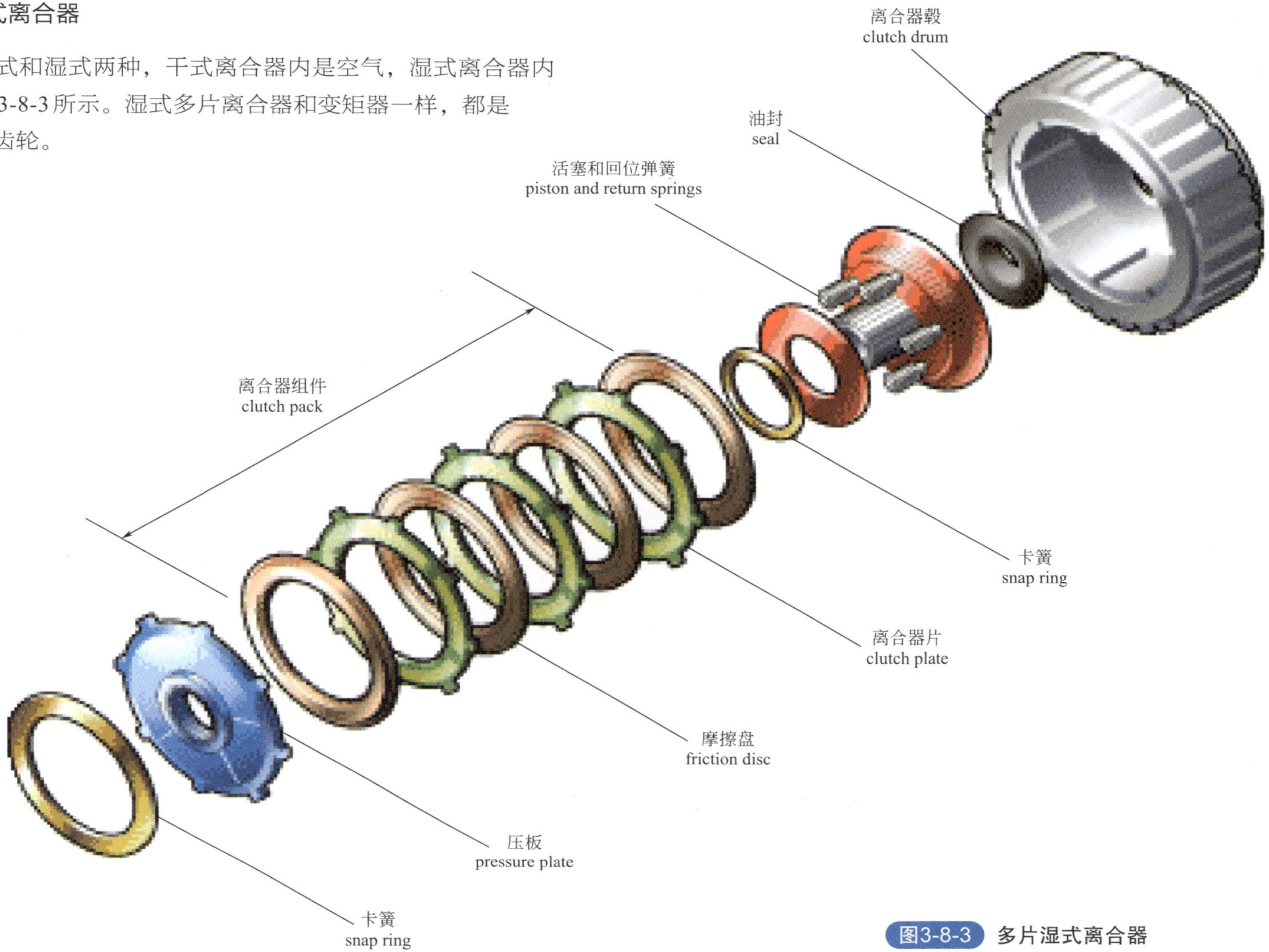

图3-8-3 多片湿式离合器

8.2 大众DSG变速器

8.2.1 大众6速DSG变速器原理

DSG（direct shift gearbox）中文字面意思为“直接换挡变速器”，DSG只是大众对自己买断的双离合技术专有的称谓而已。两个离合器与变速器装配在同一机构内，其中离合器1负责挂1、3、5挡和倒挡，离合器2负责挂2、4、6挡。当驾驶员挂上1挡起步时，换挡拨叉同时挂上1挡和2挡，但离合器1结合，离合器2分离，动力通过1挡的齿轮输出动力，2挡齿轮空转。当驾驶员换到2挡时，换挡拨叉同时挂上2挡和3挡，离合器1分离的同时离合器2结合，动力通过2挡齿轮输出，3挡齿轮空转。其余各挡位的切换方式均与此类似。这样就解决了换挡过程中动力传输中断的问题（图3-8-4）。

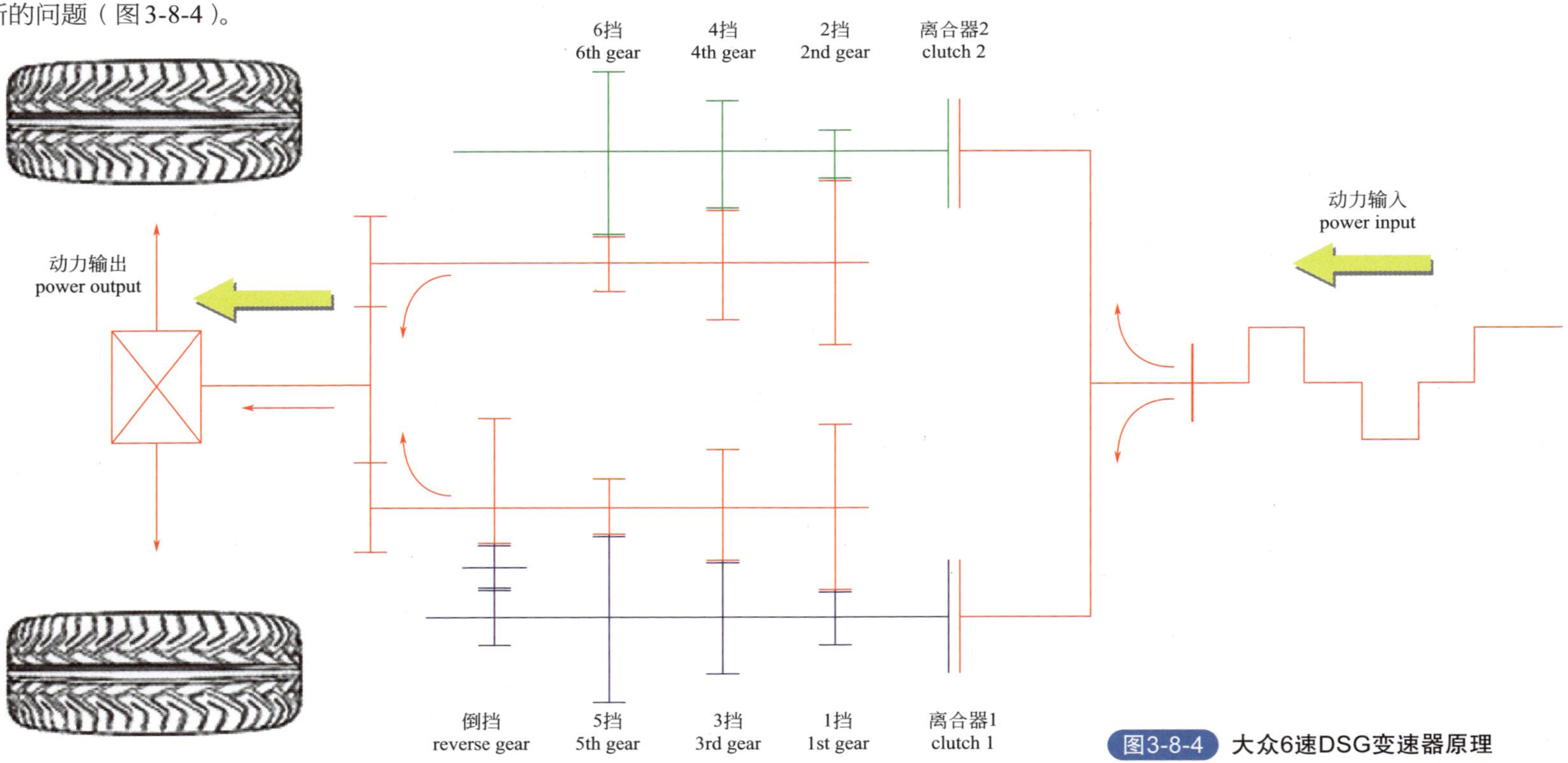

图3-8-4 大众6速DSG变速器原理

8.2.2 大众6速DSG变速器结构（图3-8-5）

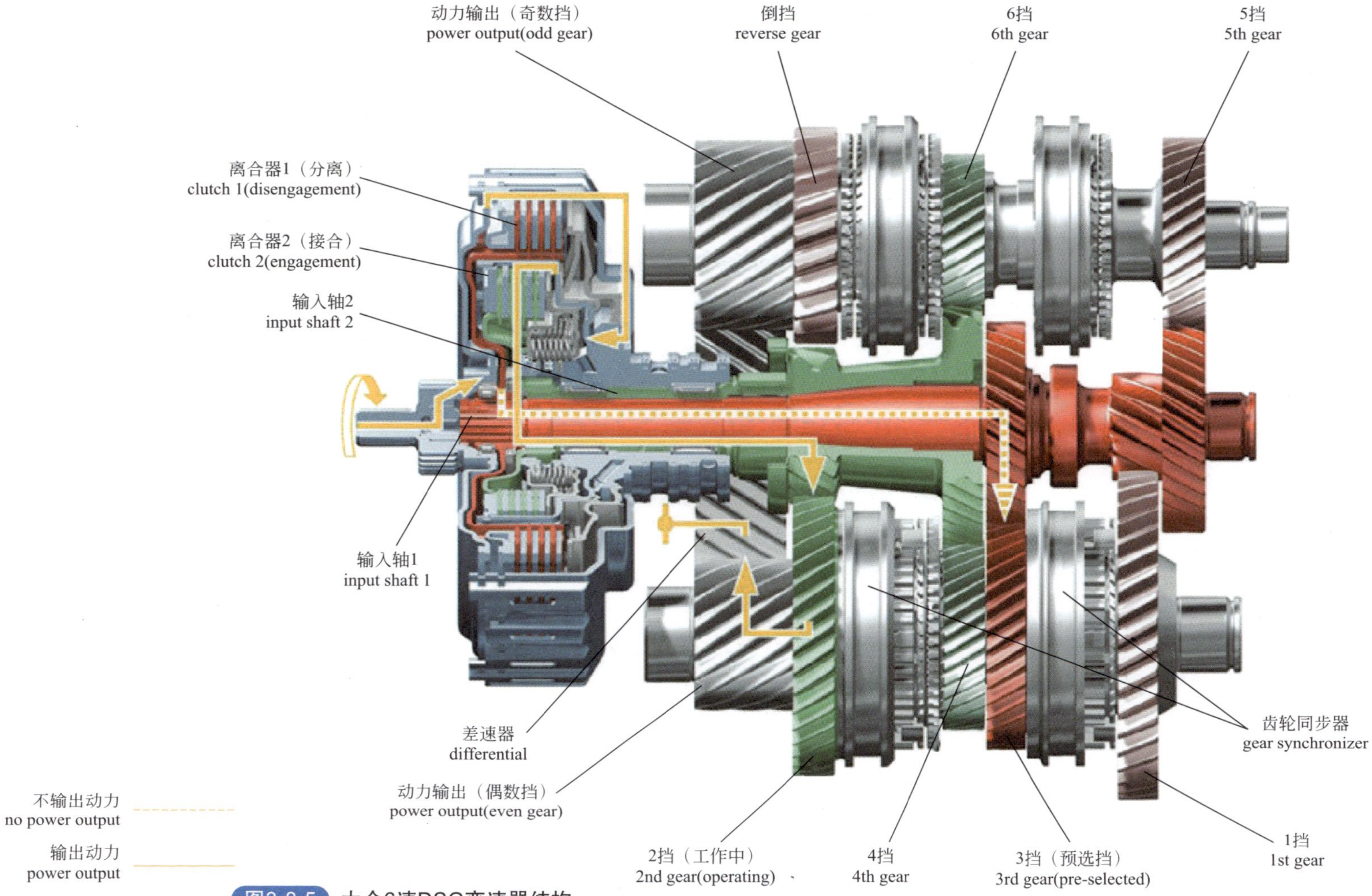

图3-8-5 大众6速DSG变速器结构

8.2.3 大众7速DSG变速器

大众7速DSG双离合变速器的工作原理与6速类似。离合器1负责控制1挡、3挡、5挡、7挡，离合器2负责控制2挡、4挡、6挡和倒挡（图3-8-6）。

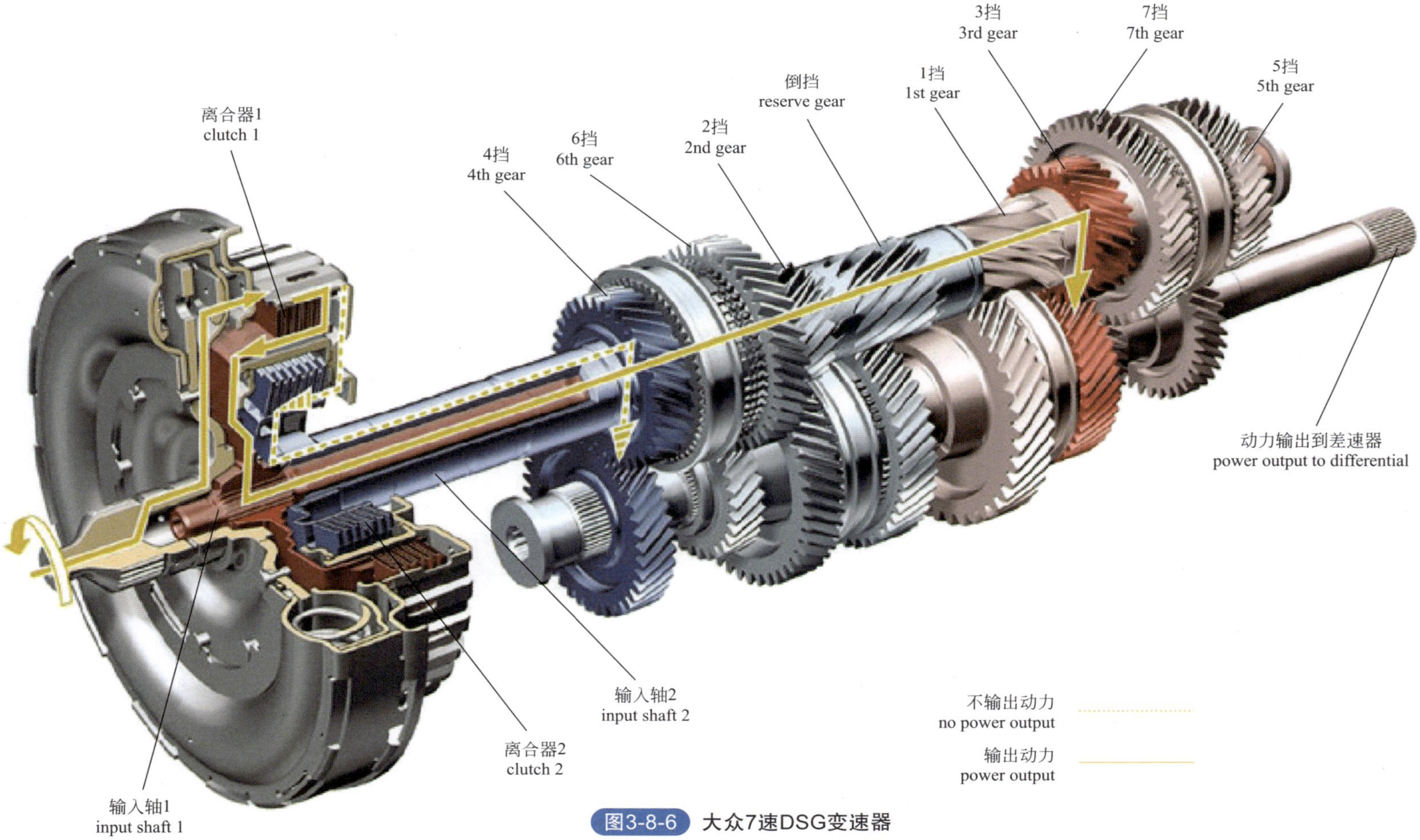

图3-8-6 大众7速DSG变速器

第9章 四轮驱动

9.1 概述

四轮驱动，顾名思义就是采用四个车轮作为驱动轮。如果在一些复杂路段出现前轮或后轮打滑时，另外两个轮子还可以继续驱动汽车行驶，不至于无法动弹。特别是在冰雪或湿滑路面行驶时，更不容易出现打滑现象，比一般的两驱车更稳定（图3-9-1）。

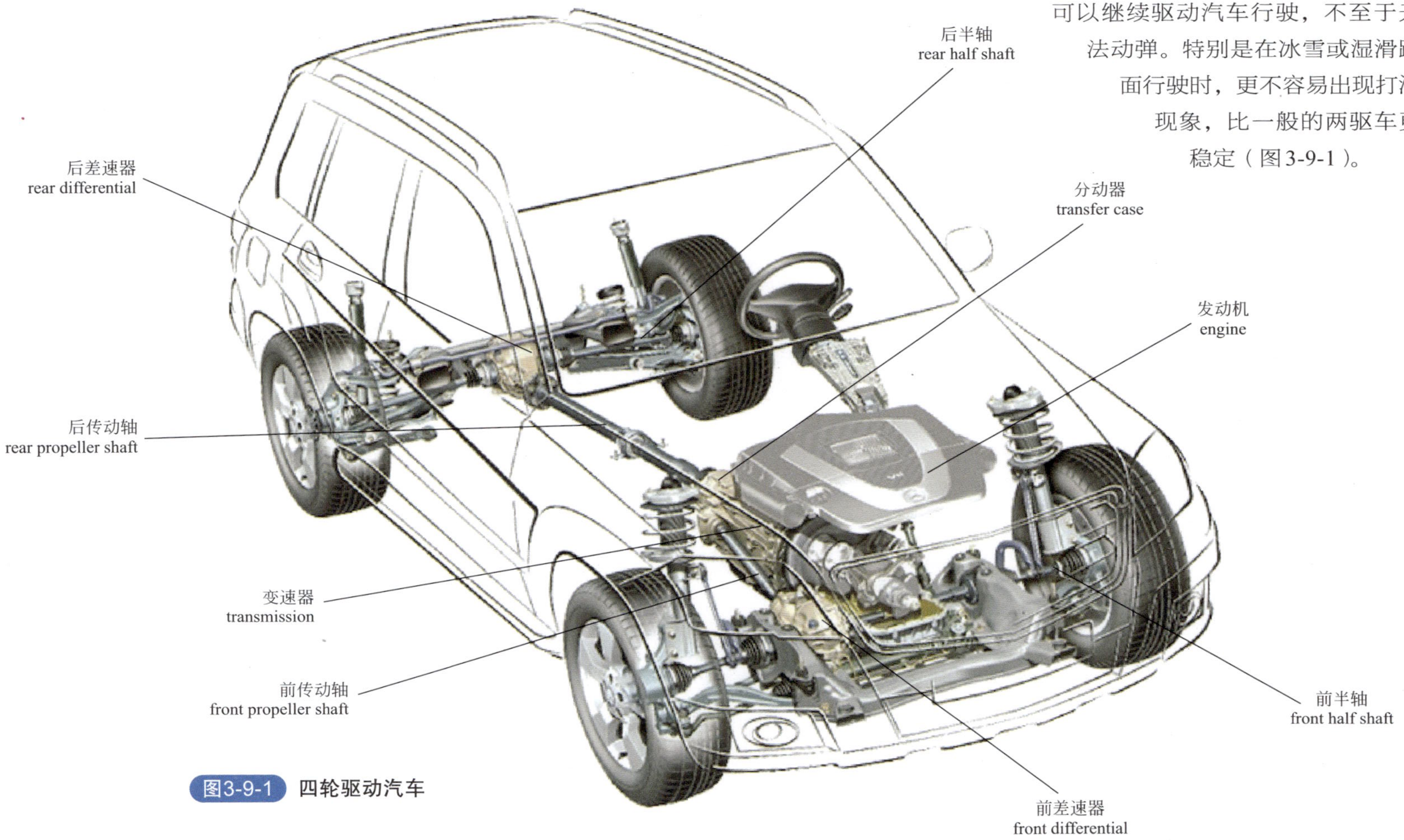
后半轴
rear half shaft
分动器
transfer case
发动机
engine
后差速器
rear differential
后传动轴
rear propeller shaft
变速器
transmission
前传动轴
front propeller shaft
前半轴
front half shaft
前差速器
front differential

图3-9-1 四轮驱动汽车

9.2 分时四驱

分时四驱可以简单理解为根据不同路况驾驶员可以手动切换两驱或四驱模式。如在湿滑草地、泥泞、沙漠等复杂路况行驶时，可切换至四驱模式，提高车辆通过性；如在公路上行驶，可切换至两驱模式，避免转向时车辆发生干涉现象、降低油耗等（图3-9-2）。

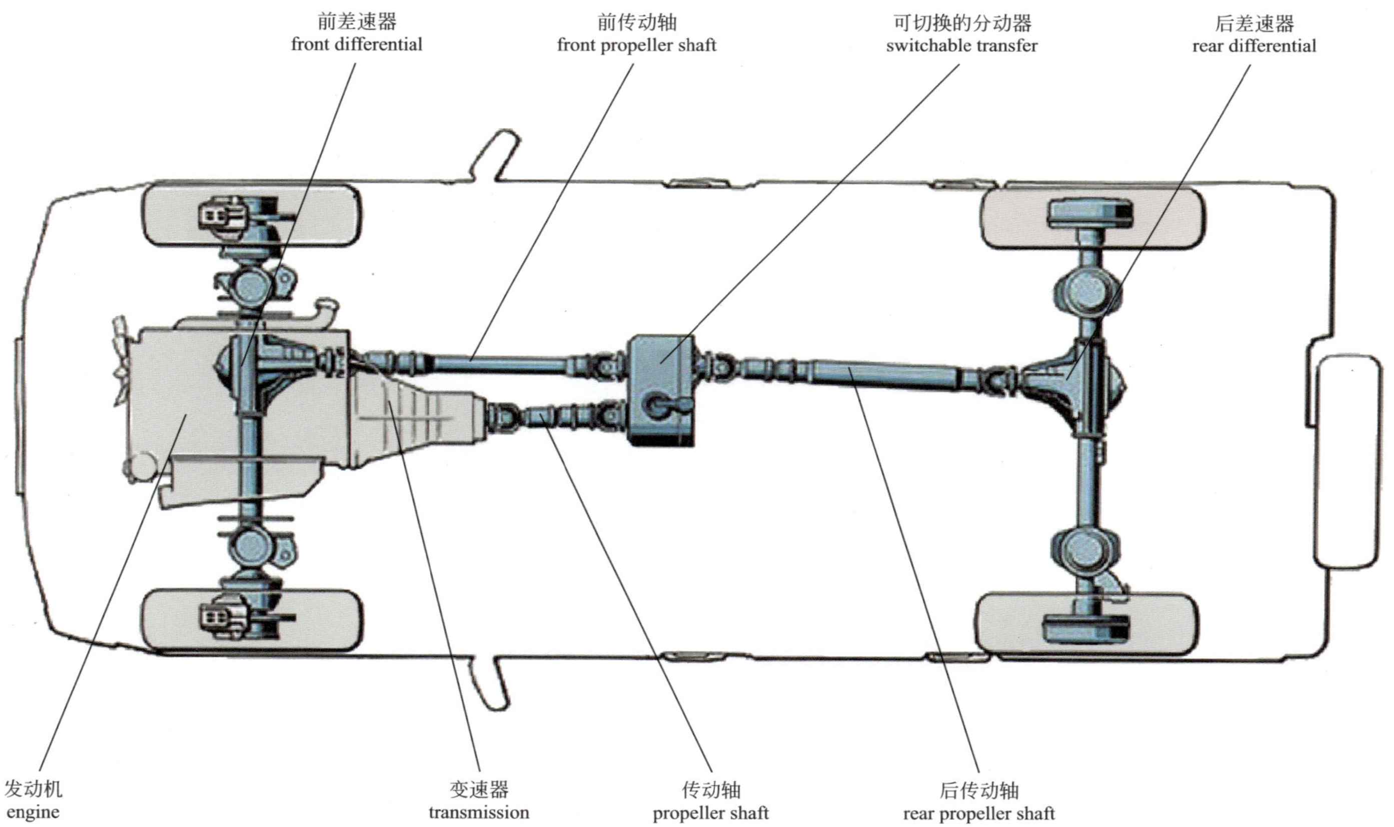

图3-9-2 分时四驱汽车

9.3 适时四驱

适时四驱，又称为实时四驱，只有在适当的时候才会转换为四轮驱动，而在其他情况下仍然是两轮驱动的驱动系统。系统会根据车辆的行驶路况自动切换为两驱或四驱模式，不需要人为操作（图3-9-3）。

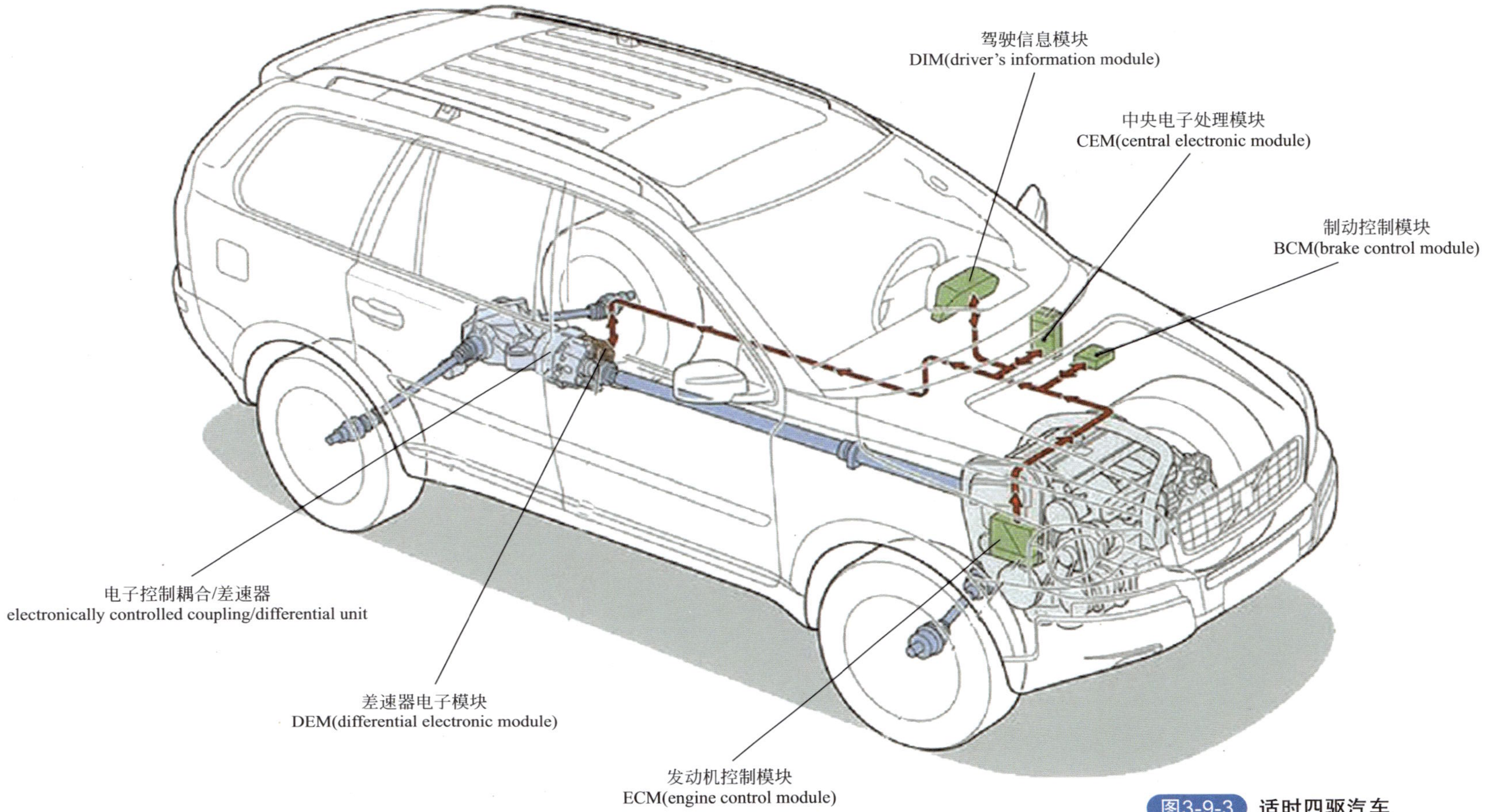
驾驶信息模块
DIM(driver's information module)
中央电子处理模块
CEM(central electronic module)
制动控制模块
BCM(brake control module)
电子控制耦合/差速器
electronically controlled coupling/differential unit
差速器电子模块
DEM(differential electronic module)
发动机控制模块
ECM(engine control module)

图3-9-3 适时四驱汽车

9.4 全时四驱

全时四驱就是指汽车的四个车轮时时刻刻都能提供驱动力。全时四驱汽车传动系统中，设置了一个中央差速器，发动机动力先传递到中央差速器，将动力分配到前后驱动桥（图3-9-4）。

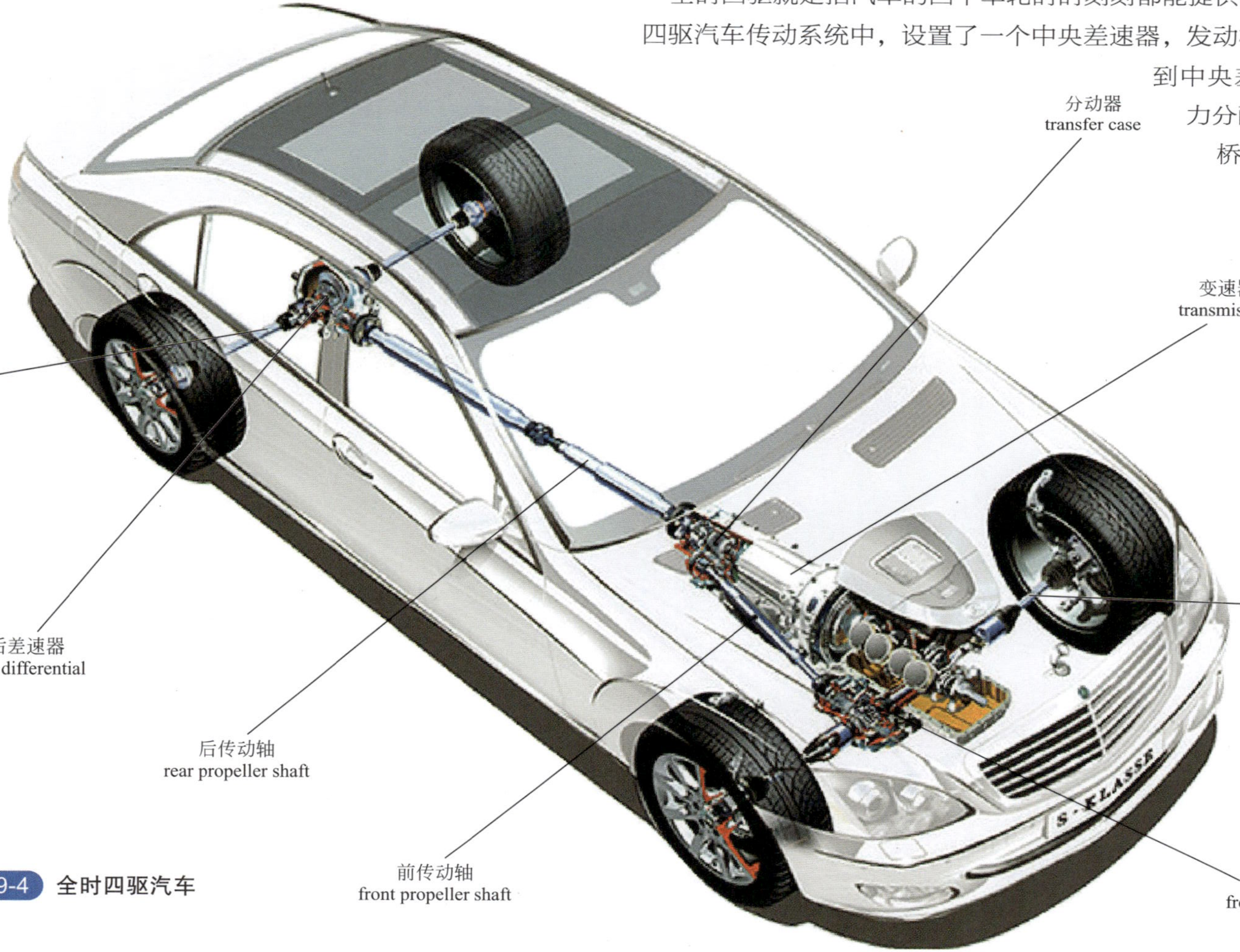

图3-9-4 全时四驱汽车

9.5 分动器

在多轴驱动的汽车上设有分动器，它位于变速器与驱动桥之间的传动链中，用来增大变速器输出的转矩，以扩大变速范围，并将转矩分配给各驱动桥（图3-9-5）。

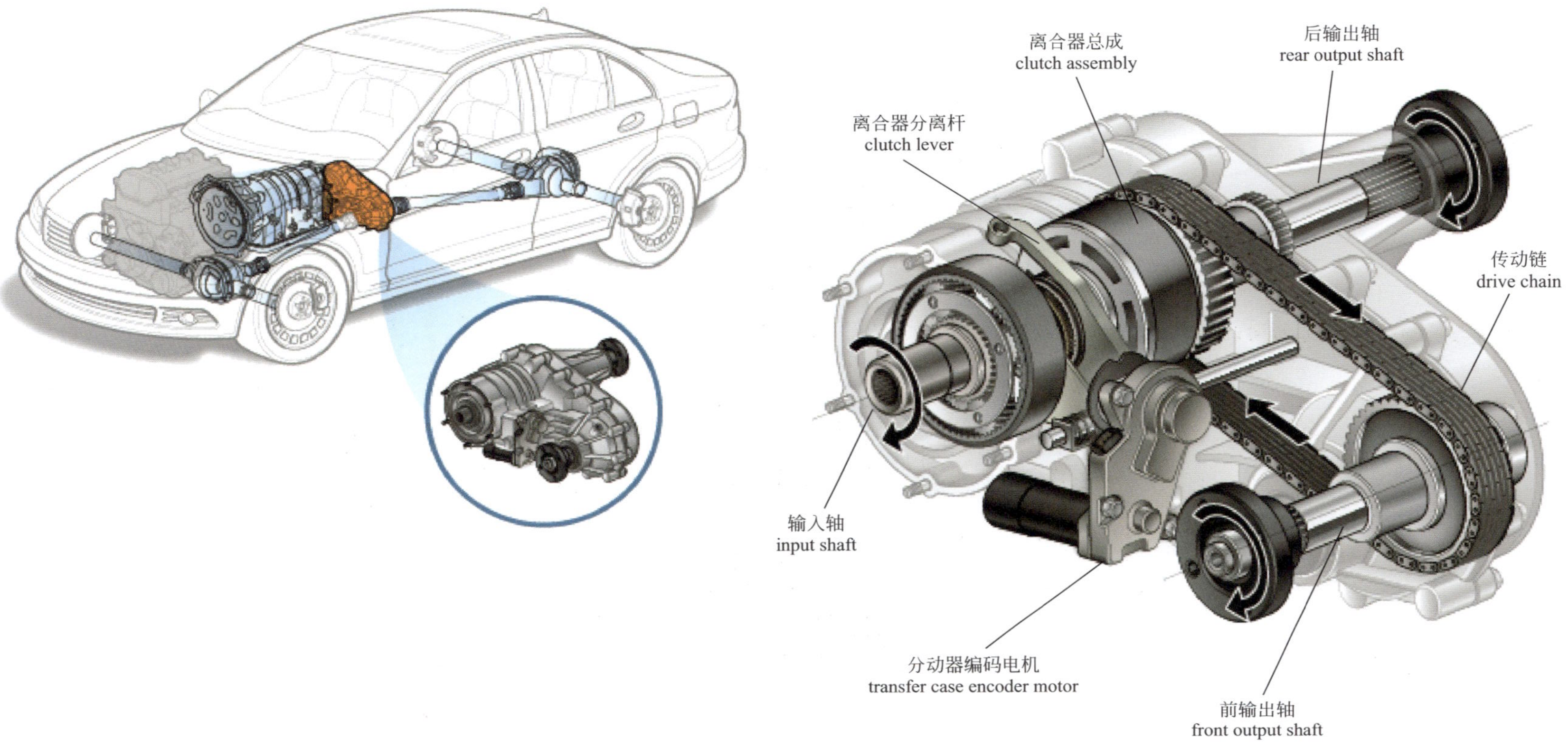

图3-9-5 分动器

分动器原理：带轴间差速器的分动器在前、后输出轴和之间有一个行星齿轮式轴间差速器。两根输出轴可以不同的转速旋转，并按一定的比例将转矩分配给前、后驱动桥，既可使前桥经常处于驱动状态，又可保证各车轮运动协调（图3-9-6）。

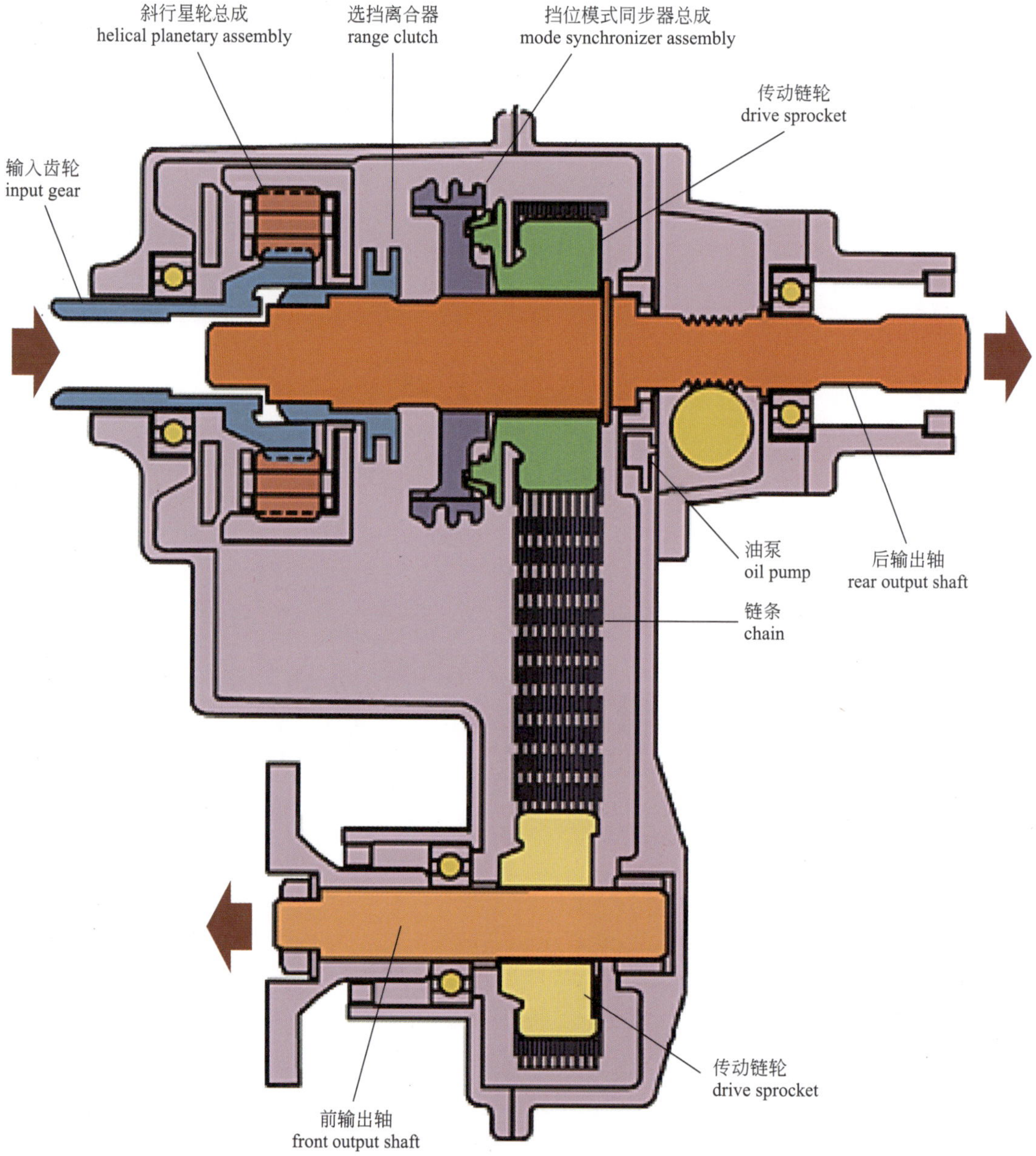

图3-9-6 分动器原理

第10章 传动轴

10.1 概述

传动轴是由轴管、伸缩套和万向节组成。传动轴的作用是与变速器、驱动桥一起将发动机的动力传递给车轮，使汽车产生驱动力（图3-10-1）。

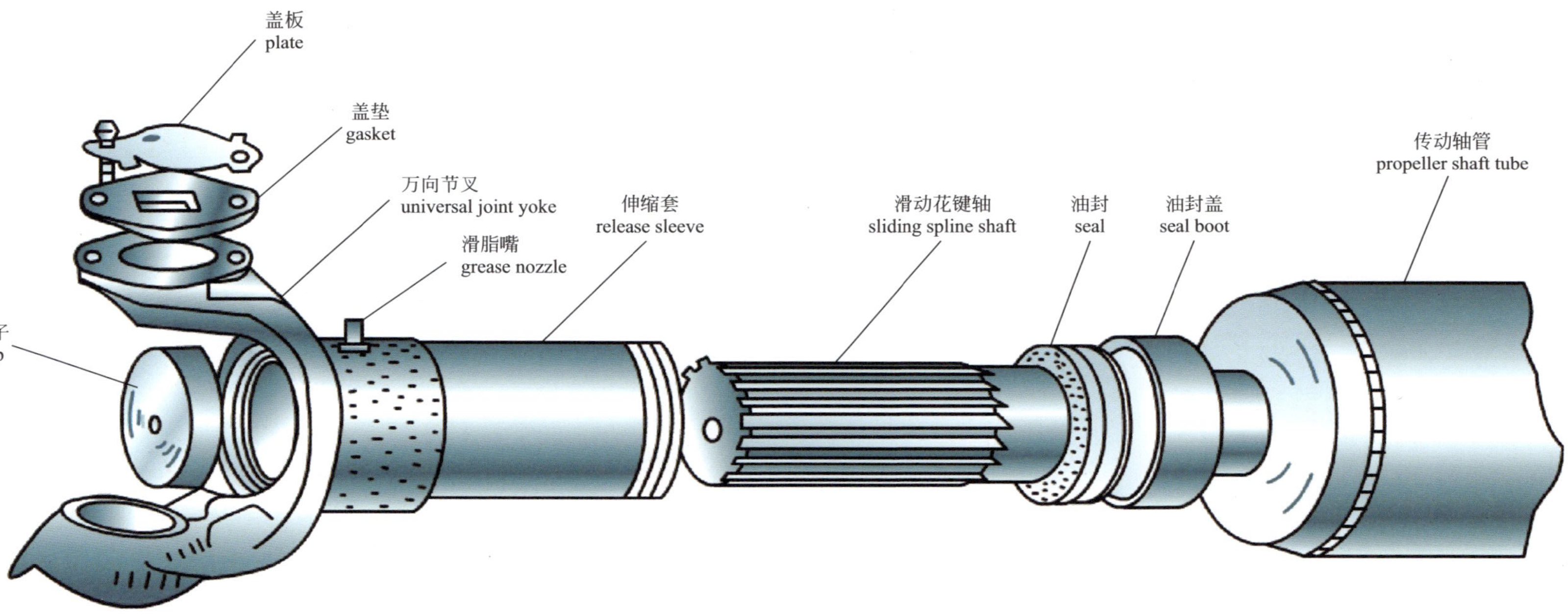

图3-10-1 传动轴

10.2 万向节

万向节是指利用球形等装置来实现不同方向的轴动力输出，位于传动轴的末端，起到连接传动轴和驱动桥、半轴等机件的作用。

10.2.1　十字轴万向节

十字轴万向节由一个十字轴、两个万向节叉（传动轴叉和套筒叉）和四个滚针轴承等组成。两个万向节叉上的孔分别套在十字轴的两对轴颈上，这样，当主动轴转动时，从动轴既可随之转动，又可绕十字轴中心在任意方向摆动（图3-10-2）。

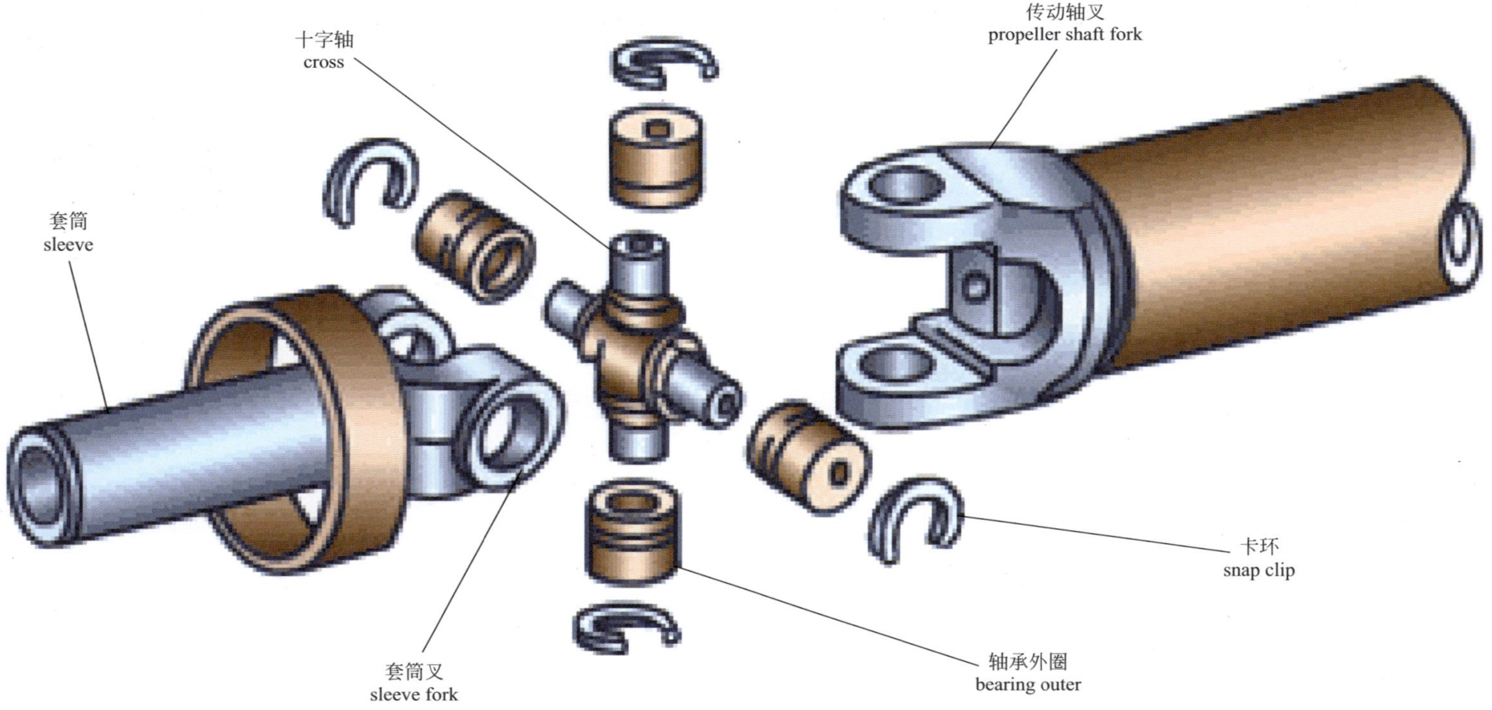

图3-10-2　十字轴万向节

10.2.2 球笼式等速万向节

球笼式等速万向节是奥地利人A.H.Rzeppa于1926年发明的，利用若干钢球分别置于与两轴连接的内、外星轮槽内，以实现两轴转速同步的万向节（图3-10-3）。

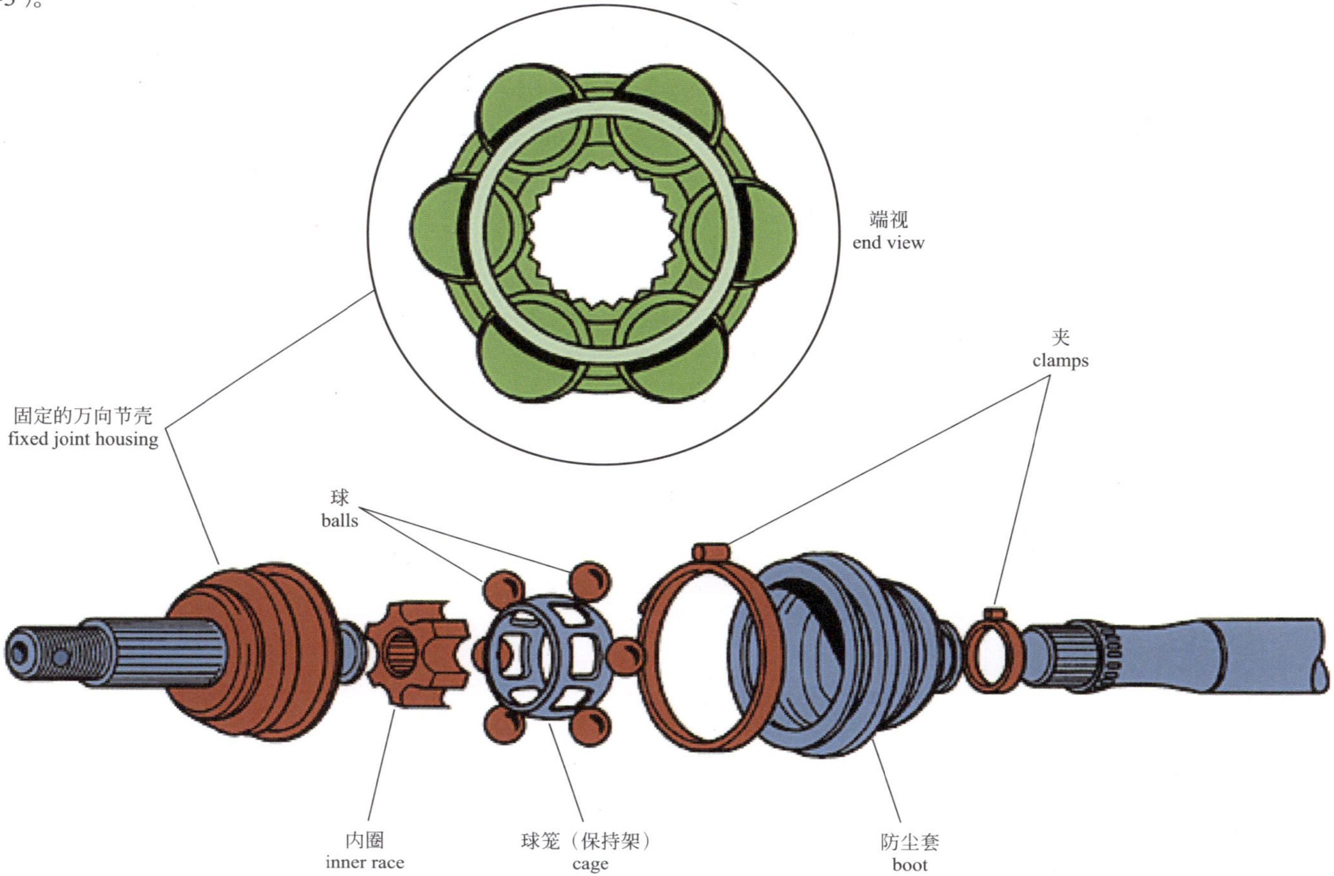

图3-10-3 球笼式等速万向节

第11章 差速器

11.1 概述

差速器由行星齿轮、行星轮架（差速器壳）、半轴齿轮等零件组成。发动机的动力经传动轴进入差速器，直接驱动行星轮架，再由行星轮带动左、右两条半轴，分别驱动左、右车轮。通过差速器把动力分别传递给两个驱动轮，可以实现左、右两个车轮间转速的不同（图3-11-1）。

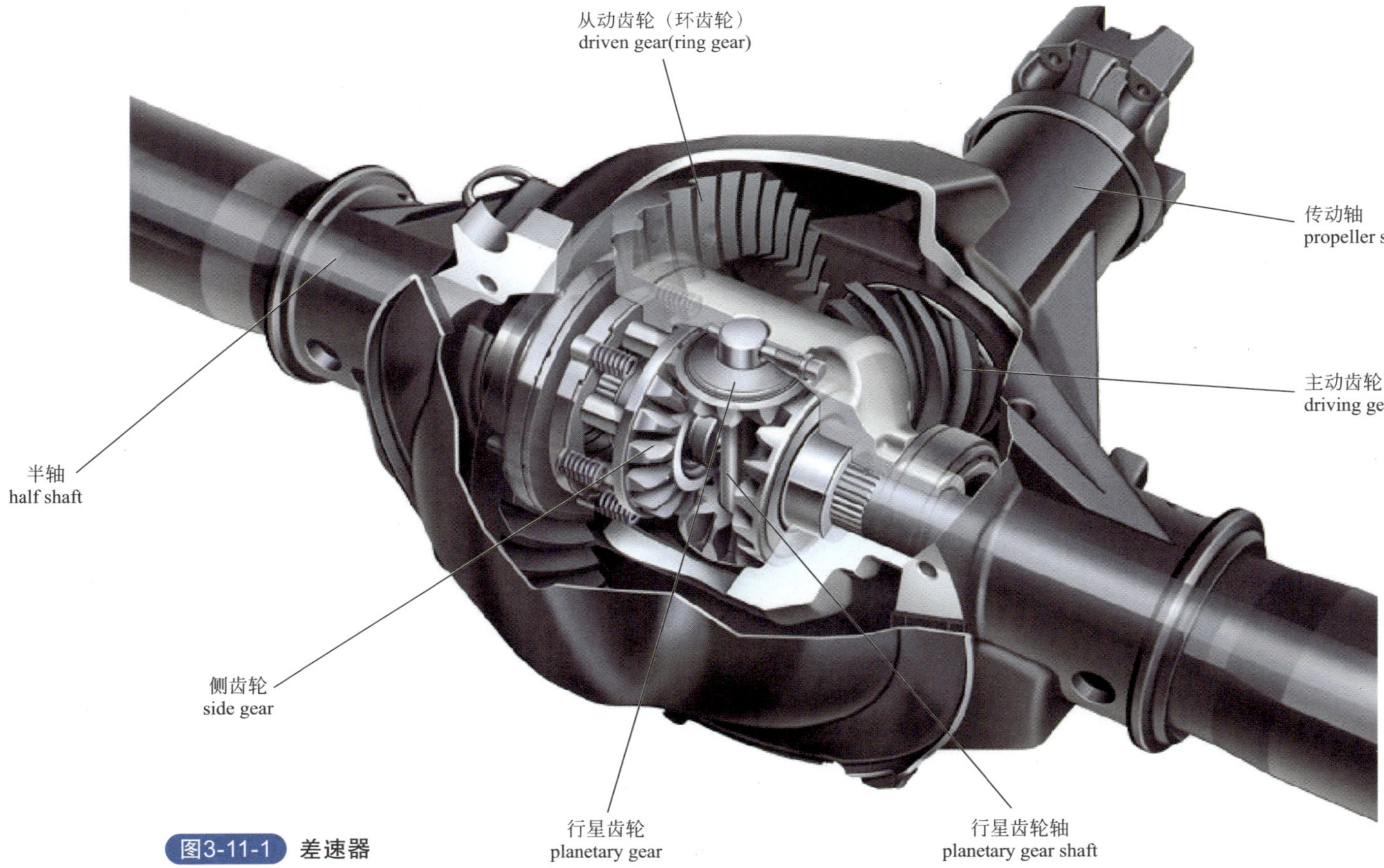

图3-11-1 差速器

11.2 差速器原理

传动轴传过来的动力通过主动齿轮传递到环齿轮上，环齿轮带动行星齿轮轴一起旋转，同时带动侧齿轮转动，从而推动驱动轮前进。当车辆直线行驶时，动力通过环形齿轮，传递到行星齿轮，由于两侧驱动轮受到的阻力相同，行星齿轮不发生自转，通过半轴把动力传到两侧车轮（相当于刚性连接，两侧车轮转速相等）（图3-11-2）。

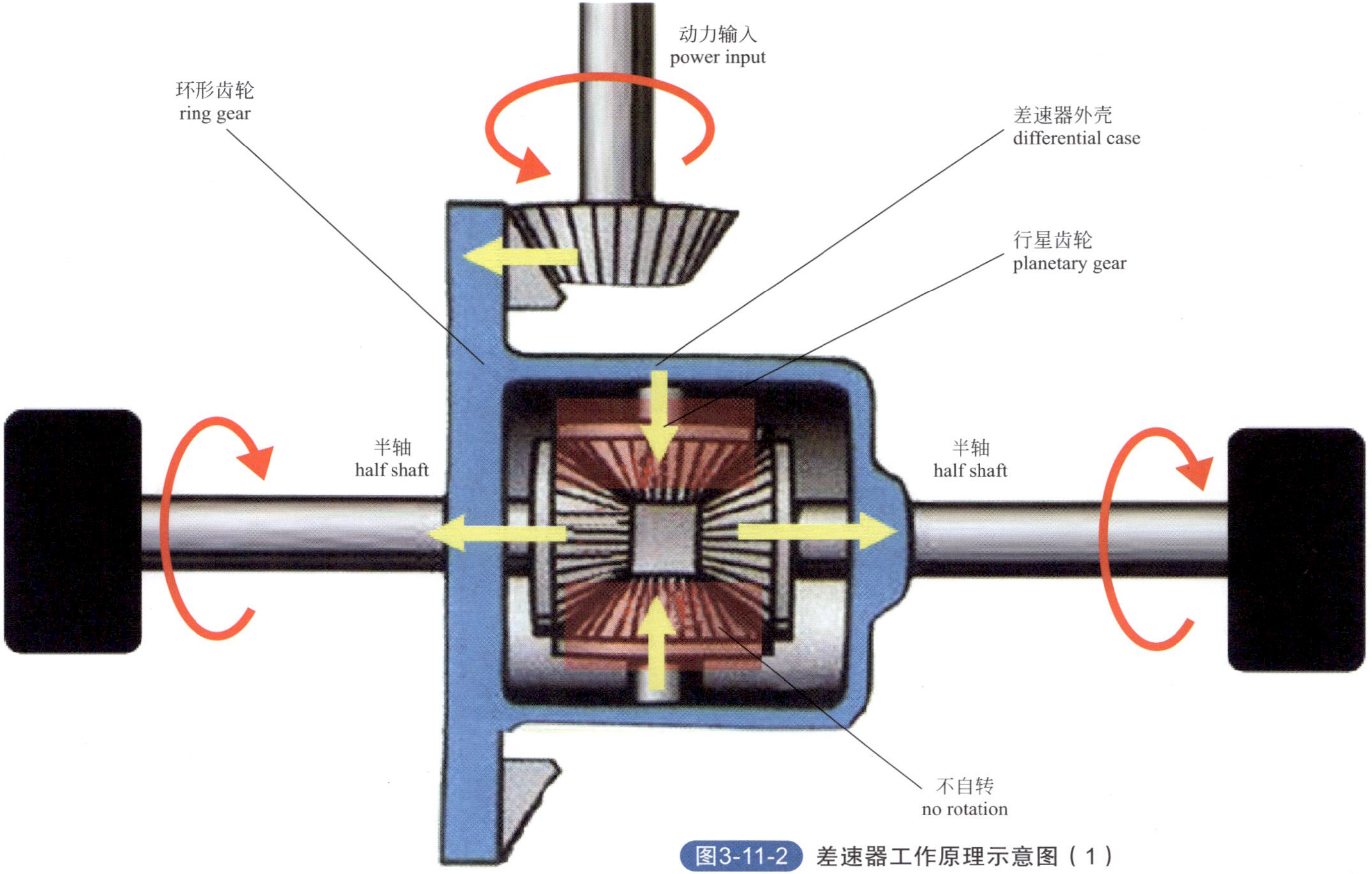

图3-11-2 差速器工作原理示意图（1）

当车辆转弯时，左、右车轮受到的阻力不一样，行星齿轮绕着半轴转动并同时自转，从而吸收阻力差，使车轮能够有不同的旋转速度，保证汽车顺利过弯，如图3-11-3所示。

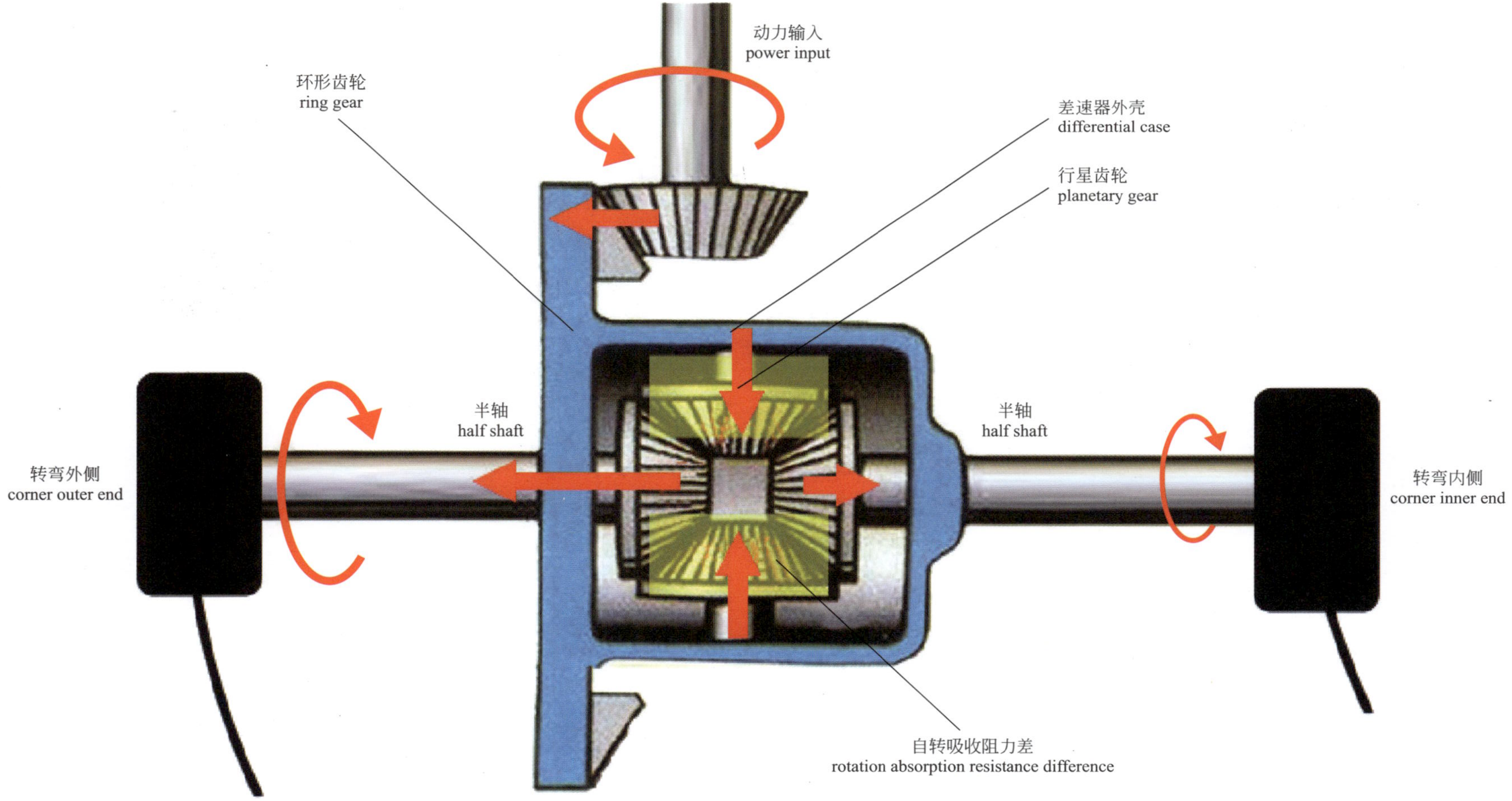

图3-11-3 差速器工作原理示意图（2）

11.3 限滑差速器

限滑差速器主要通过摩擦片来实现动力的分配，其壳体内有多片离合器，一旦某组车轮打滑，利用车轮差的作用，会自动把部分动力传递到没有打滑的车轮，从而摆脱困境。不过在长时间重负荷、高强度越野时，会影响它的可靠性（图3-11-4）。

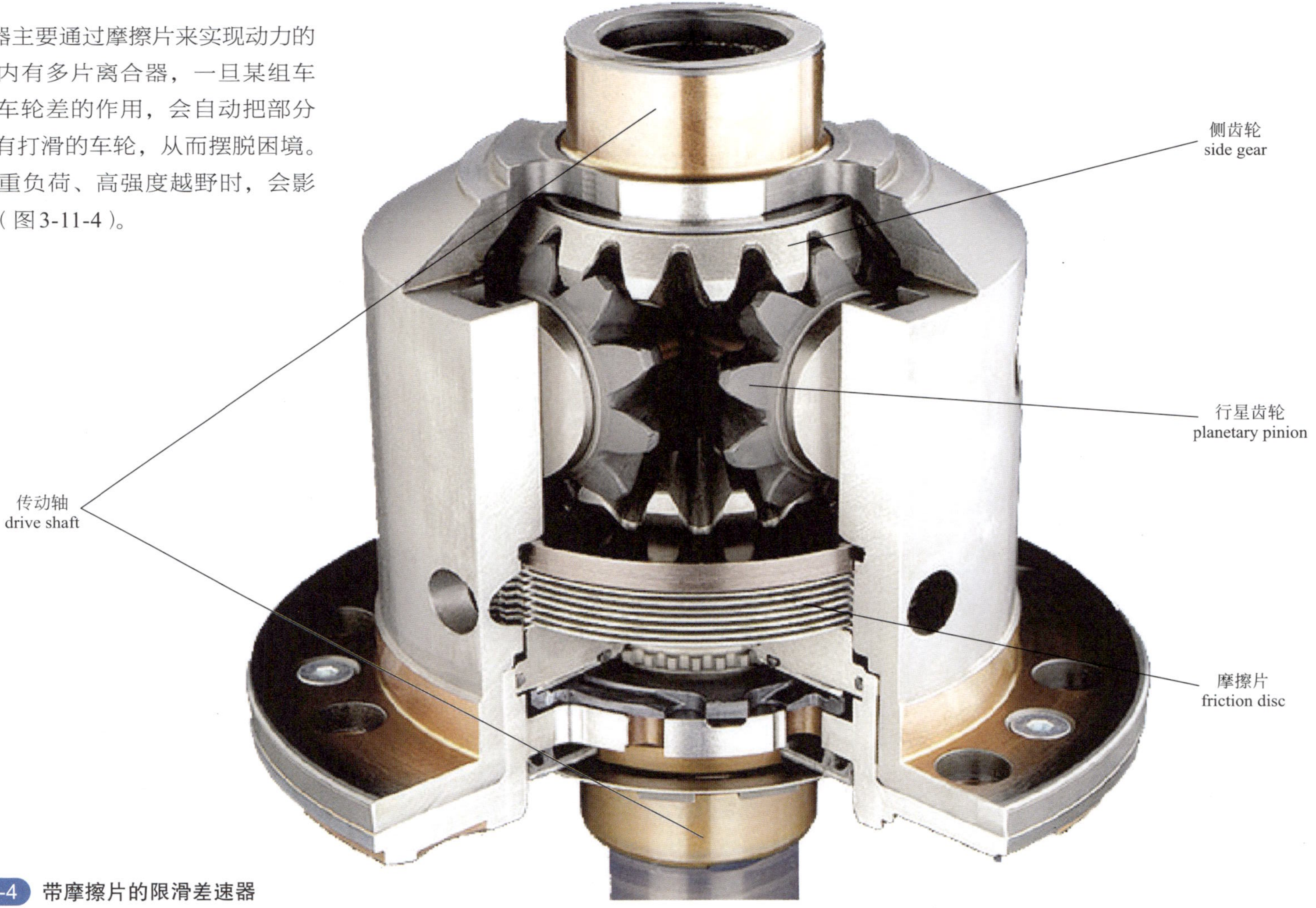
侧齿轮
side gear
行星齿轮
planetary pinion
摩擦片
friction disc
传动轴
drive shaft

图3-11-4 带摩擦片的限滑差速器

第12章 悬架系统

汽车悬架是汽车中带有弹性的、连接车架与车轴的装置，它一般由弹性元件、导向机构、减振器等部件构成，主要任务是缓和由不平路面传给车架的冲击，以提高乘车的舒适性。常见的悬架有麦弗逊式悬架、双叉臂式悬架、多连杆悬架等。

12.1 概述

典型的悬架系统主要包括弹性元件、导向机构以及减振器等部分。弹性元件又有钢板弹簧、空气弹簧、螺旋弹簧以及扭杆弹簧等形式，而现代轿车悬架系统多采用螺旋弹簧和扭杆弹簧，个别高级轿车则使用空气弹簧（图3-12-1）。

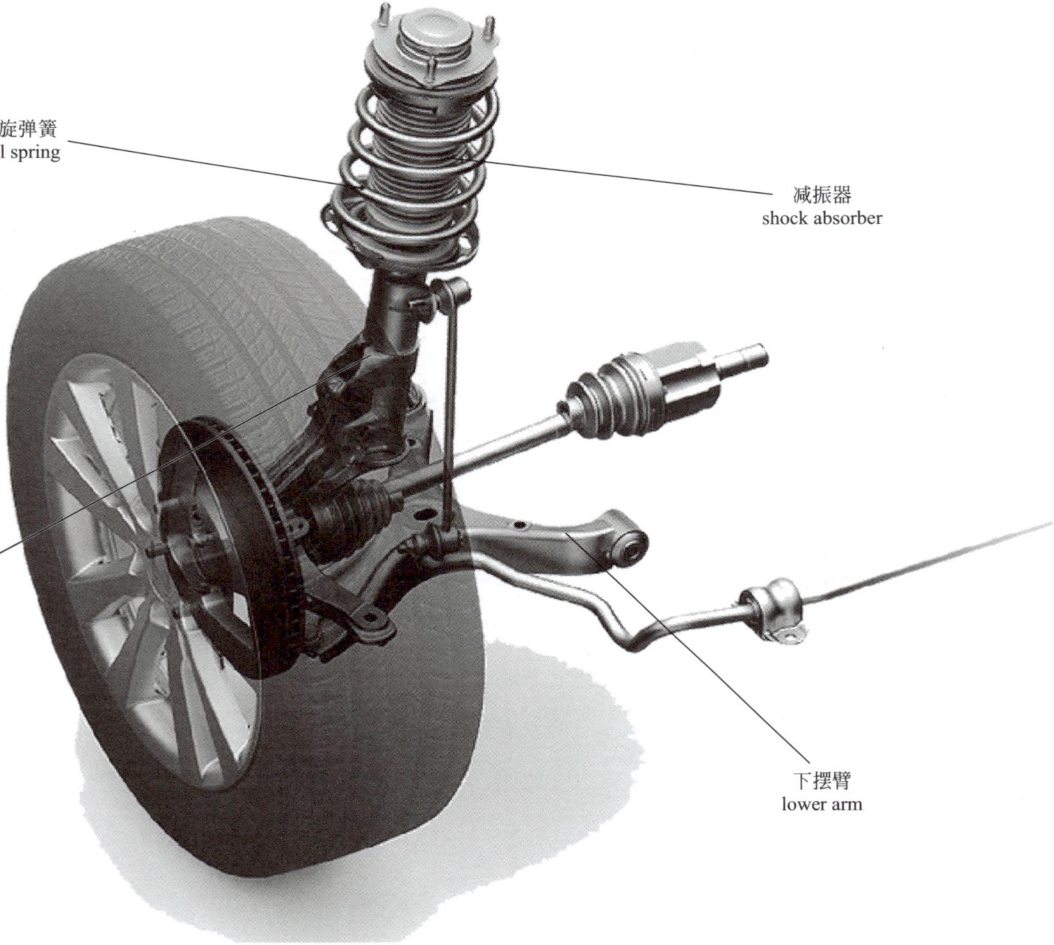

图3-12-1 悬架结构

12.2 悬架的类型

根据悬架结构不同可分为独立悬架和非独立悬架两种。

12.2.1 独立悬架

独立悬架可以简单理解为是左、右两个车轮间没有通过实轴进行刚性连接的，一侧车轮的悬架部件全部都只与车身相连；而非独立悬架的两个车轮间不是相互独立的，之间有实轴进行刚性连接（图3-12-2）。

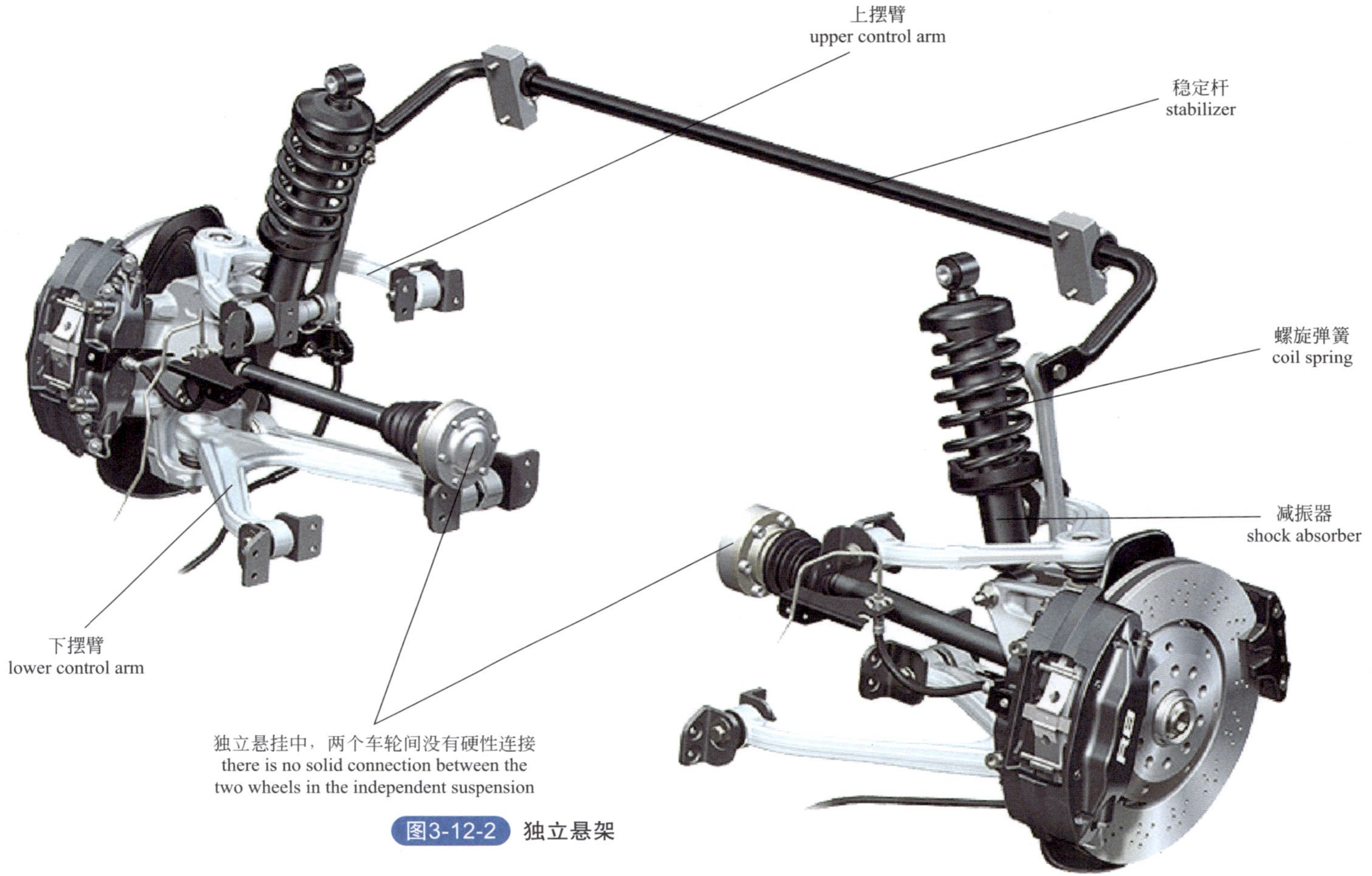
上摆臂
upper control arm
稳定杆
stabilizer
螺旋弹簧
coil spring
减振器
shock absorber
下摆臂
lower control arm
独立悬挂中，两个车轮间没有硬性连接
there is no solid connection between the
two wheels in the independent suspension

图3-12-2 独立悬架

12.2.2 非独立悬架

从结构上看，独立悬架由于两个车轮间没有干涉，可以有更好的舒适性和操控性；而非独立悬架的两个车轮间有硬性连接物，会发生相互干涉，但其结构简单，有更好的刚性和通过性（图3-12-3）。

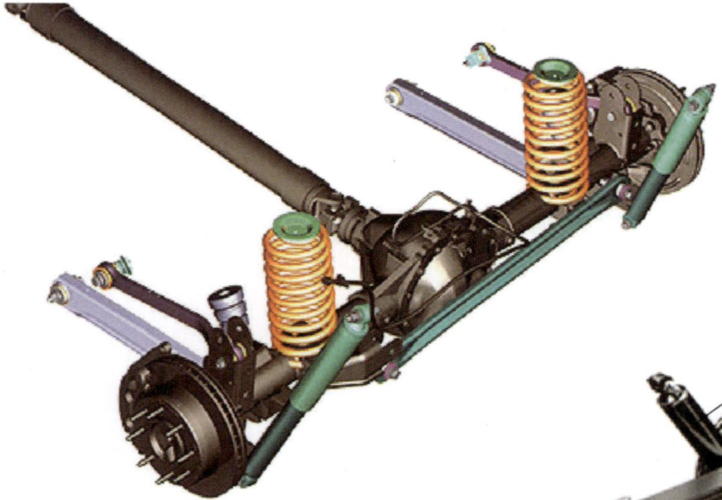

图3-12-3 非独立悬架

12.3 麦弗逊式悬架

麦弗逊式悬架是一种最为常见的独立悬架，主要由A字形叉臂和减振机构组成。叉臂与车轮相连，主要承受车轮下端的横向力和纵向力。减振机构的上部与车身相连，下部与叉臂相连，承担减振和支持车身的任务，同时还要承受车轮上端的横向力（图3-12-4）。

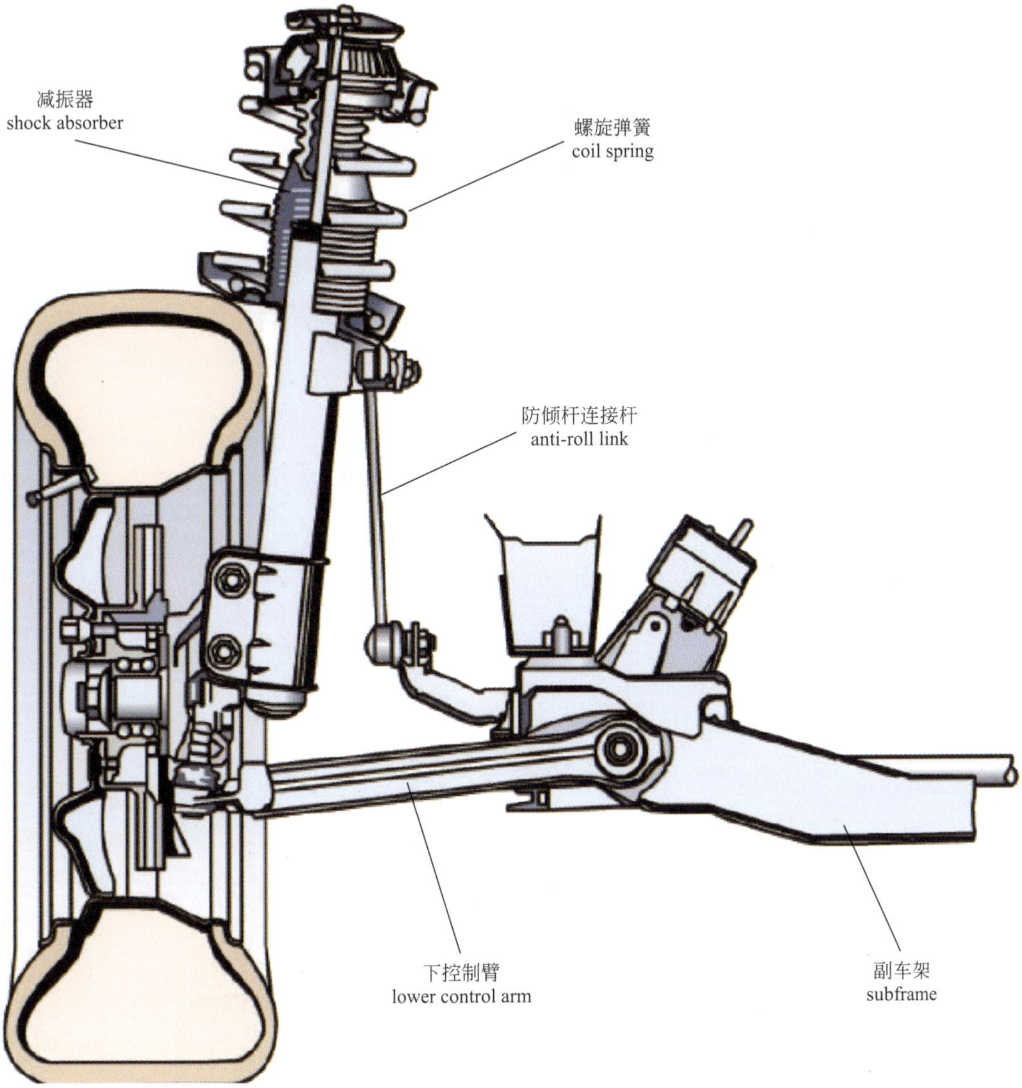

图3-12-4 麦弗逊式悬架

麦弗逊式悬架分解如图3-12-5所示。

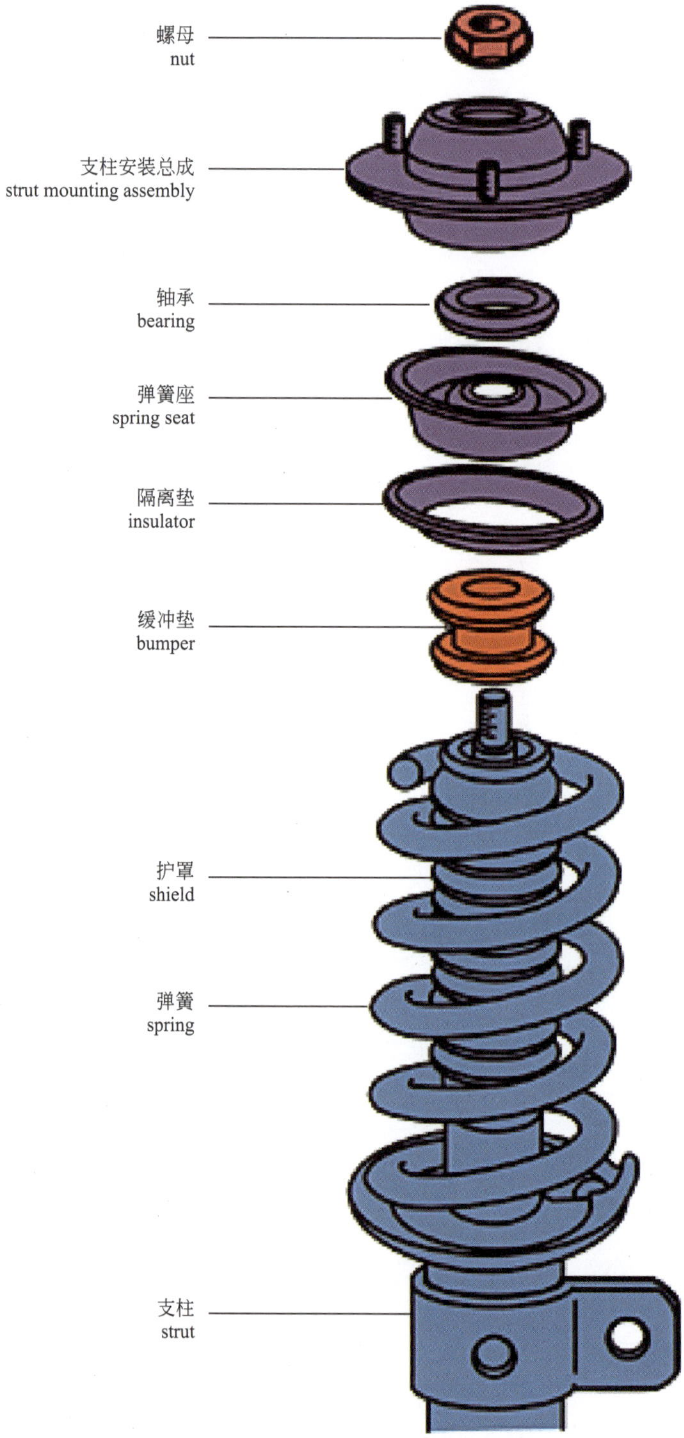

图3-12-5 麦弗逊式悬架分解图

12.4 双叉臂式悬架

双叉臂式悬架（双A臂、双横臂式悬架）由上、下两根不等长V字形或A字形控制臂以及支柱式液压减振器构成，通常上控制臂短于下控制臂。上控制臂的一端连接着支柱减振器，另一端连接着车身；下控制臂的一端连接着车轮，而另一端则连接着车身（图3-12-6）。

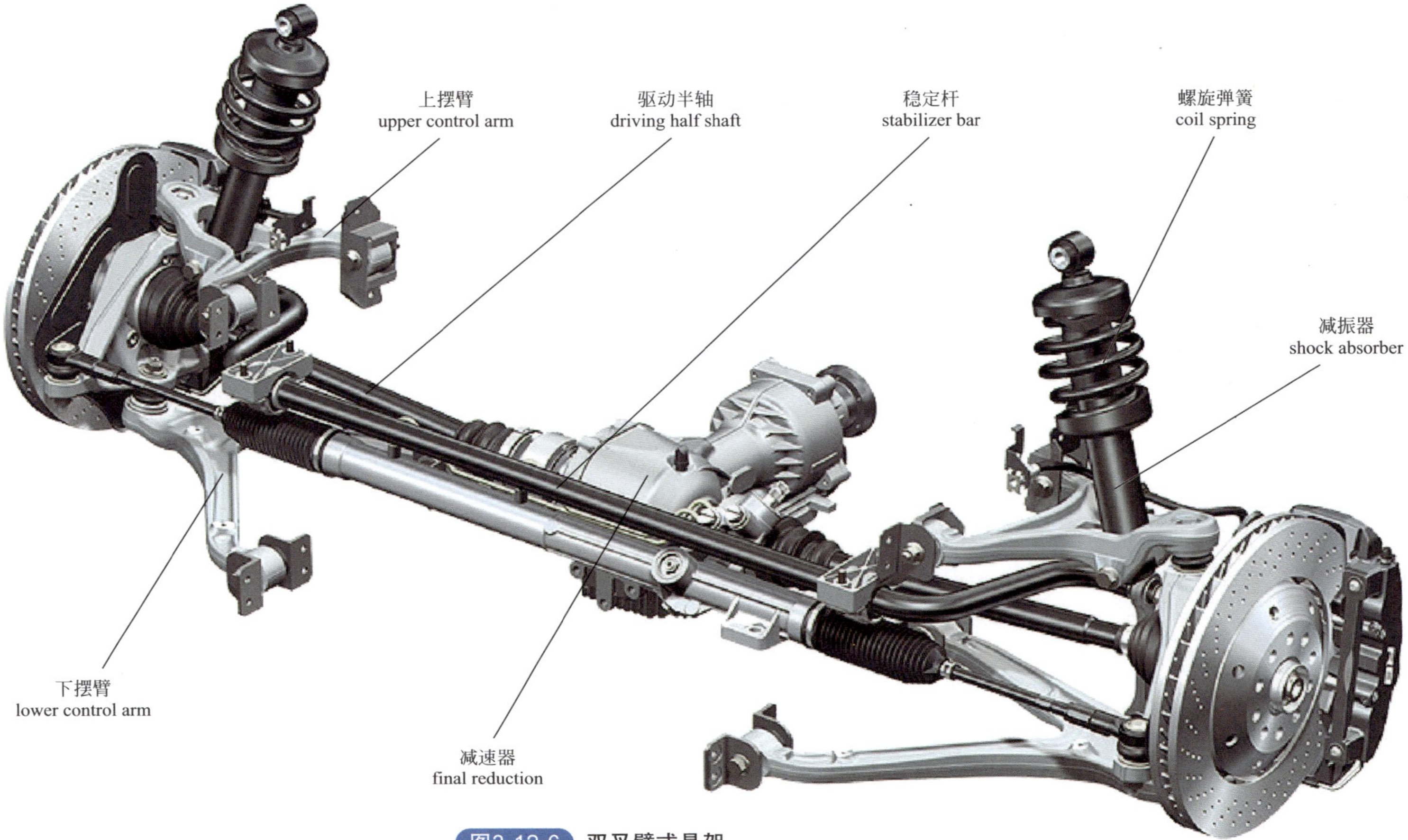

图3-12-6 双叉臂式悬架

12.5 扭转梁式悬架

扭转梁式悬架的结构中，两个车轮之间没有硬轴直接相连，而是通过一根扭转梁进行连接，扭转梁可以在一定范围内扭转。但如果一个车轮遇到非平整路面时，两车轮之间的扭转梁仍然会对另一侧车轮产生一定的干涉，严格地说，扭转梁式悬架属于半独立式悬架（图3-12-7）。

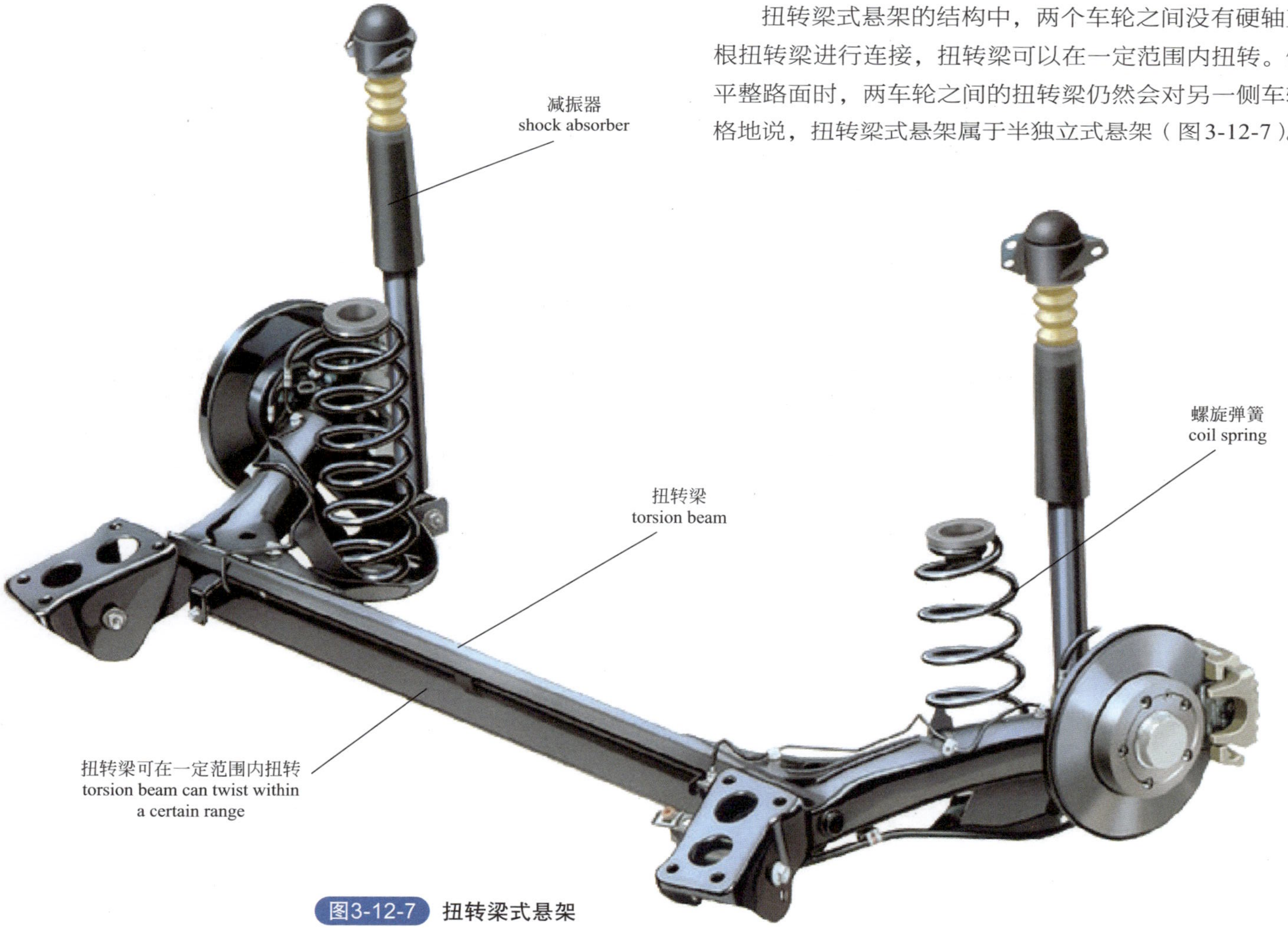
减振器
shock absorber
扭转梁
torsion beam
螺旋弹簧
coil spring
扭转梁可在一定范围内扭转
torsion beam can twist within a certain range

图3-12-7　扭转梁式悬架

12.6 稳定杆

稳定杆也叫平衡杆，主要是用来防止车身侧倾，保持车身平衡的。稳定杆的两端分别固定在左、右悬架上，当汽车转弯时，外侧悬架会压向稳定杆，稳定杆发生弯曲，由于变形产生的弹力可防止车轮抬起，从而使车身尽量保持平衡（图3-12-8）。

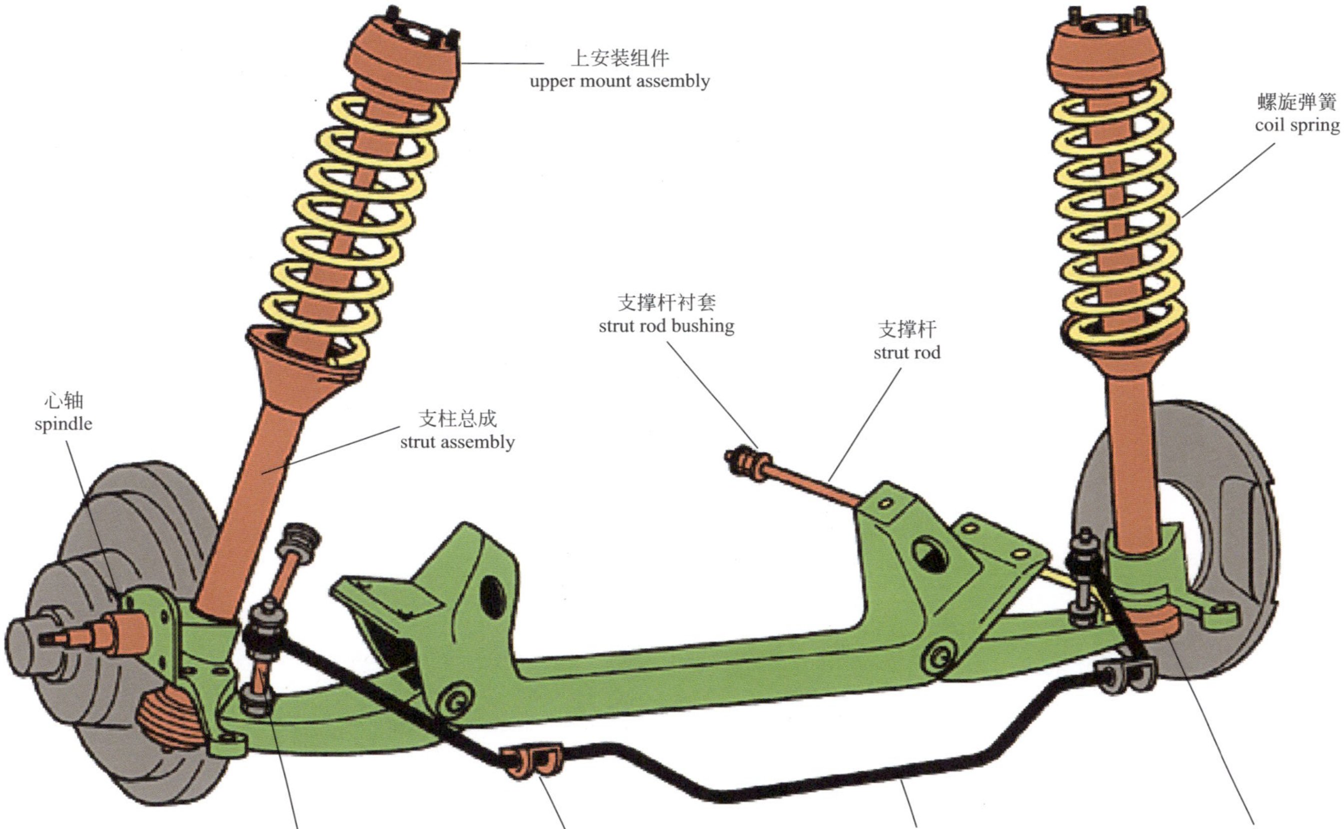

图3-12-8 稳定杆位置

12.7 多连杆悬架

多连杆悬架就是指由三根或三根以上连杆拉杆构成的悬架结构，以提供多个方向的控制力，使车轮具有更加可靠的行驶轨迹。常见的有三连杆、四连杆、五连杆等（图3-12-9）。

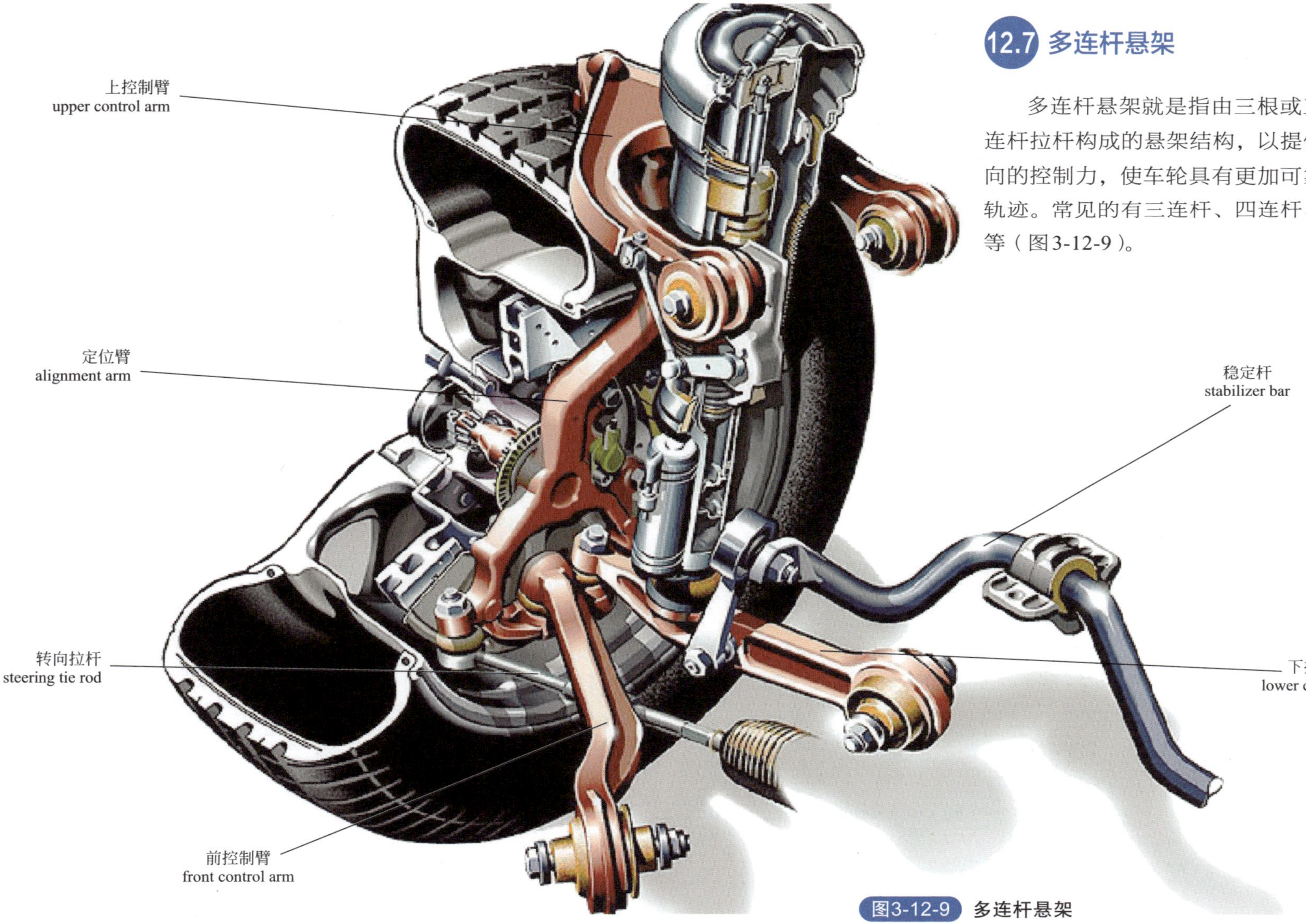

图3-12-9 多连杆悬架

12.8 空气悬架

空气悬架是指采用空气减振器的悬架，相对于传统的钢制悬架系统来说，空气悬架具有很多优势。如车辆高速行驶时，悬架可以变硬，以提高车身稳定性；而低速或颠簸路面行驶时，悬架可以变软来提高舒适性（图3-12-10）。

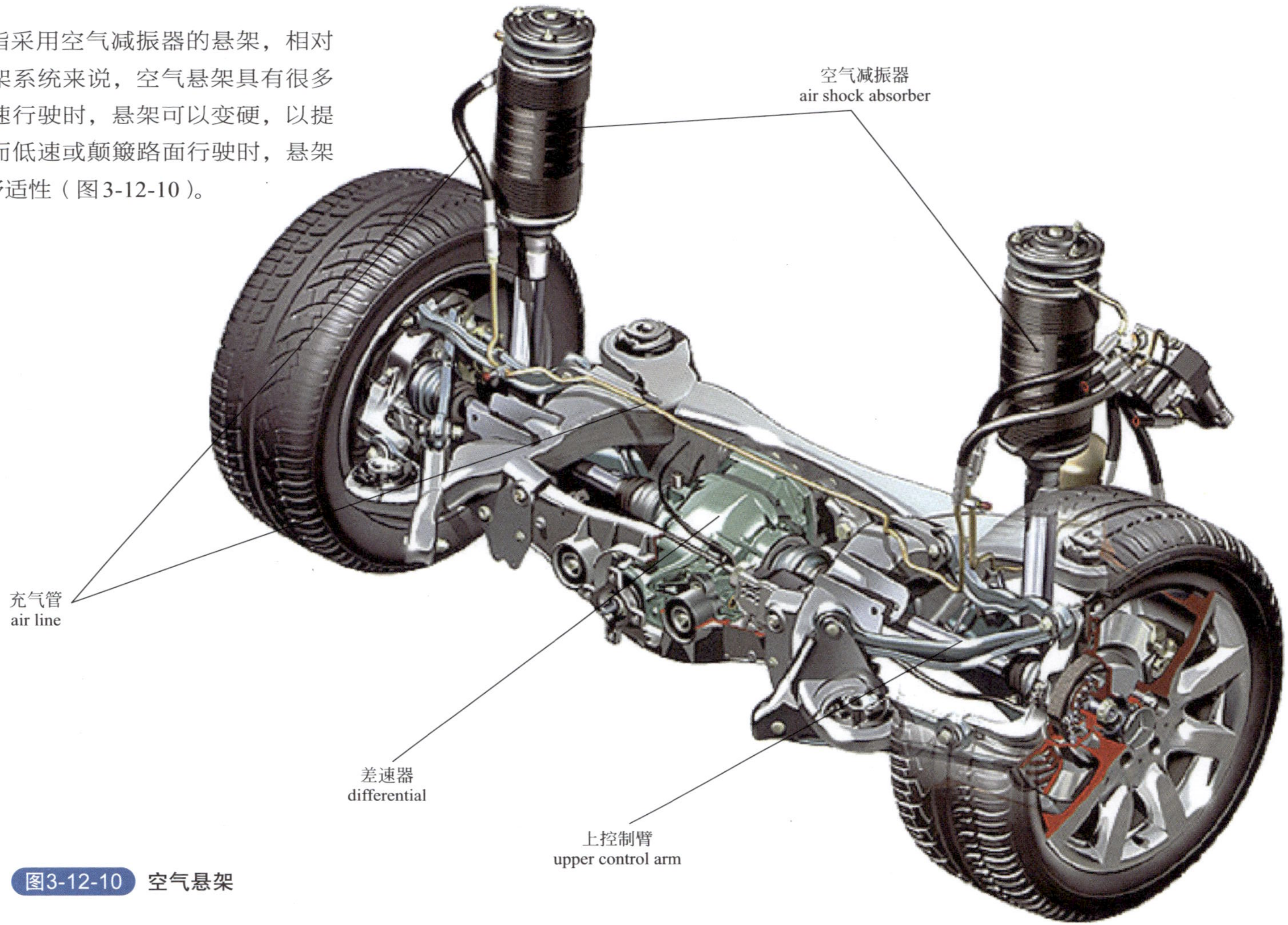

图3-12-10 空气悬架

空气悬架控制系统主要是通过空气泵来调整空气减振器的空气量和压力，可改变空气减振器的硬度和弹性系数。通过调节泵入的空气量，可以调节空气减振器的行程和长度，可以实现底盘的升高或降低（图3-12-11）。

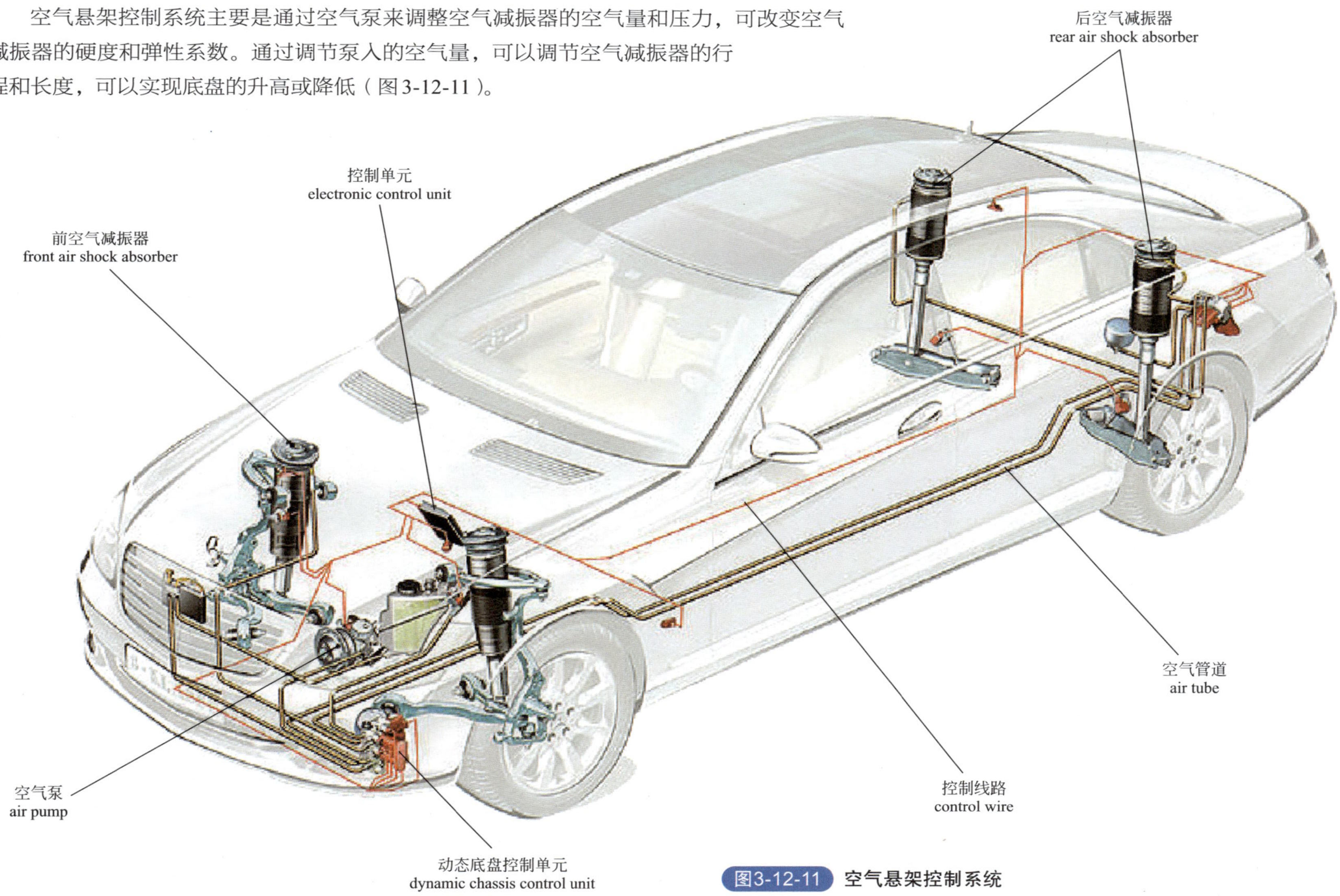

图3-12-11 空气悬架控制系统

12.9 减振器

在悬架的减振机构中，除了减振器还会有弹簧。当车辆行驶在不平路面时，弹簧受到地面冲击后发生形变，而弹簧需要恢复原形时会出现来回振动的现象，这样显然会影响汽车的操控性和舒适性。而减振器对弹簧起到阻尼的作用，抑制弹簧来回摆动，这样，在汽车通过不平路段时，才不至于不停地颤动（图3-12-12）。

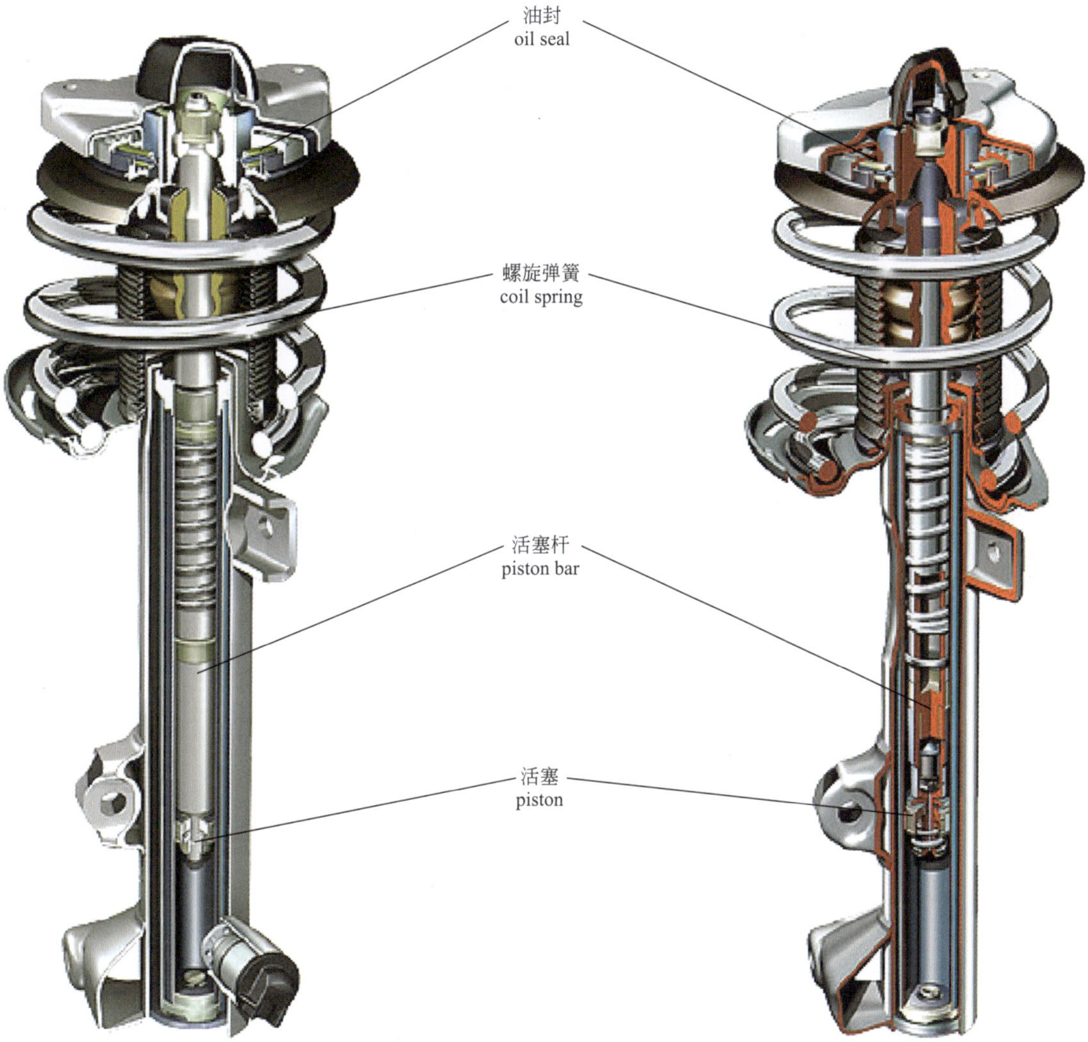

图3-12-12 减振器

减振器原理：当车架（或车身）和车桥间振动而出现相对运动时，减振器内的活塞上下移动，减振器腔内的油液便反复地从一个腔经过不同的孔隙流入另一个腔内，此时孔壁与油液间的摩擦和油液分子间的内摩擦对振动形成阻尼力，使汽车振动能量转化为油液热能，再由减振器吸收散发到大气中。

典型双管减振器的剖面如图3-12-13（a）和（b）所示，表示在伸展和压缩期间进油和压缩阀的位置。

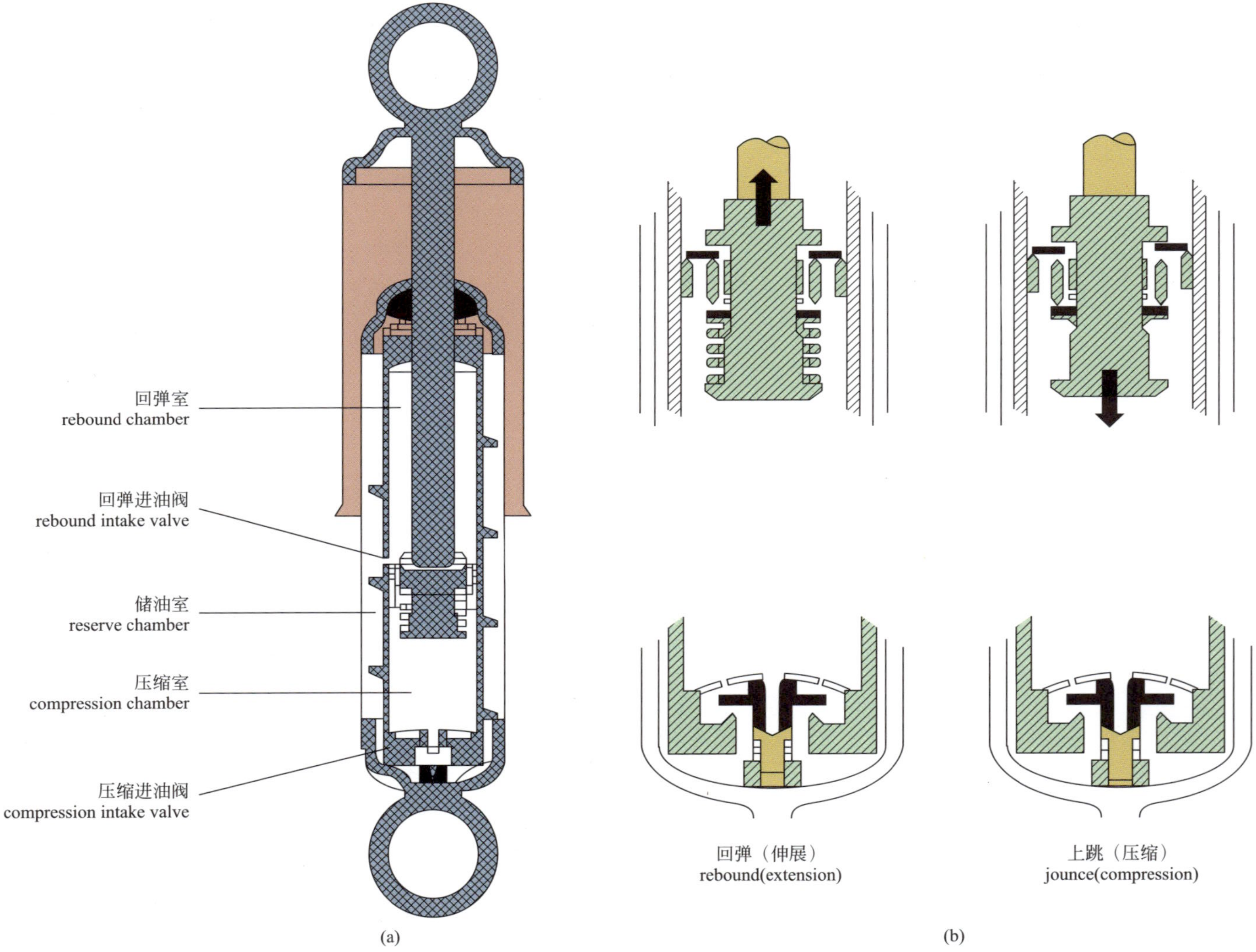
回弹室
rebound chamber
回弹进油阀
rebound intake valve
储油室
reserve chamber
压缩室
compression chamber
压缩进油阀
compression intake valve
(a)
回弹（伸展）
rebound(extension)
上跳（压缩）
jounce(compression)
(b)

图3-12-13　典型双管减振器的剖面图

第13章
轮胎

13.1 概述

轮胎直接与路面接触，和汽车悬架共同来缓和汽车行驶时所受到的冲击，保证汽车有良好的乘坐舒适性和行驶平顺性；保证车轮和路面有良好的附着性，提高汽车的牵引性、制动性和通过性；承受着汽车的重量（图3-13-1）。

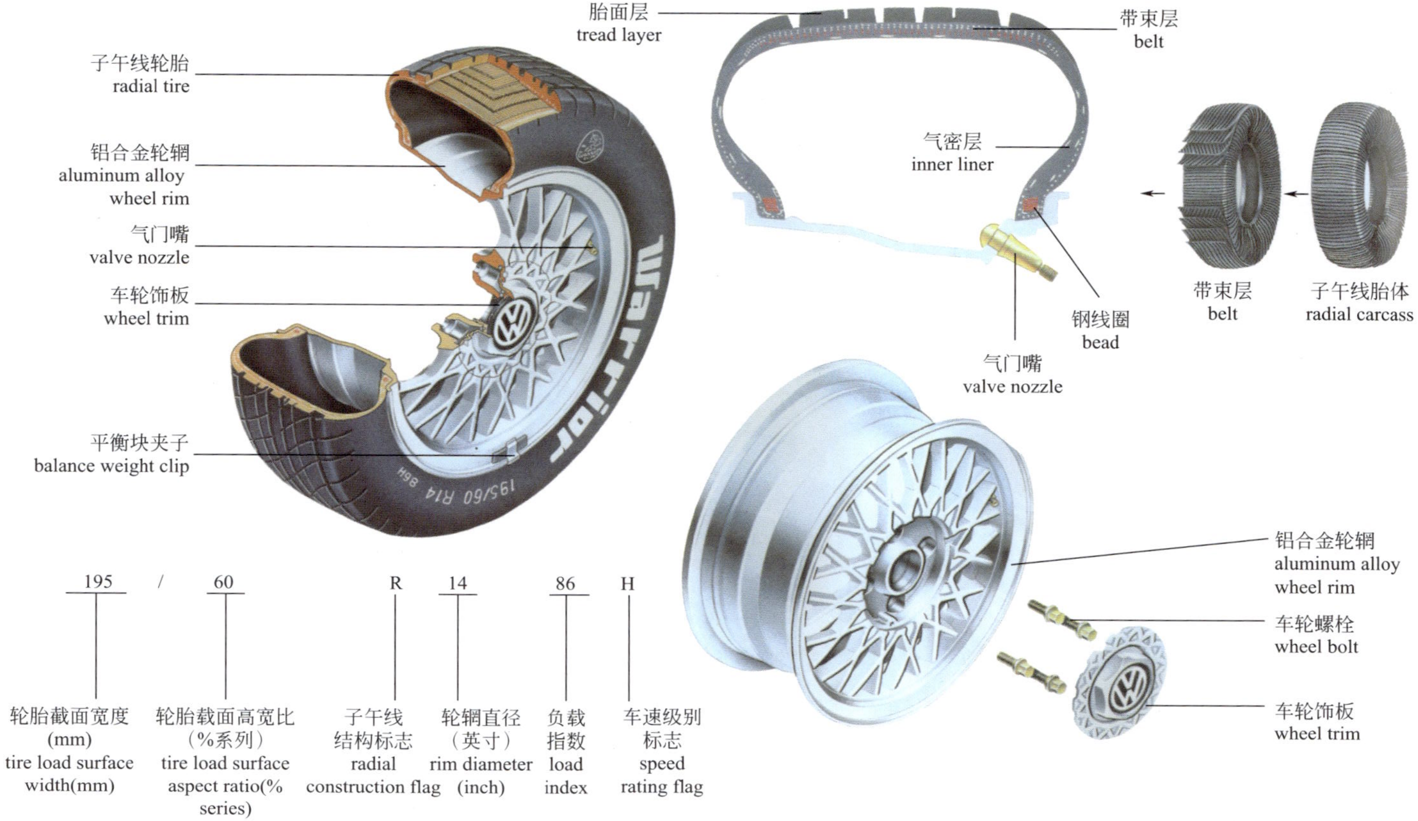

图3-13-1 轮胎

13.2 车轮定位

车轮定位就是汽车的每个车轮、转向节和车桥与车架的安装应保持一定的相对位置。车轮定位的作用是保持汽车直线行驶的稳定性，保证汽车转弯时转向轻便，且使转向轮自动回正，减少轮胎的磨损等。转向轮定位参数有主销后倾、主销内倾、车轮外倾、前轮前束等。

13.2.1　车轮外倾

车轮旋转平面上略向外倾斜，称为车轮外倾（图3-13-2）。

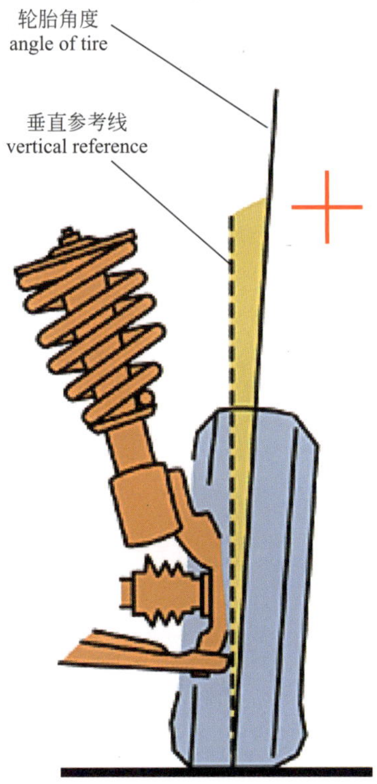

图3-13-2 车轮外倾

13.2.2　主销后倾

主销安装到前轴上，通过车轮中心的铅垂线和真实或假想的转向主销轴线在车辆纵向对称平面的投影线所夹锐角为主销后倾角，向前为负，向后为正（图3-13-3）。

主销后倾的作用是保持汽车直线行驶的稳定性，并使汽车转弯后能自动回正。简要地说，后倾角越大，车速越高，车轮的稳定性越强。

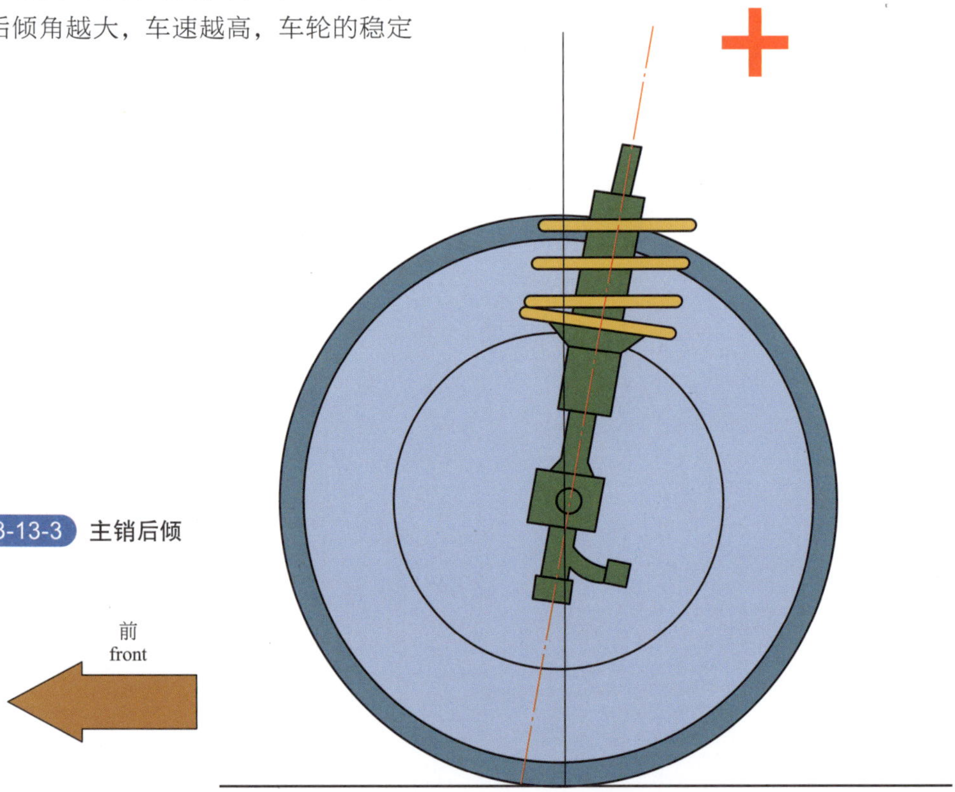

图3-13-3 主销后倾

13.2.3　主销内倾

主销内倾是指主销向内倾斜与铅垂线间的夹角。它的作用是使车轮转向后能自动回正，且操纵轻便（图3-13-4）。

图3-13-4中的左图表示主销内倾角由穿过上下球铰之间的中心线确定，这表示前轮在转弯时的铰接点；右图表示主销内倾角由穿过上支柱轴承安装总成的轴线和下球铰的中心之间的连线确定。

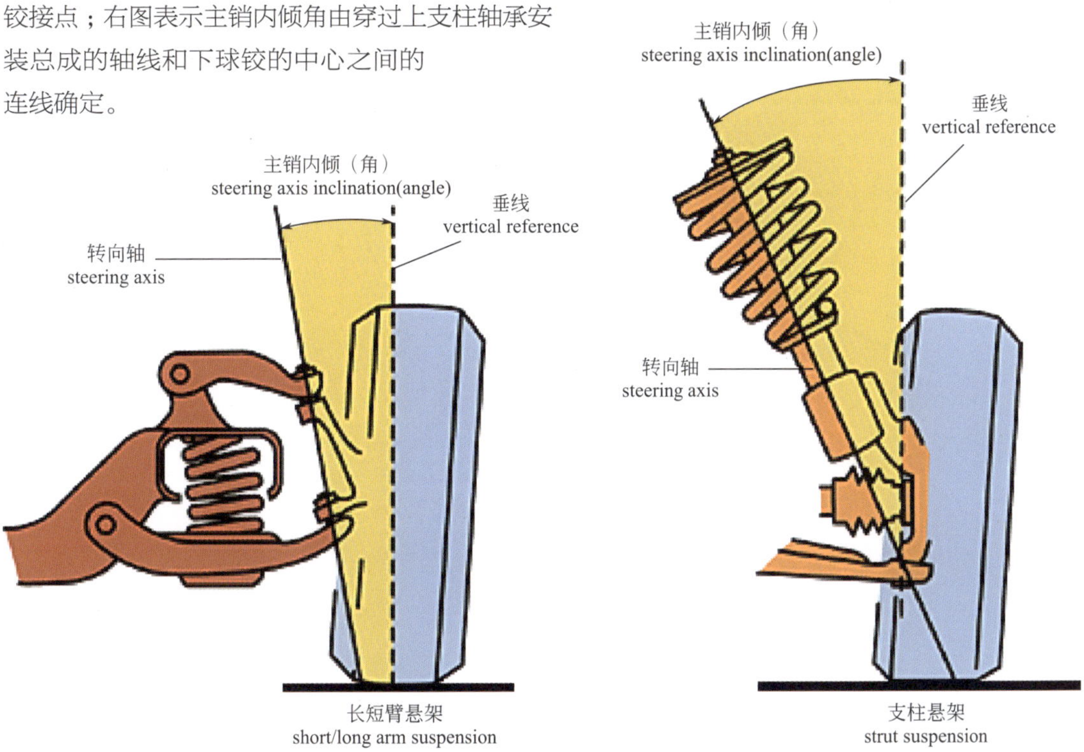

图3-13-4　主销内倾

13.2.4　前束

俯视车轮，汽车的两个前轮的旋转平面并不完全平行，而是稍微带一些角度，这种现象被称为前轮前束。正确的前束角与外倾角配合能够减少车辆行进时对轮胎的磨损，它补偿了由于车轮外倾角使得地面对轮胎产生的侧向力，使驾驶稳定（图3-13-5）。

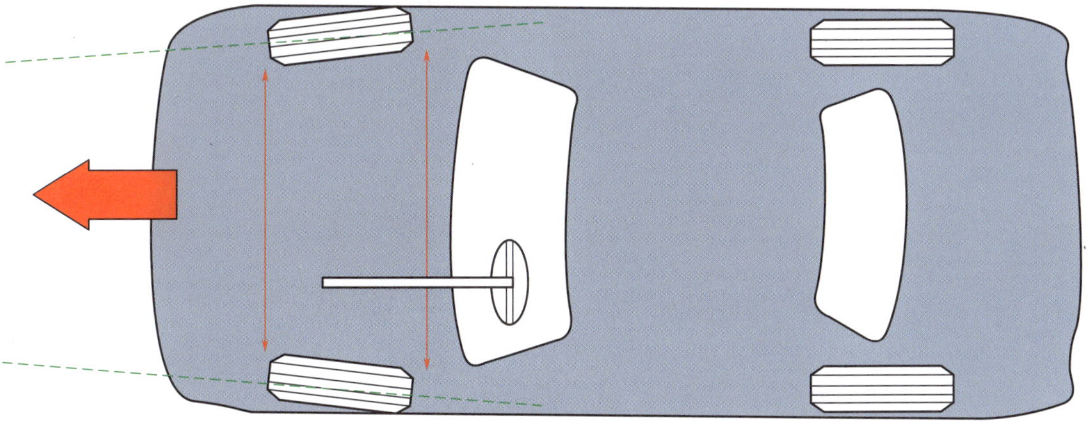

图3-13-5　前束

13.2.5 主销偏移距

主销偏移距指由内倾角延长线至地面与轮胎中心线的差距。合适的主销偏距使车辆易于驾驶，既可以减小路面的冲击，又可以使方向盘有很好的回正能力（图3-13-6）。

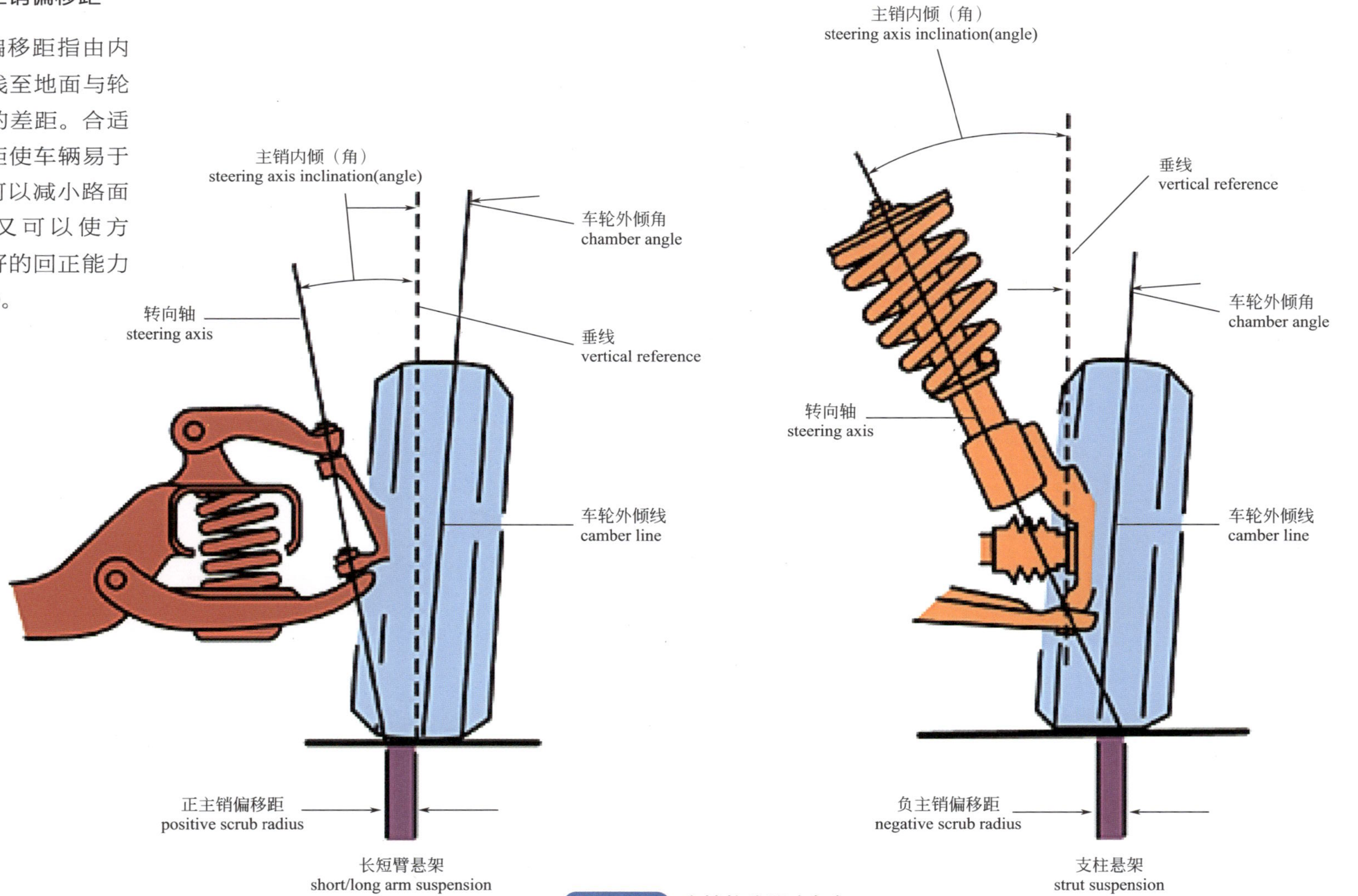

图3-13-6 主销偏移距（角）

13.2.6 转向时负前束

转向时负前束（TOT或TOOT），指转向时内轮相对外轮的前束差值，表示当向左右转向时，转向梯形臂的工作状态。通过转向时负前束的测量值，可以判断梯形是否变形（图3-13-7）。

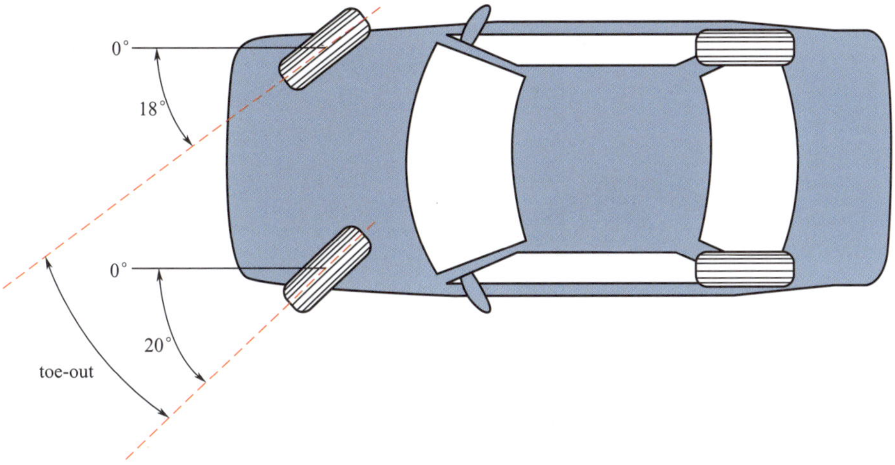

0°
18°
0°
20°
toe-out

图3-13-7 转向时负前束

13.2.7 轮胎磨损与车轮定位

车轮定位不准会导致轮胎磨损，如图3-13-8所示。

磨损指示标记
wear indicator
充气过度
overinflation
充气不足
underinflation
羽毛形磨损
（前束或反/负前束过大）
feathered wear
(excessive toe in or out)
外倾磨损
camber wear
点状/切碎形磨损
（多种问题）
spotty/chopped wear
(multiproblem)
对角磨损/胎面边缘磨损
diagonal wear/heel and toe wear
局部磨损
local wear
负外倾
negative camber
正外倾
positive camber
前束
toe in
反/负前束
toe-out
负后倾
negative caster
正后倾
positive caster

图3-13-8 轮胎磨损与车轮定位

第14章 转向系统

14.1 概述

用来改变或保持汽车行驶或倒退方向的一系列装置称为汽车转向系统（图3-14-1）。汽车转向系统的功能就是按照驾驶员的意愿控制汽车的行驶方向。日常接触最多的就是齿轮齿条和循环球式转向系统。

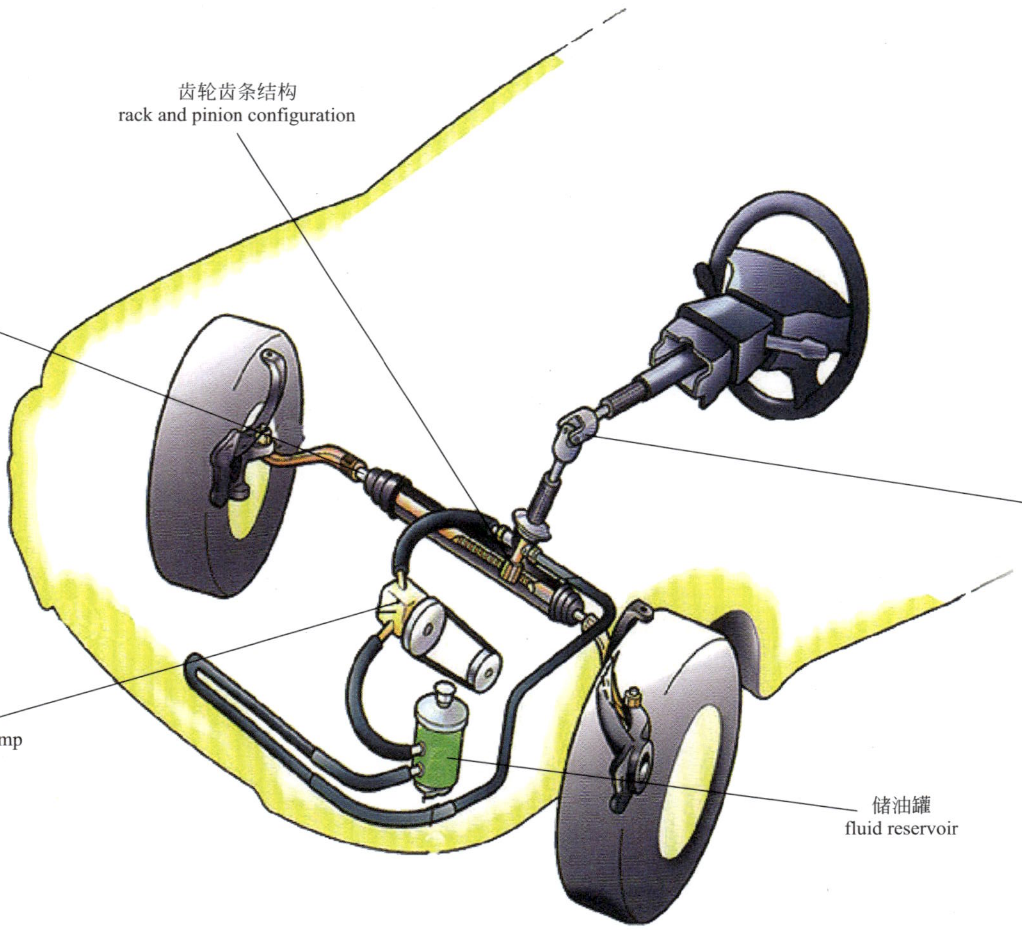
齿轮齿条结构
rack and pinion configuration
前横拉杆
front tie rod
万向节
universal joint
转向助力泵
steering power pump
储油罐
fluid reservoir

图3-14-1 转向系统

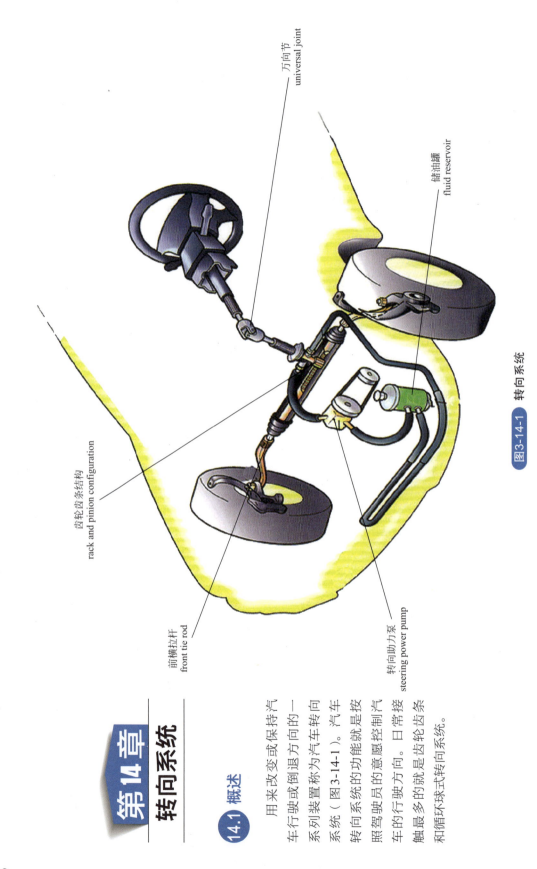

14.2 齿轮齿条式转向系统

齿轮齿条式转向系统主要由小齿轮、齿条、调整螺钉、外壳及齿条导块等组成，转向器小齿轮在转向主轴的下端，与转向齿条啮合。当旋转方向盘时，转向器中的小齿轮便开始转动，带动转向器中的齿条朝方向盘转动的方向移动（图3-14-2）。

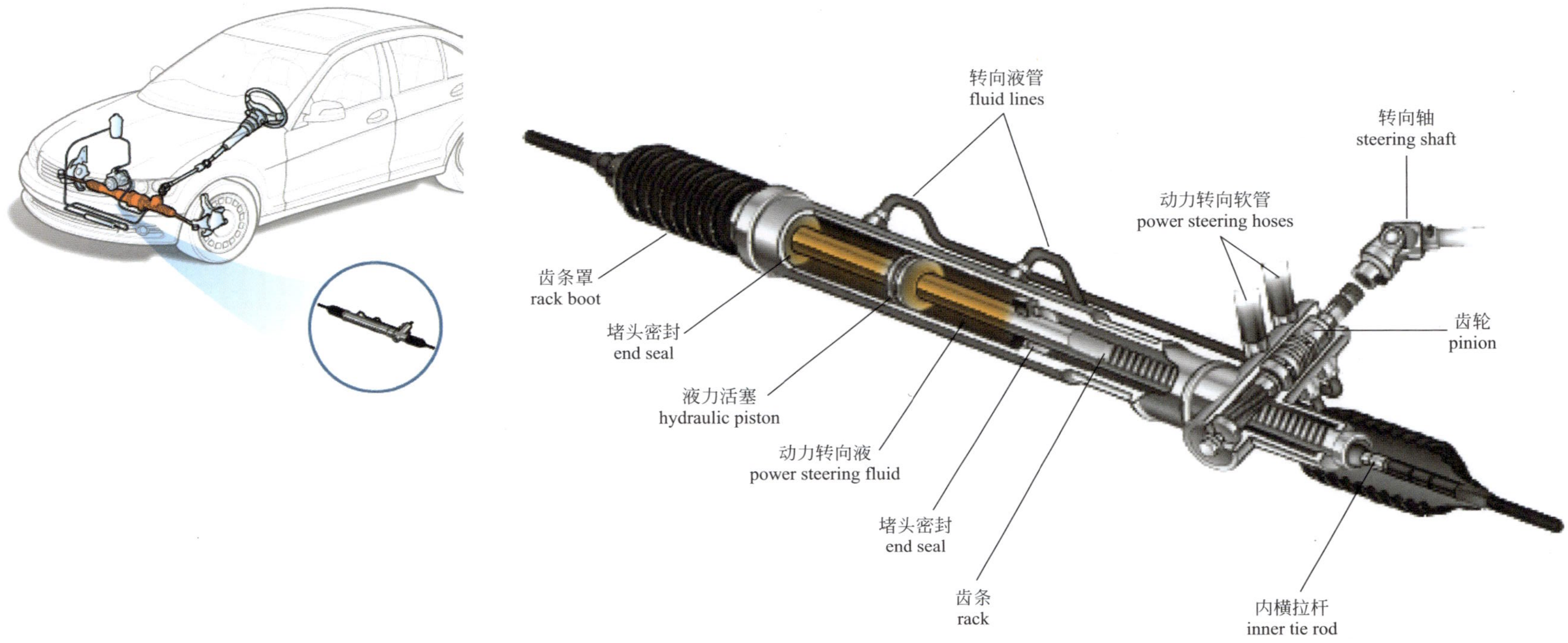

图3-14-2 齿轮齿条式转向系统

齿轮齿条式转向系统分解如图3-14-3所示。

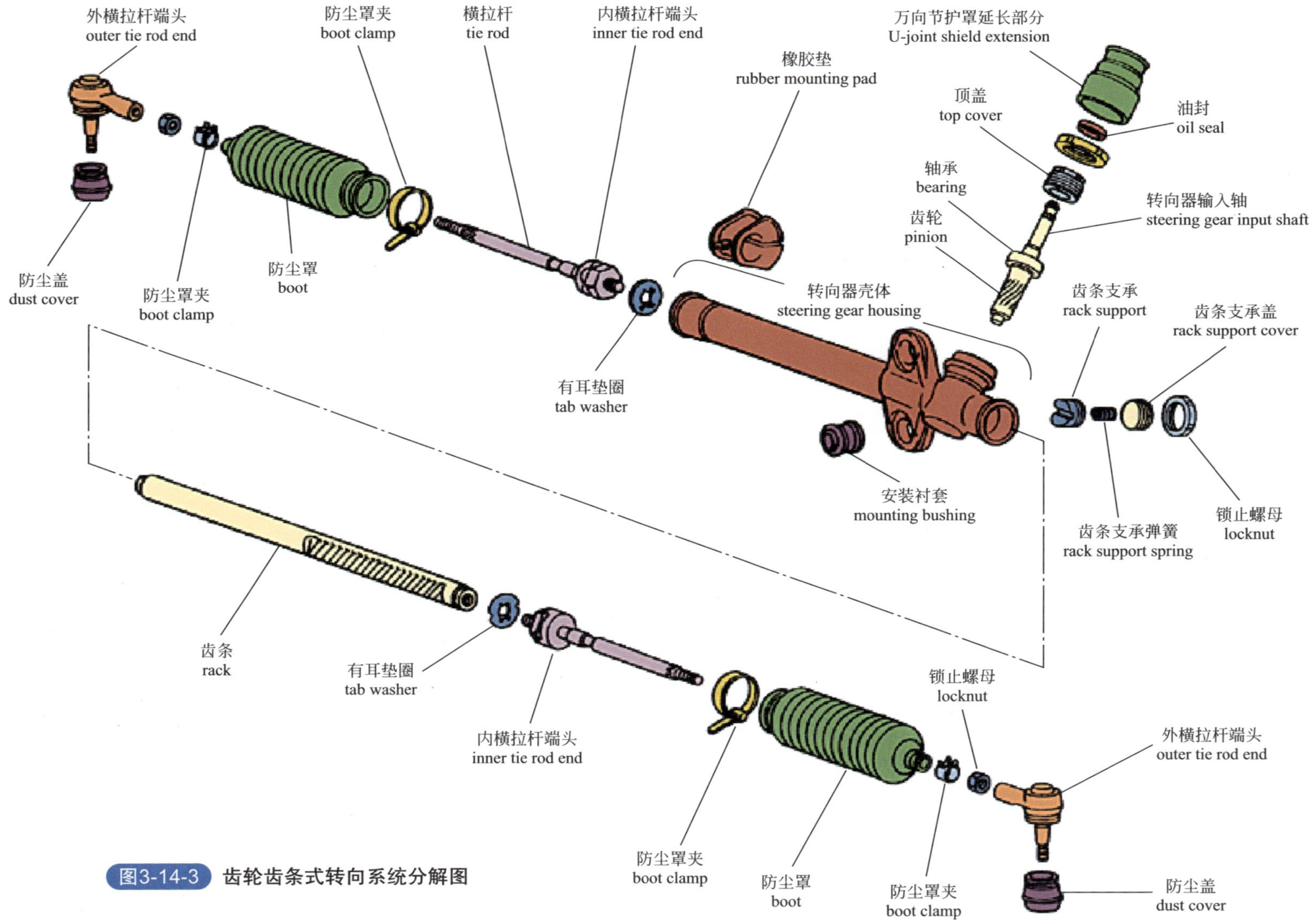

图3-14-3 齿轮齿条式转向系统分解图

齿轮齿条式转向器安装在防火墙凸缘上，其他部件安装到发动机体或车架上（图3-14-4）。

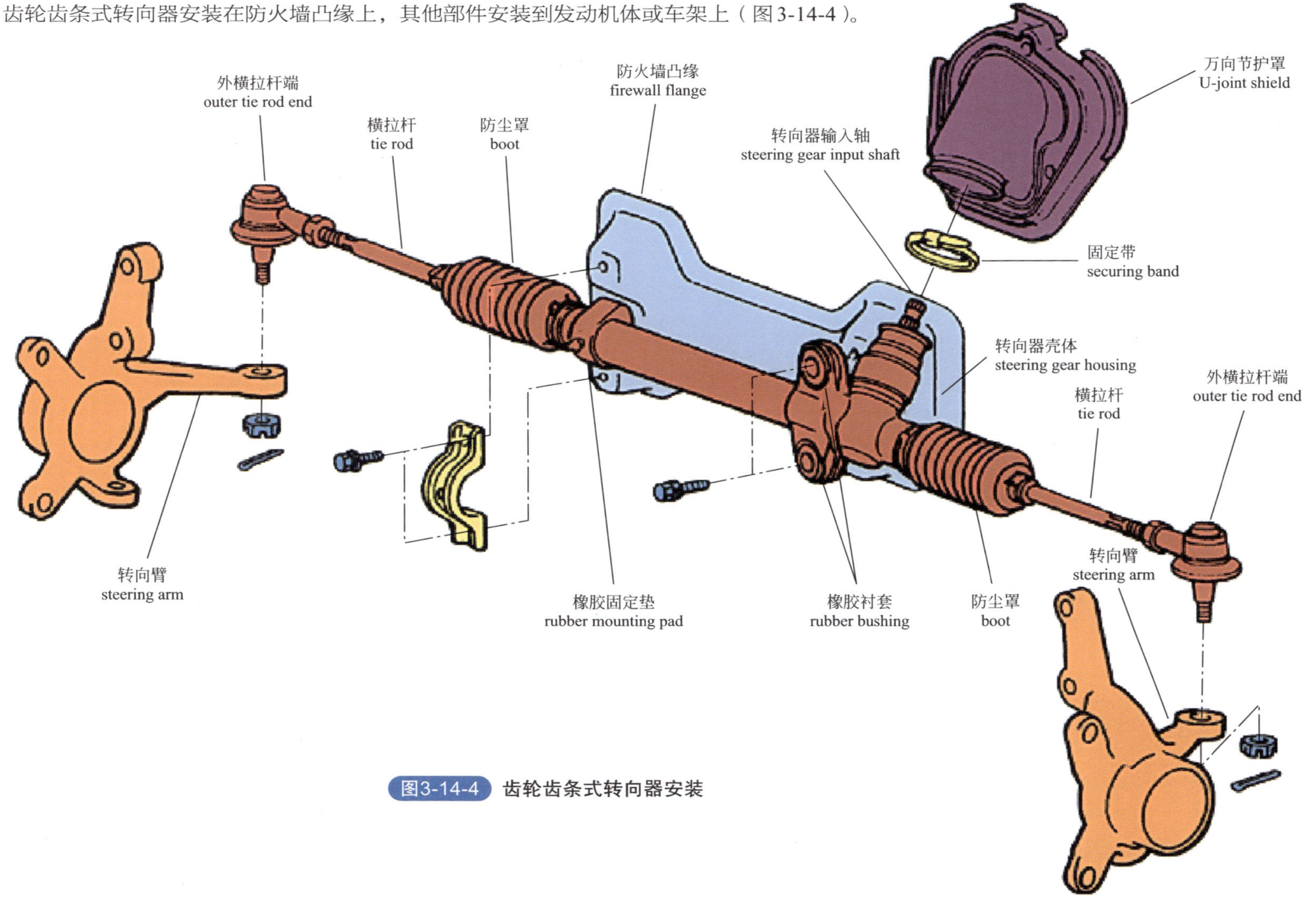

图3-14-4 齿轮齿条式转向器安装

14.3 循环球式转向系统

在蜗轮蜗杆结构间加入了钢球减小阻力，同时将圆周运动变化为水平运动，由于钢球在螺纹之间滚动，就像反复循环一样，所以得名循环球结构（图3-14-5）。

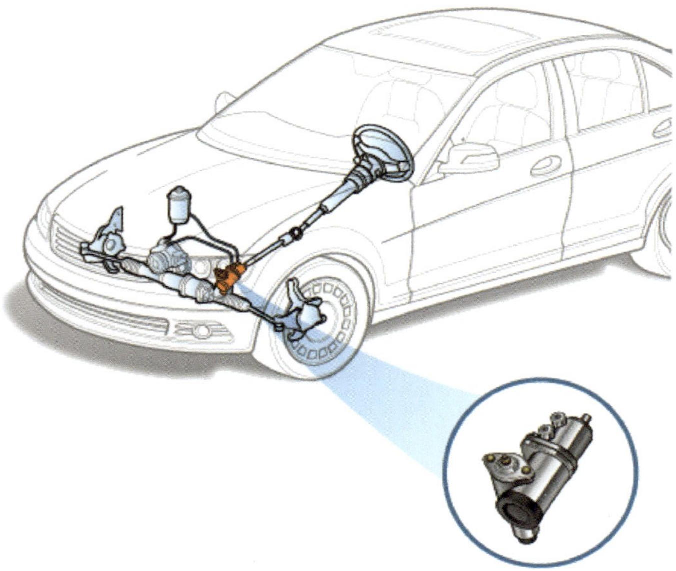

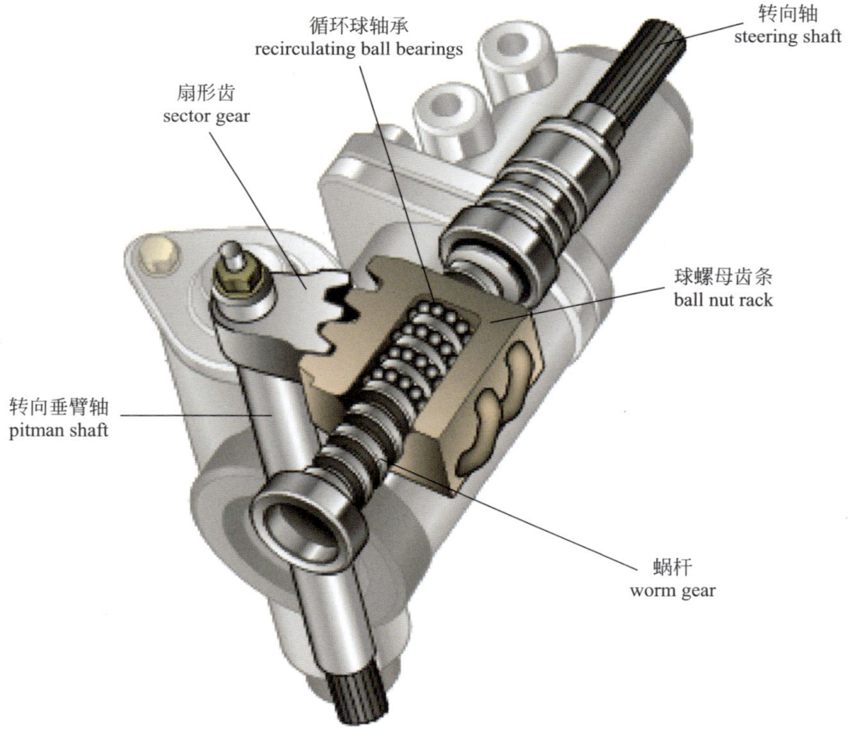

图3-14-5 循环球式转向系统

循环球式转向系统分解如图3-14-6所示。

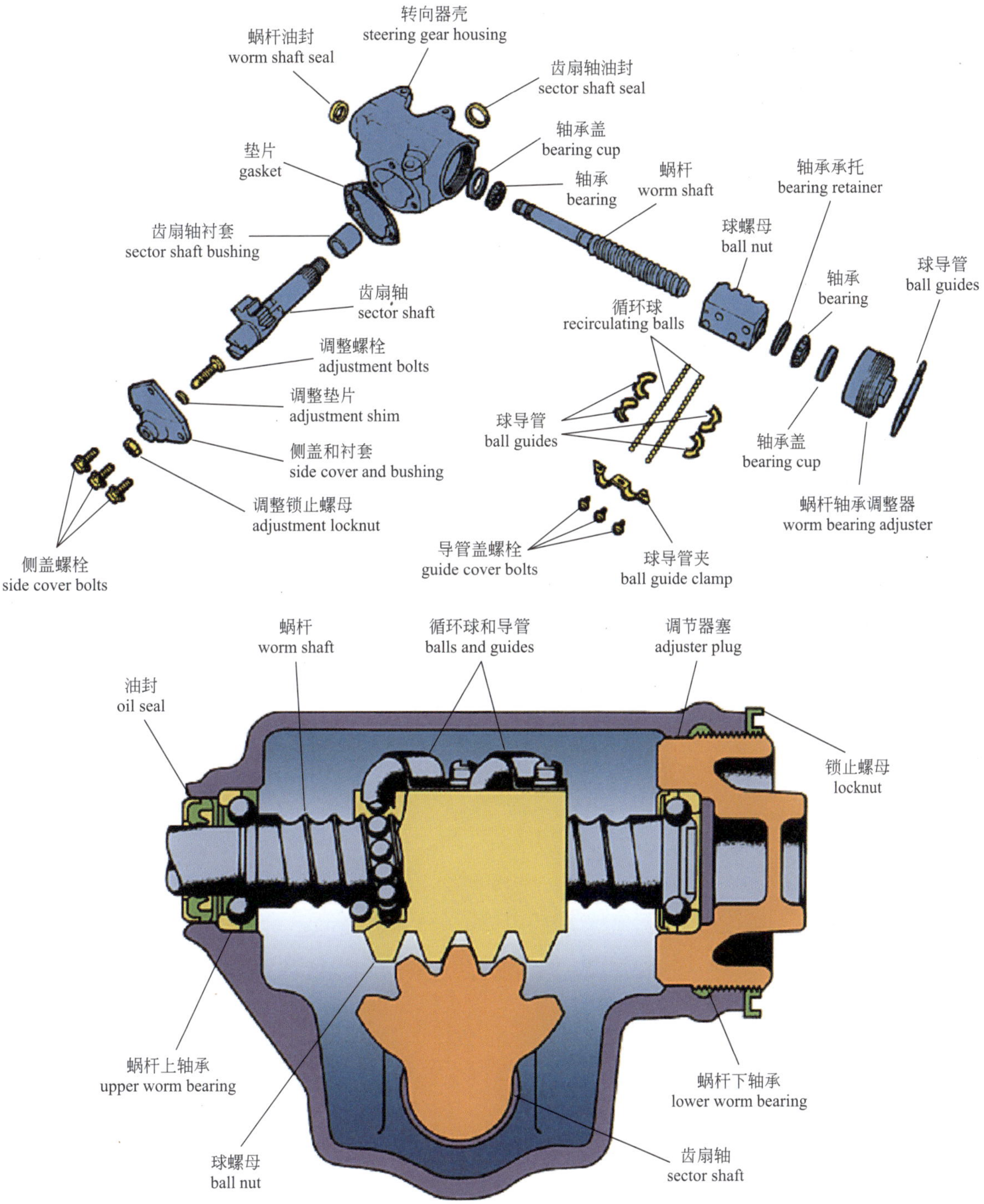

图3-14-6 循环球式转向系统分解

14.4 转向系统部件（图3-14-7）

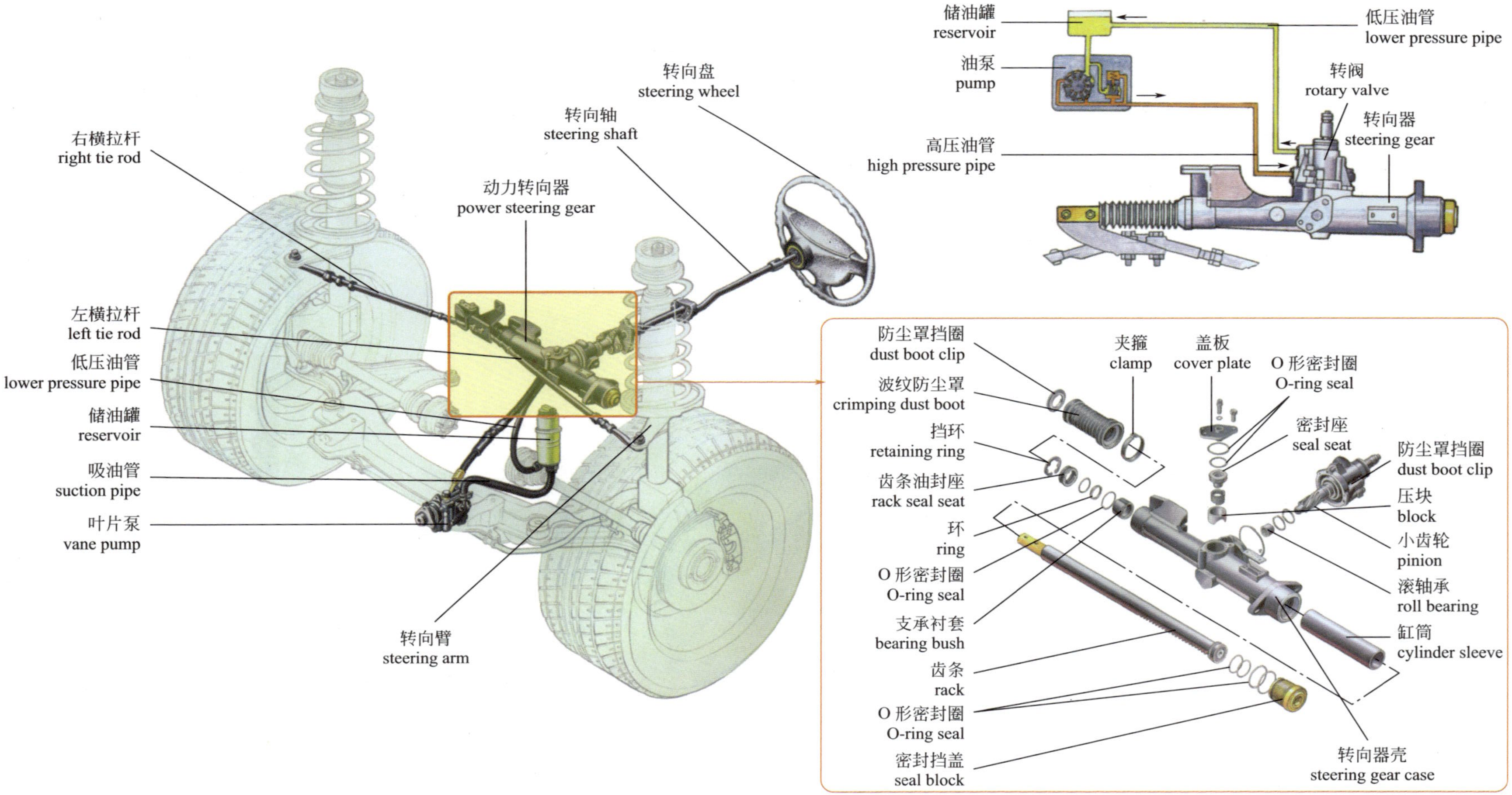

图3-14-7 转向系统部件

14.5 液压助力转向系统

所谓助力转向，是指借助外力使驾驶者用更少的力就能完成转向。助力转向按动力的来源可分为液压助力和电动助力两种。

机械式液压助力系统主要包括齿轮齿条转向结构和液压系统（液压助力泵、液压缸、活塞等）两部分（图3-14-8）。

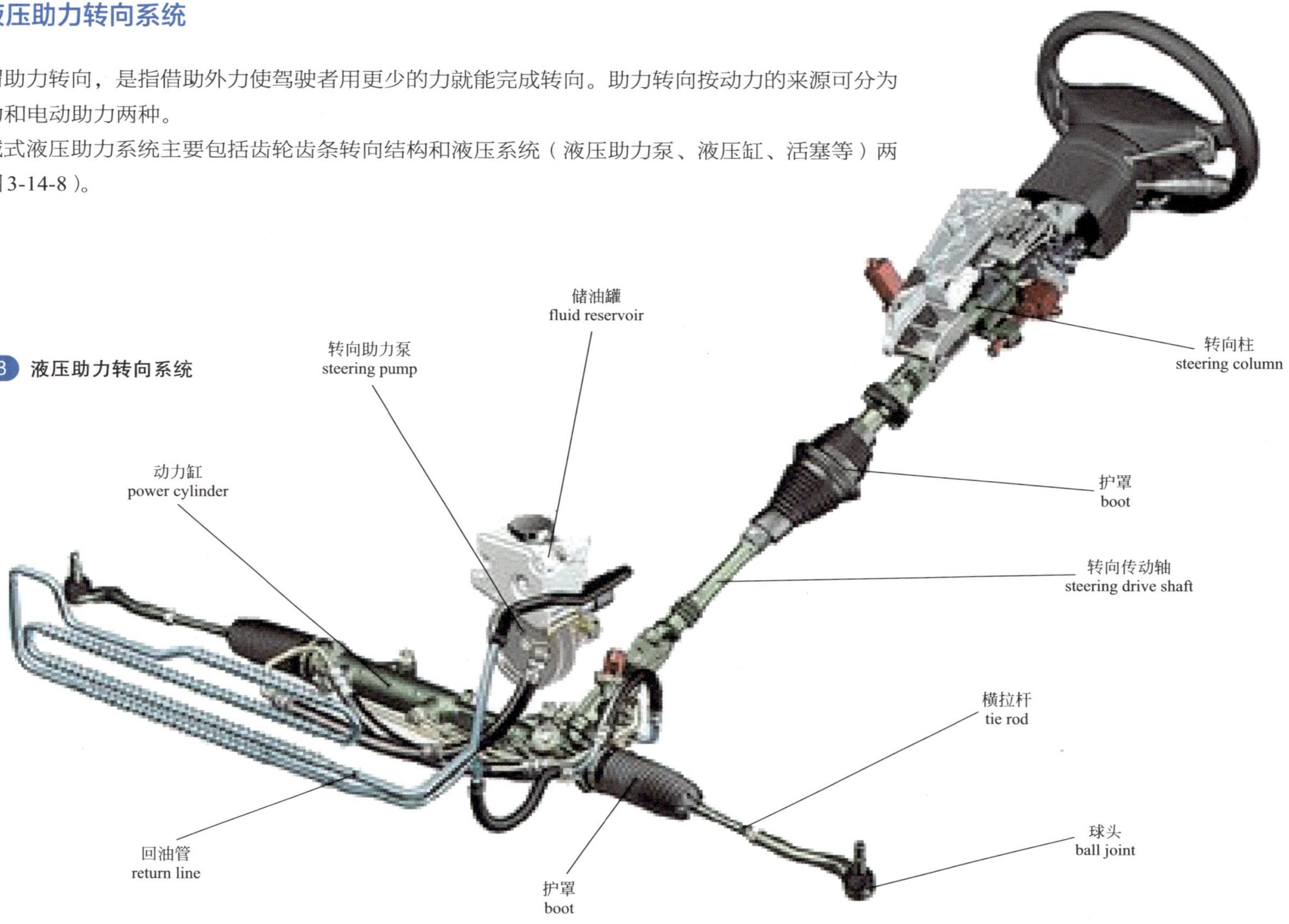

图3-14-8 液压助力转向系统

液压助力转向系统的工作原理是通过液压泵（由发动机皮带带动）提供油压推动活塞，进而产生辅助力推动转向拉杆，辅助车轮转向（图3-14-9）。

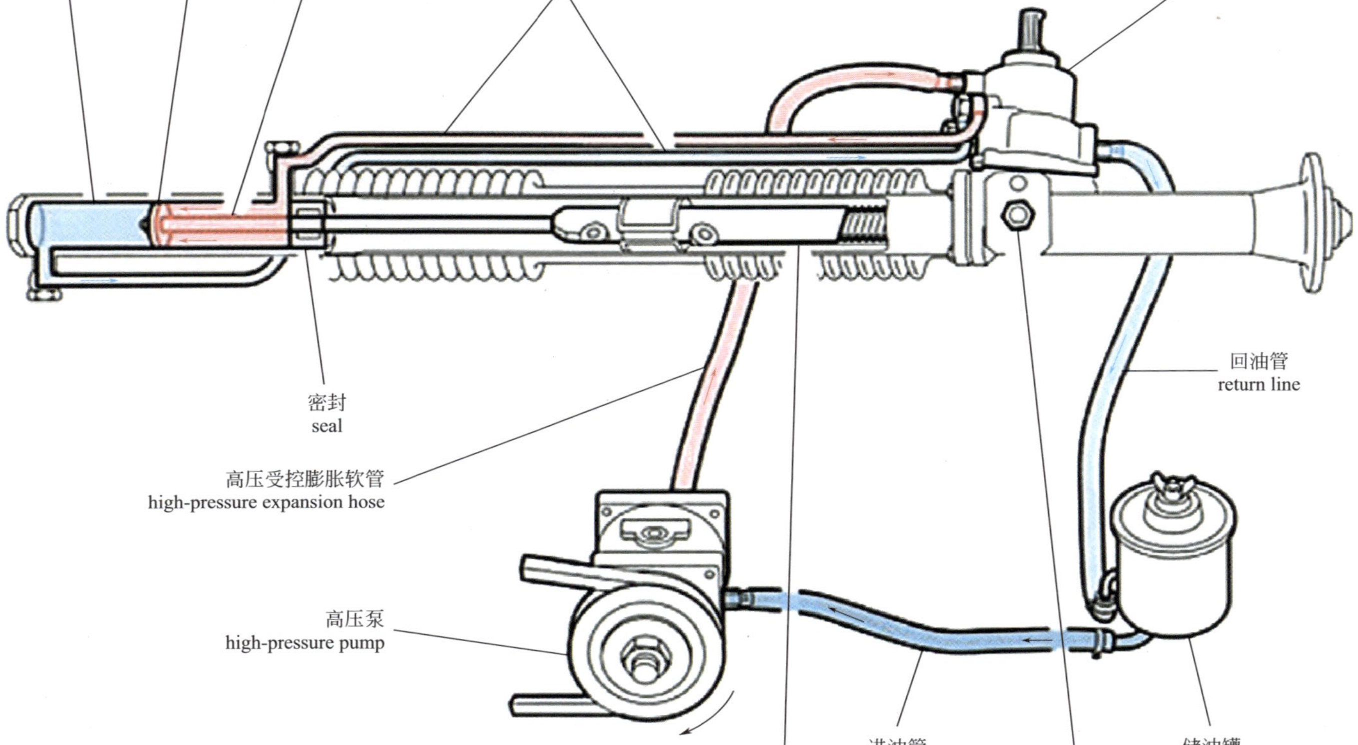

图3-14-9 液力助力转向系统工作原理

14.6 电动助力转向系统

电动助力转向系统由电动机直接提供转向助力，主要由传感器、控制单元和助力电动机构成，没有了液压助力系统的液压泵、液压管路、转向柱阀体等结构，结构非常简单（图3-14-10）。

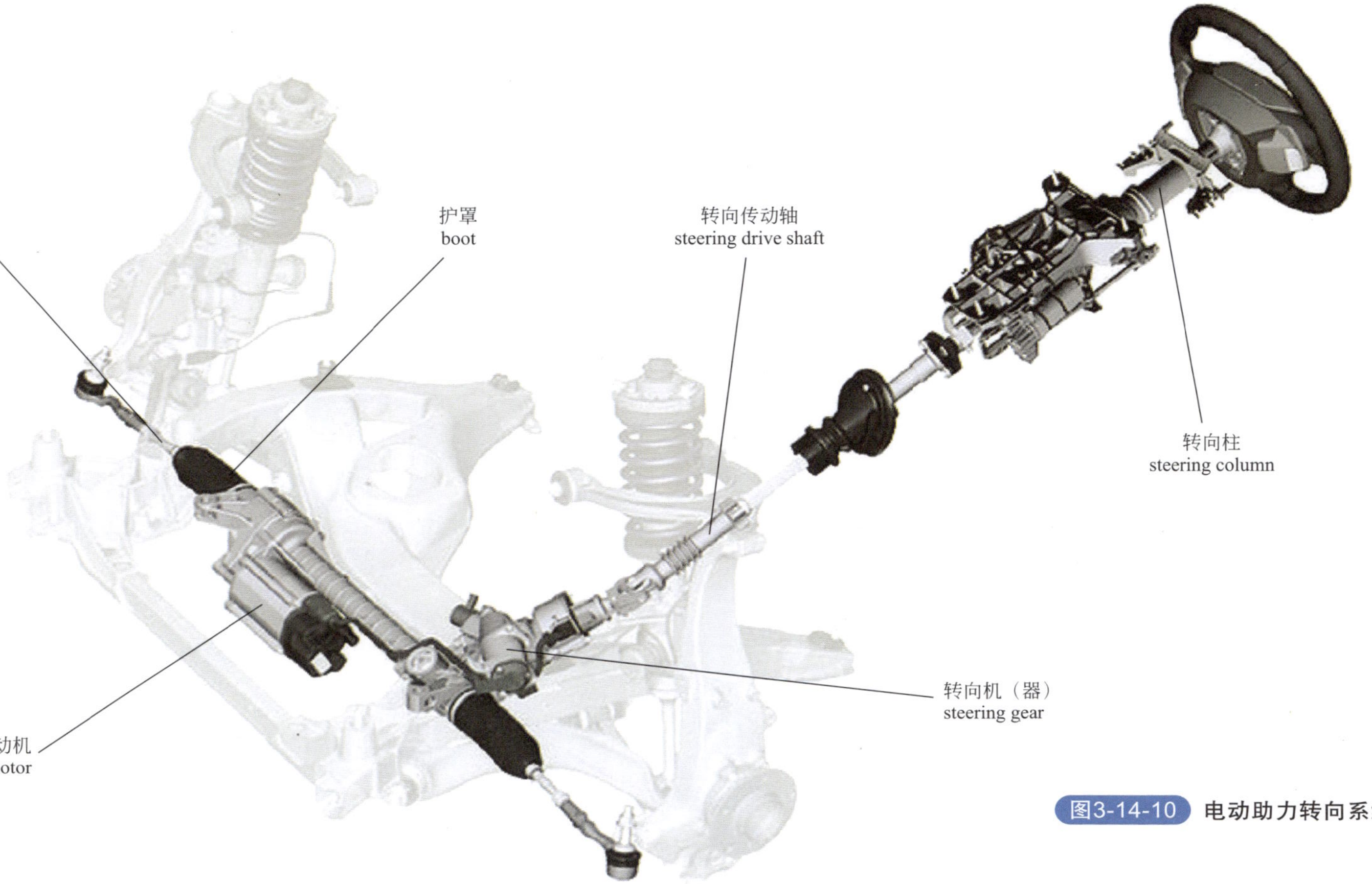
转向拉杆
steering tie rod
护罩
boot
转向传动轴
steering drive shaft
转向柱
steering column
转向机（器）
steering gear
助力电动机
power-assisted motor

图3-14-10 电动助力转向系统

电动助力转向原理：驾驶员在操纵转向盘进行转向时，转矩传感器检测到转向盘的转向以及转矩的大小，将电压信号输送到电子控制单元，电子控制单元根据转矩传感器检测到的转矩电压信号、转动方向和车速信号等，向电动机控制器发出指令，使电动机输出相应大小和方向的转向助力转矩，从而产生辅助动力。

丰田SUV电动助力转向采用无刷直流电机驱动，电压为42伏（图3-14-11）。

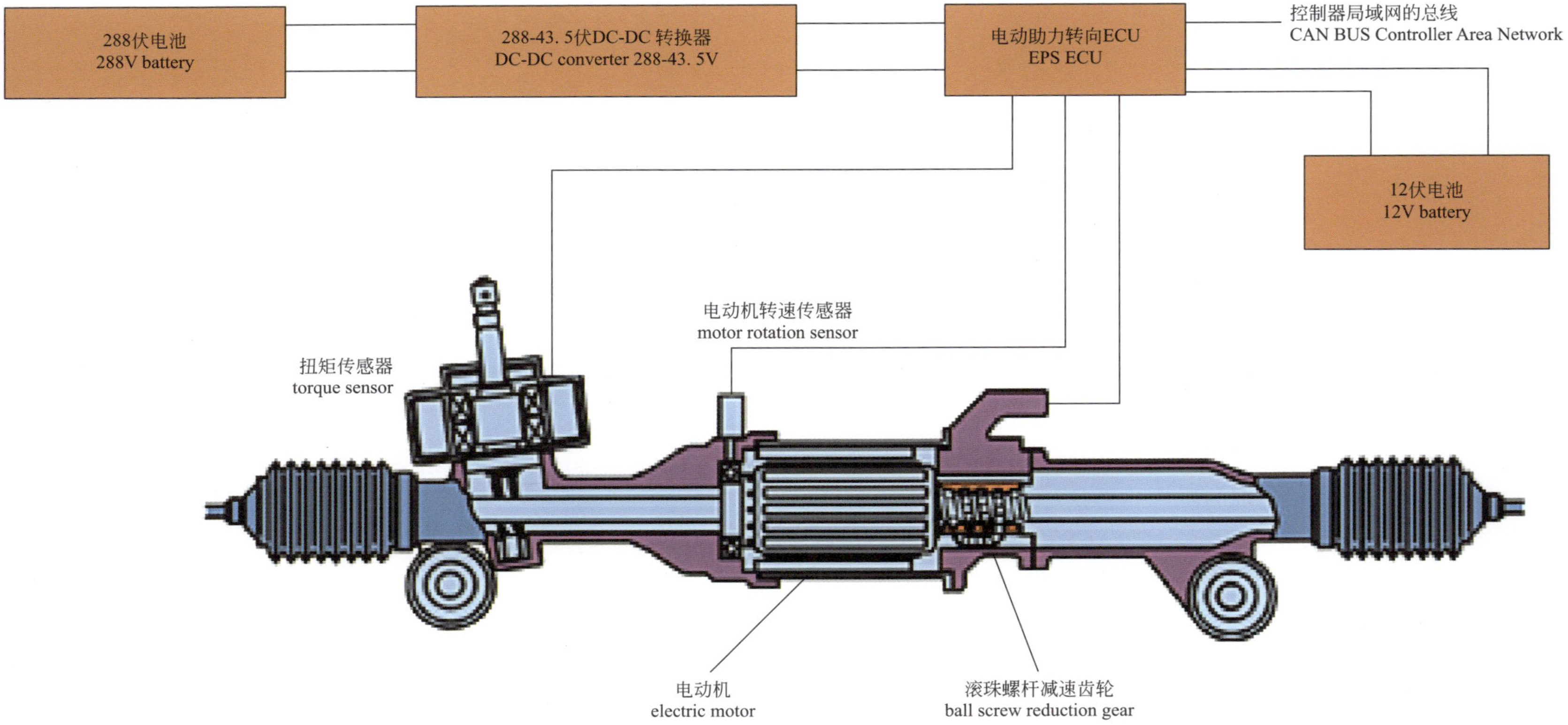

图3-14-11 丰田SUV电动助力转向

第15章 制动系统

15.1 概述

制动系统的作用是使行驶中的汽车按照驾驶员的要求进行强制减速甚至停车，使已停驶的汽车在各种道路条件下（包括在坡道上）稳定驻车，使下坡行驶的汽车速度保持稳定。

工作原理就是将汽车的动能通过摩擦转换成热能。汽车制动系统主要由供能装置、控制装置、传动装置和制动器等部分组成，常见的制动器主要有鼓式制动器和盘式制动器。按制动系统的作用，制动系统可分为行车制动系统、驻车制动系统等（图3-15-1）。

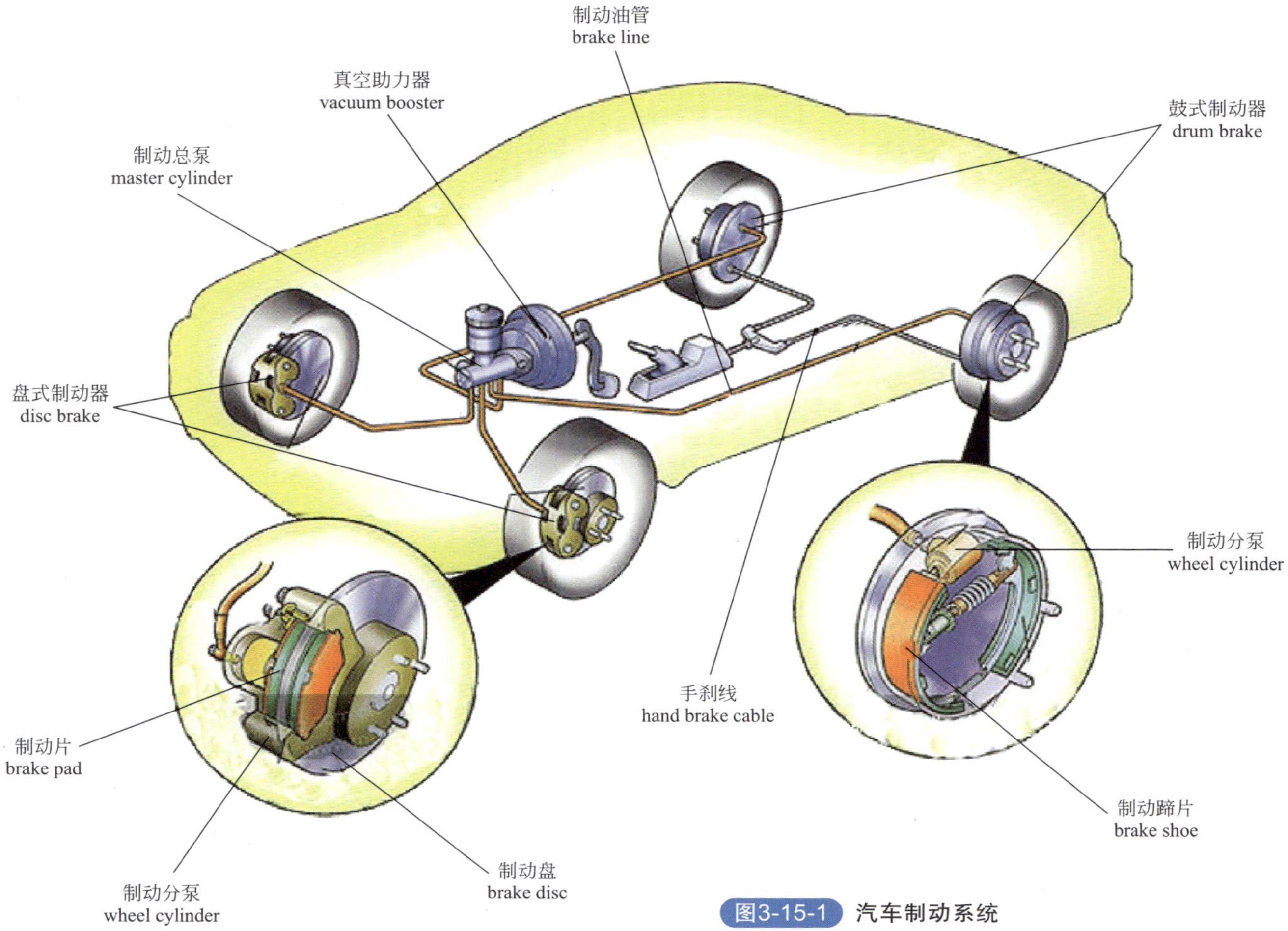

图3-15-1 汽车制动系统

15.2 制动系统的结构

制动系统部件如图3-15-2所示。

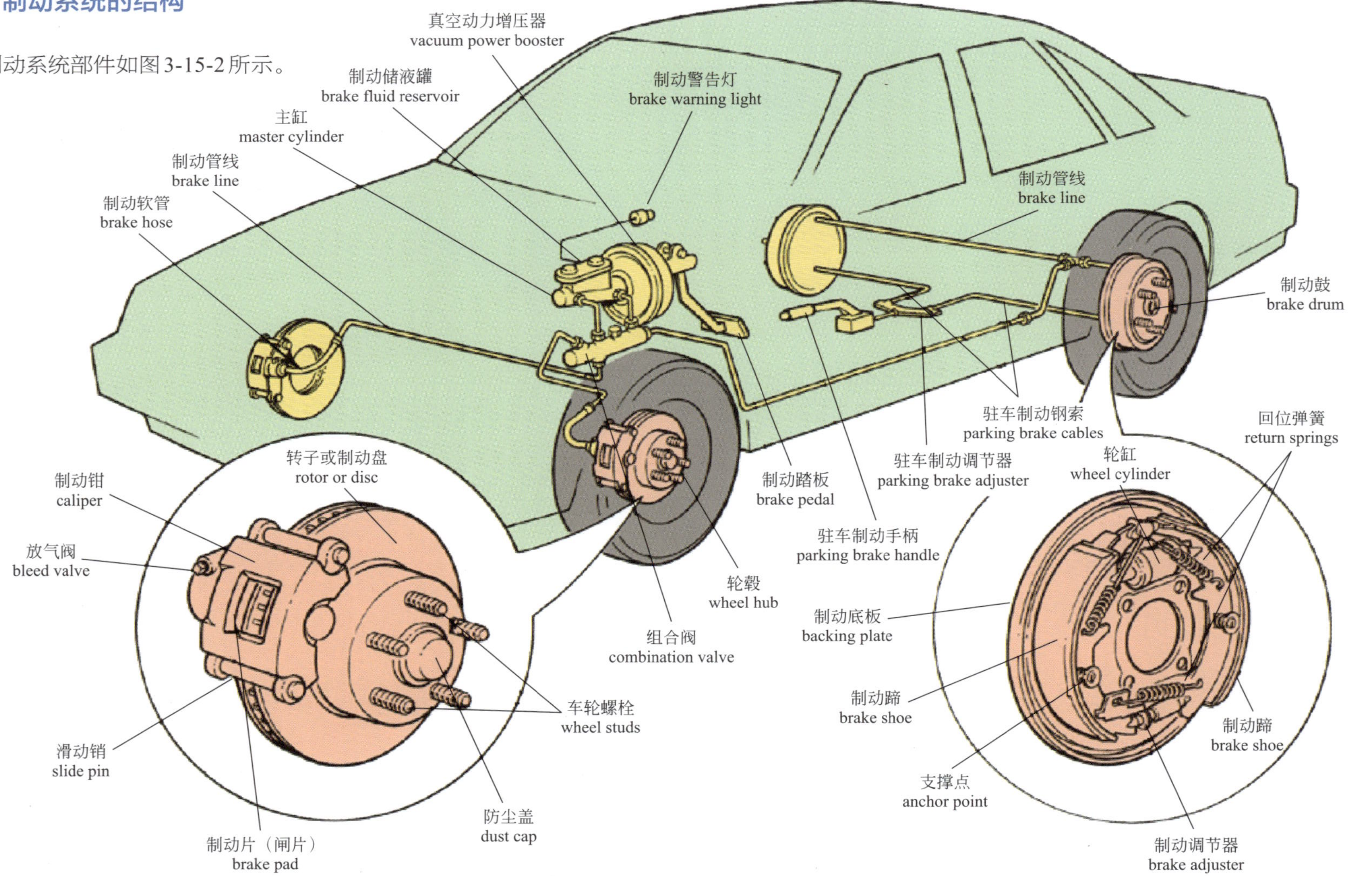

图3-15-2 制动系统部件

制动系统的结构如图3-15-3所示。

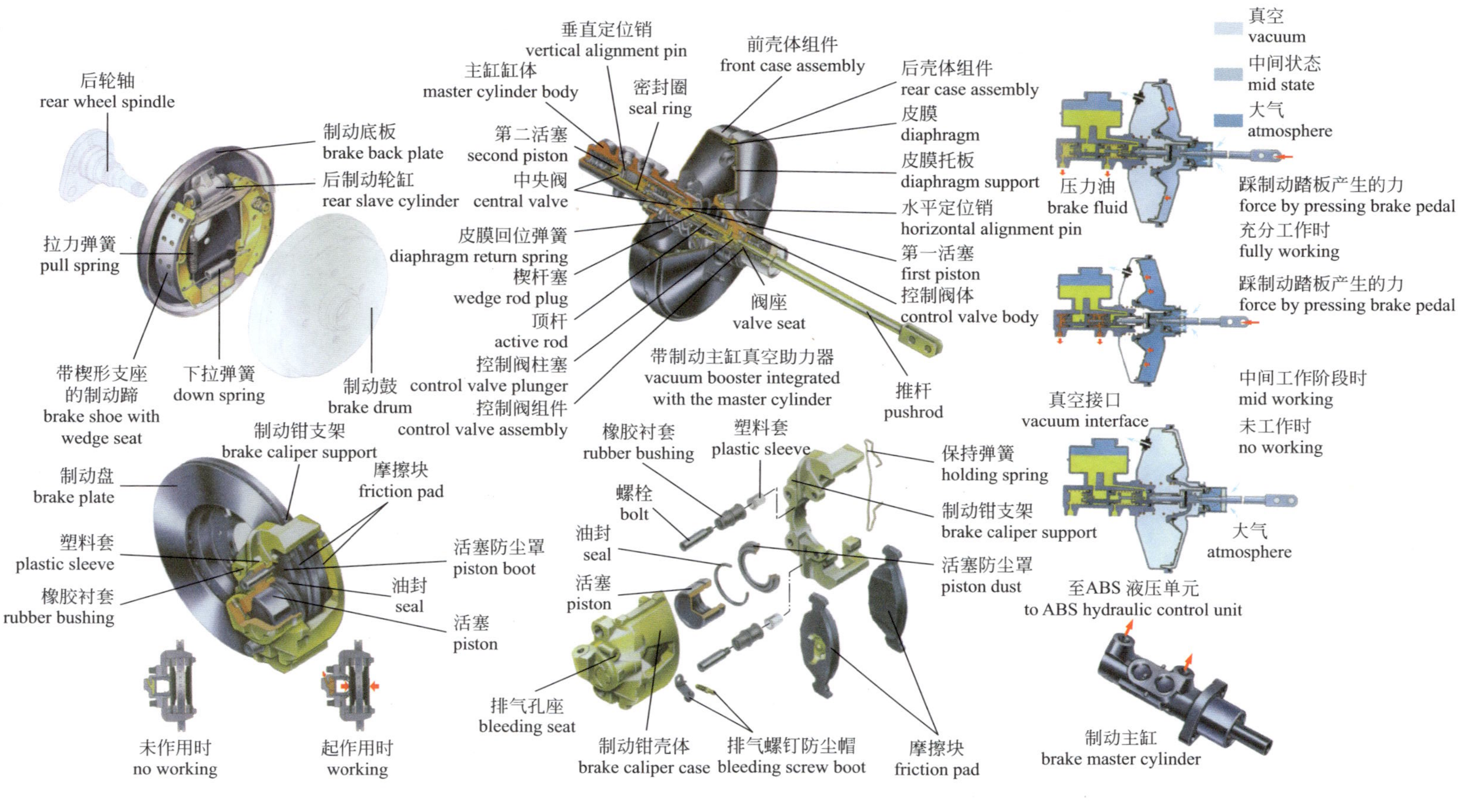

图3-15-3 制动系统结构

15.3 液压制动系统

在踩下制动踏板时，推动制动总泵的活塞运动，进而在油路中产生压力，制动液将压力传递到车轮的制动分泵推动活塞，活塞推动制动蹄向外运动，进而使得摩擦片与制动鼓发生摩擦，从而产生制动力（图3-15-4）。

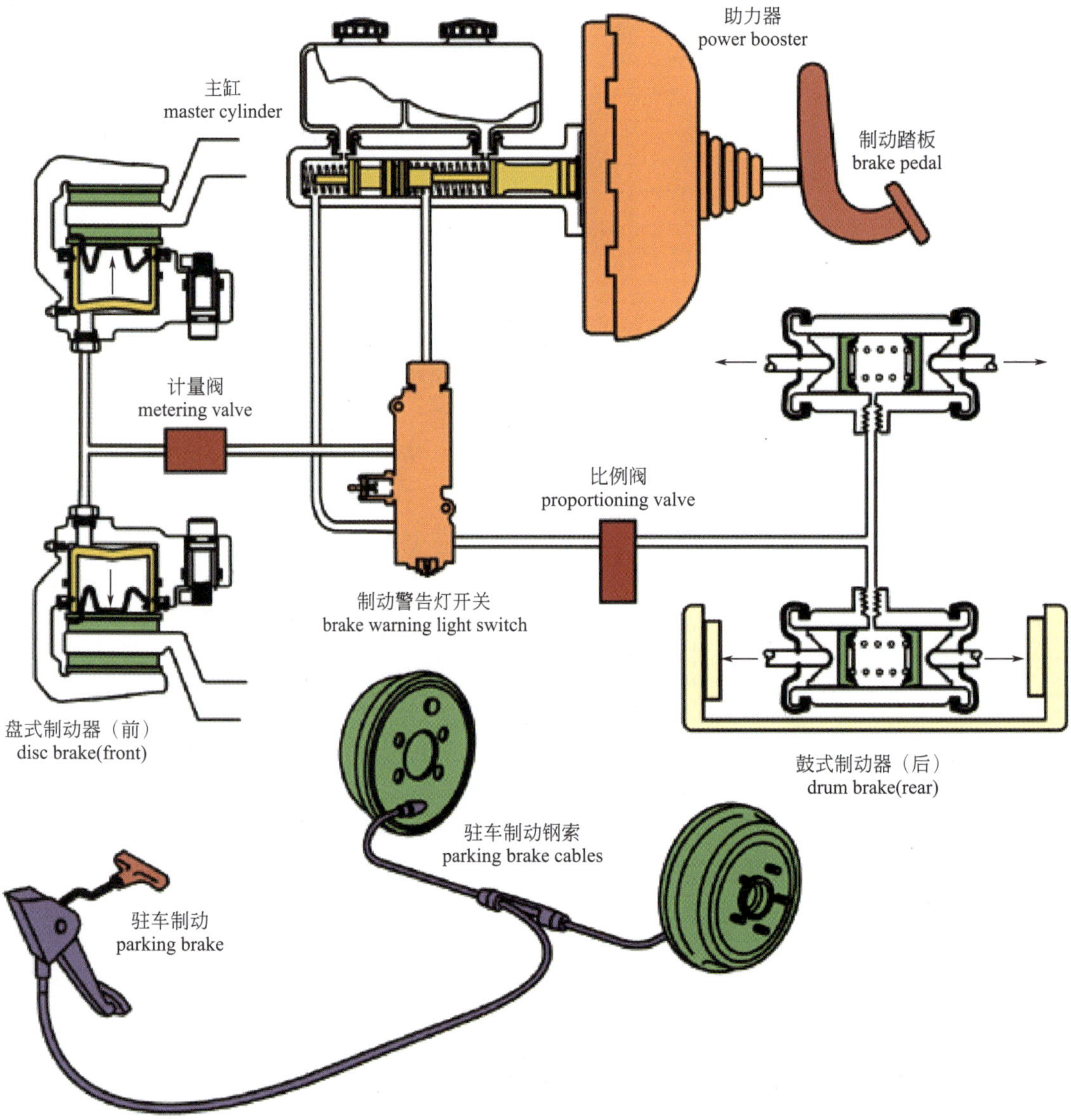

图3-15-4 液压制动系统

15.4 鼓式制动器

鼓式制动器主要包括制动轮缸、制动蹄、制动鼓、摩擦片、回位弹簧等部分。通过液压装置使摩擦片与车轮转动的制动鼓内侧面发生摩擦，从而起到制动的效果（图3-15-5）。

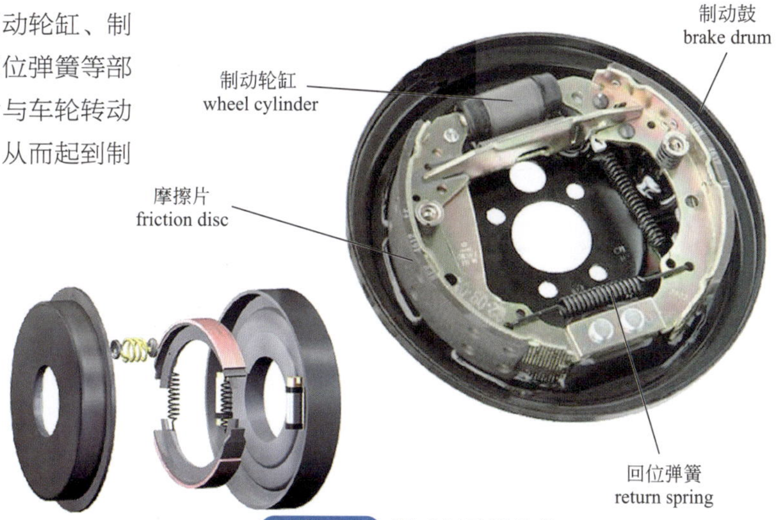

图3-15-5 鼓式制动器结构

鼓式制动器分解如图3-15-6所示。

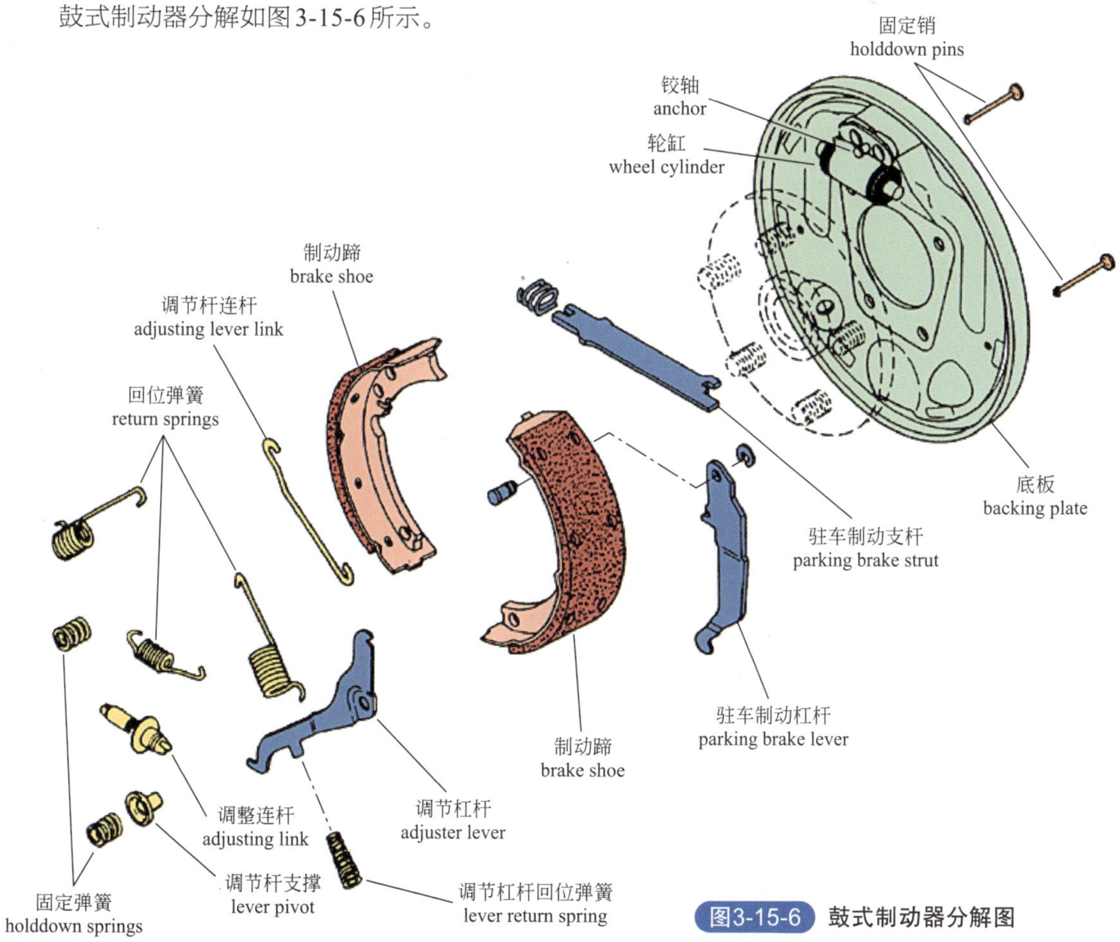

图3-15-6 鼓式制动器分解图

鼓式制动器原理：在踩下制动踏板时，推动制动总泵的活塞运动，进而在油路中产生压力，制动液将压力传递到车轮的制动轮缸推动活塞，活塞推动制动蹄向外运动，进而使得摩擦衬片与制动鼓发生摩擦，从而产生制动力（图3-15-7）。

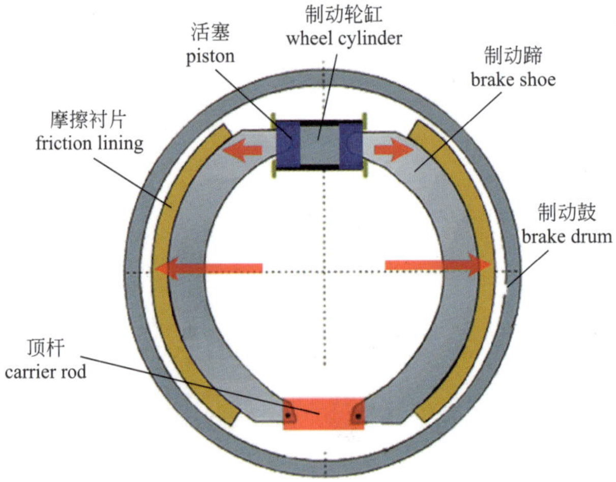

在踩下刹车踏板时，制动轮缸的活塞推动摩擦衬片向外运动，使摩擦衬片与刹车鼓的内面发生摩擦，以达到降低车速的目的

图3-15-7 鼓式制动器工作原理

15.5 盘式制动器

盘式制动器也叫碟式制动器，主要由制动盘、制动钳、摩擦片、分泵、油管等部分构成。盘式制动器通过液压系统把压力施加到制动钳上，使制动摩擦片与随车轮转动的制动盘发生摩擦，从而达到制动的目的（图3-15-8）。

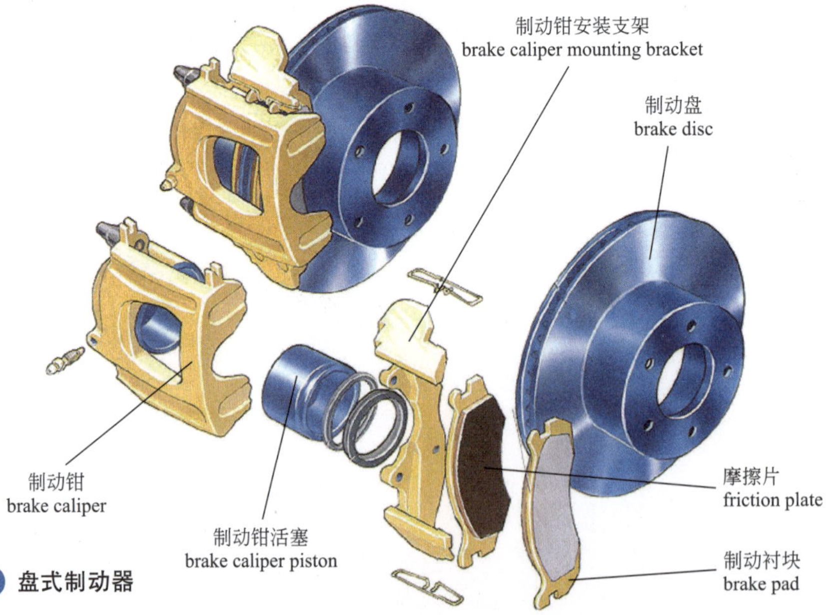

图3-15-8 盘式制动器

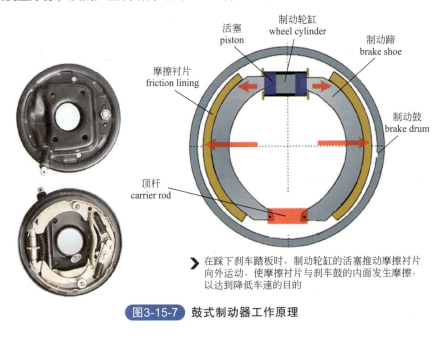

盘式制动器原理：主要通过施加在制动钳上的压力，使得摩擦片夹住旋转的制动盘（图3-15-9）。

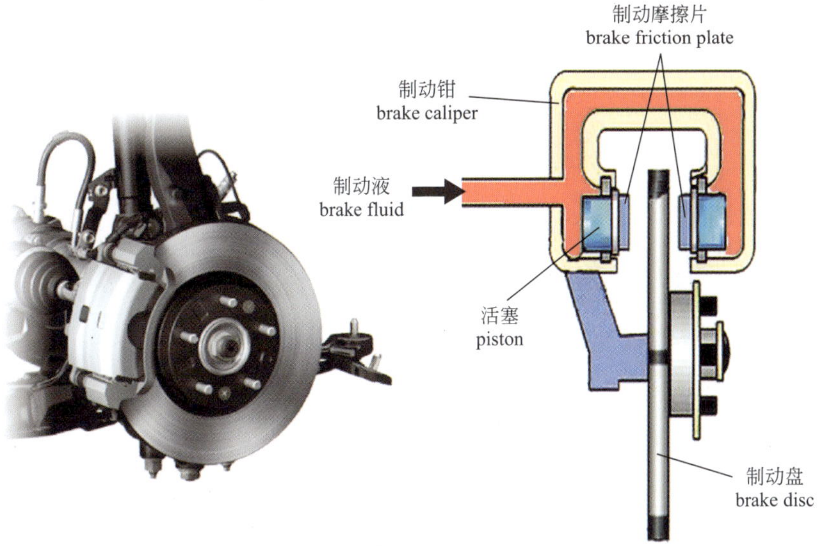

图3-15-9 盘式制动器工作原理

盘式制动器分解如图3-15-10所示。

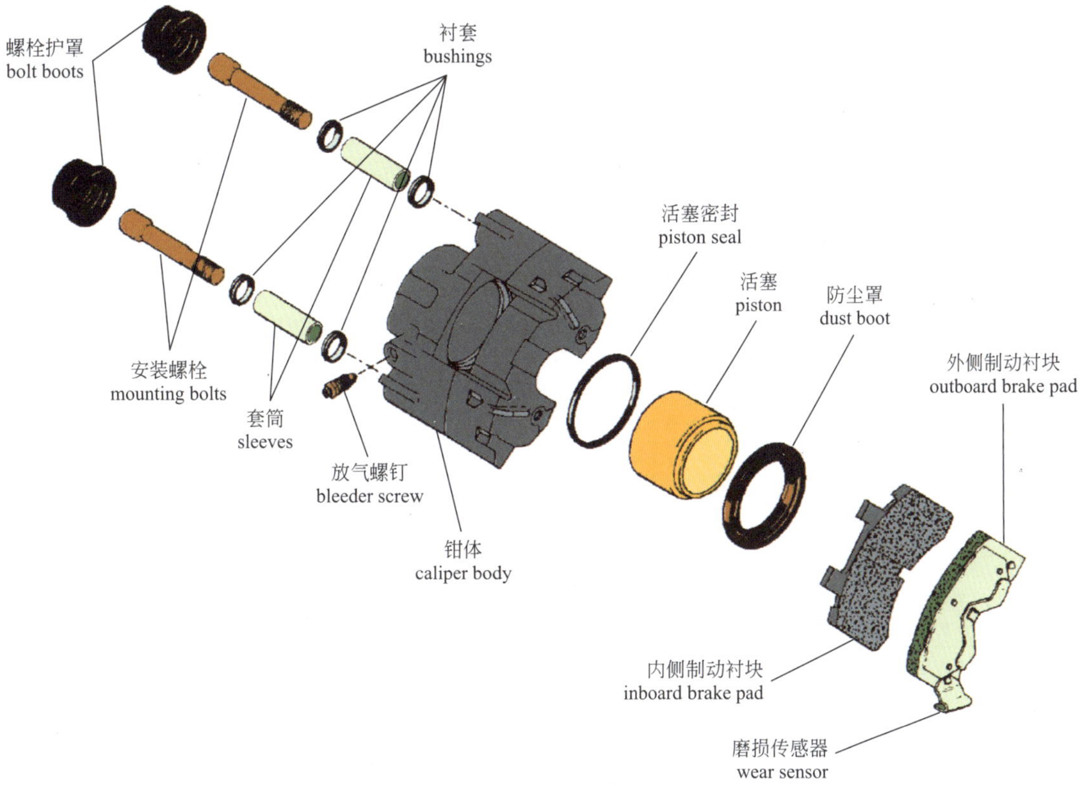

图3-15-10 盘式制动器分解图

15.6 制动助力器

制动助力器，是在人力液压制动传动装置的基础上，为了减轻驾驶员的踏板力的制动加力装置。它通常利用发动机进气管的真空为动力源，对液压制动装置进行加力。它在制动踏板和制动主缸之间，装有一个膜片式的助力器。膜片的一侧与大气连通，在制动时，使另一侧与发动机进气管连通，从而产生一个比踏板力大几倍的附加力，此时，主缸的活塞除了受踏板力外，还受到真空助力器产生的力，因此可以提高液压，从而减轻踏板力（图3-15-11）。

典型真空制动助力总成：真空管与发动机进气歧管相连，制动踏板行程传感器是防抱死制动系统输入信号传感器（图3-15-12）。

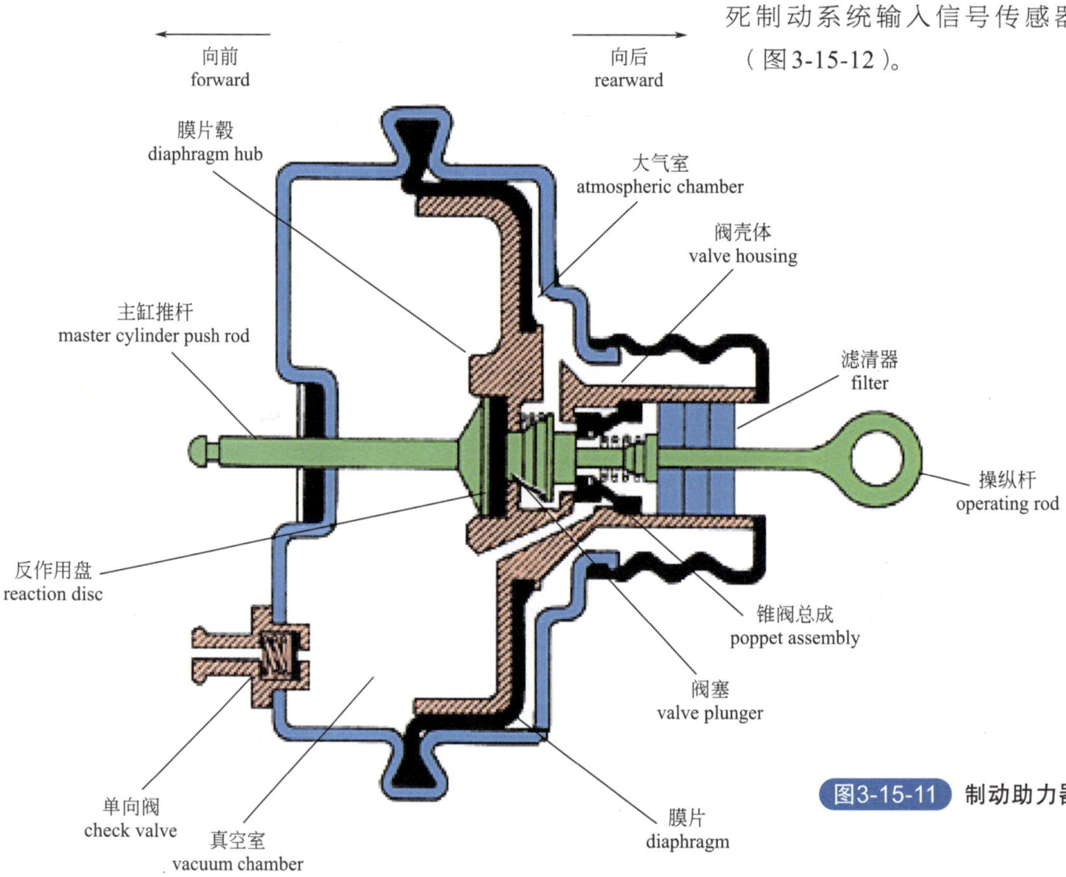

图3-15-11 制动助力器

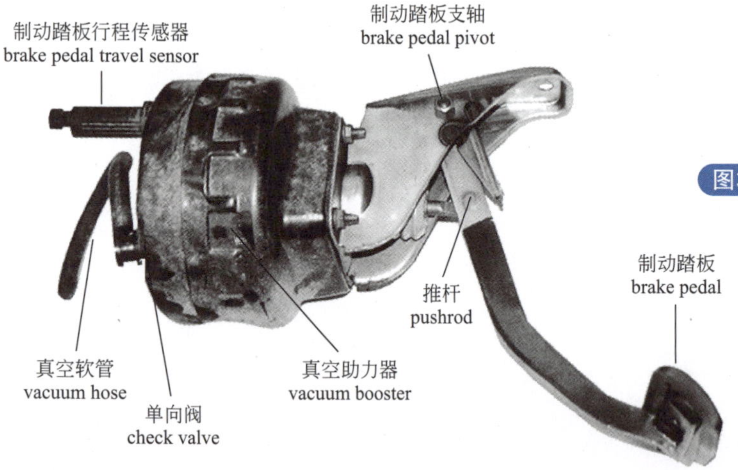

图3-15-12 典型真空制动助力总成

15.7 防抱死制动系统（ABS）

防抱死制动系统是一种具有防滑、防锁死等优点的汽车安全控制系统。ABS主要由电子控制单元、车轮转速传感器、制动压力调节装置和制动控制电路等部分组成（图3-15-13）。

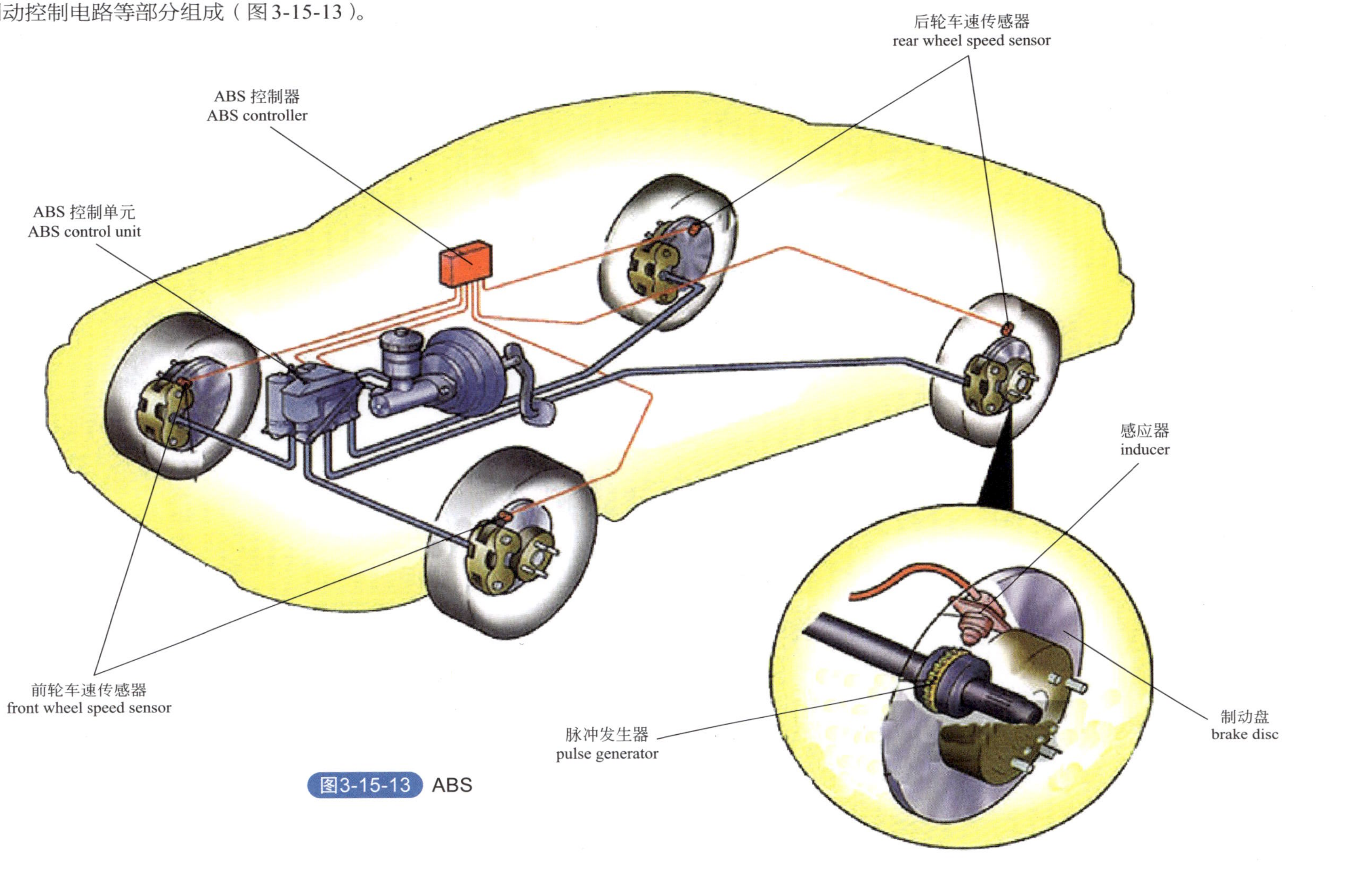

图3-15-13 ABS

防抱死制动系统的布置如图3-15-14所示。

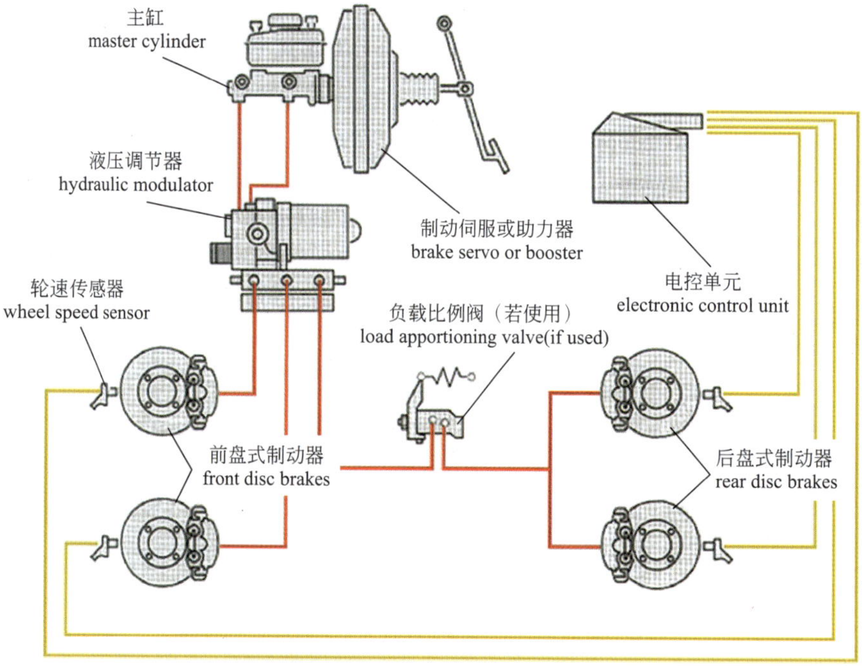

图3-15-14 防抱死制动系统的布置

ABS工作原理：制动过程中，ECU通过轮速传感器判断车轮是否被抱死，如车轮即将抱死，ECU发出命令，通过制动调节装置，减少制动动力，防止车轮抱死（图3-15-15）。

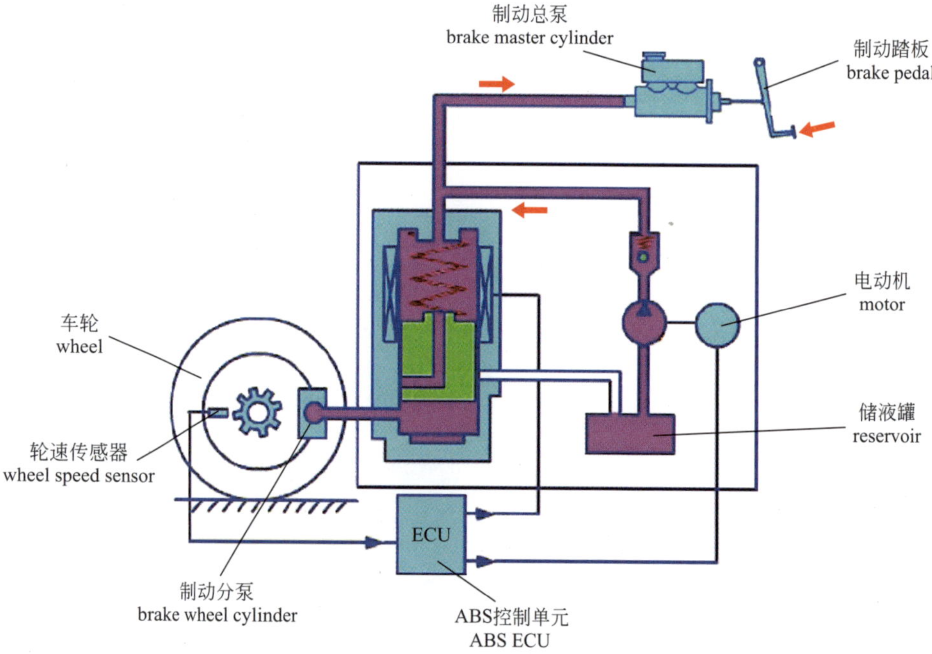

图3-15-15 ABS工作原理

PART 4

第4部分 车身

第1章 概述

车身安装在底盘的车架上，用以驾驶员、旅客乘坐或装载货物。轿车、客车的车身一般是整体结构，货车车身一般是由驾驶室和货厢两部分组成。典型乘用车车身的结构如图4-1-1所示。

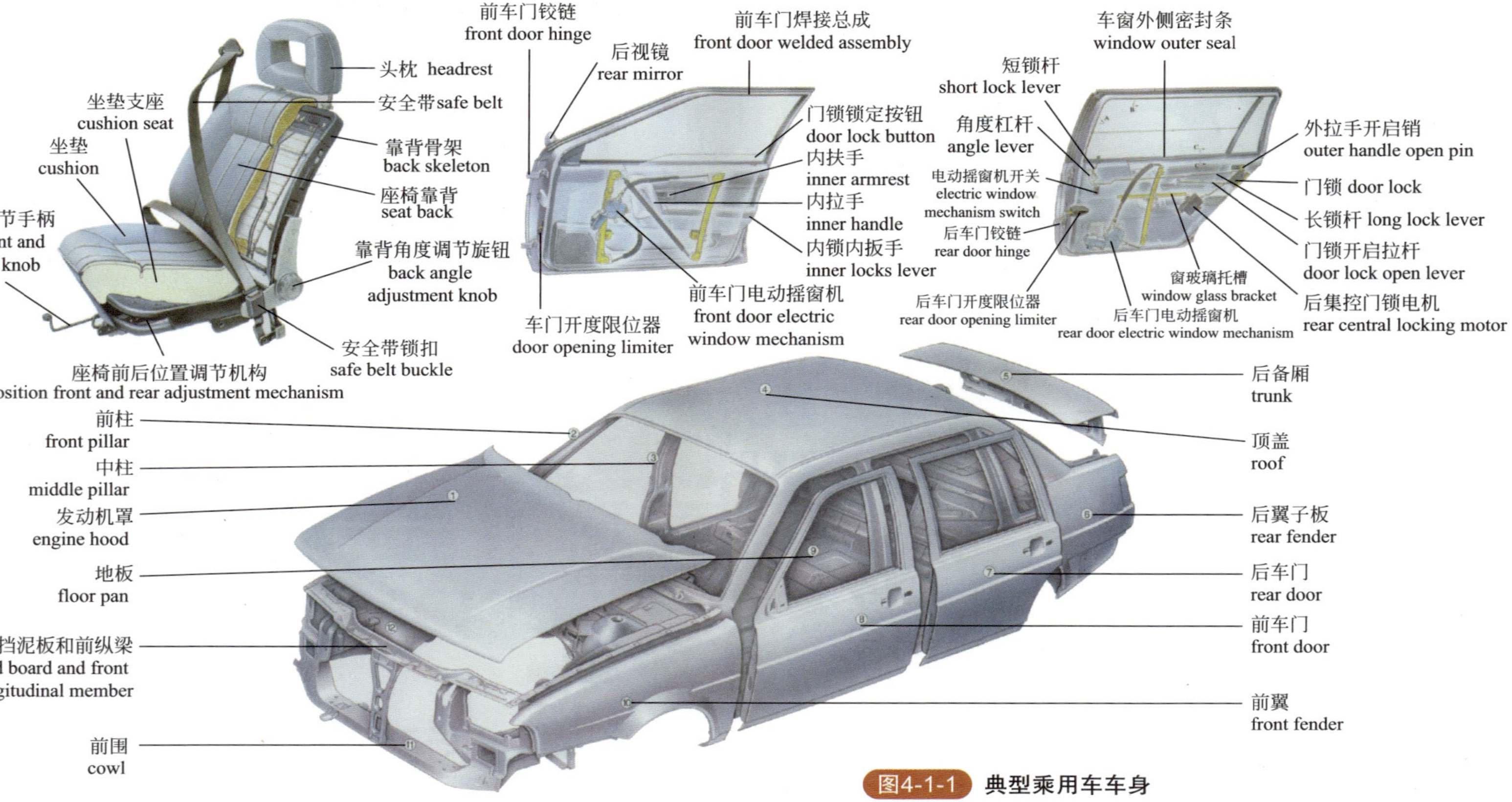

图4-1-1 典型乘用车车身

第2章
车架

2.1 概述

车架是支撑全车的基础，承受着在其上所安装的各个总成的各种载荷（图4-2-1）。

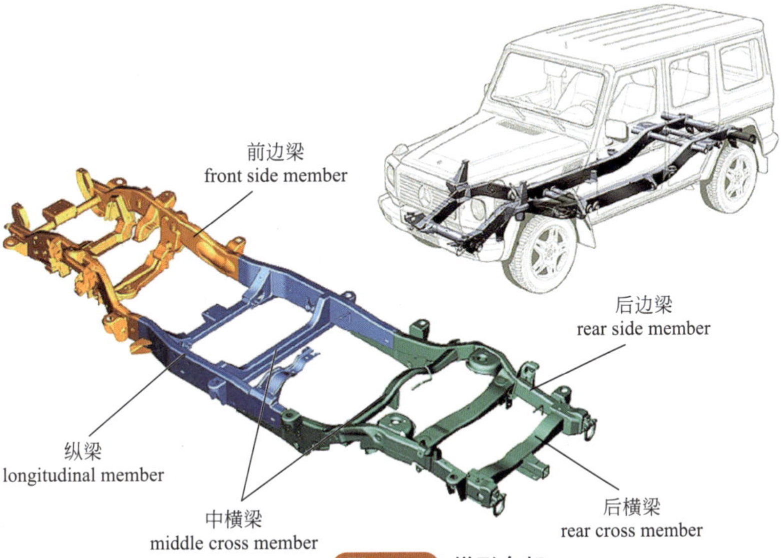

图4-2-1　梯形车架

2.2 车身分类

车身按受力分类一般分为非承载式车身和承载式车身两类。

2.2.1　非承载式车身

非承载式车身是指车架承载着整个车体，发动机、悬挂和车身都安装在车架上，车架上有用于固定车身的螺孔以及固定弹簧的基座的一种底盘形式（图4-2-2）。

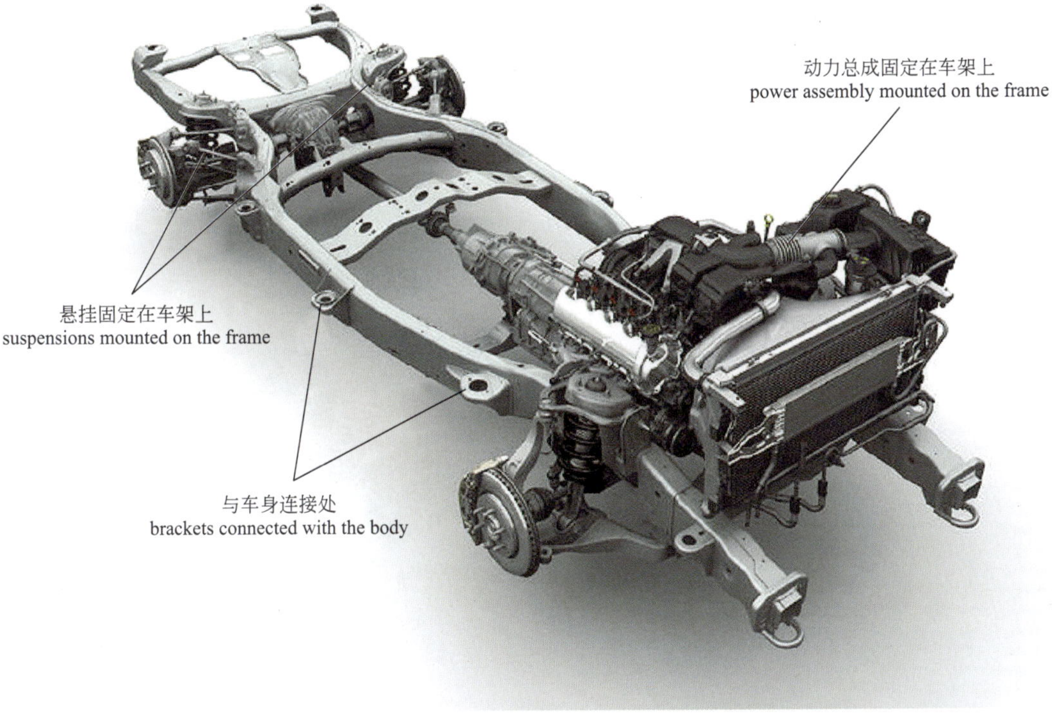

图4-2-2　非承载式车身

2.2.2　承载式车身

承载式车身的特点是汽车没有车架，车身就作为发动机和底盘各总成的安装基体，车身兼有车架的作用并承受全部载荷（图4-2-3）。

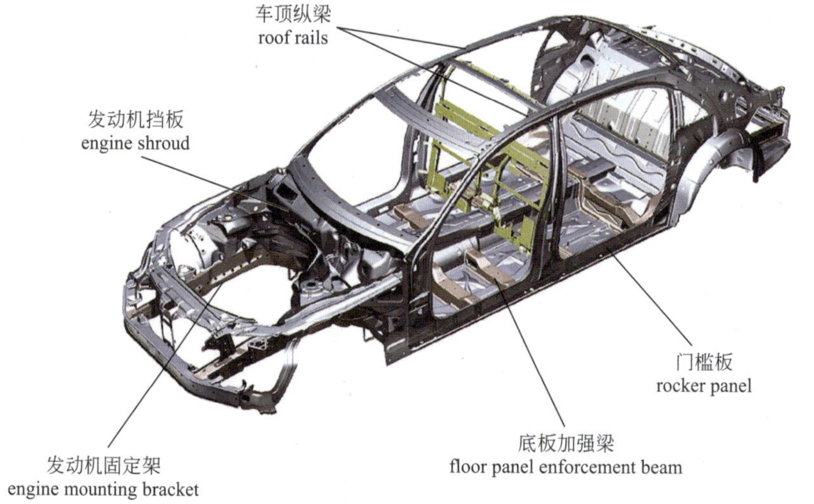

图4-2-3　承载式车身

承载式车身的分解如图4-2-4所示。

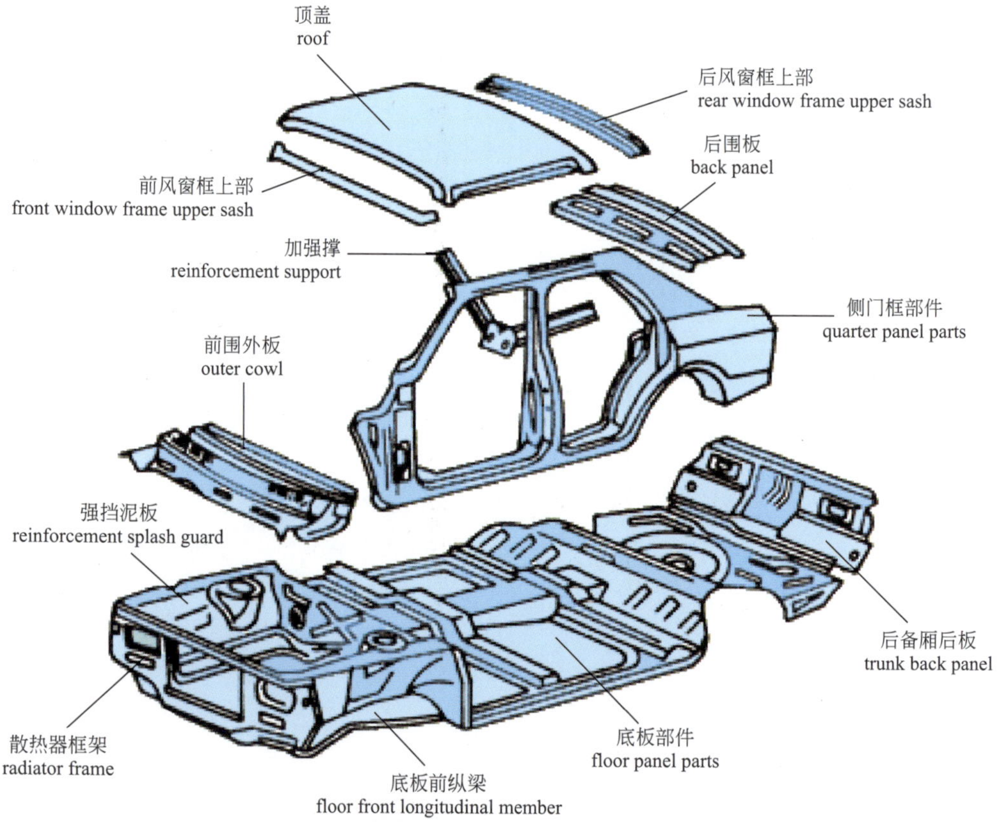

图4-2-4　承载式车身分解图

第3章

汽车安全系统

汽车安全系统主要分为两个方面，一是主动安全系统，二是被动安全系统。主动安全的作用就是避免事故的发生；而被动安全则是在发生事故时汽车对车内成员的保护或对被撞车辆或行人的保护，如安全带、安全气囊、车身的前后吸能区、车门防撞钢梁都属被动安全设计（图4-3-1）。

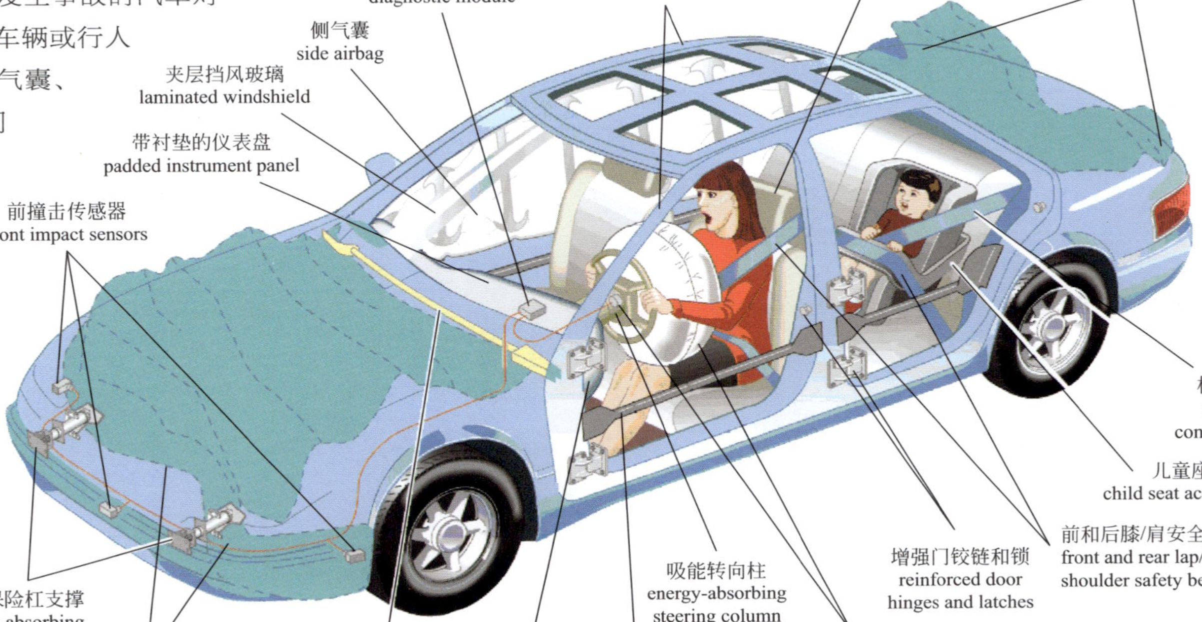

图4-3-1 安全系统

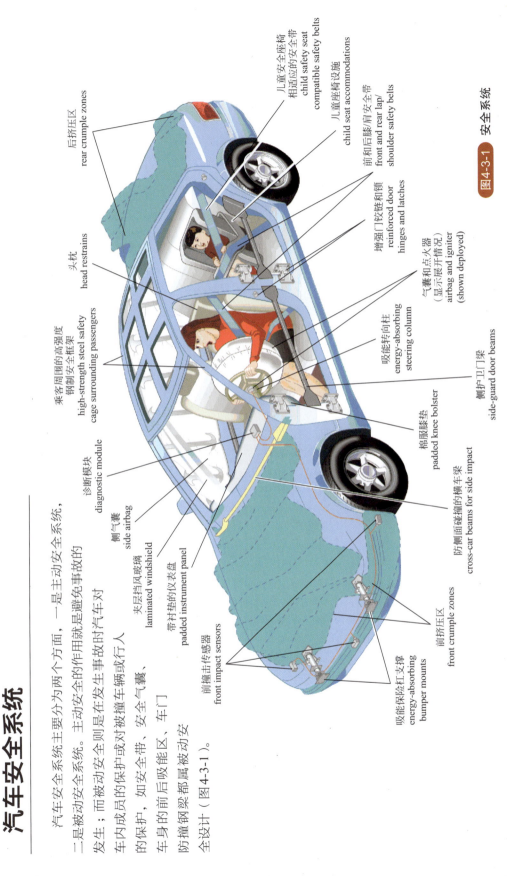

第5部分

汽车电器

第1章　汽车电器概述

第2章　启动系统

第3章　充电系统

第4章　点火系统

第5章　仪表

第6章　空调系统

第7章　安全气囊

PART 5

第1章 汽车电器概述

汽车电器由电源和用电设备两大部分组成。电源包括蓄电池和发电机。用电设备包括发动机的启动系统、汽油机的点火系统和其他用电装置（图5-1-1）。

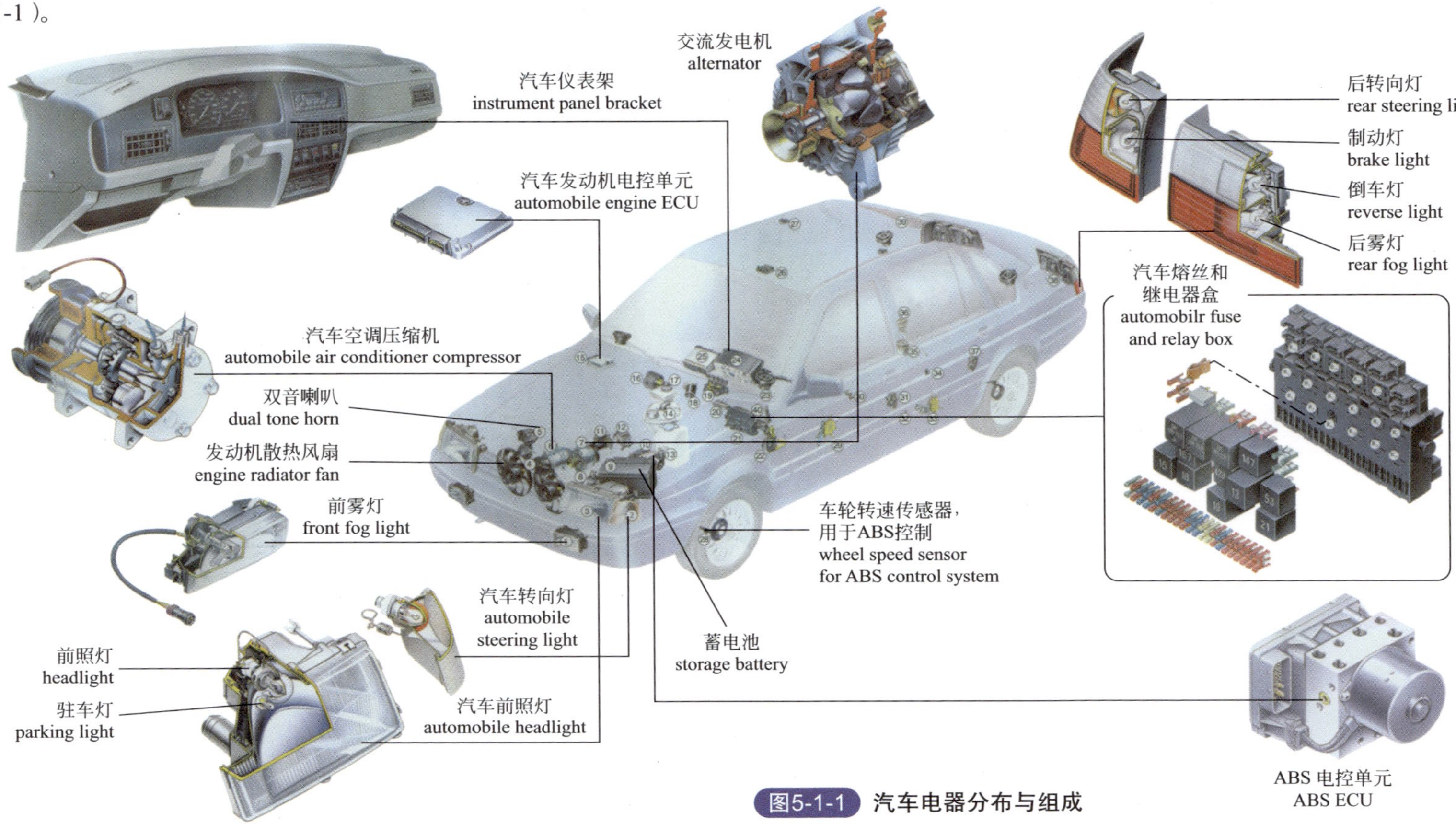

图5-1-1 汽车电器分布与组成

第2章 启动系统

2.1 概述

启动系统由蓄电池、点火开关、启动继电器、起动机等组成。启动系统的功用是通过起动机将蓄电池的电能转换成机械能，启动发动机运转（图5-2-1）。

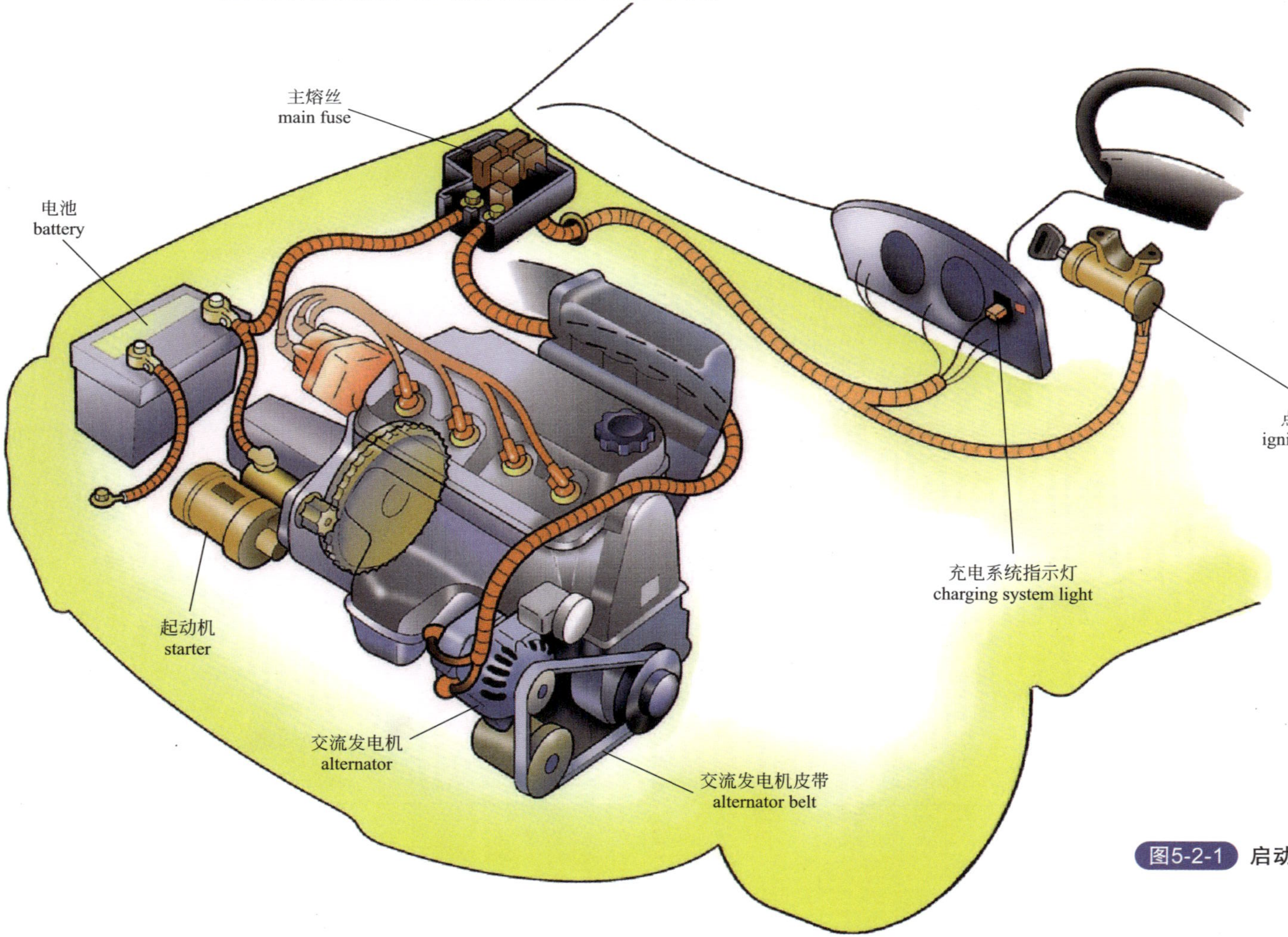

图5-2-1 启动系统

2.2 起动机部件与工作原理

起动机用三个部件来实现整个启动过程。直流电动机引入来自蓄电池的电流并且使起动机的驱动齿轮产生机械运动；传动机构将驱动齿轮啮合入飞轮齿圈，同时能够在发动机启动后自动脱开；起动机电路的通断则由一个电磁开关来控制（图5-2-2）。

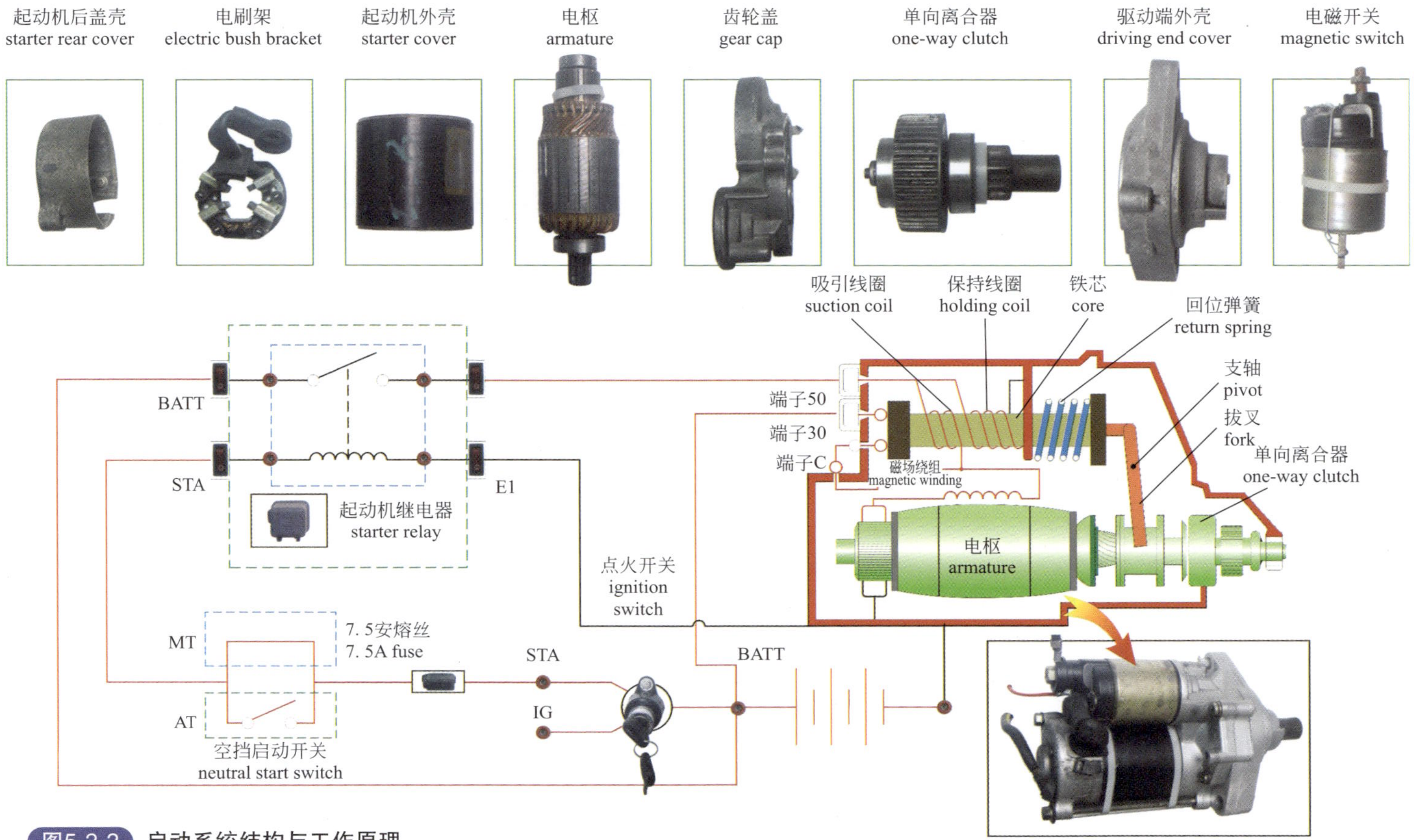

图5-2-2 启动系统结构与工作原理

2.3 起动机结构（图5-2-3）

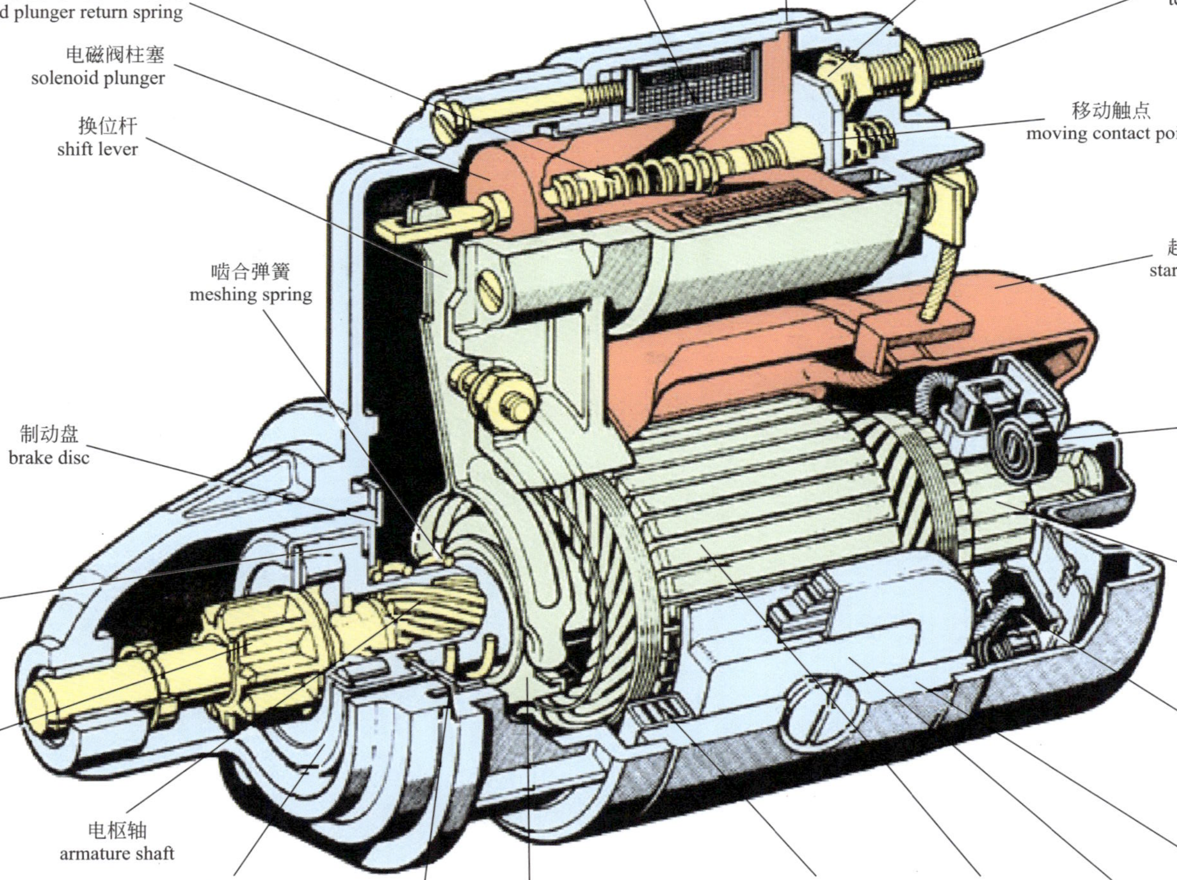
电磁阀柱塞回位弹簧
solenoid plunger return spring
电磁阀柱塞
solenoid plunger
换位杆
shift lever
啮合弹簧
meshing spring
制动盘
brake disc
驱动板
driver
小齿轮
pinion gear
电枢轴
armature shaft
超越离合器
overrunning clutch
止块
stop
导向环
guide ring
磁场绕组
field winding
电枢极
armature pole
极靴
pole piece
起动机壳体
starter housing
电刷
brush
换向器
commutator
电刷弹簧
brush spring
起动机端盖
starter end frame
移动触点
moving contact point
接线柱
terminal
触点
contact point
电磁线圈
solenoid
电磁线圈绕组
solenoid windings

图5-2-3 起动机剖面图

分解的起动机如图5-2-4所示。

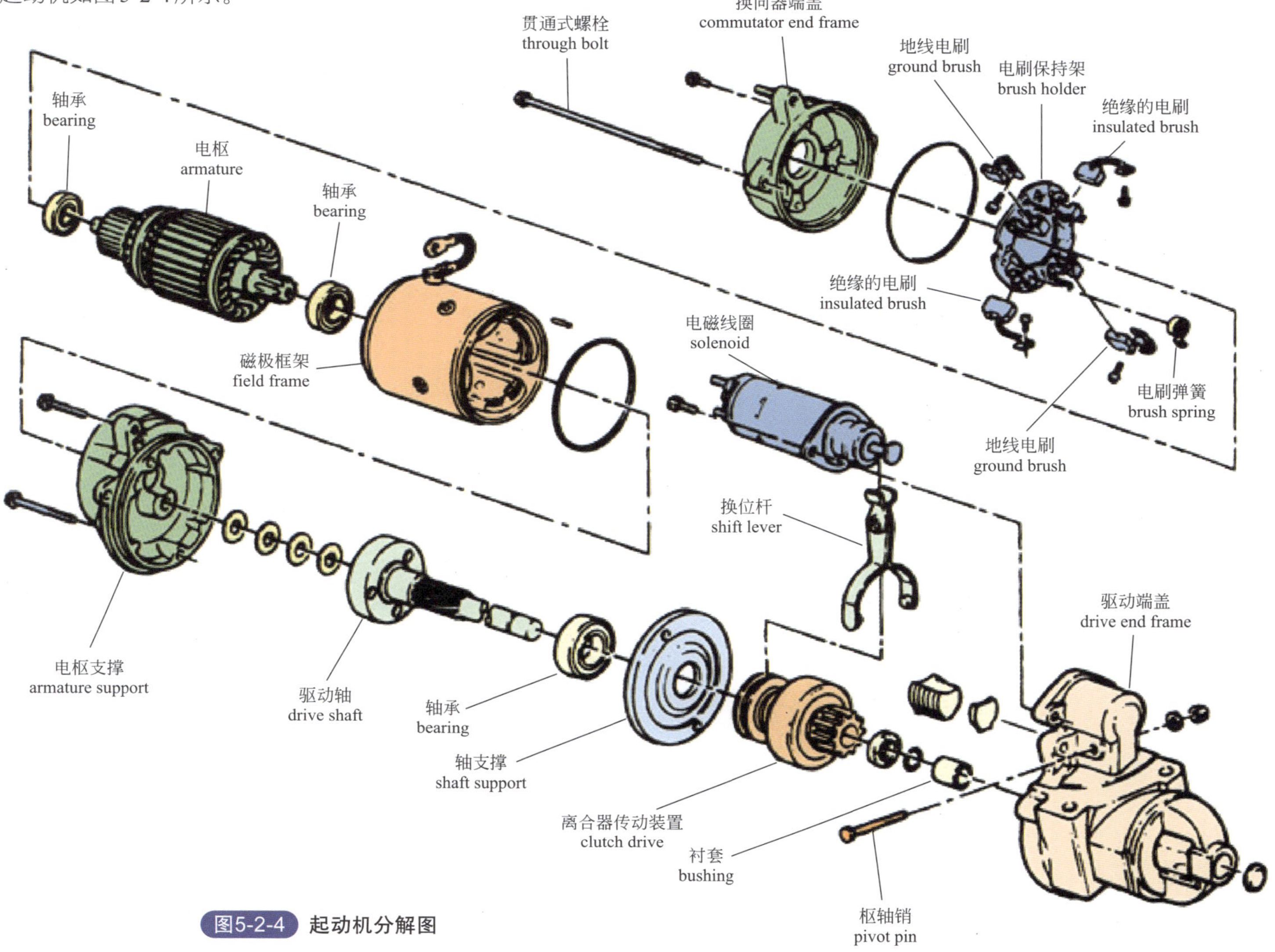

图5-2-4 起动机分解图

2.3.1　起动机齿轮减速机构

在电动机的电枢轴与驱动齿轮之间安装齿轮减速器，可以在降低电动机转速的同时提高其转矩（图5-2-5）。

2.3.2　起动机单向离合器

当启动时，起动机通过单向离合器带动曲轴旋转，当发动机启动后，由于它的转速高于启动电动机的转速，单向离合器就把启动电动机与发动机的转动脱开，以保护启动电动机避免损坏（图5-2-6）。

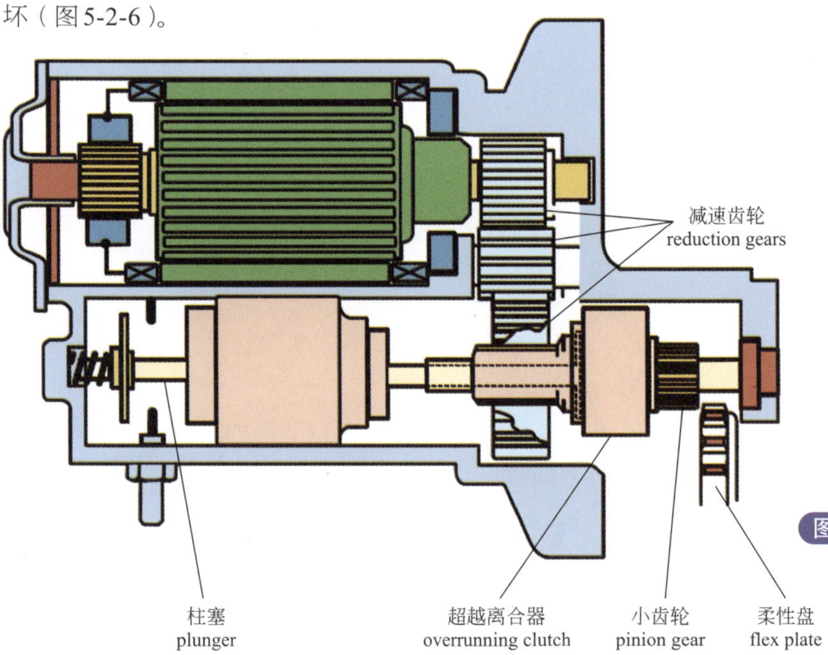

图5-2-5　典型减速起动机

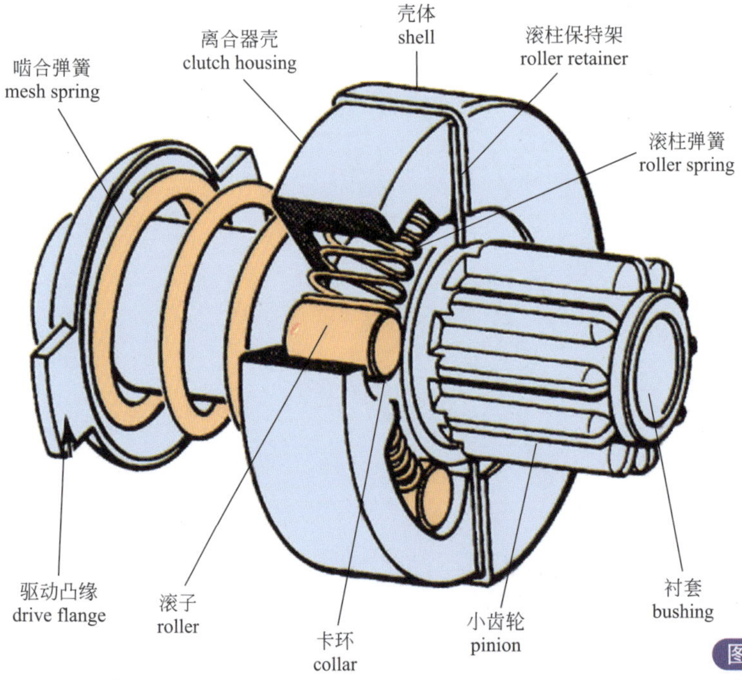

图5-2-6　起动机单向离合器

第3章
充电系统

3.1 概述

汽车充电系统由蓄电池、交流发电机及工作状态指示装置组成。在充电系统中，一般还包括调压器、点火开关、充电指示灯、电流表和保险装置等（图5-3-1）。

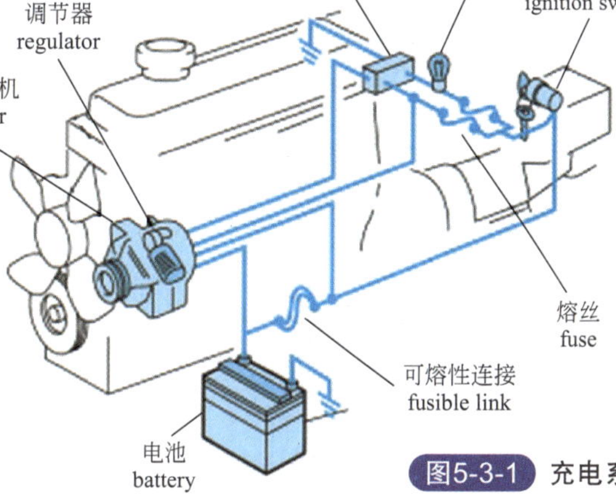

图5-3-1 充电系统

3.2 发电机

汽车发电机是汽车的主要电源，其功用是在发动机正常运转时（怠速以上），向所有用电设备（起动机除外）供电，同时向蓄电池充电。汽车用发电机可分为直流发电机和交流发电机，以及有电刷和无电刷发电机（图5-3-2）。

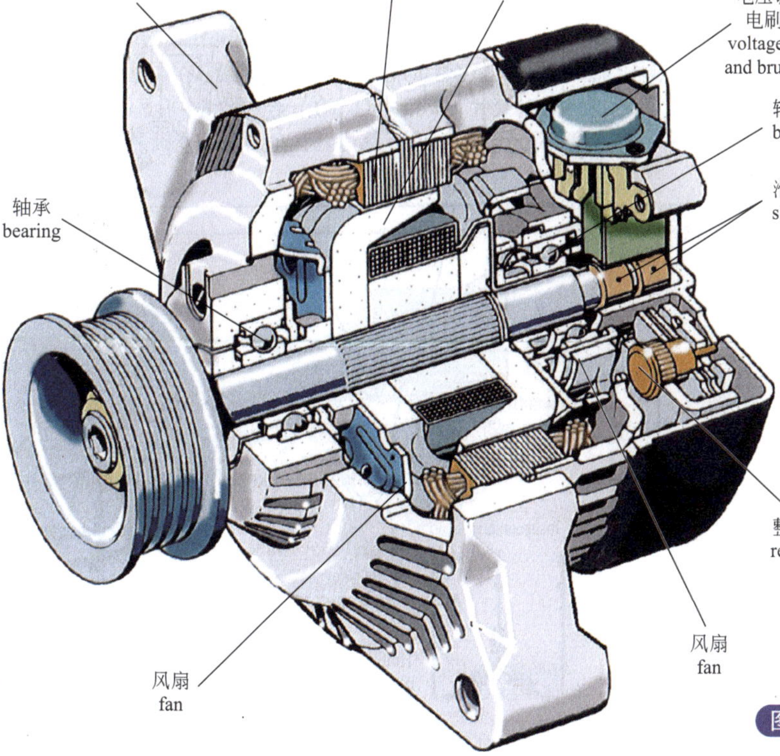

图5-3-2 剖开的交流发电机

典型交流发电机分解如图5-3-3所示。

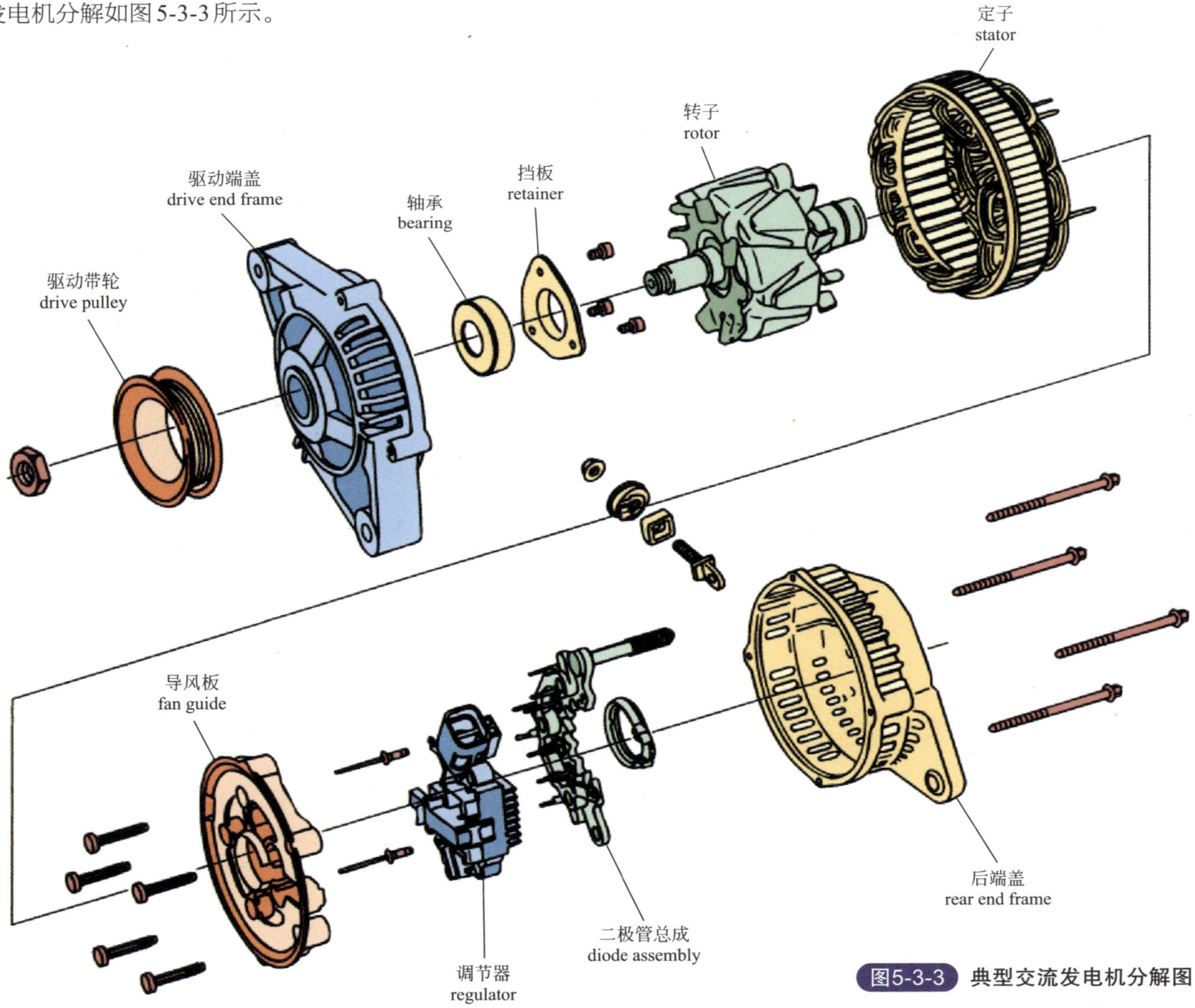

图5-3-3　典型交流发电机分解图

3.2.1　交流发电机结构

发电机通常由定子、转子、端盖及轴承等部件构成。定子由定子铁芯、线包绕组、机座以及固定这些部分的其他结构件组成。定子的功用是产生交流电。转子由转子铁芯（或磁极、磁扼）绕组、护环、中心环、滑环、风扇及转轴等部件组成。转子的功用是产生磁场，安装在定子里边（图5-3-4）。

图5-3-4　分解的交流发电机

3.2.2　交流发电机的工作原理

当外电路通过电刷使励磁绕组通电时，便产生磁场，使爪极被磁化为N极和S极。当转子旋转时，磁通交替地在定子绕组中变化，根据电磁感应原理可知，定子的三相绕组中便产生交变的感应电动势（图5-3-5）。

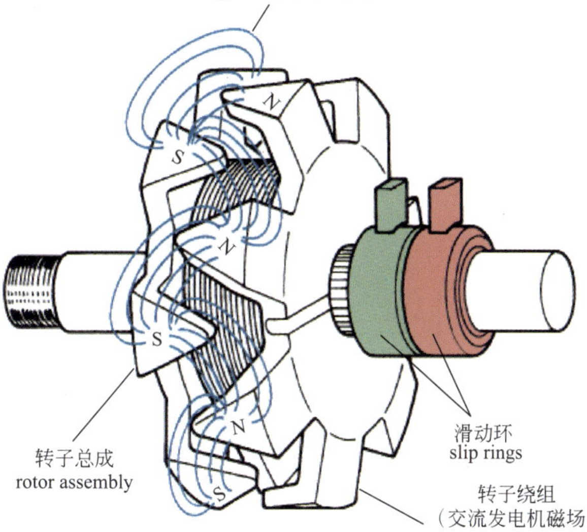

图5-3-5　交流发电机的工作原理

3.3 蓄电池

蓄电池主要负责启动汽车发动机和为车内电控系统供电，保证车辆的正常运行。在不供电时通过安装在发动机上的发电机为其充电，在发动机不工作时为电控系统供电。

3.3.1 蓄电池结构

蓄电池由正负极板、隔板、壳体、电解液和接线桩头等组成，放电的化学反应是依靠正极板活性物质和负极板活性物质在电解液的作用下进行的（图5-3-6）。

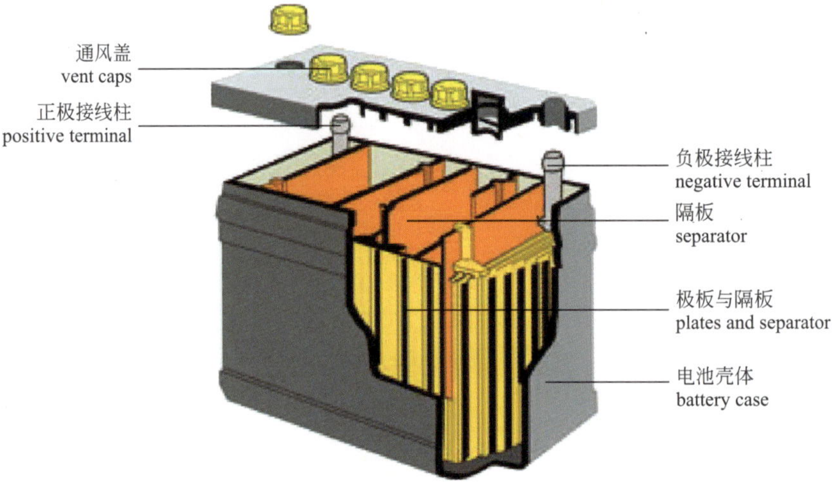

图5-3-6 蓄电池结构

蓄电池极板如图5-3-7所示。

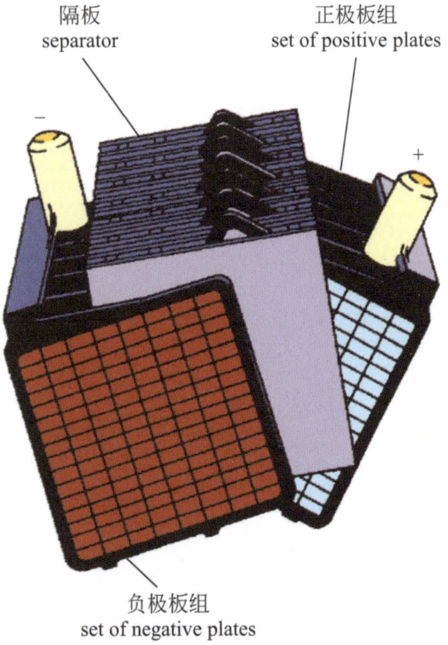

图5-3-7 极板

3.3.2 铅酸蓄电池原理

铅酸蓄电池的基本原理就是放电时将化学能转化为电能，在充电时将电能转化为化学能（图5-3-8）。铅酸蓄电池放电时，在蓄电池的电位差作用下，负极板上的电子经负载进入正极板形成电流，同时在电池内部进行化学反应。负极板上每个铅原子放出两个电子后，生成的铅离子（Pb^{2+}）与电解液中的硫酸根离子反应，在极板上生成难溶的硫酸铅（$PbSO_4$）。

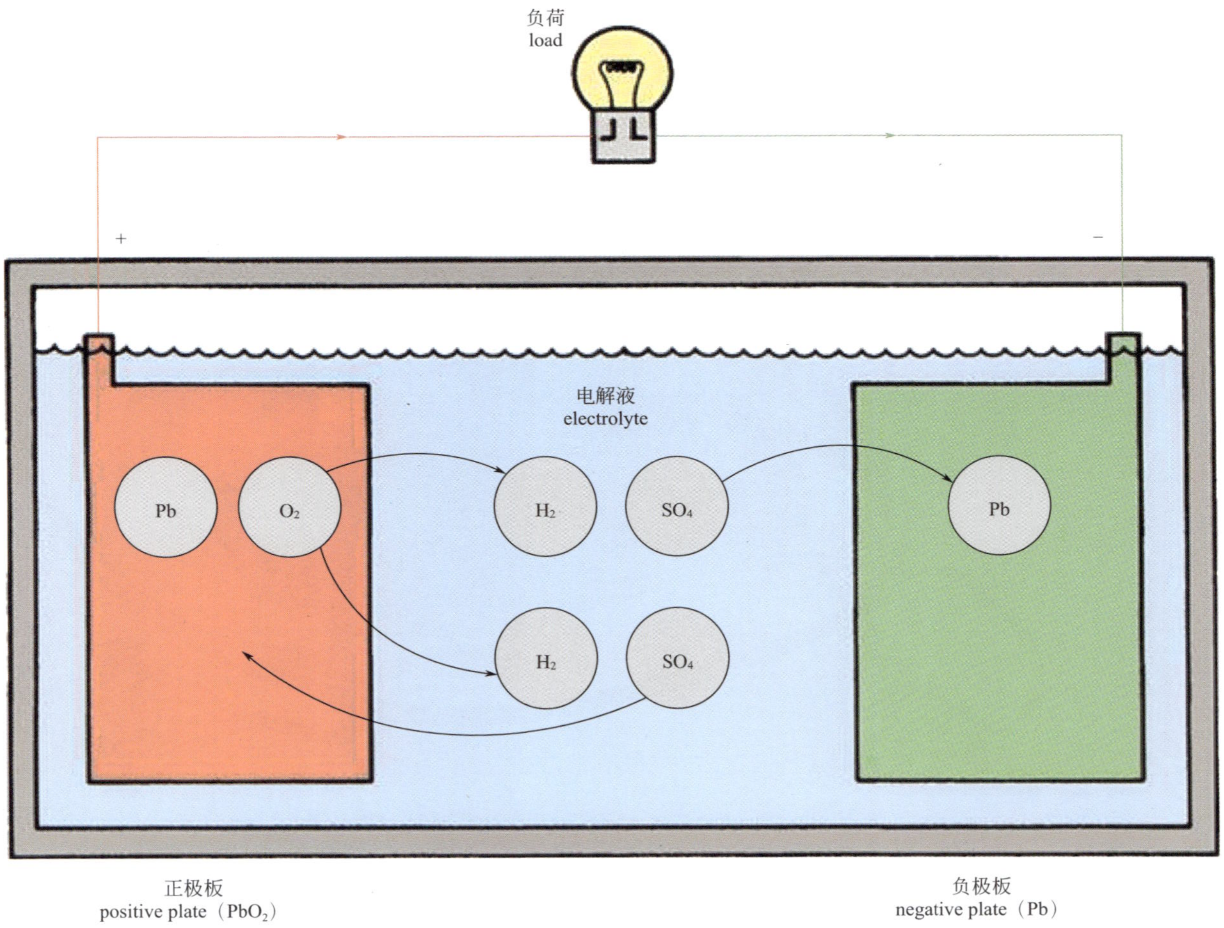

图5-3-8 铅酸蓄电池原理

第4章 点火系统

4.1 概述

能够在火花塞两电极间产生电火花的全部设备称为发动机点火系统，通常由蓄电池、发电机、分电器、点火线圈和火花塞等组成（图5-4-1）。

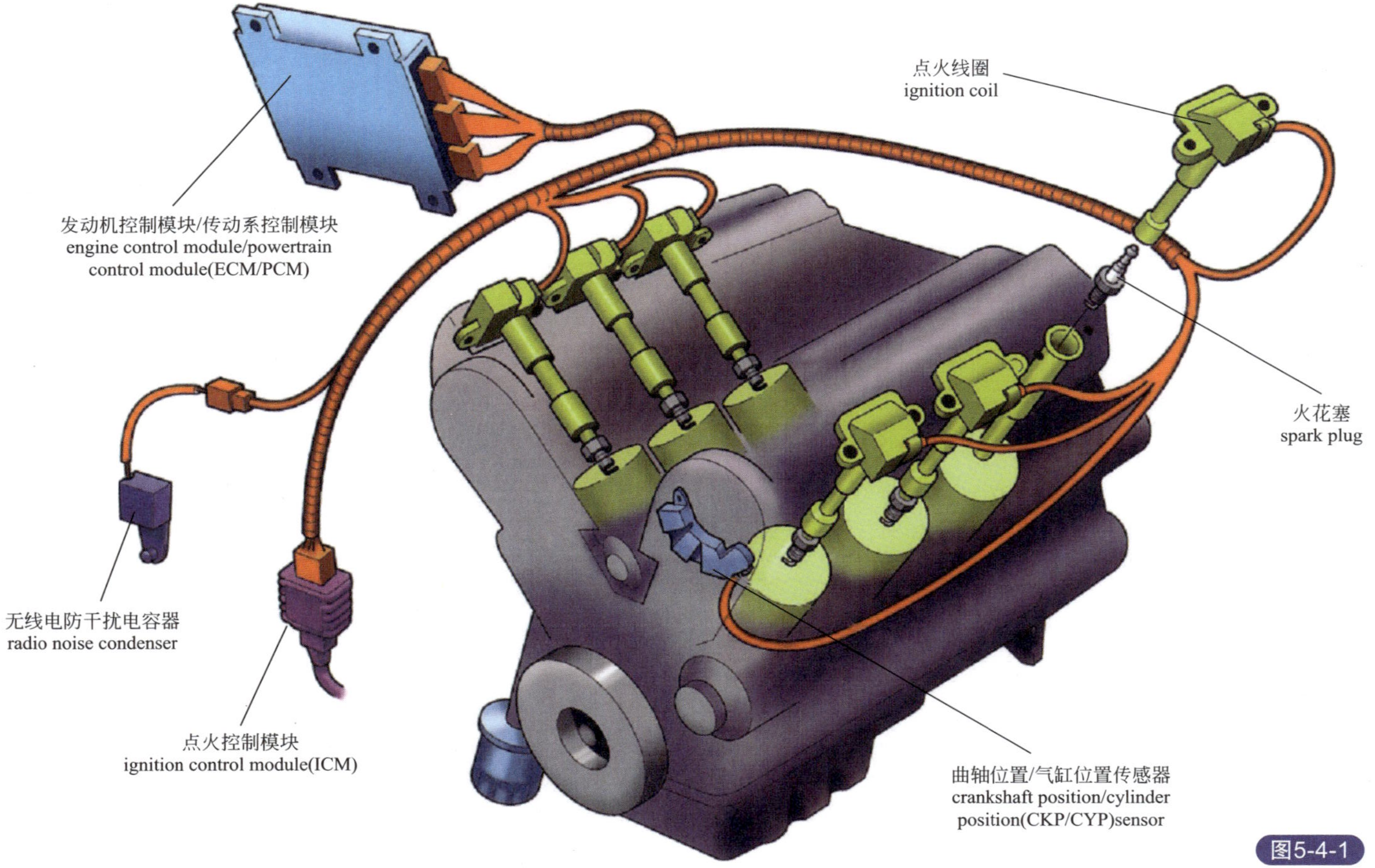

图5-4-1 点火系统

4.2 传统机械触点式点火系统工作原理

传统机械式点火系统由机械装置完成点火能量的形成、点火顺序控制和点火时刻的控制的整个点火过程（图5-4-2）。

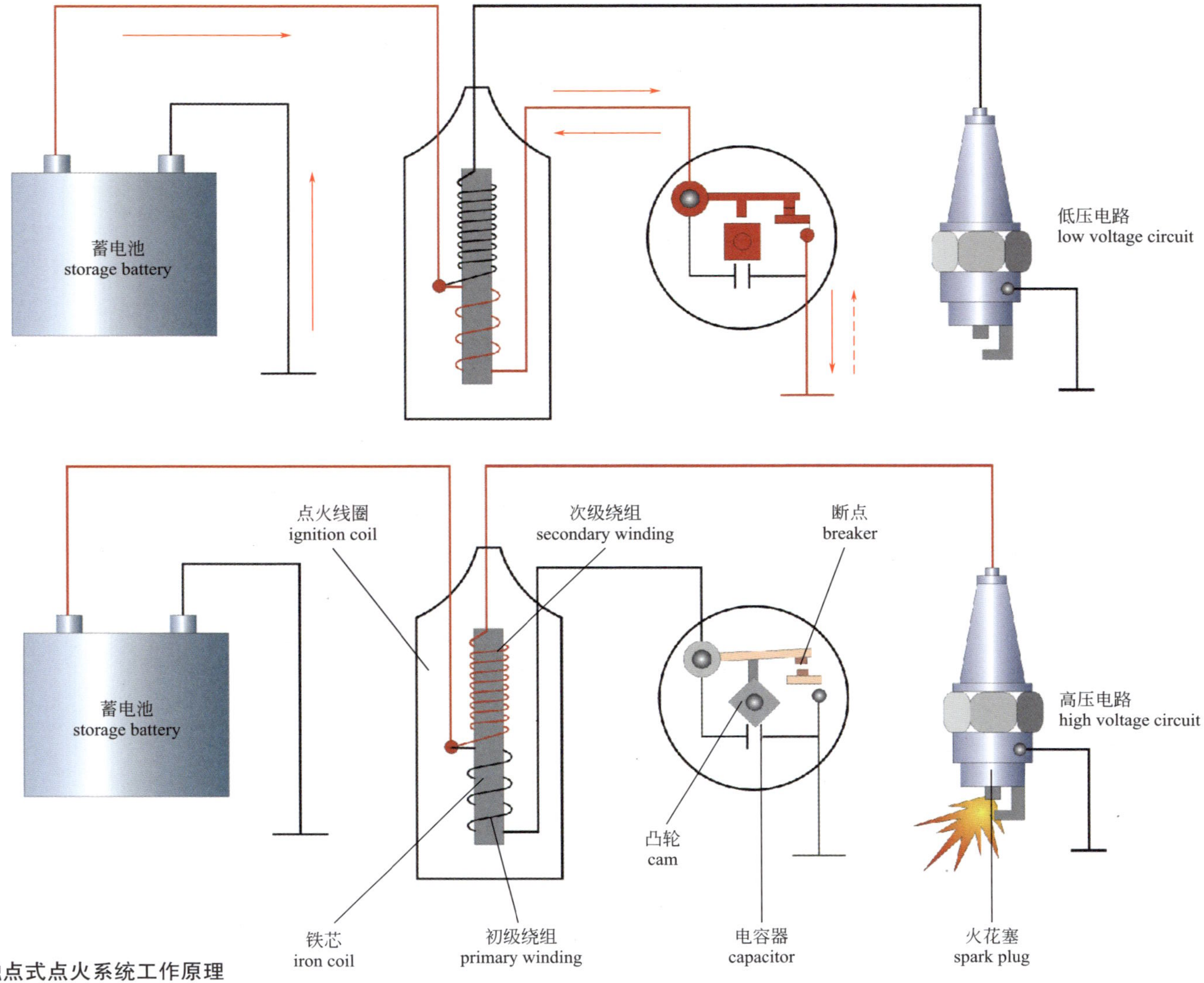

图5-4-2 传统机械触点式点火系统工作原理

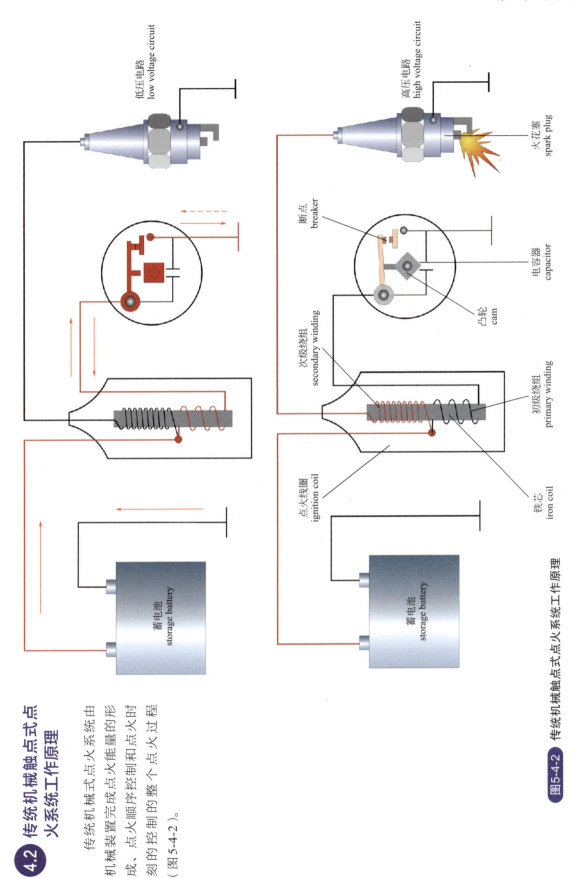

4.3 电子点火系统

电子点火系统有一个点火用电子控制装置，内部有发动机在各种工况下所需的点火控制曲线图（MAP图）。通过一系列传感器如发动机转速传感器、进气管真空度传感器（发动机负荷传感器）、节气门位置传感器、曲轴位置传感器等来判断发动机的工作状态，在MAP图上找出发动机在此工作状态下所需的点火提前角，按此要求进行点火。然后根据爆震传感器信号对上述点火要求进行修正，使发动机工作在最佳点火时刻（图5-4-3）。

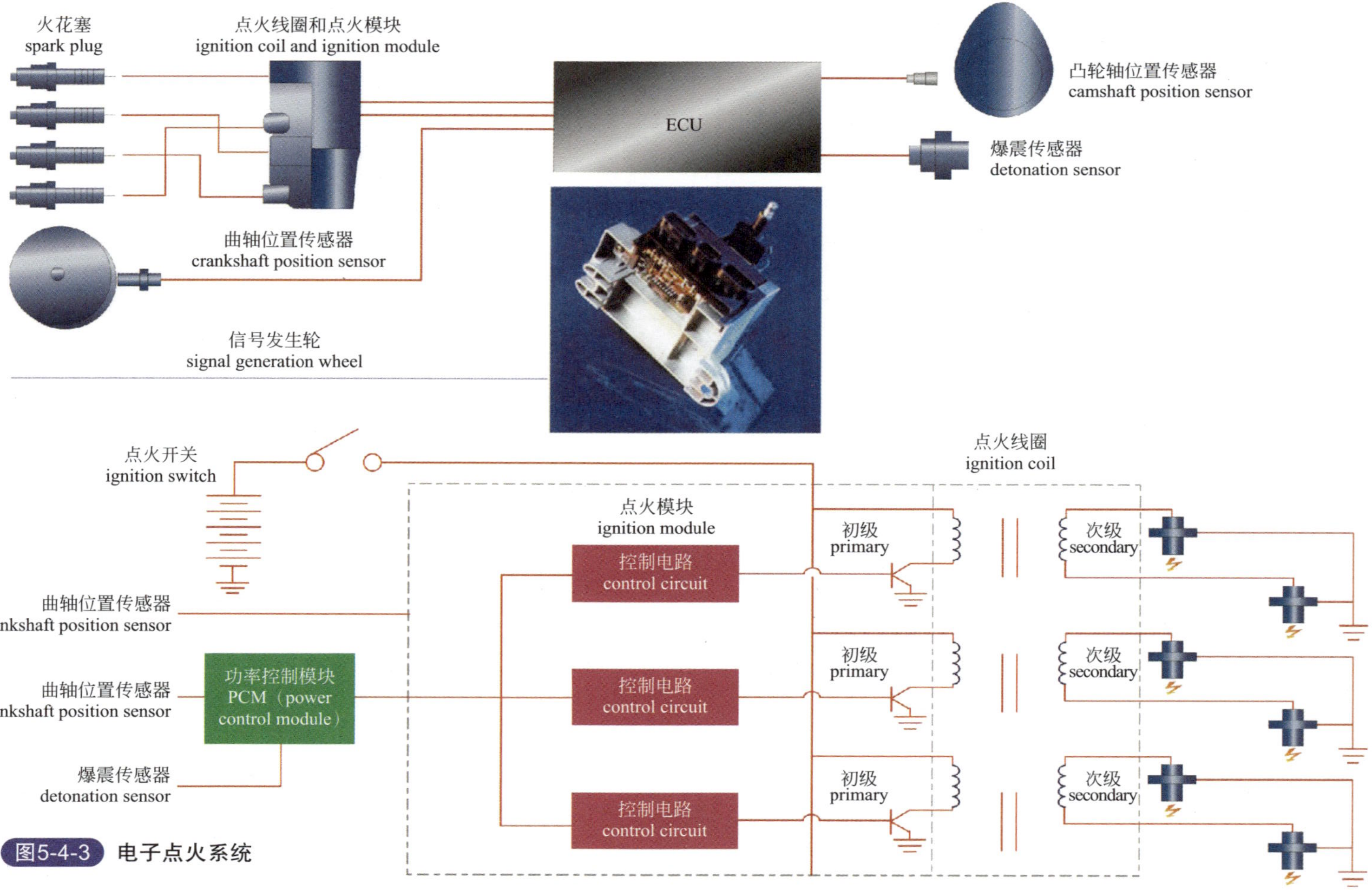

图5-4-3 电子点火系统

4.4 火花塞

火花塞的作用是把高压导线送来的脉冲高压电放电，击穿火花塞两电极间空气，产生电火花以此引燃气缸内的混合气体（图5-4-4）。

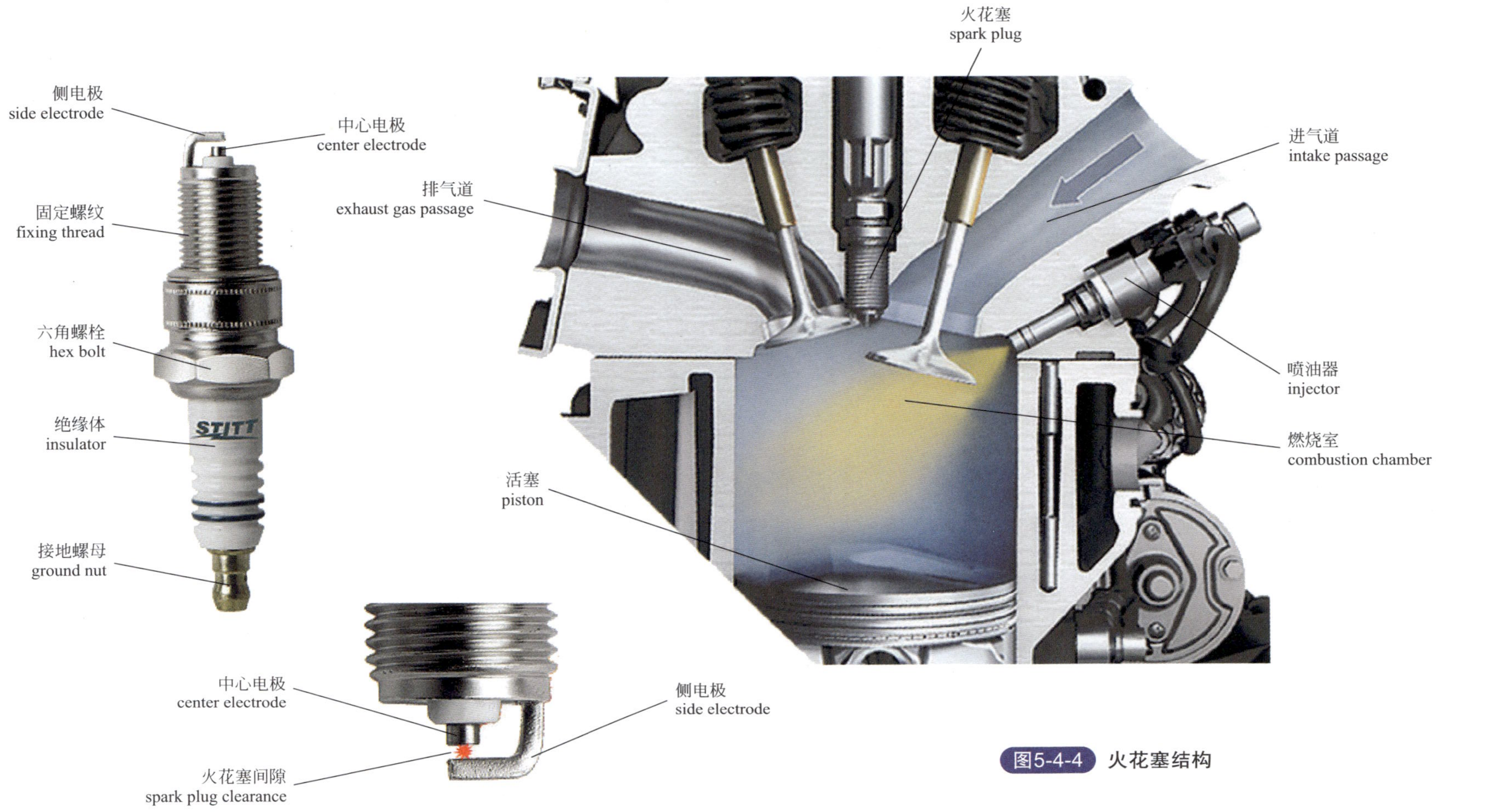

图5-4-4 火花塞结构

第5章

仪表

汽车仪表由各种仪表、指示器，特别是驾驶员用警示灯报警器等组成，为驾驶员提供所需的汽车运行参数信息（图5-5-1）。

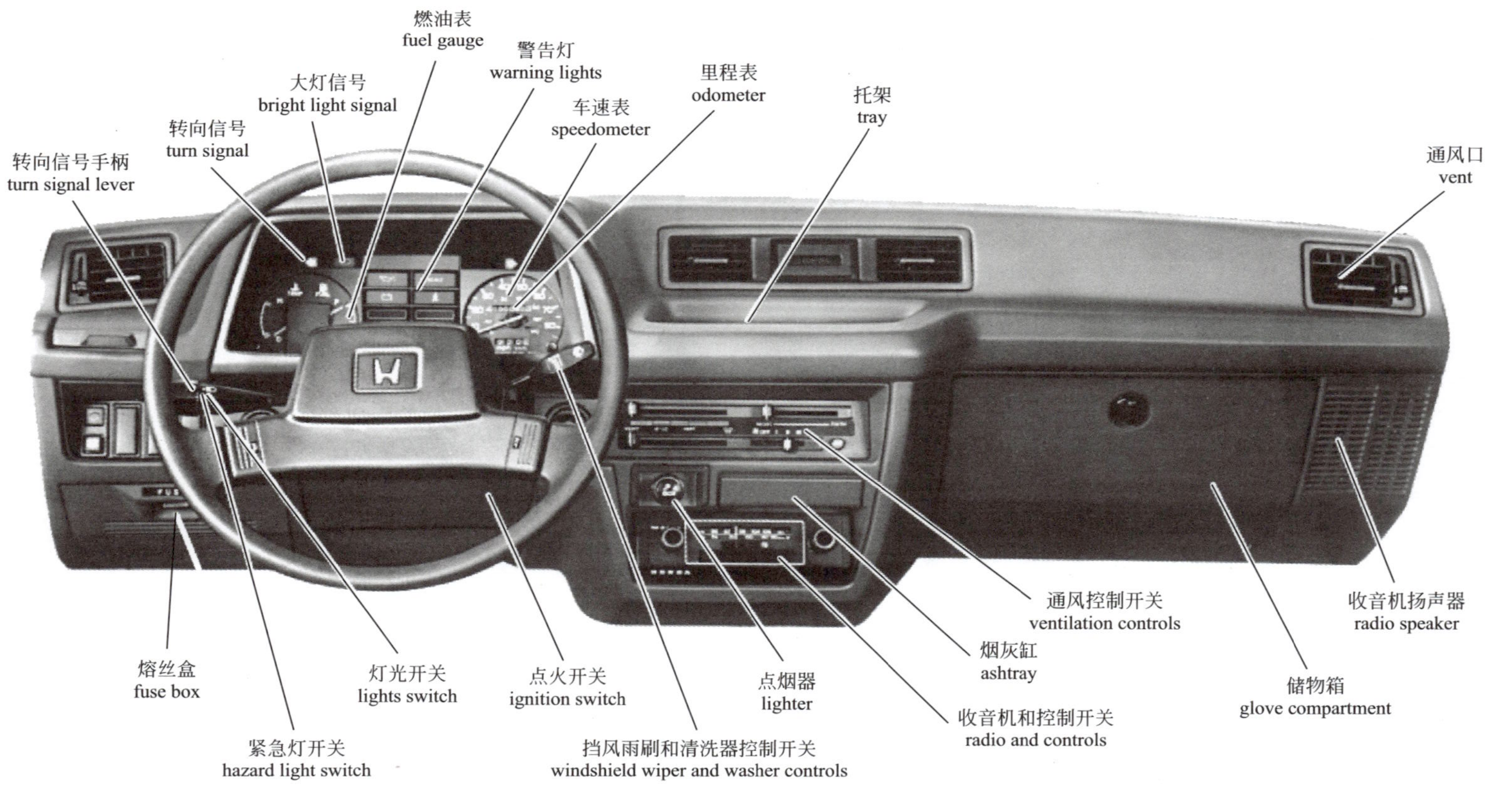

图5-5-1 仪表

第6章 空调系统

6.1 概述

汽车空调系统是实现对车厢内空气进行制冷、加热、换气和空气净化的装置（图5-6-1）。

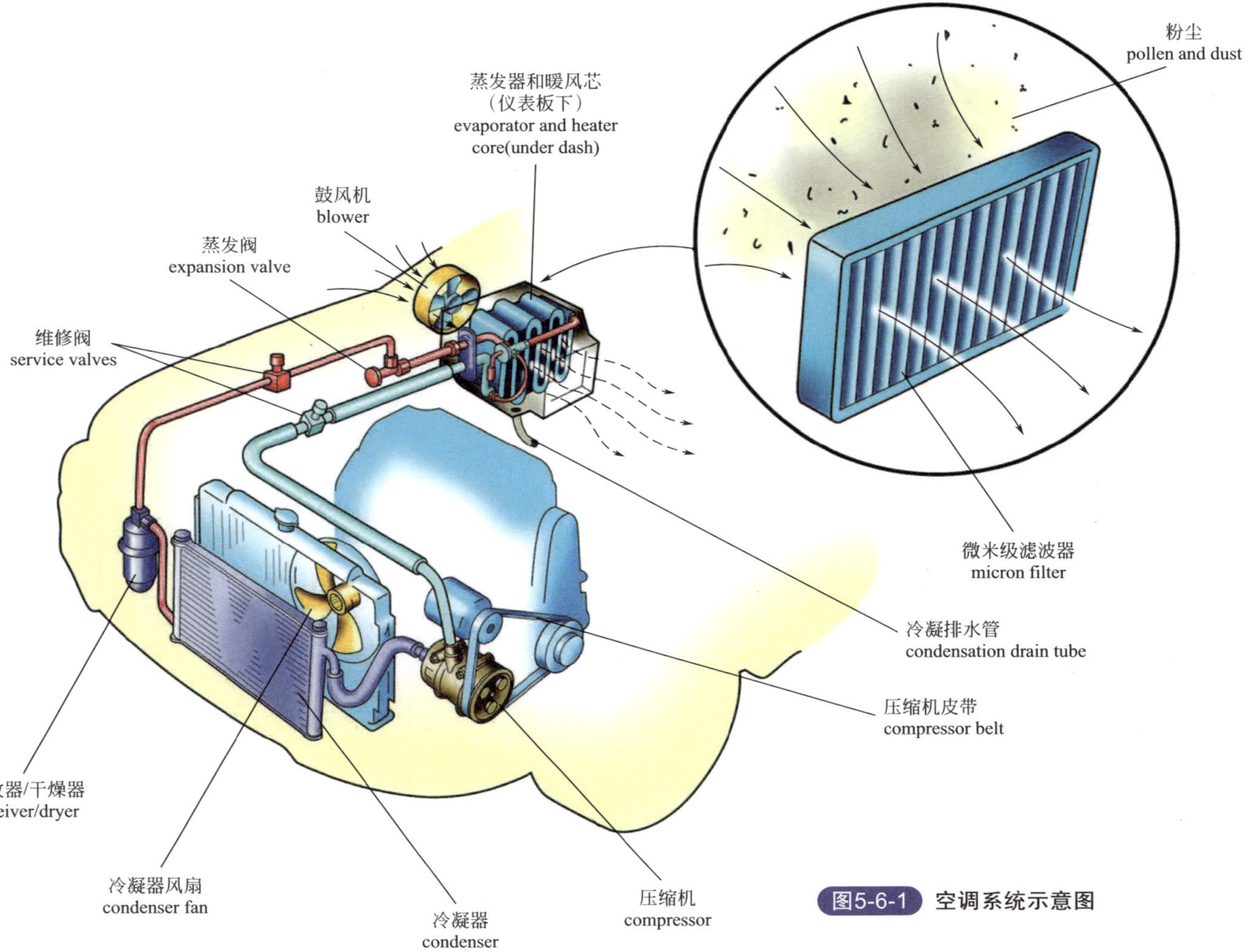

图5-6-1 空调系统示意图

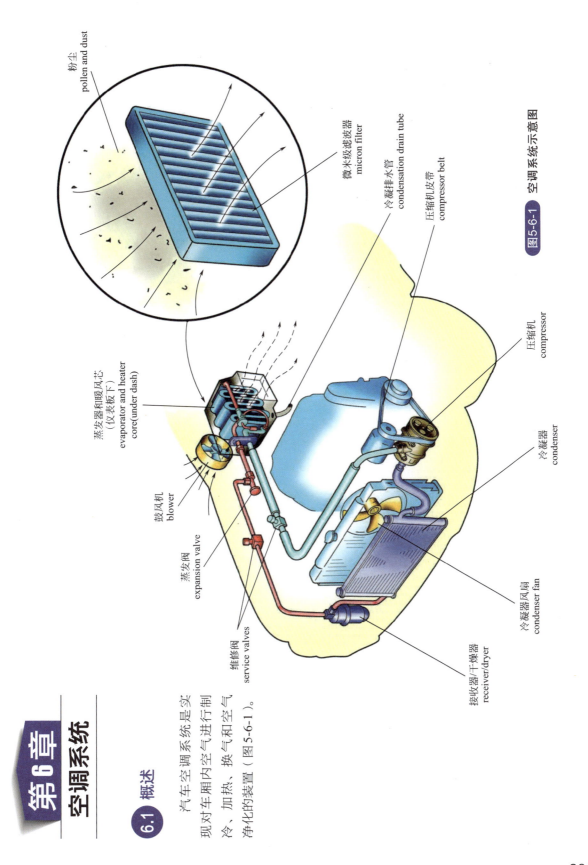

6.2 空调系统组成

空调系统由制冷系统、供暖系统、通风和空气净化装置及控制系统组成（图5-6-2）。

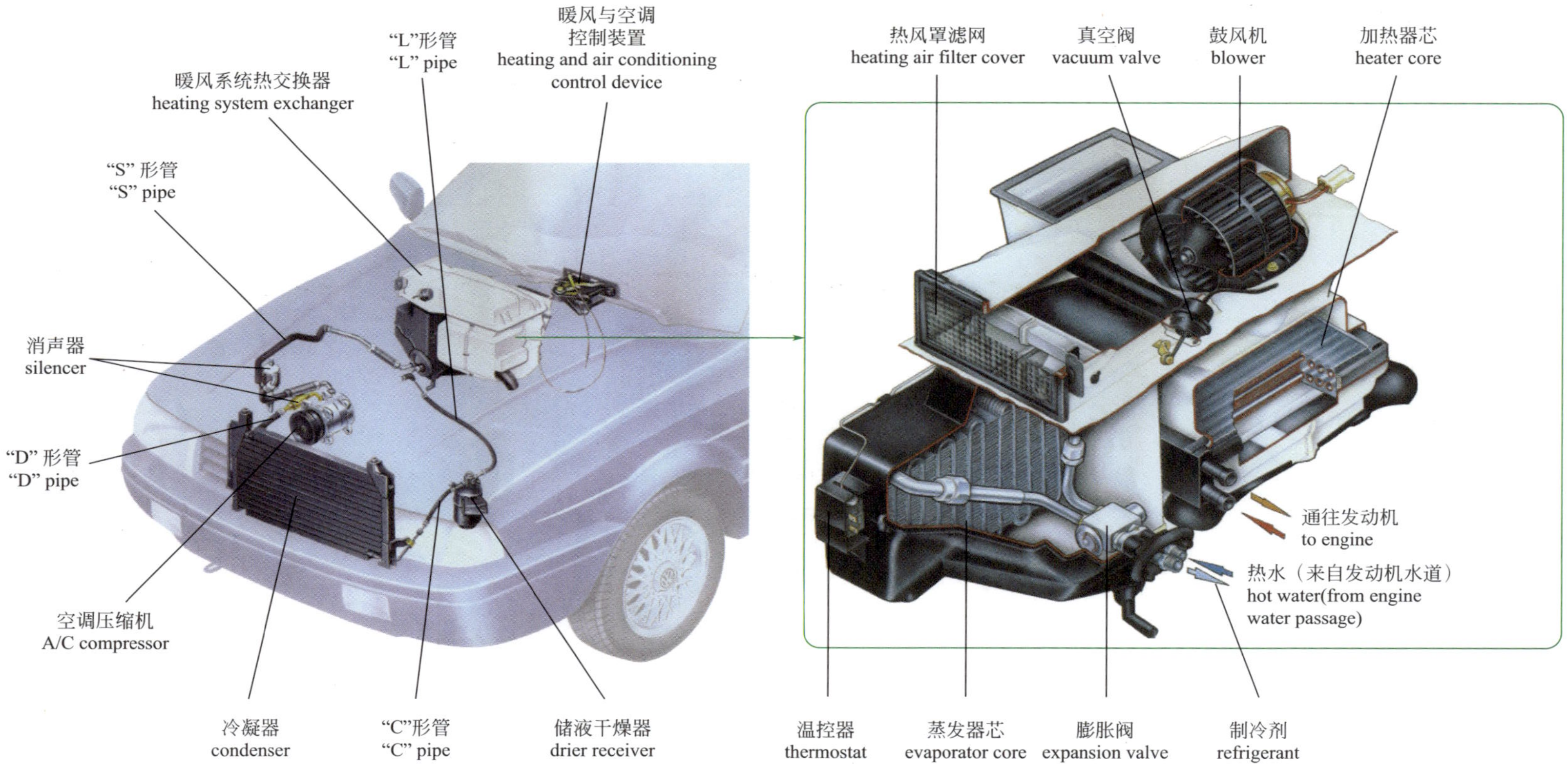

图5-6-2 空调系统组成

6.3 空调系统原理

首先，压缩机吸收来自蒸发器的气体制冷剂并进行加温加压，再送到冷凝器进行降温处理，但是压强还是很高，之后到达储液干燥器进行干燥处理，再到达膨胀阀，在这进行降温降压处理，最后是送到蒸发器，吸收热量（图5-6-3）。

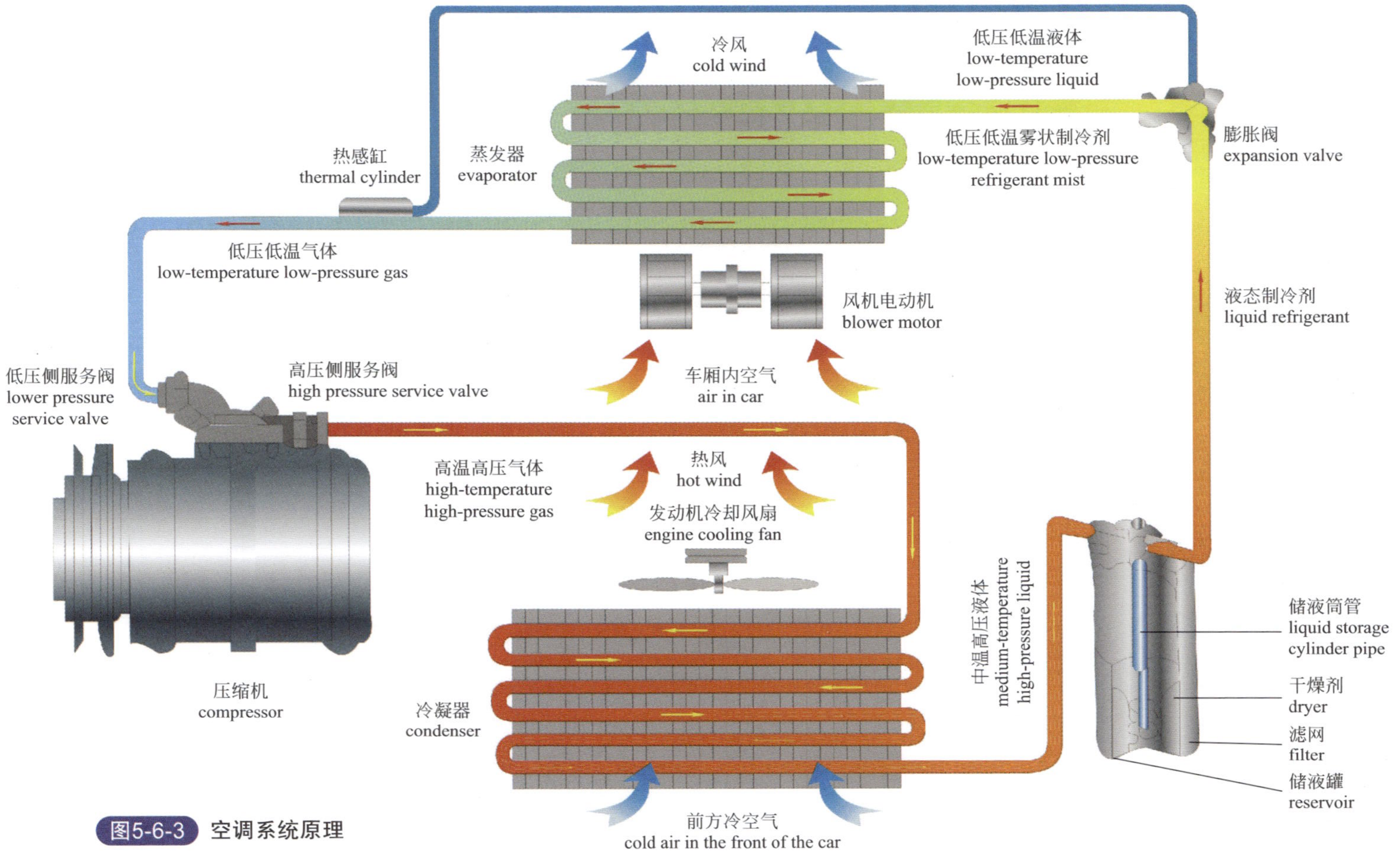

图5-6-3 空调系统原理

6.4 压缩机

压缩机从吸气管吸入低温低压的制冷剂气体，通过电动机运转带动活塞对其进行压缩后，向排气管排出高温高压的制冷剂气体，为制冷循环提供动力，从而实现压缩→冷凝（放热）→膨胀→蒸发（吸热）的制冷循环（图5-6-4）。

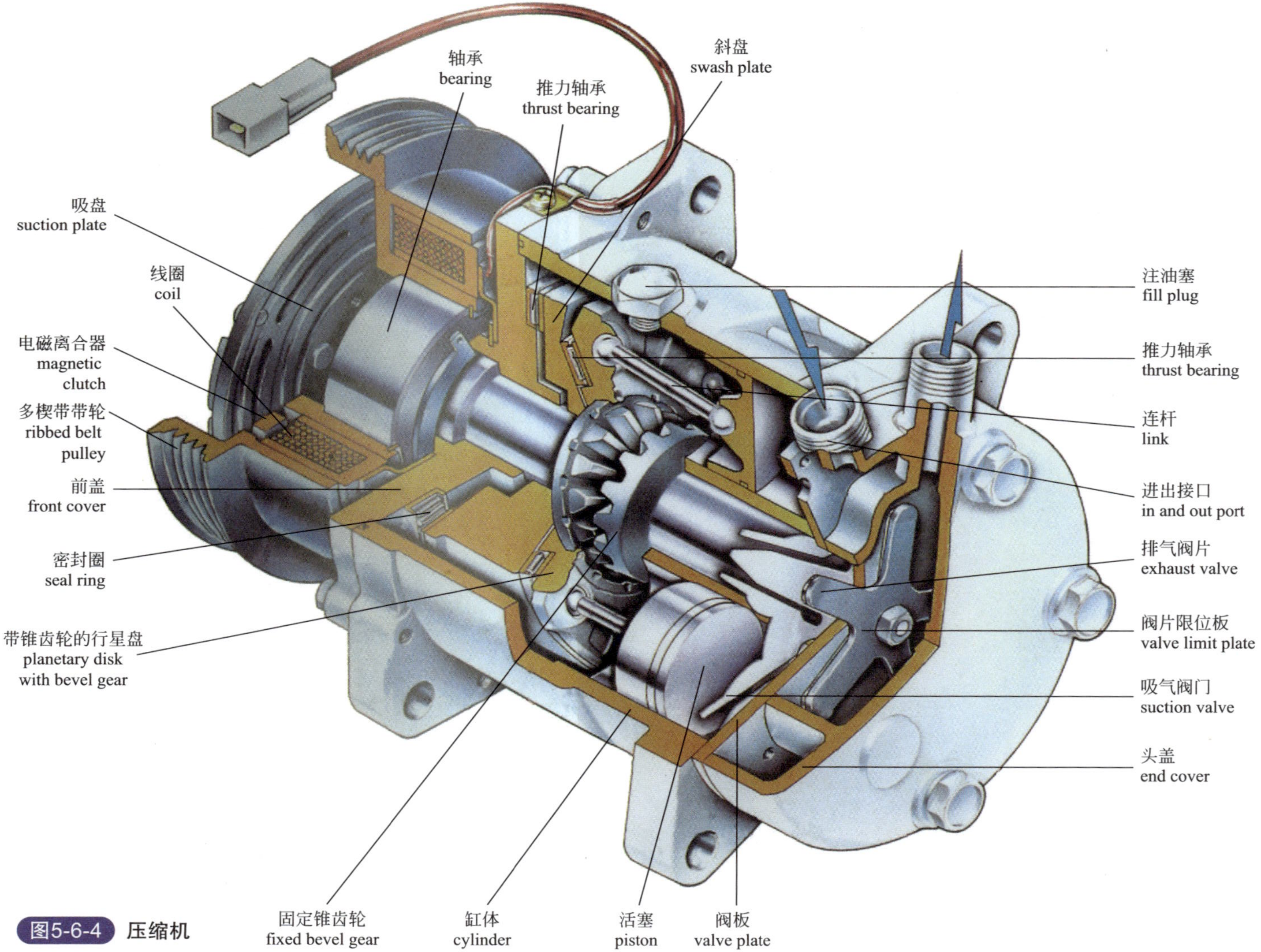

图5-6-4 压缩机

第7章
安全气囊

安全气囊，缩写SRS（supplementary restraint system，辅助约束系统），指安装在汽车上的充气软囊，在车辆发生撞击事故的瞬间弹出，以达到缓冲的作用，保护驾驶员和乘客的安全（图5-7-1）。

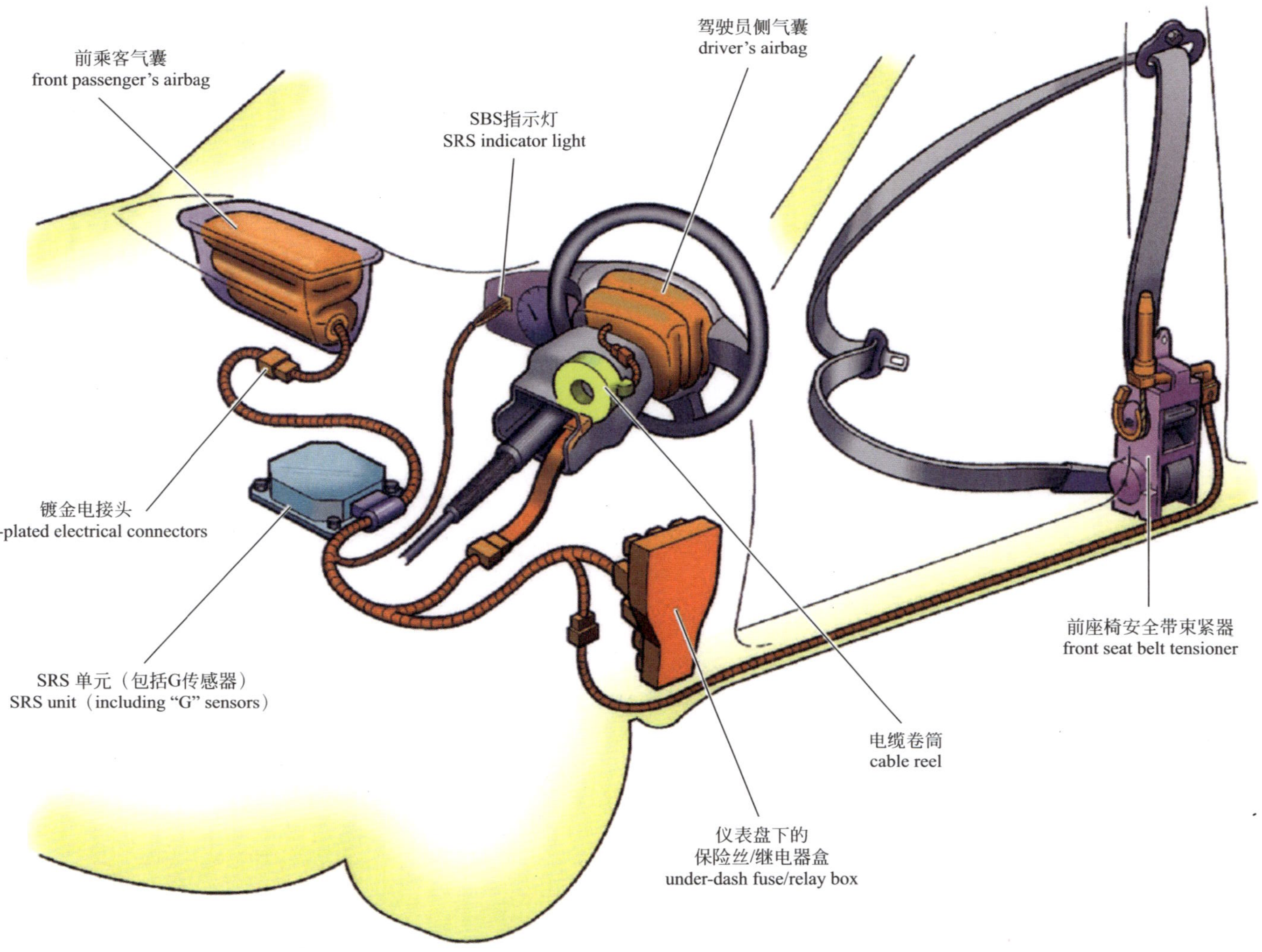

图5-7-1 安全气囊

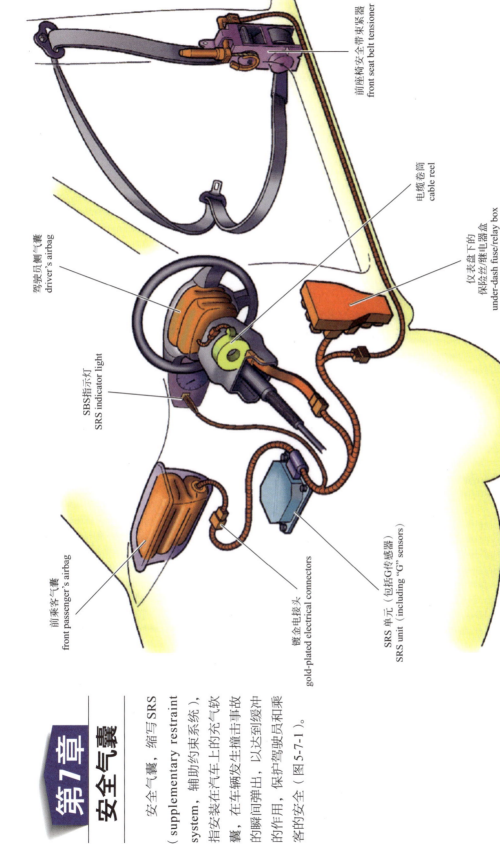

参考文献

[1] 阙广武，张汛，田勇根. 图解汽车发动机新技术入门. 北京：中国电力出版社，2009.

[2] 吴文琳. 图解汽车发动机构造手册. 北京：化学工业出版社，2007.

[3] 陈家瑞. 汽车构造. 北京：机械工业出版社，2013.

[4] 关文达. 汽车构造. 北京：机械工业出版社，2010.

[5] Denton T. Automobile Mechanical and Electrical Systems. Oxford：Butterworth Heinemann，2011.

[6] Halderman J，Linder J. Automotive Fuel and Emission Control Systems：3rd ed. New Jersey：Pearson，2012.

[7] Halderman J. Automotive Technology：Principles，Diagnosis，and Service：4th ed. New Jersey：Pearson，2012.